·新闻与传播系列教材·

马克思主义新闻观 十五讲（修订版）

李 彬　宫京成　主编

清华大学出版社
北 京

版权所有，侵权必究。举报：010-62782989，beiqinquan@tup.tsinghua.edu.cn。

图书在版编目(CIP)数据

马克思主义新闻观十五讲/李彬，宫京成主编．—修订本．—北京：清华大学出版社，2018(2024.2重印)
(新闻与传播系列教材)
ISBN 978-7-302-50469-6

Ⅰ.①马… Ⅱ.①李…②宫… Ⅲ.①马克思主义－新闻学－高等学校－教材 Ⅳ.①A811.67

中国版本图书馆 CIP 数据核字(2018)第 118638 号

责任编辑：纪海虹
封面设计：傅瑞学
责任校对：王荣静
责任印制：沈　露

出版发行：清华大学出版社
　　　　网　　址：https://www.tup.com.cn，https://www.wqxuetang.com
　　　　地　　址：北京清华大学学研大厦 A 座　　　邮　编：100084
　　　　社 总 机：010-83470000　　　　　　　　　邮　购：010-62786544
　　　　投稿与读者服务：010-62776969，c-service@tup.tsinghua.edu.cn
　　　　质量反馈：010-62772015，zhiliang@tup.tsinghua.edu.cn
印 装 者：涿州市般润文化传播有限公司
经　　销：全国新华书店
开　　本：185mm×235mm　　印　张：18　　　　字　数：366 千字
版　　次：2007 年 5 月第 1 版　2018 年 7 月第 2 版　印　次：2024 年 2 月第 3 次印刷
定　　价：55.00 元

产品编号：072200-01

新闻典范在咫尺——《李庄文集》序

范敬宜

吾闻夫：有非常之时势，必有非常之人物；有非常之人物，乃有非常之文章。证之近代华夏报史，其言信然。溯自"鸦片战争"以降，国运衰微，人心思变，报业遂因时而兴。于焉嵚崎卓荦之士，风起云涌，灿若群星。其前，有王韬、梁启超、章太炎、邵飘萍、瞿秋白、张季鸾、邹韬奋等为之先驱，怀救国忧民之心，挟横扫千军之笔，雄辞伟论，振聋发聩。其后，有范长江、胡乔木、恽逸群、邓拓、吴冷西、乔冠华、刘白羽、华山、穆青等为之后继，崛起于寇深祸亟、民族危亡之际。或驰骋于抗日救国、民族解放之疆场，或纵横于环境险恶、血雨腥风之敌后，铁骨贞怀，不愧一代英杰。至若乱世能横戈立马，以笔代枪；盛世能夙兴夜寐，殚精竭虑，以其文、其声感召万众者，不可胜计，其间卓然特立者，《人民日报》原总编辑李庄等前辈是也。

公少怀大志，敏悟好学，且虚怀若谷，恂恂然有古君子之风。丁丑事变，华北沦陷，半壁江山沦于水深火热之中。公奋起投笔从戎，随我军转战太行，为战地记者中倚马之才。定鼎之初，朝战爆发，公领命前方，不避艰危，为率团入朝采访第一人，出生入死，佳作迭出而名噪一时。公倾力参与《人民日报》之创建、兴革、发展，凡半世纪，建树卓著，道德文章皆为世所重。尤可贵者，数十年间虽事务冗繁，犹笔耕不辍，常殷殷告诫后学曰："吾辈勿忘终身红蓝两笔并用。"即离休之后，犹每日黎明即起，俯仰平生，心追手录，时有警世之作，未尝有一日闲居，其勤奋过人有如此者。

然公率性淡泊，谦冲自牧。平生虽著述等身，皆分散出版，故得窥其全豹者实寡。今公已届"望九"之年，亲属遂有醵资为其出版全集以代祝嘏之议。坚请再四，方获颔首。人民日报出版社与宁夏人民出版社深嘉其意，为早付剞劂，全力以赴。今书方成，居然皇皇巨构矣。从此鲁殿灵光，尽现人间，岂独报坛之盛事耶！予读其书，如闻其謦，亲其风范。慨然叹曰："新闻岂无学，典范在咫尺，今吾报人学有圭臬矣。古人所云'高山仰止，景行行止，虽不能至，心向往之'，其斯之谓欤！"

（原载《人民日报》2005年4月8日，《新华文摘》2005年第11期转载）

开场白

范敬宜

"马克思主义新闻观"这门课从2005年年初就开始筹划,今天终于正式开课。关于这门课程的目的、内容以及安排,李彬老师已经给大家谈过了,我今天就来做一个开场白。

据了解,全国新闻院系把马克思主义新闻观作为一门正式的必修课,目前可能还不是很多。迄今为止,也没有一本系统的权威性教材,有关方面正在组织力量编写,是一个比较大的工程。眼下开设这门课的状况是:一方面,没有系统的教材;另一方面,难度较大,既需要科学、准确地阐述马克思主义新闻学原理,更需要联系实际,联系当前新闻工作的实际和同学思想的实际。这样一门理论性的课程,要使大家喜闻乐见、引人入胜确实不容易。我们学院的领导班子再三研究,认为清华大学新闻学院在这个重要的问题上不应该等待,而应该知难而进。党中央多次提出,要用马克思主义新闻观统领新闻教学,这是对新闻教育的要求。

今天我主要想给同学们讲讲,学习马克思主义新闻观的一些事情。首先,对马克思主义新闻观要有比较正确的认识。当前,在这个问题上还存在一些不同的看法,其中包括新闻界和新闻院校。比如,为什么其他学科没有这样的要求?为什么历史系不开设马克思主义历史观?为什么自然科学也没有一门马克思主义科学观课程?为什么唯独新闻传播学科强调要用马克思主义新闻观进行统领呢?这是很多人感到困惑的。我还遇到另外一种疑问。有位朋友问我"今年讲什么课",我说"马克思主义新闻观"。他听了以后就让我说说,马克思主义新闻观和西方新闻观到底有什么不同。的确,马克思主义新闻观要求新闻真实,西方的新闻观也要求新闻真实,要求以事实为根据。再如,我们要求新闻工作要深入实际,新闻工作者要有职业道德等,这些也都是西方新闻学的要求,可能美国的媒体对遵守职业道德的要求比我们还要严格。我有一个同学是新华社的,到《纽约时报》访问,遇到这样一件事:一天,在总编辑的办公室,一个记者采访回来,拿篇稿子交给总编辑。总编辑首先问他,你今天在那里,他们请你吃饭了没有,他说吃了。总编辑就把那篇稿子哗哗哗撕掉了,说你回去重新采访,再交给我。于是,那个记者非常紧张,又重新去采访,再问他吃没吃饭,他说没吃,这才算过关。可见,国外对记者的要求也是非常严格的。那么,中西方新闻观到底在哪一点上是根本不同的呢?

还有一种疑问,有些同学怀疑学习马克思主义新闻观的效果,担心马克思主义新闻观会不会很"左",讲的都是教条,把学生自由的思想都束缚住了,担心学了以后会变得思想僵化。更极端的是,我遇到一位同行,他问我讲什么课,我说"马克思主义新闻观",他说你别把学生害了。我很奇怪,怎么会把学生害了呢?他说,你要求真实,可能就会得罪人,以后工作就不好做了,甚至有的人会雇黑手对付你;你要求遵守职业道德,就会没有钱了,倒是那些不遵守职业道德的人赚了很多钱,你不是害了他们吗?他的意思是,如果严格按照马克思主义新闻观搞新闻,就会处处碰壁,格格不入,结果不就是害了学生吗?

所有这些模糊的、甚至错误的观点,恰恰从反面说明一个问题,不少人对学习马克思主义新闻观的重要性、必要性还不是很清楚。这些模糊的思想都忽略了最重要的一点,那就是新闻传播专业有着和其他专业相当不同的特点。它和自然科学不一样,和搞建筑的不一样,它本身具有特别鲜明的意识形态特点,也就是说具有很强的政治性。其他的学科就没有这么强的政治性,学历史的虽然涉及历史观的问题,但也没有这么强的政治性。大家任何时候都不能忘记,中国是中国共产党领导的、以马克思主义理论为指导的社会主义国家。以上的错误观点都没有把"我们国家是怎样一个国家"这个根本问题搞清楚。以前,毛泽东有两句话,我觉得现在都是正确的,他在一届人大一次会议开幕词中讲道:"领导我们事业的核心力量是中国共产党,指导我们思想的理论基础是马克思列宁主义。"所谓"指导我们思想的理论基础是马克思列宁主义",是指社会生活的各个方面,特别是新闻传播,它的政治性很强、意识形态性很强,更需要马克思主义的统领。我想毛泽东的这个思想,到现在并没有过时。既然承认"指导我们思想的理论基础是马克思列宁主义",那么作为传播马克思主义的一个主要的工具、渠道,新闻工作的首要任务就要用马克思主义的世界观、人生观、价值观去教育人、引导人、影响人,如果从事这项工作的人不懂或者没有完全学通马克思主义及其新闻观,没有这方面的起码常识,那么,我们怎么能够很好地教育人、引导人、影响人呢?古人有句话说得好:"以其昏昏,使人昭昭。"你自己都糊里糊涂,怎么能让别人清清楚楚呢?在学校里,我们老师都"昏昏"的,那么怎么能让我们的学生头脑清楚呢?日前,我邀请一位老师来给同学开讲座,他问是什么讲座,我说马克思主义新闻观。他说:"哎哟,这个太难,我自己都不太清楚,怎么能跟学生们讲呢。"我就跟他开玩笑,既然这样就更应该讲了,结果他还是没讲。可能,那是他的谦辞,但是说实在的,搞新闻工作的人里,有很多人对马克思主义新闻观未必都搞得很清楚。我跟学生很实在地讲,自己虽然干了几十年新闻工作,但是在准备这门课之前,很多东西自己也是隐隐约约的,不是非常清晰。所以,学习马克思主义新闻观不仅对学习新闻专业的同学非常重要,即使将来走上新闻工作岗位,成为一个新闻工作者,也是特别重要的。今年的开学典礼上,我说了一句话:重要的是一开始就要把路走正。我们在新闻战线工作几十年,风风雨雨,曲曲折折,虽然其中有的是因为上面的指导思想有错误,但是新闻界自身马克思主义新闻观不牢,推波助澜、火上浇油也起了重要的作用。因此,我们强调马克思主义新闻观的重要性。我自己到现在为止,做新闻工作已经有55年,55年中我觉得有相当长的一段时间是在"昏昏"中度过的,你们这么年轻,我希望大家能珍惜有效的生长期。

我是1951年大学毕业后开始从事新闻工作的,开始是在《东北日报》,当时才20岁,因为我毕业较早,自己也觉得风华正茂。那时候,报社里面的大学毕业生还很少,跟现在完全不一样,也就两三个大学生吧,其他都是初中毕业,有几个高中毕业的都觉得很了不起。我自己也很傲视别人。那时候,全国刚解放不久,1949年解放,我1951年毕业,所以我对马克思主义的了解比你们差远了。你们中学的政治课都已经讲了不少这方面的内容,而那时候大学里的新闻系讲授的还是新中国成立前的那一套,还是西方的新闻学,如"狗咬人不是新闻,人咬狗是新闻"等。到报社第一天,总编辑找我谈话。那时,大学生入社,领导都要亲自谈话。谈话的时候,总编辑问我在大学里都学了什么,我就把大学里学了哪几门课说了一下。总编辑说,现在你正式做新闻工作了,首先要掌握马克思主义的立场、观点和方法。我一听,就蒙了,什么是立场、观点、方法?我就说,你慢点说,我记不下来,我不知道立场、观点、方法的顺序该怎么排。对那些老革命来说,这些都是日常挂在嘴边的东西,而自己还一无所知,那时我就是这种状况。这个事情后来成了我的一个笑柄,以至于很长一段时间,都被报社的人认为,这个范敬宜政治上太幼稚。这个印象一直到我插队下放,接触了很多实际以后才改变。回去以后,他们都说范敬宜变了一个人似的,要刮目相看了。总之,经历了好多政治风浪,呛了好几次水,才比较深刻地懂得了马克思主义新闻观对新闻工作者的重要性,才比较自觉地用马克思主义新闻观来指导自己的实践。

其实,学习马克思主义新闻观,我认为主要是解决"立场、观点、方法"问题。以前,我连这三者的次序都排不下来,而通过几十年的新闻实践,才弄清楚什么是马克思主义的立场,什么是马克思主义的观点,什么是马克思主义的方法。所谓马克思主义的新闻观,就是用马克思主义的立场、观点、方法,来指导我们的新闻实践,来科学地、正确地反映客观世界。一个新闻工作者到底是做什么的?对此,中外的新闻传播理论都有各种表述。比如,"风向标",就是指示风向的;"领航员",就是站在船头看水流,看风向的;"瞭望哨",就是站在轮船的顶上、桅杆上,瞭望前方的风云有什么变化,现实世界非常复杂,犹如风云变幻的大海,有时风平浪静,有时波涛汹涌,新闻工作者就是站在船头上的"瞭望哨",等等。很多同学都知道成都的诸葛亮祠堂前面有一副对联:

能攻心则反侧自消,从古知兵非好战

不审势即宽严皆误,后来治蜀要深思

这副对联寓意非常深刻。打仗不是仅仅靠武力,主要是攻心,是做好思想政治工作。真正懂得军事的人,不是一个好战的人,不是一个仅仅懂得用武力的人。下联讲的"不审势",是不能审时度势的意思,不能了解和观察时势则"宽严皆误",就是说政策不管是宽还是严都是错的。这副对联说了诸葛亮的主要特点,一是过分重视军事,一是不懂得审时度势。这两句话非常深刻,它不仅是对政治家的要求,也是对新闻工作者的要求。我们不是经常说"政治家办报"吗？政治家办报是什么意思？主要的一点就是要审时度势，正确地判断形势。有的同学也问过我，新闻工作最重要的本领究竟是什么？我就问，你们说说是什么？有的说是深入，深入采访、深入观察；有的说，不怕吃苦、不怕危险，譬如像伊拉克战争时的新华社记者唐师曾；有的说是拥有新闻敏感；有的说要有非常高超的写作能力、反映事物的能力，能够捕捉别人意想不到的新闻……这些看法应该说都不错，这些新闻本领也都很重要。但是，仅仅如此还远远不够，我认为新闻工作者最重要的本领是"判断"。这是我在几十年的新闻工作中总结出来的，如果压缩到一点来说就是能够判断。特别是在重大的事情上、在特别的形势面前、在某种事情众说纷纭的时候，新闻媒体究竟应该站在什么立场，怎么判断是非，采取什么态度，如何进行报道等，这些才是对新闻工作者最严峻的考验，如1989年的北京风波。这个事情来得很突然，在这种情况下，怎么认识呢，这在党史上都是特别严峻的考验。判断需要眼力，我们眼力不够，就要借助望远镜和显微镜，既要看得远，又要看得细。而这个望远镜和显微镜，就是马克思主义的新闻观，就是马克思主义的立场、观点和方法。

第一，我们先来讨论立场，就是新闻工作者的立场问题。我们看京剧《沙家浜》里的伪军，叫作"忠义救国军"，这就是他们的"立场"，他们的真正立场是见不得人的，于是打出这样貌似堂皇的旗号。而马克思主义的立场完全不同，马克思、恩格斯写的《共产党宣言》开宗明义就讲道，共产党人从来认为隐瞒自己的观点是可耻的。所以，共产党的立场都是明明白白的。我们要打倒日本帝国主义，推翻国民党反动统治，我们要建设社会主义，我们要反对剥削、压迫，这些意思无不讲得清清楚楚、明明白白，而不像有些政治党派那么遮遮掩掩、曲曲折折。共产党人从来不隐讳自己的立场，反对什么、赞成什么从来都是旗帜鲜明的。这一点和西方媒体截然不同。Propaganda是英文里的"宣传"，他们对宣传工作是耻笑的，认为宣传是很可耻的，所以从来不讲Propaganda，以表示自己的新闻报道是"客观公正"的，而实际上他们的立场非常鲜明。下面我就讲几个故事吧。

《纽约时报》的一个记者跟我说，中华人民共和国成立50周年了，《纽约时报》没有发过什么正面报道，绝大多数报道都是负面的。比如，报道我们发生了"文化大革命"，发生了打砸抢，发生了自然灾害，死了人等，都是这些东西，而对我们的成就是从来不提的。周总理在日内瓦大会上的精彩讲话，他们也只是摘取几句。周总理不是讲，"我们之间没有铁幕，我倒是看到有些人在我们中间施放烟幕"吗？这些话多么精彩，他们都不报道。

我印象最深的一件事，是朝鲜战争期间双方开始谈判的时候。当时美国的大小报道，都刊登了一张照片：中国人民志愿军的代表坐在那里，看不见头，只见一只手，手里是什么呢？原来是一支派克笔，标题是"看来中国共产党人同样崇拜美国物质文明"。他们就对一只手拍了特写镜头，一只用派克笔在签字的手。那支派克笔哪来的？很可能就是一个战利品，但西方记者抓住这一点，就大做文章。

几年前，我还在《人民日报》，一次有个美国代表团到北京来，同时访问人民日报社。

我们谈了半天,临走的时候《纽约时报》的一个记者看到墙上有一幅照片,画面上是江泽民同志视察人民日报社时的合影。他就问我,当时江泽民主席谈了什么?那个时候他们都要走了,我哪儿能跟他说那么多呢?于是,我就说了一句,江泽民主席让我们把《人民日报》办得更好。他说,这样的话任何国家的领导人都会说,我们《纽约时报》则是按照和领导人所说的相反方向去做。他感到很自豪,觉得他们可以不听总统的,他们有独立性和新闻自由。我笑笑说,我相信你说的话,但是如果是你们董事长的话,你是不是也不照他的话做而是向着相反的方向去做呢?他笑了。我说,这个问题讨论一天也讨论不完,咱们就不讨论了吧!

我为什么要说这个事情?因为,董事长的话他们不敢不听。有一次我去韩国的《经济新闻》访问。那是一家大报,它的总编辑领我们去拜会总理。会见的时候,他显得非常傲慢,总理和我们讲话,他跷着二郎腿,心不在焉地坐在那里,以显示他们的自由。可是,到了晚上,他们的董事长来了,他就变得毕恭毕敬,亦步亦趋地跟着我们。董事长听说今天报纸上报道了一个什么问题,很不满意,拿过报纸来,用签字笔在上面哗哗地划了几笔,啪的一下扔给他,这位总编辑诚惶诚恐地接过来。这就是他们的所谓独立性和新闻自由。总理因为不能直接管他们,所以他们可以带搭不理,但是董事长是他们的老板,所以他们不得不恭敬听命。这就是他们的立场。可见纯粹客观的立场是不存在的,只有隐蔽和公开的区别。

第二,我们谈谈观点问题。所谓观点就是辩证唯物主义的观点、历史唯物主义的观点。就新闻而言,站在不同的立场、对不同的事物,就有不同的观点。苏东坡有首诗:"横看成岭侧成峰,远近高低各不同。不识庐山真面目,只缘身在此山中。"讲的也是这个道理。我写过一篇文章,讲山里人和山外人有不同的观点。你去旅游,看到山是多么的雄伟壮观,多么的美;可是山里的人天天都生活在那里,他看到的就是满地的烂石头、树权子,走路还不方便呢,希望将来有条柏油路,能够通车。这二者想的就完全不一样。杜甫的《望岳》,最后一句说:"会当凌绝顶,一览众山小。"站在山上,看到的是"众山小";而站在山下的人呢,就会觉得山很高很大。

马克思主义新闻观的观点非常多,简而言之有那么几项要点:首先是坚持正确的舆论导向,这是新闻工作者最重要的责任。中央一直在强调坚持正确的舆论导向,而这一点也往往是我们经常遭到非议的。比如,有人可能会说为什么要引导?新闻工作主要是摆事实,反映事实,让群众从事实中去懂得道理,为什么要去引导?人家外国的新闻就没有引导,人家就是反映事实,引导属于主观的东西,属于强加给读者或观众的东西。这些想法、说法或看法,猛一听似乎是那么一回事,其实深究起来则不然。为什么要引导呢?其中很重要的一点,就在于我们的国情。我们有十几亿人口,其中绝大多数知识水平较低,认识事物的能力较低,这种国情决定了我们的新闻工作需要进行引导。另外,外国人是不是真的就完全不讲引导呢?我也问过一些外国的记者,你们有没有引导这个词?他们说,英语里的"leading""guiding"等其实都是引导。实际上,生活当中也有很多引导的情况。比如,我们从小到大都是处在各种不同的引导之中。譬如,哪个地方的路是对的,哪个地方是要走弯路的。我们写每一篇报道都应该考虑社会效果,考虑对我们的国家、我们的社会、我们的人民是有利还是有弊,特别是对我们国家的稳定和发展是有利还是有弊,这些问题一定要非常地清醒,不能图一时的痛快。年轻人总是喜欢痛快,有的时候图一时痛快,却造成很大的负面影响。总之,我们一定要把国家和人民的利益放在第一位。温家宝总理前年接受美国《华盛顿邮报》总编唐尼的采访,唐尼说:请问总理,您对1989年动乱怎么看?温总理回答得很巧妙,他只是说:我作为一个大国的总理,目前最关心的问题就是我们国家的稳定,作为一个13亿人口的国家,13亿是个非常大的数字,如果好的事情除以13亿,到每个人的手上只是一个很小的数字,如果坏的事情乘上13亿就不得了。这番话一直对我都很有启发,我想同学们也会有同感。我们有时候不大想到,一些好事情比如有几个亿发下来,摊到13亿人口,一个人才能摊多少钱,13亿人口花13亿的钱,摊到每个人头上才1块钱。可是,一件不好的事情,比如大的动乱或者什么的,13亿人要是不稳定国家就危险了。

温家宝总理在回复我们学院李强同学《乡村八记》的信中写道:"从事新闻事业,我以为最重要的是要有责任心,而责任心之来源在于对国家和人民深切的了解和深深的热爱。只有这样,才能真正做到用心观察、用心思考、用心讲话、用心做文章。"他提到,新闻工作最重要的一点就是责任心。前两天,我看到有的都市报30多个版面,从头到尾全是事故、凶杀、跳楼、着火、煤矿爆炸等内容。这些内容是不是事实?是事实。可是每天长篇累牍都是这样的内容,对广大读者会造成什么样的影响呢?我有一天问我们的一个同学,你看到这些内容有什么反应。他说"绝望"。如果每天我只是看报纸,不跟我们的学生接触,仅凭报纸上的报道对大学生得出的结论就是:脆弱、生活不能自理、不会洗衣、不懂传统礼貌习惯、跳楼,等等。如果真是这样的话,我们的国家还有什么希望?那些不负责任的娱乐化报纸,成天报道的都是这些内容,它们是不讲导向的。没有一种正确的舆论导向行吗?全国的报纸都这样行吗?这些报纸根本不讲马克思主义的新闻观,一提马克思主义新闻观就说"都是那一套",但如果具体问它们马克思主义新闻观究竟是什么,它们又未必知道。

轰动一时的对中国啤酒甲醛过量的报道,给我们的经济带来了很大的损失,而这篇报道是出自《环球时报》,也就是人民日报社所属的子报。发这个稿子的是一名年轻人,我还认识,他没有什么目的,只是看到某处刊登了,也就跟着发表了,他根本不知道这篇报道的利害关系。由于《环球时报》是《人民日报》所属的报纸,所以国际上就拿这件事情大肆宣传。结果,就是因为一时轻率,给我们造成多少亿的损失啊!

马克思主义新闻观的一个重要观点是实事求是,坚持新闻的真实性和辩证唯物论的反映论。换句话说,实事求是地反映客观事物,是马克思主义新闻观的基本原则。新闻的真实性，就是要求我们以事实为基础和依据进行报道，它的实质就是一切从实际出发，坚持唯物论的反映论，用辩证唯物主义和历史唯物主义的方法如实地反映事物的本来面目。

中国共产党的新闻工作历来有一个很好的传统，就是反对虚假新闻。现在虚假新闻确实成为一大问题。我们刚做新闻工作的时候，这方面的教训是很多的。我自己就因为一个新闻受了处罚，先进工作者也被撤了。有一年，辽宁省举行文艺会演，各地的企业、机关等都集中到省会来演出。开始演出的时候，省委发现有家纺织厂的文艺活动搞得比较好，领导就打电话给我，让《辽宁日报》文艺部发一篇有关它们的报道。可是，这时候已经有点晚了，演出都开始了。按照规定，要报道一个单位的活动，必须派记者到现场去采访，得到厂里去采访，可那时候交通没有现在方便，没办法，请示领导后，采取一个折中办法，去采访一下领队，他就在省会。于是，我就去采访那个厂文艺演出队的领队，那个领队特别能说，说得天花乱坠，说他们那边的歌咏活动搞得如何红火，平常车间里到处都能听见歌声等等。当时，我的经验不足，就照着他说的写，结果报道见报后马上接到纺织厂的来信，举报说那个记者根本没有来我们厂采访，他怎么能够这样有声有色地报道呢，这完全是"客里空"。来信还说，我连一些基本的东西都不懂，那时候车间纪律非常严明，而我的报道标题叫《车间处处闻歌声》，车间怎么可能有歌声呢？当时单位正好在评先进工作者，我已经评上了，由于这篇报道就给刷掉了。这个教训，让我记了一辈子。这个事情现在看起来也许算不上什么大事，既然领导同意间接采访，好像情有可原。即使如此，其实也不行，因为违反了新闻最基本的真实性原则，我们党的新闻工作者在作风上要求非常严谨，一点不能马虎。当然，后来这种好的传统逐步被破坏，令人痛惜。

对这种传统的破坏，主要是从"大跃进"时候开始的。那时，提出很多荒唐的口号在报纸上和广播里宣传，像"人有多大胆，地有多大产""只有想不到，没有做不到"什么的，这完全是唯心主义的，客观事物都有一个极限，这种口号的说法好像人的意志能决定一切。当时《人民日报》的通栏标题有"某某地方亩产水稻13000斤"之类的文字。袁隆平如此辛苦地改进水稻耕种，经过20多年奋斗，才达到亩产2000多斤。那时候很多农业专家也认为13000斤很荒唐，但是遭到批判，认为他们思想"右倾"，没有雄心壮志。报纸上还解释为什么亩产能达到13000斤，这些荒唐的事情居然都出现在报纸上。再如，前不久去世的爱泼斯坦，他是斯诺的同时代人，入了中国籍的，他对现在新闻界的虚假报道深恶痛绝。他特别反对现代的报告文学，说报告文学可以绘声绘色，但不可以随便添油加醋。有一天开会时，他问我："小范，现在是不是可以随意假冒情景？"我说我认为不可以的。他说，有一个记者采访他，写了篇文章叫《爱泼斯坦的爱情生活》，后来到处转载。文章说，爱泼斯坦和其夫人的结合是宋庆龄做的媒，他们结婚的时候，宋庆龄到场祝贺，还管他叫"小爱"。这个错误的原因，首先是因为记者不懂外语，爱泼斯坦是他的姓，怎么能叫小爱呢？爱泼斯坦说，他发现这篇文章有16个情节都有差错，这是五年前的事情。现在这样的事情还在不断出现，所以我们一定要下大力气杜绝虚假新闻。因为，马克思主义新闻观的一个重要观点就是真实性,一切从事实出发,不能弄虚作假。

第三个问题就是方法,立场对头、观点正确,还要注意方法。方法是到达目的的手段,如果方法不对头,如果表达不准确或表达得不好,缺少艺术或缺少技巧,即使有正确的立场和观点也达不到目的。所以,马克思主义是动机与效果的统一体。你不能说,只要我的动机好,效果好不好没关系。这可不行,你不能把动机和效果分割开来。现在,我们一般讲动机正确的比较多,但是效果如何有时候就不大注意,这是新闻宣传中的一大缺陷。立场、观点正确不一定能达到新闻宣传的目的,还必须讲方法、讲艺术,否则可能适得其反。以前毛泽东一直讲注意工作方法,讲过河必须有桥。如果没有桥,或者桥不牢固,那么同样过不了河,同样到不了目的地。正确的方法涉及的问题比较多,我们不可能面面俱到都讲到。今天主要讲两点,一点是实事求是,一点是讲究艺术。

第一点是实事求是。大家都知道实事求是是马克思主义认识论的精髓,也是马克思主义新闻观的灵魂。讲马克思主义新闻观第一个就是讲实事求是,从实际出发,用事实说话。马克思主义本身是一门科学,科学都有一个共同点,就是老老实实,来不得半点虚假。自然科学是这样,社会科学同样也是这样。马克思说过,历史不是任人打扮的女孩子,新闻同样不是任人打扮的女孩子。毛泽东也曾讲过,共产党人靠什么吃饭,就靠实事求是吃饭,不靠教条、不靠吓人吃饭。总之,实事求是是共产党人的一条新闻原则。当年,西方都承认延安新华广播电台所报的新闻是准确的。《人民日报》也是一向有很高的威信,并可以把《人民日报》当作党的文件,而这种权威就来自真实。当然,20世纪50年代以后,特别是1958年"大跃进"以后,这种实事求是的作风遭到严重破坏。应该说1958年是新中国成立以后人民精神焕发的年代,中央提出来的口号不免过高地估计了人民运动的积极性,毛泽东对当时的形势判断也过于乐观。本来社会主义建设应该是比较谨慎的,一步一步往前走的,本来工商业的改造需要十余年才能完成,农村改造也得十几年才能完成。结果一敲锣、一打鼓、一上街游行,几天就完成了。荣毅仁那样的大资本家,一夜之间就把资产都交给了国家,都变成了公有制。对客观形势过于乐观的估计,再加上新闻工作者那时候起的推波助澜的作用,结果造成上上下下的"浮夸"。比如,建一个小水库,没有十年八年是建不起来的。后来说不行,太保守了,那时候叫"小脚女人",毛泽东批评"小脚女人"摇摇摆摆。当时,谁要说速度太快了,谁就是"右倾"保守主义。有几个高级干部都是比较实事求是的,后来变成"右倾"机会主义分子。一个小水库起码要十年八年建成的,结果一年就建成,后来一年建成还嫌太慢,就半年建成,再后来两个月建成,最后干脆一个星期建成。这些方面,新闻工作者起了推波助澜的作用,造成很大的损失。1962年回过头来总结这一段经验时,毛泽东讲了"大跃进"的错误,党中央负50%的责任,《人民日报》负50%的责任。"大跃进"主要是中央发动的,《人民日报》仅仅在传达中央的意思,所以大家不太服气。但是想一想,《人民日报》所起的火上浇油的作用确实也不小啊。这样的状况到了"文化大革命",就达到登峰造极的地步。"大跃进"的表现特征为"浮夸风",文化大革命的主要表现为"假、大、空"。一是新闻造假。为了达到某种目的,可以捏造或制造假典型。"大"就是大而无当;"空"就是空洞无物。现在,虚假新闻还是大量出现,屡禁不绝,有些假新闻对国家政治、经济都造成巨大的损失。另外,就是任意夸大、拔高,甚至虚构。结果,往往是被赞扬的好人,一登报就完了。由于记者的夸大描写,人家就以为是他自己吹牛,所以报一个垮一个。你们看过徐迟的《哥德巴赫猜想》吧,曾经评价特别高的,确实也写得不错,写陈景润的,一个杰出的数学家。但是,事后发现很多都经不起推敲,原来都是合理想象的。合理想象这个话就不对,写小说可以想象,但新闻报道应该是每个细节都有根有据。合理想象太容易了,气不够,神仙凑。一些先进典型、先进经验,登出来以后往往成为"墙里开花墙外红",外面名气很大,而熟悉他的人看了都撇嘴:他那点事,我们还不知道吗?还把他写成一朵花!关于合理想象和任意夸大,我再讲一个例子:有一段时间,某个先进人物去世了,报道上几乎都有"江涛呜咽,松涛悲鸣,在某某大地上响彻了一个声音,你在哪里?"这种夸大使人感到特别别扭,有多少人死了以后能响彻一个声音——"你在哪里?"这种东西就很不真实。现在,报道的模式化越来越严重,从领导讲话到经验介绍都是如此。正好今天接到一个单位一年的工作总结,我一看很能代表当前的一种趋势、一种套路和模式,一连串的以什么为根本、以什么为载体、以什么为重点、以什么为起点、以什么为动力,等等。这种文章太造作了,按毛主席的话说就是"党八股"。我希望你们别沾染这样的文风,别把你们本来新鲜活泼的文风给败坏了。上面说的这些情况都不符合马克思主义新闻观。有人以为这就是马克思主义新闻观,其实不对。你看马克思的文章那么尖锐、那么生动,那才是实事求是。

第二点是讲究艺术,讲究技巧。我先说说温家宝总理谈《乡村八记》里的"四个用心":用心观察、用心思考、用心讲话、用心做文章。为什么讲话要用心呢?所谓用心讲话、用心做文章,就是说不但要有好的观点,而且要有好的方法。我最近到安徽去了一趟,昨天刚回来,讲了一课,题目就叫《用心实践三贴近》。新闻工作每天都面对千千万万的读者讲话,面对形形色色的、不同层次、不同职业、不同知识结构的群众说话。所以,首先要了解他们,要学会讲话,讲群众想听的话,讲群众爱听的话,讲群众能够接受的话,讲群众能够相信的话,讲群众听得进去的话。语言是不好学的,这里不仅仅是一个技巧问题,主要的还是思想方法问题。

关于语言的重要性,中国有一句古话,叫"一言兴邦,一言丧邦"。同样的一句话,说得好可能使国家兴旺起来,说得不好就有可能亡国。这种情况在古今中外的历史上都有。语言是要学习的,是不容易学习的。不单是要向书本学习,而且更重要的是向群众学习。这个群众是各种各样的群众,有高的层次,有低的层次,不管什么样的人,都可以向他们学习,他们的语言非常丰富,非常生动。

我经常喜欢打的。北京的出租车司机,人称业余政治家。你坐在那里听吧,他可以给你评论各种各样有意思的事情。我主要听他们的语言,听他们怎么表达。有时候听到他们的一句话，我就会写成一篇文章，这样的事情比较多。不久前，我打的回家，司机把车停在我家的院门口。那个院子住的都是部级以上干部，还有卫兵站岗。他看看院子，再看看我，有点不大相信，然后恍然大悟："哦！我明白了！你过去是个头儿！现在是个老头儿！"哎呀，我觉得太深刻、太生动了！一句话，加了一个"老"字，就完全不一样了。中国的语言真丰富，外语里面就没有这种意境。"头儿"就是领导，"老头儿"就是普通老百姓。我一直琢磨这件事，后来就写了一篇文章，题为《安于做个"老头儿"》。很多人退下来以后，心里总有种不平衡，感到很失落。原来当"头儿"的时候，很多人听他指挥，听他发号施令。加了"老"字后，含金量就大大降低了。过去每天电话不断，请示呀、汇报呀，有事儿没事儿都给你打电话，心理上有种满足感。退下来以后，电话少了，串门的少了，请示的没有了，可这时他还不安于做个"老头儿"，总想管点事儿，使单位里的"头儿"听他的不是，不听他的也不是。文章的最后我说，老头儿就是老头儿，要安于做个老头儿，做个心情愉快的老头儿，在有条件的时候做个有所作为的老头儿。文章发表后，有好几个老头儿给我打来电话，觉得有点道理。像这样生动而深刻的语言，你说上哪儿找去啊，真是找不出来这样妙的东西。所以，你要想方设法接触各个阶层、各种类型的人，努力学习他们的语言。

什么样的语言最能打动人，我觉得是真话。真话就是实在的话、真诚的话。群众不爱听花言巧语，不爱听大话、虚话，他们爱听贴心的话、发自内心的话。真理是朴实的，而朴实的语言是最能感动人的。我记得有一个故事，法国路易十四在新年晚上发表一个告老百姓的讲话，这个讲话很著名。那时候他的处境比较困难，老百姓对他意见很大。他说，我多么希望现在这个时候，我们国家每个家庭的炉子上面都能够炖着一只鸡，可是我很难过，我做不到。老百姓听了以后非常感动，有很多意见就不提了。这里没有什么华丽的词语，说得很朴实。

我们常常以为，能够打动人、激动人心的都是豪言壮语，都是华丽的语言。其实，最能感动人心的是发自内心的、真实的、朴素的语言。我自己像你们这样年龄的时候，文字也是很花哨的。那时候我写文章形容词用得比较多，喜欢描写、铺陈什么的。有一次，我写了一篇文章，叫作《千山红叶》，因为千山以红叶出名，里面描写很多，我自己也很得意。有的同志也说写得不错。那时候，报社每天都贴报，报纸贴在那儿让人看，大家品头论足，很多人认为这篇文章写得很好。后来，我们编辑室主任贴了一条："擦粉太厚，未必是美。"这句话让我记了一辈子。想要追求一些华丽的语言，这也不足为奇。但是，作为新闻记者，我们面对的是广大的人民群众，是不同年龄、不同经历的群众，而最能够打动他们的不是华丽的语言，而是那种真诚的、朴实的语言。

还有一件事，给我教育也很大。1984年，我从辽宁调到北京工作，在国家外文局上班。刚去不久，有一阵子北京蔬菜价格上涨了一些。那时候还不是市场经济，计划经济下价格从来是不变的。由于物价上涨，群众受不了，意见很大，议论纷纷。这时中央要求每个单位都要和群众对话，跟群众解释，外文局当然也按照要求这么做了。外文局比较大，有差不多2000人,我又是刚去,很多情况都不了解。开会之前,我怕说空话,就做了一些调查,群众的工资多少、家里有多少口人、每月消费如何,等等。但开大会那一天,我还是有点胆怯,毕竟要面对1000多人啊,我从来没有面对1000多人讲话,而且还得让人家信服。我讲话的时候讲到一点,我说我知道你们都有难处,一斤青菜涨一两分钱,看起来是件小事情,但对你们来说就是一种不小的负担。我知道,你们中有不少人每天下午到商店买菜的时候,往往为了5分钱的差价走好几家商店。这是我到他们家里了解、谈话的时候,他们说的,我只是引用了他们的话。这些话听起来很简单,平淡无奇。没想到,我说完这句话以后,全场热烈鼓掌,长时间地鼓掌。我觉得很奇怪,心想我也没说什么呀,不就是学来的一句话、听来的一句话吗?后来出来的时候,他们跟我说:"局长,就凭你还知道我们为5分钱的差价转几个地方,我们就没有什么怨言了。"群众对领导的要求很低,不是那么苛求,他们只要理解就心满意足了。以后,我说话、做文章都想着这一点,不要说那么多豪言壮语,不要说那么多漂亮话,只要说真话、真心话,只要真正了解讲话的对象,了解他们心里想什么,哪怕就了解那么一点点,他们就对你认同了。

另外,要说大实话、不说过头话。群众不喜欢听大话、套话、过头的话。这一点上,中国有一个传统,讲究恰如其分,留有余地,所谓过犹不及,话说得过头了,还不如不说呢。在这些问题上,我们也犯过毛病,有过教训。比如,写一个模范人物、英雄人物,你写得不够、不及、没有到位,读者不会有什么想法。可是,如果过分拔高,不仅不真实,而且让读者连真实的可能也不相信了。

我处理过这么一篇稿子,报道一个局长如何廉洁。有一次,他下班回家,看到家里有条大鱼,就问母亲哪儿来的,母亲说你不在的时候某某送的。这位局长一听就火了,要他母亲马上给送回去。送回去也应该,可是当时外面下着瓢泼大雨,老太太又发着烧,局长就偏要他的小女儿,搀着带病的老妈妈去还人家的鱼。文章写道,老太太一边冒着大雨,一边骂不绝口。他用的是"骂不绝口"这个词。这样的东西我觉得就有点过分。反对不正之风没有问题,但总得讲点人情味儿,你明天送鱼不行吗?哪怕坏了,我也是退给他了嘛,叫这么大年纪的老妈妈顶着大雨,还得孙女扶着去是不是有点不通人情。这就叫过犹不及,过了以后反而损害局长的廉洁形象,让人觉得他不近人情。诸如此类的现象时有发生。所以,我们说什么话,都应该掌握一定的度。

事物的性质都是由它的度来决定的。比如,水超过100摄氏度,就变成气体了,低于零摄氏度就变成冰了。同样,不管是写英雄人物,还是写坏人坏事都要注意度。有个作家写过一篇《美食家》的文章。说有个厨师,几位美食家问他:当厨师最大的本领是什么?有的说掌握火候?不是。有的说是刀工?也不是。问了很多本领,厨师都说不是。最后他们问,那你说是什么?厨师说是加盐。一听加盐,美食家们都笑了,这算什么经验,谁家做饭不加盐啊,还用你这个名厨提醒?厨师说不对。加盐如果加多了,过度了,就太咸了,不好吃;而如果加少了,就太淡了,也不好吃。厨师的本领就在于掌握这个度,在于这点盐加下去不觉得淡也不觉得咸。而且,我做饭前先调查一下,看看我上的这道菜是先上还是后上,假如先上,那就要咸一点,后上就要淡一点。另外,我还要了解今天吃饭的人大部分是什么地方的,南方人就要淡一点,北方人就要咸一点。这里面千变万化,没有一本书是可以给你规定的。这篇文章说的是做饭,实际上讲的是一个普遍性的哲理:在生活中,度的掌握是最难的。我们做宣传工作、做新闻报道,最大的本领也是把握这个度。一件事情说得太好了,人家不相信;说得太坏了,人家也不相信。怎样掌握一定的度,这是需要不断学习的。

我感觉,现在的文章中,讲理直气壮的多,讲委婉曲折的少,讲旗帜鲜明的多,讲含而不露的少,讲浓墨重彩的多,讲轻描淡写的少。常用浓墨重彩,人们就会腻的。这个时候用点轻描淡写,反而会引起人们注意。《琵琶行》写道:"大弦嘈嘈如急雨,小弦切切如私语。"你们看,白居易这首诗多么懂得矛盾的对立统一啊!假如一味大弦嘈嘈就变成一堆噪音了。我们往往认为大弦嘈嘈很突出,其实在一定时候窃窃私语反而更加突出。你们一班同学都穿红衣服,就没有一个显得突出,这个时候若有一个穿白衣服的,他就一下显出来了。只强调大开大合,不研究以小观大,是不懂得矛盾的辩证法。大开大合是一种本领,以小观大也是一种本领;大弦嘈嘈是一种本领,小弦切切也是一种本领。一直要针锋相对、以牙还牙,你成天咬牙切齿,人家就不在意了!

我们将来写文章、写报道,得懂得一点艺术,讲究一点方法。既要研究怎样写得理直气壮,还要研究如何根据需要委婉曲折;既要研究如何旗帜鲜明,还要学会如何含而不露;既要研究浓墨重彩,还要学会轻描淡写,等等。这样你才能成为一个多面手,而不只是一种调子。我们现在有些作品不那么吸引人,就是因为只注重一面,而忽略多面。

我们这个转型的社会,有很多新的状况、新的问题、新的事物。每个人的审美眼光、价值观念都在变化,我们做新闻宣传工作的人,就要深入研究这些变化,才能与时俱进,不至于僵化。比如,现在你们讲的一些语言,我有好多已经听不懂了。我也在不断学习你们的很多新鲜话。新闻工作最怕老化。我想给你们读一个我的外孙女13岁的"逆反词"。我的外孙女从小挺聪明,挺温顺的。可是,13岁以后突然变了,变成你们讲的"郁闷",你们讲的"郁闷"就是没劲儿了。一人经常在房间里默默地写啊,轻轻地唱啊,不知道她在想些什么。有时候我们和她说话,她又不爱听,你再多说两句,她一扭身就走了。有人说,这是青春期逆反心理的反应,慢慢会好的,我说我也是青春期过来的,我可没有这么大胆顶撞父母啊!什么原因呢?有一次,她从学校里面拿回作文本,我看了看,里面有她写的一首诗,叫《呼唤》,我这里给你们念一段。

  我们渴望自主、渴望创造、渴望放纵。
  我们渴望自己的生活,
  可是可恶的大人们你们却用你们当年老掉牙的生活,

一遍又一遍把我们想象的翅膀锁定。
拉起了遮盖光明的窗帘，
我们看不到自由的天空。
别再说什么为你们好，
尽管里面是那么真诚动人。
我们不想做楚楚动人的小鸟，
我们的理想是做展翅高飞的鸿雁。
告别了你们用玩具和糖果编织的墓地，
我们会在我们自己的世界里好好经营。
别再和我们交流，
不同时代的人们之间无形的代沟是永恒。
……

看了这个，我觉得血压都高了。我想你才13岁，竟敢如此的狂妄！你把大人平时苦口婆心的教导，看作时代车轮甩掉的可怜人，老掉牙的老生常谈？又一瞧，后面还有老师的批语。我看看老师怎么批的。老师说："看了这首诗，相信任何一个大人都会被触动，也会莫名感伤，但随后还是会用你不愿意接受的方式来教导你。别忘记，就像每一个果实都曾经是美丽的鲜花，每一个大人也都有过纯真的童年。你有很强的文字表达能力，请永远不要放弃。"我看了老师的评语，比我强得多。她更了解这个时候孩子的想法。现在你们都是很前卫的，可能等你们参加工作、进入社会，面对比你们更前卫的人，这时候你也有必要去学习，这就是时代。做新闻工作最大的特点，就是必须和时代同步，否则你就会落后。

今天就讲到这里，谢谢大家！

（录音整理：张艳艳　陈菁菁　陈晓清）

目 录

Ⅰ 代序：新闻典范在咫尺——《李庄文集》序 / 范敬宜
Ⅱ 开场白 / 范敬宜

理 论 篇

3　第一讲　为什么要学习马克思主义新闻观 / 范敬宜

　　新闻界有名望的老同志和老朋友还悄悄地跟我说："你开设马克思主义新闻观？"我说："是啊。"他说："这个名字能不能改一改，别叫马克思主义新闻观，叫个新闻基本原理概要。"我说："我们宣传马克思主义应该是理直气壮的，不是偷偷摸摸的，为什么不敢那样提呢？"像这样的同志还不在少数，而且这些人还是久经考验的，所以年轻的同学们产生困惑一点也不奇怪。

14　第二讲　马克思主义新闻观理论溯源 / 童兵

　　18岁以后，恩格斯按照德国当时的法律要当兵，他就当上了炮兵。依据当时规定，他这种义务兵一天干8小时就行了。他非常荣幸地被分配到柏林炮兵部队，可以在8小时之后去柏林大学哲学系旁听哲学课程。他听当时的大教授谢林讲课，发现了不赞同的观点，就写批判文章在报纸上发表，读者误以为是非常了不起的哲学家写的，而不知道文章的作者只是个炮兵下士。恩格斯有很强的自学能力，他大学都没念过，可你看他写的笔记，包括数学笔记，我们读数学的博士生都未必能看懂，写得非常深。

29　第三讲　中国共产党新闻思想的形成和发展 / 郑保卫

　　我和童兵老师是甘惜分老师1978年带的第一批研究生。入学后甘老师就交给我们俩一个任务，让我们通读《马克思恩格斯全集》39卷。我们用了大半年时间吭哧吭哧把39卷看得差不多了，还没等全部看完，甘老师又告诉我们说中央马列编译局又编出了后11本，你们赶快去看。我们又赶紧到马列编译局把后11本看完了，总共是50卷。通读了50卷，我们作了几千张卡片，后来出了一本书叫《马克思恩格斯报刊活动年表》，40万字，是人民大学出版社出的，这是中国第一本专门研究马克思和恩格斯报刊活动与新闻思想的年表式的著作。我们觉得研究马克思和恩格斯一生的报刊活动和新闻思想，非常有收获。

60　第四讲　全球视野中的中共新闻理论与实践 / 赵月枝

我在农村办学术活动，邀请一位初中毕业的老农给参与者讲授山村广播电视的发展史，老农很认真地准备材料，讲得也很生动细致。为此，我给他几百块钱作为讲课费或误工费，结果老农一夜没睡，第二天早上写了个条子，托我的助手把钱还给我。在他看来，知识是很神圣的，讲课是很神圣的，不应该同金钱交易行为联系起来。

77　第五讲　再塑新闻魂 / 李彬

在大革命时代的《政治周报》发刊词中，毛泽东开宗明义地写道：为什么出版《政治周报》？为了使中华民族得到解放，为了实现人民的统治，为了使人民得到经济的幸福。也就是说，为什么办报，为什么发展新闻业，不是为了专业主义的客观中立、不偏不倚，而是为了人民当家做主。重庆谈判期间，有一次毛泽东应《大公报》总编辑王芸生邀请，去报社访问，道别时，王芸生请他留下墨宝，毛泽东挥笔写下"为人民服务"。新闻工作就是为人民服务，新闻记者就是为人民服务。

实　践　篇

93　第六讲　如何成为一名好记者 / 何平

有三个石匠，人们问他们"你的志向是什么"，三个石匠都有各自的回答。第一个石匠说是为了养家糊口；第二个石匠说是把石头做得精美，成为一个出色的石匠，第三个石匠说是造一座美丽的、宏伟的宫殿。这个例子给我们什么样的启发呢？第一个石匠将自己的工作作为谋生的职业，跟新闻工作相比，就是把记者仅仅当作一种谋生手段，仅仅是为了生存；第二个石匠还是有一定追求的，他想做一个出色的石匠，但是仅仅局限于把石头打造得精美一些，就像记者把稿子写得漂亮一些，虽然也有一定追求，但境界还不够；第三个石匠的回答才算有志向、有理想、有追求，他超越了职业本身的含义，而是按照自己心里的追求和理想去实现一种梦想。

我想新闻工作既是一种职业,更是一项事业,一字之差有很大的区别,而这一点又是新闻工作或职业特点中比较鲜明的一点,就是它的事业感要比其他职业更明显、更突出。

108 **第七讲 心中有爱有阳光** / 张严平

有同学问我:记者这个职业最吸引你的是什么?我想,每个记者肯定都有自己的燃烧点,而对于我,记者这个职业最让我神往、让我一直停不下脚步的是它让我有机会走进一个又一个优秀的、高尚的、平凡而伟大的心灵之中。正是这样一颗颗心灵,让我领悟着生命的意义,感受着民族的灵魂。我写他们,不仅让更多的人因为他们而感动和受到激励,同时,我的生命也在他们的心灵中得到丰厚的滋养。一个内心有阳光的人,才能感受我们社会的阳光;一个内心有阳光的记者,才能传达出蕴于千千万万人心中的阳光。深深地感恩记者这一份工作,它让我领悟了太多人生的意义;它让我在理想与现实之间,始终朝向前进的方向;它让我内心始终充满热爱与阳光……

130 **第八讲 大记者与大视野** / 翟惠生

国庆节的时候,人民大会堂举办了一次《长征组歌》的重排,中间穿插有朗诵。田华、陈铎、殷之光等大演员走上台的时候,不拿麦克风那个声音都是气贯山河,给人一种震撼力,一下就能抓住你的心。可现在一些青年演员和他们同台竞技的时候,显得那么软弱,那么无力。他们就是嘶哑着声音,拿着麦克风也出不来那种底蕴。这就是大与小的区别。

147 **第九讲 全球传播变局与对外传播创新** / 史安斌

我们可以用两句话简要概括中国所面临的全球舆论态势:"大国崛起"与"挨骂"时代同时到来;全球民众对中国的看法可谓"喜忧参半、爱恨交加"。中国对外传播的力度、广度和深度距离全球民众的"期待视野"还有不小的差距。但从传播心理学的角度看,这预示着中国开展"大国外宣"恰好"生逢其时"。在这种呈"对称分布"的舆情走势面前,适时而有效的新闻传播会起到影响甚至扭转舆论走向的作用。换言之,当前中国对外传播工作总体上面临着"机遇与挑战并存、机遇大于挑战"的局面。

162　**第十讲　为人民把握好新闻舆论的领导权** / 李希光

今天,打开电视和网页,我们会发现大量吃媒体这碗饭的"玩家"。除了冲在前沿的记者、编辑和主持人外,他们中还有媒体投资者、经营者、微博大户等。新闻自由是属于人民的,不是属于媒体玩家的。伊利诺伊大学传播系教授罗伯特·麦克切斯尼几年前出版的《数字封杀》展示了在数字环境的语境下,一个公开的、民主的互联网跟一个资本集团为追求私利而操纵的互联网完全是两码事。互联网发展到今天,互联网呈现了一个资本财团不断集中和垄断的严峻画面。互联网大户都在试图通过利用政府对市场管制的放松去抢占消费者的"每一秒醒来的时间",以巩固它们的市场阵地。

传　播　篇

173　**第十一讲　漫谈东西方跨文化交流** / 赵启正

中国驻南联盟大使馆被美国轰炸之后,一个大学的学生在校园里游行,美国留学生对中国大学生举 V 字手势,中国学生上去要揍他,"难道你胜利啦?"美国学生不明白,"你为什么要打我?"大家知道这是什么意思吗?胜利?这个手势在美国意味着 peace——和平。看见中国学生游行,做这个手势是表示"我们要和平,不要冲突"。再看见美国学生做这个手势,请不要揍他,他是跟你说要和平。这样的例子还有很多。

189　**第十二讲　传播政治经济学研究路径与前沿** / 赵月枝

我当年在你们这么大的时候出国留学,是国家公费派出去的。跟我同级的国内研究生同学去上《政治经济学》,学《资本论》,因为我是出国预备研究生,所以不要在国内上课,就学英语。我特别高兴,说你们在国内痛苦吧,我要出去了,我肯定不学这种东西。结果出去后,被老师逼着学马克思主义的东西,而且,这些东西实际上在西方学术界是一个很重要的理论基础。我今天给大家讲的传播政治经济学就是西方马克思主义传播研究的一个主要分析框架。

213　**第十三讲　浅谈毛泽东的话语与修辞** / 萧延中

　　这个"怎么说"涉及话语和修辞的学问，是个很大的问题。跟妻子谈话时，成熟男人会说"你看这件事这么办行不行啊"，说出来让对方听着顺耳，妻子心想"虽然不太赞成吧，你都这么说了，我还能说什么呀，就这么着吧"。年轻人可能就不这么说，而是"走，把那事儿给我办了"，女的说"你还没征求我的意见"，男的说"凭什么征求你意见啊"，于是俩人就吵起来了。所以，怎么说这个话很重要，毛泽东太懂得"怎么说"了。

227　**第十四讲　新中国与新文化** / 李彬

　　什么是新中国？一言以蔽之就是现代化的人民民主国家。什么是新文化？人民当家做主的价值理想与文化长城之谓也，具体表现为文学艺术、思想理论、新闻传播、教育体系等。如果说中华民族伟大复兴的中国梦是新中国建国历程的宏伟目标，那么与之相应的新文化就不仅仅是"软实力"，而是生死攸关的生命线。

　　自近代启蒙以来，传统的君权神授、父传子继、武力镇压等统治形式，均已丧失了政治合法性，文化政治与文化领导权成为各种命运共同体的存续根基。也就是说，现代政治都是文化政治，现代政治斗争的核心是争夺文化领导权。正因如此，相对于政治、经济、社会、外交等，意识形态危机是当代中国最根本、最致命、最可能导致"颠覆性错误"的问题。因为，"没有硬实力一打就倒，没有软实力不打自倒"。

243　**第十五讲　如何讲清楚马克思主义新闻观？** / 胡钰

　　马克思在17岁中学毕业时写的《青年在选择职业时的考虑》的毕业论文中，表达了自己的人生志向："在选择职业时，我们应该遵循的主要指针是人类的幸福和我们自身的完美。""如果我们选择了最能为人类而工作的职业，那么，重担就不能把我们压倒，因为这是为大家作出的牺牲；那时我们所享受的就不是可怜的、有限的、自私的乐趣，我们的幸福将属于千百万人，我们的事业将悄然无声地存在下去，但是它会永远发挥作用，而面对我们的骨灰，高尚的人们将洒下热泪。"马克思是这么说的，也是这么做的。原本马克思的父亲给他设计的人生道路是成为一名优秀的律师或法官,过上殷实的中产阶级生活,但马克思深感人类社会的问题而选择从哲学入手开始研究社会问题,终身投身于无产阶级的革命事业。

254 **结束语** / 李彬

260 **修订版后记**

理论篇

第一讲 为什么要学习马克思主义新闻观

范敬宜

清华大学新闻与传播学院原院长、教授
清华大学马克思主义新闻学与新闻教育改革研究中心原主任

演讲人简介：范敬宜，江苏苏州人。早年就读于无锡国专。1951年毕业于圣约翰大学中文系，开始从事新闻工作。曾任《东北日报》《辽宁日报》编辑；1983年任《辽宁日报》副总编辑；1984年调任国家外文出版发行事业局局长；1986年任《经济日报》总编辑；1993年任《人民日报》总编辑；1998年任全国人民代表大会常务委员会委员、教科文卫委员会副主任委员；2002年至2010年，担任清华大学新闻与传播学院首任院长、教授；曾任中国新闻摄影学会会长、中国新闻文化促进会会长；兼任中国人民大学新闻学院和武汉大学新闻学院教授、中国社会科学院研究生院新闻系博士生导师等。代表作《总编辑手记》《敬宜笔记》《范敬宜诗书画》等。

今天我讲的主题是我们为什么要学习马克思主义新闻观。我为何一开始就讲这个题目呢？因为对这个问题——为什么学习马克思主义新闻观的问题，不是所有的同学都很清楚，一些新闻记者或新闻学者其实也未必多么清楚。我比较了解同学们的想法，记得去年第一次开这门课的时候，许多新生存有疑问和困惑，当时有同学见到我说："老师你讲什么课？"我说"马克思主义新闻观"，他一听就说："哦，好恐怖啊！"还有的同学认为，我们是在"洗脑"。大多数同学则认为，新闻是事实的反映，做新闻工作只要客观地反映事实、报道事实就行了，为什么还要学习马克思主义新闻观，对此有点想不通。他们觉得学了这个东西会不会给自己的思想戴上枷锁，戴上框框，限制自由思维？个别同学甚至认为，马克思主义已经过时了，世界发展到今天还用一百多年前的马克思主义指导新闻工作，会不会脱离实际，陷入教条主义？有的同学发现，从马克思的原著里看不到我们现在所强调的内容。马克思的原著里直接论述新闻的内容并不多，谈到的主要是争取新闻自由，反对普鲁士政府的新闻检查等，而这和我们现在所强调的一些思想是不同的，那又怎么说得通呢？另外，现在新闻院校好像还没有一家专门开设马克思主义新闻观的课程，而且是针对全体学生的必修课，一般最多是在各种课程里附带讲点这方面的内容。那么，为什么清华大学新闻与传播学院要独树一帜，带头开设这么一门课呢？据说，有的学校在讲马克思主义新闻观的时候，学生往往一个个退席走人，最后没剩几个。我们倒是没有发生这样的情况，但是刚开始的时候，一听坚持马克思主义新闻观，有的同学就相视一笑，那意思仿佛是说："你看，又来这一套了。"我不知道你们心态如何，我想这样想也很自然，可以理解。因为你们并不清楚啊，而且连做新闻工作的人、连讲新闻课的老师有的都有这样的疑问。所以，我觉得学习马克思主义新闻观，首先要有一个比较正确的态度，对为什么要学习马克思主义新闻观，为什么我们把这门课作为必修课必须要有一个比较正确的认识。

一、国家的性质决定我们要学习马克思主义新闻观

那么，为什么我们要学习马克思主义新闻观呢？我觉得至少有三个理由。第一点，这是我们国家的性质所决定的，这一点要很明确。我们是什么国家呢？我们是共产党领导的社会主义国家，这是我们国家的性质。毛主席说得好："领导我们事业的核心力量是中国共产党，指导我们思想的理论基础是马克思列宁主义。"而且，马克思主义是鲜明地写在党章里的，写在《宪法》里的，并且是贯彻在我们所有方针政策中的。换言之，马克思主义是我们一切言行的指南，在这一点上不能有一丝一毫的模糊与动摇。

另外，新闻工作本身具有很强的政治性和鲜明的意识形态特点。新闻工作的一项主要的任务，就是传播马克思主义，就是报道和宣传各条战线各个领域怎样在这种思想指导下开展工作的。其他工作里提出让一个什么观来指导的情况很少，比如说，工业、经济什么的可能不怎么用马克思主义工业观、经济观，但是新闻工作的意识形态特性很强、政治

性很强,所以这个问题就成为新闻工作的根本问题。对此,我们要有清醒的认识,只有这样才能在一开始把路走正,避免走弯路、走歪路。我想将来大多数同学都是要做新闻传播工作的,有了马克思主义新闻观的指导,就不至于产生困惑,产生一些格格不入的情况。我记得已经去世的前新华社社长郭超人同志,在中央开会时几次讲到,现在新闻院校培养的学生到新华社后都要重新"回炉",否则无法适应工作。这个话他讲过好几次。新闻工作的源头在新闻院校,如果新闻院校这个方面的思想基础没打好,等学生到新闻单位往往就会转不过弯来,甚至做不好工作。这些年,我一直在想如何避免"回炉","回炉"不是什么好现象。如果我们在学校里把这个问题解决好,让学生对马克思主义新闻观比较了解、能够认同,那么,大家今后的发展就会一顺百顺了。其他很多专业课程都没有什么大的问题,唯独这个问题一定要弄清楚。

  对这个问题的认识,我自己也是比较迟的,我同样是从你们这个年龄过来的。1951年我从大学毕业,那时 20 岁,在上海美国人办的教会学校圣约翰大学里,受洋化东西的影响比较多。解放初期,也没有像现在这样讲马克思主义新闻观。毕业那年,正好是抗美援朝刚开始不久,大家可能读过魏巍写的一篇通讯《谁是最可爱的人》,我读了这篇通讯真是热血沸腾,感动得掉眼泪啊。于是,下决心当一名战地记者,我写的申请书就是要求到白山黑水、硝烟弥漫的战场上,做一个魏巍那样的战地记者。我本来考取了《文汇报》,但最后放弃了,那时觉得待在大城市很没出息,青年人充满浪漫主义情绪,一心想做英雄人物,让朋友能够羡慕自己,家人能够为自己骄傲。于是,我怀着这么一种心情,到了《东北日报》,即东北局的机关报。那时全国分为五个大区,后来撤销了,现在都是省,没有大区,东北局的机关报就是《东北日报》。报到的第一天晚上,总编辑找我谈话,问读过什么东西,写过什么东西,我都如实地跟他说了。他听了以后对我说,看来你的文化基础知识是不错的,但作为一个党的新闻工作者,首先要学习用马克思主义的立场、观点和方法去观察问题,处理问题。我当时也比较单纯,在学校里又没有学习过这些东西,政治上还比较幼稚,听不懂他的话,不知道立场、观点和方法哪个在前哪个在后。我就打断总编辑的话说:"总编辑,你能不能说慢一点,我记不下来。"后来他又重复一遍。

  这件事情很快在同事们中间被传为笑谈,说这个新来的范敬宜、这个大学生,人还比较聪明,文笔也不错,但政治上太不成熟,连立场、观点和方法都听不懂。从此,就给人留下一个印象,多少年也很难改变,觉得范敬宜政治上幼稚,所以难以担当有深度的报道。比起我当年来,你们在政治上比我要强得多了,懂得的事情也比我多得多,但是你们所面对的情况比我当年要复杂得多。那时人们很单纯,大家对马克思主义、对党的路线方针、对党的喉舌等问题,根本没有谁会提出什么异议,完完全全就是这么去做的。而现在人们的脑子复杂得多了,考虑的问题也多了。但是,不管怎么样,你要当一个合格的、优秀的新闻工作者,就必须懂政治,必须了解马克思主义,必须掌握马克思新闻观的一些基本原理。

  其实立场、观点、方法的问题很简单。立场是什么呢?就是党的立场、人民的立场,站在这个立场上就可以了。观点是什么呢?就是辩证唯物主义、历史唯物主义,学会用这样的观点分析问题就可以了。方法是什么呢?就是怎样正确处理各种矛盾。总之,都很简单,并不神秘。这是我们为什么要学习马克思主义新闻观的第一点原因,即我们国家的性质所决定。

二、时代的发展需要我们学习马克思主义新闻观

第二点,时代的发展需要我们学习马克思主义新闻观。大家知道,改革开放后的今天,新闻工作者一方面要解放思想,不断扩大自己的视野,了解其他国家新闻工作的现状,他们的规范、动态、理论等。这在以前是没有的,也是不容易的,而现在则开阔了很多。但是,与此同时,人们的头脑也比较复杂了。刚才跟李彬老师、助教侯丽军同学谈到这些问题,谈到政治的合法性问题、马克思主义在我们国家的合理性问题等,这些问题在我们那个年代都是想都不敢想的。现在可以自由地想了,但是必须有一个基本判断和选择,不能说此亦一是非,彼亦一是非,必须有一个准绳,这个准绳就是马克思主义的立场、观点和方法。总之,学习马克思主义新闻观,一方面,要积极汲取一切前人的、外国的优秀遗产;另一方面,又要立足中国的现实,了解我们中国新闻工作的实际和基本原则。

那么,什么是马克思主义新闻观?马克思主义新闻观又是何时提出的?简言之,马克思主义新闻观不是由某一个人提出的,而是一批马克思主义理论家总结归纳的,他们选择被历史实践证明能够反映新闻规律的思想、理论和观点,这些都是由马克思、恩格斯、列宁、毛泽东、刘少奇等人奠定的,并且逐步在中国形成的。虽然随着历史的发展,马克思主义新闻观也在不同阶段不断有所修正,但基本原则并没有变。到2001年中共中央正式提出马克思主义新闻观以后,中国新闻院校开始把这个事情作为一项重要的课题。不过,目前来说,好像真正认真去做的还不多,甚至连我们开这门课,新闻界有名望的老同志和老朋友还悄悄地跟我说:"你开设马克思主义新闻观?"我说:"是啊。"他说:"这个名字能不能改一改,别叫马克思主义新闻观,叫个新闻基本原理概要。"我说:"我们宣传马克思主义应该是理直气壮的,不是偷偷摸摸的。为什么不敢那样提呢。"像这样的同志还不在少数,而且他们还是久经考验的,所以年轻的同学们产生困惑一点也不奇怪。为什么叫"新闻基本原理概要"呢?其实就是冲淡过于浓厚的意识形态的色彩。意识形态太浓我也不赞成,什么都是政治、什么都是宣传,不讲新闻规律、不讲宣传艺术当然不好,但是马克思主义新闻观是名正言顺的事情,为什么就不敢提呢?我想,如果这一点也动摇的话,那么,对我们国家的稳定和发展绝不是什么好事情。

党中央提出要用马克思主义新闻观统领新闻宣传和新闻教育,正是在这样一个特殊的时代背景和时代思潮下提出来的。我自己问自己,我的思想是不是变得僵化保守了?有人说你有好多东西不像"右派",右派应该是自由化的。我觉得自己不是一个思想僵化

的人,因为我自己的文化背景应该说既很西化,又很传统。我从小是在一个中国传统文化和西方现代文化交叉的环境中熏染成长的,我身上的非马克思主义的东西很多。比如,我在受难流放的时候,面对高山丛林,可以高唱《我们走在大路上》,也可以唱美国电影插曲,我脑子里的东西都是混杂在一起的。应该说,我是一个既有许多封建东西,又有许多西方资产阶级东西的人。我经历过"左"的严重迫害,差不多 20 年都是在最基层的、最艰苦的农村生活的,在人们的心目中,我这样的人思想上应该是很难接受马克思主义的。我说自己在正统人眼里可能是个"异类",而在新潮人眼里又可能是个"顽固",我就是这么一个矛盾的人。你们有位师兄写过一篇文章,揭示了我身上的这种矛盾状态。那么,我为什么还热衷于提倡和维护马克思主义新闻观呢?这似乎是不可思议的事情。其实也很简单,因为这是我的一种选择,它是我经过比较以后的一种选择。在将近 20 年社会底层的生活中,我有机会接触最普通的老百姓,最贫苦的农民,这使我逐步了解了中国的国情,懂得中国的许多事情只能这样而不能那样,知道怎么做行得通,怎么做行不通。在今天的中国我们只能做行得通的事,而不应该做经过无数实践证明行不通或目前行不通的事。去年同学们的马克思主义新闻观小结写得都非常真实。有位叫许海燕的同学讲,开始,她想不通为什么对揭露社会阴暗的东西不能大量报道,认为是不是压制新闻自由?学了马克思主义新闻观后,她写了一段话,对我也有启发:

到底何谓马克思主义新闻观?何谓中国需要的马克思主义新闻观?

回答一个问题:中国,这个拥有十几亿人口的泱泱大国,在解决了衣食温饱之后,最怕的是什么?乱。乱为中国难承之重,转型期的中国社会,一旦放开舆论控制,这样的风险我们是否能坦然面对?在各种思潮达到前所未有高涨程度的今天,放弃媒介的舆论堡垒,其代价我们是否可以负担?作为一个普通百姓或是一名普通记者,也许我们在为个人表达自由的受制而愤懑不平。但作为决策者,恐怕要在制度的天平上掂量半天吧。稍有不慎,七上八下,所有天平上的老百姓都跟着狠狠地摔到地上,这样的后果实在吓人。

今天,《人民日报》政治部主任傅旭老师也来了,他们对清华大学到《人民日报》工作的同学有两个评价:一是上手快,没想到我们的学生这么快就能适应工作;二是学生的思想观念有很多认同,没有别扭。比如,有一位叫曹树林的同学,原来很另类的,常常提一些很尖锐、很古怪的问题,而那天他自己说:现在我已经由一个"愤青"成长为一个马克思主义者。说明他慢慢懂得这个理儿了,知道许多问题放在大局中考虑就能想开了。

三、教育的方针要求我们要学习马克思主义新闻观

第三点,是我们的办学宗旨要求我们要学习马克思主义新闻观。我们学院的宗旨是"素质为本,实践为用,面向主流,培养高手"。前两点没有争议,问题是"面向主流,培养高手"。有人质疑:你说面向主流,究竟什么是主流?面向主流是不是把我们的手脚和思想

都束缚住了？主流当然包括从中央到地方的党报，但又不局限于党报，而应该是包括一切符合主流意识的媒体，像一些都市报、娱乐报也是办得不错的，当然，许多所谓新锐媒体的整个导向是消极的。我曾经拿一份30个版的报纸给一位同学看，我问他看了后什么感觉，他说了一句话："绝望。"这份报纸从头版头条到最后一版，除了凶杀、诈骗、色情等就没有别的内容了。有一位同学在课程感言里写道："我相信一切好的东西都是主流的，我愿意永远面对主流，春暖花开；我愿意为了让自己成为一名高手，而不停地奋斗，就像我们在这个秋冬见过的那些高手一样。同学们的许多思想火花对我都有意义和启发。"

那天路透社的总编辑来，我跟他讲我们的办学方针"面向主流，培养高手"，其中的主流也包括国外的一些权威媒体。他听了以后特别赞同，他说像清华大学这样世界闻名的大学，你们不培养高级的新闻人才谁来培养呢？清华大学培养的人如果不是一流的，不是高手，那么我们又何必办新闻教育呢？所以，我们应该培养一流的学生，一流的学生应该到一流的媒体，这是理所当然的，我们应该有自信。为了适应这样一个定位，同学们不但要学很多专业性的东西，更要掌握马克思主义新闻观，这是我们所有课程的主心骨。现在，我们面临的一个重要问题就是课堂与现实脱节，学与做两层皮。许多实际所需的东西学不到，而不需要的又学了很多，所以一到报社就得"回炉"。我当年曾经想过，如果有机会到新闻院校工作，一定设法探索一下如何减少"回炉"现象的问题。因为"回炉"容易夹生，我们应该把很多问题解决在"出炉"以前，应该缩小专业学习与新闻实践的距离。提出"面向主流，培养高手"就是这一探索的开始，马克思主义新闻观的教学也是一个步骤。从2005年开始，我们正式开设这门课程，至少在北京的新闻院校中首屈一指。中宣部、教育部对此非常重视，要求我们积累经验，教育部还希望把清华大学作为马克思主义新闻观教学的一个基地。部长周济同志屡次跟我说，这不仅仅是让你们承担几个科研项目的事情，而主要是成为一个"高举旗帜的突击队"。作为清华大学的师生，对于党和国家交给我们的严肃任务应该义不容辞，全力以赴。经过上一学期的教学，我觉得有信心把马克思主义新闻观讲好，对这一学期的学生我也是寄予很高的期望。

四、马克思主义新闻观的要点

下面，我再结合自己的实践给大家讲讲马克思主义新闻观的要领。马克思主义新闻观可以列出很多内容，如喉舌、党性、导向，等等。有些问题看起来很复杂，而我觉得并没有什么复杂。比如说喉舌问题，现在许多新闻院校都回避这个问题，但这个词并不是中国共产党创造的，早在孙中山时代就提出了"为民喉舌"。王韬、章太炎等前辈也都讲过喉舌问题，怎么到了中国共产党就不能提了呢？所谓喉舌，其实就是代表某个党派或团体说话。西方记者说，他们都是独立思考的。我就跟他们讲：你们不懂中国话，中国语言大量用肢体和器官来代表某种概念，从头到脚可以举出许多例子。比如，"眉目清楚"是说事情脉络清晰；再如"耳目一新""唇齿相依""手足兄弟"，等等。外国人只能将手足翻译成 hand and foot。"肺腑之言"难道真的把肺掏出来吗？"肝胆相照"就真的是把肝打开？其实，外国人也有"喉舌"的说法，像 mouth and teeth。至于在导向上做的文章就更多了，他们也讲导向，可是一掺杂意识形态的分歧，许多东西往往就扭曲了。结果，本来好好的词，中国人自己也不敢提了，觉得一讲喉舌、党性、导向仿佛就理亏似的。我觉得这些东西并没有什么复杂的，几句话就可以讲清楚。

马克思主义新闻观的内容是博大精深的。一个学期的学习不可能面面俱到，也不可能什么问题都解决，我只想就新闻工作经常遇到的几个要点问题谈一谈。

1. 实践第一

我认为，马克思主义新闻观的一个重要内容，就是实践第一。这是马克思主义的基本观点，从马克思、恩格斯到毛泽东，都是讲实践的。人的正确认识只能从实践中来，这是毛泽东讲的；实践是检验真理的唯一标准，这是邓小平一再强调的。一个"只能"，一个"唯一"，说明了唯物主义和唯心主义的根本区别。实践是最广大人民群众的实践，而不是少数人的实践，也不是短期的实践，而是长期的实践。毛主席讲过："群众是真正的英雄，而我们自己则往往是幼稚可笑的。"为什么？因为广大群众是生产第一线的实践者。作为社会的瞭望哨、晴雨表，新闻工作的一个主要职责就是考察我们的政策在群众中的具体化过程，报纸最重要的一个任务就是考察政策在实践上的利弊得失。群众欢迎的，必然是正确的；群众不欢迎的，必然是错误的。

最近，我了解了一些"三农"政策的落实问题，如农民最关心的"农业税"以及农村学费问题。党的"三农"政策为什么那么受欢迎？我问了几个农民朋友，他们说，他们最高兴的就是几千年来的农业税免了，他们感觉轻松了好多。现在他们的主要问题不是能不能吃上饭，而是能不能多赚点钱，而这个问题现在还没有完全解决。他们讲得很实在，发自肺腑。对新闻工作者来说，凡是群众欢迎的，我们就要满腔热情地传播；凡是群众有意见的，不管说得再好，我们也要谨慎。我有一条经验，叫作"离基层越近，离真理越近"，因为基层是我们一切政策的出发点和落脚点。

我 1969 年插队落户，去了一个非常穷困的山村。我问那儿的一位队长："这么个穷地方，怎么才能变化？"

队长说："没有别的办法，只有大包干。"

我当时大吃一惊，心想这个人觉悟怎么这么低。当时正在猛批"三自一包"，大讲阶级斗争。我对公社书记说："这儿的人思想觉悟很低，要好好教育。"书记只是笑了笑，什么也不说。

可十年以后，事实证明，真理到底掌握在谁的手里？就掌握在那个不识几个字的农民手里！所以我们新闻工作者遇到议论纷纷，自己判断不了的时候，就要深入到群众中去。

那样,即使不能进行报道,也不至于犯太大的错误。中国有句话:知屋漏者在檐下,知政失者在草野。这是让人终身受用的,每当遇到困惑时就去听一听街谈巷议,就去了解一下群众的心声。这些活动对避免头脑僵化大有好处,而头脑僵化是新闻工作的大忌。

大家都知道申奥成功的那天晚上,群众特别激动。我们报道这个事件时,都说民族自豪感、爱国热情迸发什么的。到底人们狂欢的因素是什么呢?第二天我就问一个出租车司机,他说:"这要分几种不同的情况。一种当然是民族自豪感,中国人扬眉吐气。另外还有几种:一是,香港的房地产商有钱挣了;二是,下岗工人有活干了;三是,城南的人有房子住了。最后还有一种情况,就是十年没有发泄的人借这个机会发泄发泄。"可见,只写自豪感、欢呼等,根本不会想到还有那么多其他的因素。

所以要做一个优秀的新闻工作者,除了深入群众,没有其他捷径可走。无论新闻手段如何现代化,都代替不了对国情民情的了解,都离不了对社会实践的参与。李彬老师一直强调:"读万卷书,行万里路。"也是这个意思。

2. 大局意识

马克思主义新闻观的第二个要点,是大局意识。新闻工作者最重要的本领是什么?我的回答说是审时度势,把握大局。当然我们的文字要漂亮,我们的知识要丰富,这些都是新闻工作者所需的重要条件,但最重要的、也是最难的还是审时度势,把握大局。大家都知道诸葛亮在成都的祠堂里有一副对联:

能攻心则反侧自消,从古知兵非好战

不审势即宽严皆误,后来治蜀要深思

攻心就是做思想工作,就是抓住人心,反侧自消就是使矛盾得到艺术的化解。所以,那些真正懂得打战的指挥员不是好战者,而是有头脑的政治家、战略家。不审势就是不能审时度势,不能对大局有一个全面而清楚的了解,结果你的政策宽了也不是,严了也不是。我觉得这副对联实在是太深刻了,它不仅肯定了诸葛亮的成就,指出了诸葛亮的缺点,而且总结提炼了政治上、军事上的一些大智慧、大战略,值得后人深入体会,认真领会。

作为新闻工作者要能把任何事情都放在大局的天平上进行称量。有的事单独看也许很重要,但如果放到大局的天平上称一称,可能就没有那么重要了。同样的道理,原来一件看上去似乎微不足道的事情,但放到大局的天平上一称可能会很重要。对于你们这些刚刚接触新闻专业的年轻人来说,这个道理可能有点体会不到,但我希望今后你们工作后,能时时回首这副对联,并将它的意思带入自己的生活。多年以后,不管你们是走上领导岗位,还是从事普通的新闻工作,把握大局都需要注意三个关系:一是全局与局部的关系;二是主流与支流的关系;三是现象与本质的关系。这里,我只着重讲讲全局与局部的关系。前年,温家宝总理接受《华盛顿邮报》总编唐尼采访,在回答有关"六四"问题时讲道:作为一个有13亿人口大国的总理,我现在最关心的就是国家稳定问题。因为13亿是个巨大的数目。如果是件好事,除以13亿,摊到每个人头上的就是很少一点;如果是坏事,乘以13亿,就是件天大的事情了。我觉得,总理的这个回答特别好,他没有直接说关于"六四"的问题,而是从我们这个13亿人的大国谈起。我们可以想一想,13亿人的大国发生这样的乱子,该是怎样了不得的事情,好比一人哪怕只是一元钱,最后也成为13亿元钱一样。我现在回想起来还觉得这个回答特别有艺术、有深度,就连美国记者也把它当作一个经典的回答。

由此我想到"六四"那段日子。事情最先是从追悼胡耀邦同志逝世开始的,那时候人们的思想很乱,各种思想铺天盖地涌来,年轻人更是热血沸腾,成天到处跑动。我当时还在经济日报社工作,办公地点就在王府井一带,离天安门很近,我们那些年轻的记者每天来来往往,一会儿出去,一会儿进来,各种信息不断涌来。那时候我也很焦虑,不清楚到底怎么回事,该怎么办。恰巧这时候,当年与我在一起生活过的几个农民兄弟来北京看病,顺便到我办公室来坐坐。他们去天安门逛了一圈,回来就对我说了一句话:"再这么下去,我们可能又要挨饿了。"就是说,一旦社会发生动荡,不稳定,他首先就想到切身利益的问题,就想政治上一乱,他们又要挨饿了,而他们才刚刚吃上几天饱饭。这句话很朴素,很简单,但给我很大震动,恐怕这也在很大程度上反映了大多数老百姓的心声吧。所以,我总是对我们的年轻记者说,你们仅仅看到了周围0.2平方公里的地方,而看不到960万平方公里的地方。你们动不动就说什么民意,难道你一个人就可以代表所有人吗?你知道960万平方公里的土地是什么样吗?你就看到王府井附近0.2平方公里的地方。这就是不懂局部与大局的关系。

3. 与时俱进

最后,我想谈一下马克思主义新闻观的发展与变化。马克思主义新闻观是与时俱进的新闻观,所以我们不能一成不变、故步自封,而要用发展的眼光去看问题。时代不是一成不变的,而是不断变化的,因此共产党人也要让自己的思想跟上时代的变化,针对新情况研究新问题。马克思不是神仙,不可能预测身后一两百年所发生的事情。在这一两百年间,资本主义有了很大的变化,如果我们的思想观念不能跟上时代的变化,我们就不可能清楚地理解现今实行的政策。我刚到北京来时,在《经济日报》工作,那时候的提法只能是社会主义的计划经济。当时很多人还认为市场经济是资本主义,计划经济才是社会主义。毛主席在《文汇报》上还有一个相当经典的定义:资产阶级的新闻就是建立在私有制基础上、无序竞争的市场经济在新闻上的反映;无产阶级的新闻就是建立在公有制基础上、计划经济在新闻上的反映。二者对立,市场经济自然就不能报道了。如果报道了,那是要犯政治错误的。到了20世纪80年代中期,开始变成以计划经济为主、市场经济为辅。后来到李鹏同志当总理时,提法又变成市场经济与计划经济相结合。最后,等邓小平同志南方谈话发表后,才名正言顺地提出社会主义的市场经济,这一步步走得相当艰难。

所以，新闻工作者要对这种变化非常敏感，要能察觉到，并且能跟得上。不然的话，我们很可能会在重大问题上犯原则性的错误，会落后于时代。比如，有些老新闻工作者一辈子宣传计划经济，后来需要他们报道市场经济了，于是就适应不了这种变化。再以和谐社会建设为例，过去如果谁提和谐社会，就是反革命，就是修正主义。为什么呢？因为，过去讲的马克思主义，核心是斗争哲学。按照毛主席的说法，马克思主义哲学贯穿始终的是个"斗"字，马克思主义的道理千条万绪，归根结底就是一句话：造反有理。当时谁要说和谐，那还了得呢。人是以阶级区分的，你想与谁和谐？与敌人和谐？与资本主义和谐？……那位早期跟毛主席一起为革命而奋斗的老战友、外交部副部长张闻天，在20世纪60年代经济极其困难的时候——当时有美国的威胁、苏联的攻击、印度的挑衅等，而我们又以大量的财力物力支援亚、非、拉国家，他作为外交部副部长说了一句话："主席，在当前国家困难的情况下，我们是否能跟美国、苏联、印度和缓一点，对亚、非、拉友好国家支援少一点？"毛主席说："你这是什么观点？你要跟帝国主义讲和？跟修正主义讲和？跟各国反动派讲和？"后来就给他扣上了一个"三和一少"的罪名。你不是要搞"三和一少"吗？我就搞"三斗一多"，与美帝国主义斗、与苏联斗、与印度斗，多支援亚、非、拉国家。结果，国家陷入非常困难的境地。所以，大家千万不要小看"和谐社会"，这个观点的提出是需要很大毅力与勇气的。原来一说和谐仿佛就是修正主义，其实马克思早就讲过和谐社会，大家可以翻一翻马克思在1844年写的《哲学经济学手稿》，还有《德意志意识形态》《共产党宣言》，都多次提到社会需要和谐的问题，我们原来读马克思主义，读《共产党宣言》，没有注意这个事。所以，当前党中央公开提出建设和谐社会，有相当一部分人，特别是老一代人不理解，跟不上。难道也要跟资产阶级、跟反动派和谐？他们想不通呀。年轻人不太了解这些情况，觉得仅仅是和谐社会似乎不解渴，现在社会问题这么多，和谐得了吗？他们没有意识到，这是一次理论上的重大突破，是需要相当大的勇气呀。就我来说，我觉得建设和谐社会起码要有两个条件：一是物质丰富。中国人造字是相当有艺术的，比如"和"在篆书中，就是房顶、粮食和一家三口人坐在炕上，前面还有烤肉，外面堆放着庄稼。也就是说，三口之家有吃有喝就是"和"。所以，和谐社会首先得有物质基础。再拿"年"来说，在篆书里是一个人背着一捆粮食回家。这些都形象地说明，物质基础对和谐社会的重要性。我们现在敢于提出和谐社会，就在于我们经济发展了，人民生活水平提高了，物质条件比过去好了。这是个唯物主义的观点，有吃有喝，能够在炉边烤火，这才有"和"。和谐社会的第二个条件是精神。什么是"谐"？两个人和和气气，话能说到一起才叫"谐"。这两个条件，一个是物质条件，一个是精神条件，缺一不可。物质条件就是吃得饱，穿得暖，这个我们已经初步具备了。而现在我们不搞批判了，不搞运动了，能够在一起说话了，能说到一起了，这也是一个了不起的成就。现在我们已初步具备这样两个条件，因此我们能够提出建设和谐社会了。不过，迄今为止，我还没有发现有谁这么讲这个问题，今天我们讲和谐，它的意义在哪里？为什么说它来之不易？人们讲了不少套话，好像没有谁讲清楚。以后我们做新闻工作,应当在这些问题上进行有说服力的宣传。

　　我今天讲这些就是想让你们知道马克思主义新闻观不是空洞的、教条的或"恐怖的",而是鲜活的、亲切的、有灵魂的。马克思主义新闻观不是玄虚的,而是实在的,不是离我们遥远的,而是每时每刻都能触摸的。我希望大家能够静下心来,认真看书,好好思考,这样才能产生兴趣。我觉得,马克思主义新闻观很有意思。我每天备课,写一遍不满意,撕掉了再写,人家说你讲课还需要这么细心吗?我觉得这很有乐趣。我要想哪句话能得到同学们的认同,能得到一些反映。我希望自己理解的东西,同学们也能尽量理解。当然,你们有不同意见,也可以提出来。这样可以使我们尽量去思考,从而更好地领会马克思主义新闻观的精髓。

　　谢谢大家!

第二讲 马克思主义新闻观理论溯源

童兵

复旦大学新闻学院教授

演讲人简介：童兵，1942年出生，浙江绍兴人。1968年毕业于复旦大学新闻系。1981年和1988年，在中国人民大学新闻学院分别获得硕士学位和博士学位。现任复旦大学新闻学院教授、博士生导师、复旦大学新闻传播学博士后流动站站长、复旦大学新闻学院学术委员会主任；曾任国务院学位委员会新闻传播学学科评议组召集人。代表作《马克思主义新闻思想史稿》《主体与喉舌——共和国新闻传播轨迹审视》《理论新闻传播学导论》《20世纪中国新闻学与传播学·理论新闻学卷》（合著）等。

在昨天举行的人民大学新闻学院成立50周年庆典上,碰到了李彬老师,他邀请我来给大家作报告。由于时间仓促,准备得很不充分,只是草草拟就了一个大纲,有的资料仅凭记忆很可能不准确,这些请大家谅解。

一、马克思主义新闻思想

今天我想讲五个问题。第一个问题,想讲一讲马克思主义新闻思想或者说马克思主义新闻观是什么。换句话说,是对马克思主义新闻观做一个概念的界定。对于那些写出了马克思主义重要著作的伟人们,像马克思、恩格斯、列宁、毛泽东等,我们学术界把他们称为经典大师。这些大师关于新闻传播的学说和观念的理论体系,就是马克思主义新闻观。它必须是一种理论体系,而不是支离破碎的、零星的观点体会。

之所以我们一开始要做这样的界定,是为了防止在我们的学习当中出现一些不科学的倾向。一个倾向是,"装到篮子里都是菜",不管是谁,只要是领导人说过的都算作马克思主义新闻观。我觉得这样不对,是谁的就是谁的。比如说,陆定一担任过中宣部部长,很多人就把陆定一的讲话写到马克思主义新闻观里去了。他们说,陆定一是代表党中央讲话的,党中央是马克思主义的,所以陆定一的观点也是马克思主义的。但在历史上像陆定一同志这样的干部太多,最好还是不要算。是谁的就是谁的,不是谁的就不是谁的。国外学者搞研究,就不会把一大堆人放到里面,搞一个什么什么主义出来。我这样说或许是大不敬,反对的人可能会有很多,但我们必须要有一个准确的界定,不能因为是中共党员、中共干部说过的就可以算马克思主义。

还有一种现象,就是好的、正确的都是马克思主义,不正确的、不好的都不是马克思主义。这样对我们学界可就难了,有时很难搞清楚谁是谁不是。在台上的时候可能都是,下了台以后可能都不是。我认为这样做学问是不严肃的。我们在研究马克思主义新闻思想的时候这类事情很多,比如彭大将军。彭德怀在1958年和1959年的头几个月,曾对如何宣传"大跃进"提出很正确的意见,但你把这些建议认为是马克思主义新闻观就不合适了。因为在1959年下半年他就被批斗了,说他结成了反党俱乐部,说他如何如何不好。所以我们搞研究不能一会儿是一会儿不是,是就是,不是就不是。

"文革"开始时,我是大学本科三年级。头几年我们学了很多林彪关于报纸的指示,那时候他是我们的"副统帅",我们要祝他健康、永远健康,而1971年以后就不行了,他说的话也不对了。这种翻来覆去很不合适。所以我说,马克思主义新闻观应该是那些经典大师关于新闻传播的学说和观念的理论体系,应该是一个相对完整的、有一定逻辑关系的理论体系。张三说一句,李四说一句,不能成为一个理论体系。这是我首先想说的一个看法。

马克思主义新闻观研究最好是局限在几个人。这几个人如果包含不下,你也可以单独研究一些人，比如列宁主义，比如毛泽东思想，还有邓小平理论，这是可以的。这些年由于过分强调中国共产党领导人的一些观点，把列宁就给怠慢了。一个多月以前，党校一位副校长专门写了一篇文章：《必须把列宁主义的旗帜高高举起来》。我很佩服这个副校长，他有这个胆量，而我们现在确实把列宁的东西给怠慢了。这是我想给大家说的第一个问题，马克思主义新闻观概念的界定，也就是马克思主义新闻观是什么。

二、马克思主义新闻观的社会前提

第二个问题，想说一下马克思主义新闻观的社会前提是什么。也就是说在马克思主义形成以前，有一些什么样的社会成果为它作铺垫，为它作准备。或者说，马克思主义的理论、思想的渊源是什么，它是从哪里来的？这个问题需要从两方面来回答，第一个方面的回答我打算放在今天的第三个问题里来讲，因为它的量比较大。在第二个方面，我主要回答它的政治文化背景，或者说政治文化来源。就社会政治的层面来说，马克思主义新闻观有三个背景。

第一个来源，是经济、政治背景。一个历史人物，不管他多么伟大和了不起，总是在一个特定的背景下活动的，没有相当的经济、政治条件，没法活动。比如，这两天学术界议论的一个话题，说胡锦涛总书记这样隆重纪念胡耀邦的诞辰，声势很大，好几家报纸放在了头条。胡锦涛今天的动作和现在特定的政治背景是分不开的。我们每个人都是在特定的政治、经济背景中活动的，领导人更是如此。所以我同意一些历史学家的意见，是时势造英雄，而不是英雄造时势。再伟大的英雄，你不能凭空去制造一个事件，但是特定的形势能够给政治家提供很广阔的舞台。

我想这些马克思主义经典大师之所以能够在他们的时代提出这么多先进的观点，是和他们的时代背景分不开的。拿马克思和恩格斯来说，他们降生的时候，德国是相当落后的。虽然当时日耳曼民族是欧洲非常优秀的民族，甚至现在日耳曼民族也是世界上最擅长逻辑思维的民族，理论细胞非常发达。从中世纪到现在，德国出了好多哲学家，很了不得。中国的哲学家大都产生在春秋战国，以后的哲学家则不多。

马克思、恩格斯降生的时候，德国已经打了300年仗，都是打败的，疲惫不堪。在这种情况下，德国资本主义的发展和英国、法国就没法比了。当时德国还是个封建帝国，而它的邻国法国早就完成资产阶级革命，第一次工业革命凯歌高奏，即将完成。英国早已完成了第一次资产阶级革命。德国的资产阶级革命在1870年以后，它非常荣幸地在"普法战争"中打败了法国，拿到了50亿法郎的战争赔款，作为它发展资本主义的原始积累。因为有了前面国家的经验，一旦完成资产阶级革命，它就发展很快。30年的和平发展，从1871年到1901年，很快生产力就非常发达了，所以也成了第一次世界大战的策源地。马克思、恩格斯在这样的环境中成长起来，就有了一种好争、好胜、好革命的民族性。而且天将降大任于斯人也,将这么重大的任务交给了马克思和恩格斯。另外,马克思和恩格斯的命好,他们的父母让他们出生在莱茵省。德国那么多的省,就数莱茵省民主意识强,因为它当过法国的殖民地。拿破仑统治莱茵省的时候,把《拿破仑法典》,把资产阶级上层建筑的一套东西都搬过去了,"自由、平等、博爱"成了当地人一种很普遍的口号。而德国其他省则没有这种情况。所以马克思走上新闻岗位后,第一个课题就是新闻出版自由。

　　列宁也有类似的条件。沙俄帝国、农奴制非常反动,但列宁的家庭是相当开明的。他的父亲当官当到教育督导员,相当于中国现在省教育厅厅长这样的职务。他的家庭是比较富裕的,另外还有一个从事反对沙皇活动的哥哥,很早就领着弟弟阅读马克思的著作,比如说《共产党宣言》。这个条件对列宁来说非常重要。毛泽东也有类似的条件。按理说毛泽东是农民的儿子,生活在农村,父亲又很保守,只知道发财。然而,毛泽东所在的湘潭县离长沙不远,在1900年前后,经济很发达,人口已经达到50多万人,而现在中国人口能达到50万的县也是不多的。他父亲有一种理想,要把毛泽东培养成一个粗通文字、能记账的儿子,好发家致富。毛泽东就利用他父亲的这种心理,要父亲的钱。到一个学校学几个月,不满意了就转学,一转学要8块10块的大洋,就写信给家里要,说是找到一个很好的学校,对自己的学习很有帮助,让家里派长工送20块大洋。毛泽东从这个学校到那个学校,又买书又读报,他的思想当然就发展起来了。所以,不要以为毛泽东是农民的孩子,没有机会上学,不是这样,他利用了父亲的这种心理,主要靠自学,自学成才。

　　以后邓小平也是这样。为什么邓小平会提出改革开放呢?当年,毛泽东带了一帮朋友,坐火车到了上海十六铺码头,准备坐轮船到法国勤工俭学。蔡和森等人都已经准备得好好的,上了码头,行李也都放下了,毛泽东突然说不去了。蔡和森他们只好自己去了。毛泽东后来就来到北大,先是做图书馆管理员,后来又回长沙编《新湖南报》等。设想一下,当年毛泽东和周恩来、邓小平他们一样,都去法国勤工俭学,亲身感受资本主义到底是怎么回事,知道资本主义必须反封建,我想中国可能就不会走那么一段弯路了。他深居简出,基本上不出国。一辈子就两次到过莫斯科,大部分时间还待在大使馆。由此我们不难理解,为什么邓小平能够成就改革开放的伟业。所以,一个思想的形成,一个重要的条件,就是它的政治经济背景。我们学习马克思主义新闻观,不要就文字来研究文字,不要只看带"新闻"这个字眼的东西。要看一些背景性的材料,这样才能帮助我们更深刻地理解马克思主义新闻观是怎么形成的。

　　第二个背景,就是家庭教育背景,这也很重要。列宁讲过一句话,只有资产阶级知识分子,才可能成长为马克思主义者。事实就是这样的,你不是知识分子,你怎么能读懂空想社会主义,怎么能读懂经典的政治经济学家的著作?读不懂。所以,文盲是不可能成为马克思主义者的。当然,很多"大老粗"通过自学也能成才,这另当别论。资产阶级知识分子有文化,他们才能读懂书,在读书的过程中,他发现了自己的毛病,不断改造自己的世界观,同时同工人运动相结合,最后成为马克思主义的知识分子。马克思、恩格斯、列宁,包括毛泽东，他们都是这样。

马克思系统地接受了大学教育，恩格斯没有。恩格斯的父亲是最虔诚的资产阶级分子，只知道发财，不管自己儿子的学业。他认为，只要能办工厂、当老板，日子就会好过的。当恩格斯还有半年就可以高中毕业的时候，他一点都不迁就，逼着儿子离开德国，到英国曼彻斯特的工厂去当记工员。恩格斯就这样去他父亲的工厂打工，父亲要把他训练成一个懂工业管理的人。但恩格斯有另外的一个有利条件，就是他母亲非常有修养，他在音乐、语言学、简单数学等方面的启蒙教育，都是由他母亲完成的。当恩格斯刚一懂事，母亲就把他送到外公那里去了，他外公是一名中学的校长，也是德国有名的语言学家，加上恩格斯从小就有语言方面的天分，所以进步特别快。这一点对恩格斯以后从事学术著述，从事新闻工作帮助很大。据说恩格斯可以结结巴巴地说上二十几门外语，精通好几门。不用看别的，只看恩格斯为《资本论》写的各种语言版本的序言就知道了。恩格斯很注意自学，这个人有极强的自学能力。18岁以后，恩格斯按照德国当时的法律要当兵，他就当上了炮兵。依据当时规定，他这种义务兵一天干8小时就行了。他非常荣幸地被分配到柏林炮兵部队，可以在8小时之后去柏林大学哲学系旁听哲学课程。他听当时的大教授谢林讲课，发现了不赞同的观点，就写批判文章在报纸上发表，读者误以为是非常了不起的哲学家写的，而不知道文章的作者只是个炮兵下士。恩格斯有很强的自学能力，他大学都没念过，可你看他写的笔记，包括数学笔记，我们读数学的博士生都未必能看懂，写得非常深。所以我们说，家庭和教育背景非常重要。

第三个背景，就是新闻工作的实践。我们知道，新闻学是一门应用性学科，动手能力很重要。动手过程中把你的经验慢慢升华为抽象的理论。经验这个基础是非常重要的。马克思主义新闻观的这些经典大师，同时都是报刊活动家，或者说写文章、办报的大家。按保守的统计，马克思、恩格斯自己创办，或者是别人创办聘请他们当主编的报纸有12家；他们指导过人家当主编的报纸有20多家；他们经常发表作品的报纸有60多家。据我自己的不完全统计，这两个人在五六十年的时间里一共在报刊和科学著作中发表了2000多万字的著述，非常勤奋。列宁也是这样，他的新闻工作生涯有30多年，根据我们国家出版的新版《列宁文集》，他发表的总文字接近2000万。有过这样一个记录，就是"十月革命"以后，列宁有一段时间身体非常糟糕，党中央委员会强迫他去莫斯科郊区休养4天。在这4天的时间里，他给党中央起草了3个文件，写了4封长信，还给报纸写了好几篇稿子。可以说这4天是非常辛苦的，咱们同学写一个老师的作业都要用好几个晚上吧。毛泽东也是非常勤奋的。毛泽东自己也没念过大学，他自己大概编过五六种报纸，为报刊写了很多文章。所以说，新闻工作的实践经验是非常重要的。马克思主义新闻观的社会前提是什么？首先要有相当的社会政治方面的积累。这就是我想说的第二个问题。

三、马克思主义新闻观的理论基础

第三个问题,就是马克思主义新闻观的理论基础是什么。这里侧重讲一讲哲学基础。大家知道,无论是自然学科、人文学科还是社会学科,一般都要以重要的哲学原理作为其最初的理论出发点。比如自然辩证法,这是搞自然科学的人需要掌握的科学依据。我们人文学科、社会学科也都是这样。法学最重要的课是法学原理,但你会发现法学原理中基本的东西都是从哲学原理那里来的。文学中的文艺学原理的基本东西也都来源于哲学。我们新闻学也不例外,新闻观也不例外。

比如,马克思主义的辩证唯物论,里面很重要的一个原理,就是事物和事物之间具有必然的联系性,这种联系性无处不在、无时不有。就拿我们人来说,也是和其他人相联系的。就算在古代社会、原始社会,人也不可能独立生存。桌子上的水,开始和桌子相联系。抽开桌子,水就会和地板相联系。物质的联系性这一基本的哲学原理,构成了马克思主义新闻观一个很重要的基础。正是因为人与人之间的这种联系,所以人的沟通、人的交流、人的被告知以及告知他人,就成了人类最基本的一项权利,或者说基本人权。

目前,我们在这方面的论述是不够的。也许是因为我们太穷了,我们的贫困人口在改革开放初有两亿多,现在还有2600多万。我们首先要解决吃饭的问题,党和国家也想了各种的办法,使中国贫困人口减少的绝对人数和相对速度位居世界第一。所以中国可以骄傲地宣称,用世界耕地的7%解决了世界人口22%的吃饭问题,这是以往历届政府无法做到的。但国家总是要向前发展的,人总是要向上提升的。这些问题发达国家几十年前就解决了。美国人不需要为吃饭去奋斗,吃饭已经成为一种基本保障。根据心理学家马斯洛提出的需求阶梯理论,人的五种需求是从低往高依次被满足的。第一个问题是衣、食、住、行,这四个是人最基本的需求。中国还没有完全解决这些最基本的问题,而发达国家都解决了。

接下来要解决的是安全问题。美国本来说早就解决了,现在看来它没有解决。今年,三个最老牌的资本主义国家:伦敦地铁爆炸,证明英国没有解决安全问题;巴黎大骚乱,说明法国没有解决这个问题;美国新奥尔良的飓风,死了那么多人,所以说美国也没有解决。对这个问题怎么认识呢?我没有掌握具体的数据,不敢妄下结论,但至少说明这三个老牌资本主义国家还没有走完马斯洛的第二个台阶。我们国家也将走同样的发展之路,我们在社会安全方面其实潜伏着很多问题。我们在保障人的生存权之后,紧接着就要解决这些问题。

马克思、恩格斯走上新闻岗位的第一个课题是出版自由、言论自由。毛泽东早期的那些关于新闻的著作,一个重要的题目也是言论自由。列宁最早的几篇文章,差不多都是写的出版自由。马克思讲沟通、讲言论出版自由,现在讲知情权,都有一个普遍的哲学基础,就是人与人联系的必然性。

  新闻报道最基本的本质就是反映存在,先有存在,后有意识。大家知道,客观唯心主义的鼻祖、英国大主教贝克莱说,一个人走路时踢到了一块石头,原因是这个人的脑袋里有一块石头。我们说贝克莱很荒唐,因为石头是已经在那里的,有人踢到了,感觉到疼了,再一看,才知道是一块石头。是石头决定了脑子,而不是脑子决定了石头,这就是唯心论和唯物论最基本的区别。我们是坚持唯物论的,坚持先有事实,后有新闻,事实什么样,新闻什么样。马克思主义新闻观有大量的论述,比如,讲新闻报道的客观性啊、公正性啊、全面性等,讲来讲去,都是先有事实。如果事实很单调,干巴巴的,记者要想把新闻写得很生动,是不可能的。比如省委开会,书记作的报告很空洞,记者没法写,但是又要写。没办法,只能写"书记说……书记接着说……书记还说……书记最后说……"等。有人批评记者,问为什么写得不生动。这种情况下记者能生动得起来吗?他又不能杜撰,那样就违反了唯物论。新闻的种种特性都是源于事实的。

  所以,我们说马克思主义新闻观来源于哲学,哲学原理就规定了新闻观里的种种基本原理。比如,新闻报道里面也有着丰富的辩证法,新闻记者整天做的说到底就一件事,从大量的事实里挑选出那些对我们有利的,摒除那些对我们不利的,即使非报道不可,也要把对我们可能造成的伤害降到最低的程度。我想所有的国家,不分是资产阶级的还是无产阶级的,都在这么做。记者每天都在选择事实,编辑每天都在选择稿件,最终目的是达到对我们比较好的传播效果。一位美国学者写过一本书,叫《选择就是立场》,我们新闻工作者每天做的事也就是选择。当然,选择里面有个科学的问题,比如,有很多辩证法的范畴,里和外、上和下、好和坏、新闻的软和硬,等等,有几十对范畴,记者就在这里面权衡。

  再如,我们内部出了一些事,我们不想报道,能行吗?有人说行,有人说不行。把大家眼睛都蒙住的时候,就行;蒙不住的时候,就不行。比如,从2003年的"SARS事件"开始,我们绝大多数的公共突发事件都是公开报道的。今年以来,我们报道过"禽流感",报道过辽宁的"炭疽病",报道过某些省的伤寒霍乱,这在以前都是不能报道的。大家知道伤寒、霍乱在中国卫生部门被命名为一号病、二号病,是不能报道的。以前每年大学生返校之际,卫生部门就要发通知,说从某些省份的大学生返校后必须体检。为什么?因为那些地方发现了传染病。这几年情形好多了。很多时候,小道理要服从大道理。可问题在于什么是小道理,什么又是大道理呢?我们不去讨论它,只是说明不是什么事情都可以报道的,也不是什么事情都不可以报道的。

四、马克思主义新闻观的历史进程和理论要点

  上面我们主要谈了马克思主义新闻观的理论基础,第四个问题是我们今天的主要内容,讲讲马克思主义新闻观的历史进程和理论要点。

中央关于学习马克思主义新闻观专门有一个文件,把马克思主义新闻观6个经典大师的主要观点分为三个历史阶段。所谓6个经典大师,3个是外国人,3个是中国人。外国人是马克思、恩格斯、列宁;中国人是毛泽东、邓小平、江泽民。这6个人分为三个历史阶段。

第一个阶段,是形成阶段,也就是奠基阶段,属于马克思和恩格斯这两个人。他们的理论要点有这样四个方面:

第一,关于党报的性质。马克思、恩格斯时期,基本的传播媒介是报纸,马克思、恩格斯从事过不同的报纸工作。一开始是资产阶级民主派的报纸,后来是一般的工人报纸,但是很长的历史时期他们从事的是党的报纸。所以关于党报的性质,他们有很多论述。这些论述中使用最多的是三个关键词:第一个关键词是旗帜。他们认为党报是党的旗帜,所以党报的任务就是高高地举起党的纲领的旗帜。第二个关键词是武器,尤其强调日报是党的武器。因为资产阶级最厉害的武器就是日报,19世纪通讯社的作用还不是很大,还没有电台,也没有电视台,所以主要是日报。恩格斯有一次非常高兴地说,奥地利工人办了日报,这就好了,因为我们有了和资产阶级平等作战的武器。你也是日报,我也是日报,一点都不比资产阶级差。第三个关键词是阵地,强调党报是党的思想阵地,是党的舆论阵地。

第二,关于党报的功能,就是党报是做什么的。马克思、恩格斯强调较多的,是党报的三个功能。第一个功能,是宣传政策。要把党的基本路线、方针、政策反复地解释、阐释,把它灌输到工人当中去,灌输到党员当中去。第二个功能,是监督领袖。这是马克思、恩格斯非常宝贵的精神遗产,他们非常强调要直接监督党的领袖。这是他们一贯的思想,从他们20岁走上工作岗位,就强调要揭露当权者,要成为孜孜不倦的揭露者,一直到恩格斯逝世,都强调报纸最重要的就是要监督领袖,而且指明这种监督应该是指名道姓的、应该是公开的、应该是毫不留情的。第三个功能,是普及理论。大家知道马克思主义问世的时候,它的影响并不大,它只是诸多思潮之一。尤其在德国党内的影响一开始是不大的,因为德国党的阶级构成和英国、美国、法国是不能比的,因为德国资产阶级产业发展很慢、很迟,产业工人很少,它的阶级构成是农民的人数大大超过工人的人数;在工人阶级中,非产业工人——也就是手工业工人又大大多于产业工人,在现代机器旁边工作着的,比如铁路、制造业、远洋这样一些大产业,德国工人是不多的,大部分还是手工业者,包括鞋匠、裁缝、裱糊匠。所以,小资产阶级的影响根深蒂固。一直到1871年以后,资产阶级革命不流血地从上到下取得了成功,产业工人的数量增加了,这时候马克思主义的影响才开始大起来。在这种情况下,需要向工人去灌输马克思主义,所以马克思、恩格斯非常强调报纸的功能之一就是宣传理论、贯彻理论、普及理论。

第三,关于办报原则。第一个原则,是坚持无产阶级的阶级性。马克思主义在这方面是非常强调的,旗帜很鲜明。第二个原则,是讲究策略。马克思、恩格斯在新闻工作过程中非常注重策略。第三个原则,是强调调查研究。在那么困难的情况下,马克思、恩格斯都强调调查研究。比如,有一次法国工人阶级政党办了份报纸叫《改革报》,请求马克思起草一份向工人进行调查的提纲,用现在社会学的语言说,就是问卷。马克思为这份报纸设计了向工人提出的 100 个问题,提得非常细,也可以说是无产阶级新闻史上的第一个调查问卷。第四个办报原则,就是满足需要。要尽可能满足读者的需要。大家知道,满足读者需要是美国新闻学者首先提出来的,他们的一句响亮的口号说:读者是上帝。我们现在有不少人对这句口号还是不能接受的。实际上,办报不了解读者的需要,是办不好报纸的,我们有些党报办成现在这种困难状态,和这种指导思想是有关系的。

第四,是关于新闻工作者的素质和修养。马克思、恩格斯讲了很多,这里主要强调五点。在马克思、恩格斯的时代,新闻工作者要注重自己的修养,第一点,就是职业革命家办报。从马克思开始一直到毛泽东,可以说贯彻的就是职业革命家办报。办报的人不是一般的普通编辑、普通党员,差不多都是党的领导,譬如说马克思、恩格斯、列宁、毛泽东;在我们党内比如说,恽代英、陈独秀、李大钊,这些人都办过报,他们都是职业革命家。大概非党群众可以参加报纸工作是从列宁开始的,但是很快被斯大林破坏了。新中国成立后,也有一个阶段提出办党报必须是共产党员,现在显然是不符合时代的要求。第二点,就是要加强组织性、纪律性。办报的人一定要有钢铁般的纪律。第三点,就是要掌握党的战略战术。在战略问题上必须和党中央保持一致,在具体策略上应该是非常灵活的。恩格斯说,报纸工作者应该像蛇一样的灵活,就是强调了另一个方面。第四点,就是要参加实际斗争。恩格斯说,在我们党内,你要成为一个报纸的主编,必须要从当一个士兵开始。积累经验,你要有大量的实际工作经验。第五点,就是要有很好的语言风格。大家知道,马克思、恩格斯自己就是个典范。比如,马克思,思维非常深刻,思想非常活跃,写作非常严密,这是他语言风格很可贵的地方。有人说马克思已经到了咬文嚼字的程度。有时候他为寻找一个最合适的词,可以在太师椅上坐上整整一天。恩格斯是写文章的快手,非常快,快的时候一天能写 1.4 万~2 万个字。而且语言风格非常优美,你读他的有些理论作品就像读散文一样,这些都非常值得我们学习。

第二个阶段,是马克思主义新闻观的发展阶段。这个阶段按照中央文件里讲的有两个人,一个是列宁,一个是毛泽东。他们分别在欧洲和亚洲把马克思、恩格斯的思想推向发展、推向深入。我们先讲列宁的思想。

列宁的新闻思想十分丰富,从总体上讲,有五点很值得我们学习。第一点,列宁提出通过办报来建党。这是马克思主义建党学说在新闻工作领域的具体运用和发展。从列宁开始,每成立一个政党,都先要办报。比如说列宁办了《火星报》,通过《火星报》为党的真正成立创造条件。在这之前,已经开过一次代表大会,但是代表大会选出的中央委员第二天都被密探、警察局给抓了,等于没有成立。列宁通过办报来建党,他为报纸准备了思想和干部条件,有了组织基础。列宁开创的经验,为以后所有社会主义国家效仿。比如,中国共产党建党以前,我们就有好几份马克思主义的报纸、杂志。第二点,报纸应该成为向公民进行经济教育的工具。这就是"十月革命"胜利以后,及时地从政治斗争的工具转变为经济建设的工具。这方面论述很多,比如,列宁提出"少谈些政治,多谈些经济"。列宁不是说不要讲政治,而是说老一套的政治要少讲,要多讲经济工作,等等。第三点,是列宁规定了政党、群众、领袖之间的关系。也就是说,群众要通过报纸,来联系领导人,联系政党;政党也要通过报纸一方面联系群众,一方面监督领导人。用毛泽东的话说,就是"上情下达,下情上传"。第四点,列宁提出社会主义的出版自由。主要强调两点:一是要通过出版和言论自由,推进政党的民主化建设。列宁这方面有很多论述,比如说,报纸要加强公开化,报纸要加强透明度。列宁说,不讲公开性来谈民主是很可笑的。换言之,公开性和民主本来就是"连体儿"。再如,他讲在俄罗斯、在布尔什维克党内,没有任何人可以游离于监督之外,这都是非常深刻的思想。二是对反对新政权的资产阶级报纸来说,无产阶级报纸要对新闻信息和资源进行垄断,对印刷进行垄断,最后对广告进行垄断,列宁最早提出要对广告进行国家垄断。第五点,谈的是新闻工作者的修养。列宁在马克思、恩格斯基础上有所发展的大概是这样一些思想。

  毛泽东对马克思主义新闻观的发展主要表现在五个方面:第一,毛泽东非常深刻地指出,报纸是上层建筑,报纸是意识形态。这就把报纸的定位讲得非常准确。第二,毛泽东的报刊理想是办一张高尚的文化报。在他眼中的《人民日报》不尽理想,他多次提到《人民日报》,批评多于表扬。他所欣赏的,恰恰是被他以后打成资产阶级办报路线的《文汇报》和《光明日报》,这两家报纸应该说都是比较高雅的、高尚的文化报纸。第三,他提出了政治家办报的原则。毛泽东强调的政治家办报和以后邓小平、江泽民说的侧重点是不一样的。毛泽东强调的政治家办报实际就一条,叫"多谋善断"。他讲到陈寿写的《三国志》里有三个人物,刘备、孙权、袁绍,这三个人兵多将广、谋士如林,最后三个人都没有完成统一大业,而曹操完成了,区别在哪儿?就在于前三个人多谋寡断,就是参谋很多,提了很多主张,但是主公、主帅不敢拍板,到底用谁的计谋,下不了决心,从而贻误了战机。曹操就不一样,他是多谋善断,当断则断,所以他最后完成了统一中国的大业。第四,毛泽东提出言论出版自由的方针。毛泽东对言论出版自由有独特的表达方式,这种表达方式非常精练,把列宁讲得非常复杂的出版自由变成八个字,叫"舆论一律,又不一律"。他说,所谓舆论不一律就是在科学技术问题上,实行"百家争鸣"的方针,在文学艺术问题上,实行"百花齐放"的方针。老人家用8个字,就把那么复杂的言论出版和新闻自由的问题讲清楚了,具有很大的真理性,现在这么讲都是对的。所以,毛泽东在这方面确实是语言大师啊!当然你要看实际,这个讲话刚一个月问题就来了。他在另一个讲话上讲,所谓百家争鸣,实际上只有两家——你看98家马上就没啦——这就是无产阶级一家,资产阶级一家。你说直接分两家了,谁还敢讲啊?谁也不讲了。所以,1957年到1976年整整20年,中国万马齐喑,听不到不同的声音。邓小平伟大就伟大在,在万马齐喑的情况下让大家活跃起来。

我和李彬共同的老师方汉奇教授有一年到台湾参加学术讨论会,方老有一个报告,其中有一段讲得非常漂亮,说我们有2000多家报纸好像一个合唱团。里面有男高音、女高音,那是领唱;还有很多报纸是唱和声的,所以非常和谐、非常优美。这个比喻不是很好吗?有人打小报告了,说方老师在报告里面把我们的报纸丑化成大合唱,大合唱有什么不好。我怎么想也想不通错在什么地方,这么老实巴交的忠心耿耿的学者还被人家参了一本,这个实在是不讲道理。我们国家就是这么过来的。那么,毛泽东新闻思想的最后一个要点,就是讲到记者要有很好的政治文化修养。毛泽东自己虽然没有上过大学,连高中毕业文凭都没有,但他有极强的自学能力,所以毛泽东在文学、史学、书法各方面达到极高的成就,他的诗词都写得炉火纯青。另外,他的新闻、评论等作品也是非常优秀的,《别了,司徒雷登》等1948、1949年那几篇新华社的评论,至少说是空前的。这和他自己有非常好的政治文化修养是分不开的。

第三个阶段,就是创新阶段。主要是两个中国人,一个是邓小平,一个是江泽民。

邓小平纯粹谈新闻的很少,就我们能够阅读到的文献专门谈新闻的只有很少的几篇,所以邓小平的新闻思想是需要我们开发的矿藏,我想应该是很多的。因为他20世纪50年代初就从重庆调到党中央来当书记处总书记,是党的主要领导人之一,他自己讲是党的大管家。他应该有很多新闻论述,我们寄希望于材料的开放。那么,现在我们研究邓小平的新闻思想只能是支离破碎的,从大量别的文章中摘来,从他对人家的谈话里面摘来,从很多会议材料里摘来。把这些思想加以梳理,可以归结为这样五个要点:第一点,报纸应该成为全国安定团结的思想中心。这话讲得很透彻,主要是1986年年底、1987年年初,"文革"以后第一次闹学潮,当时有些省委书记很紧张,邓小平说:我们有14家全国发行的报纸,有30家省报,这些报纸稳住阵脚,中国就乱不起来,报纸是安定团结的基石。这讲得很明确的。这个思想应该说是对毛泽东新闻思想的一个创新。第二点,邓小平强调社会主义民主法制的报道。其中,最有力的一句口号,就是"让群众讲话"。他在很多场合说,让群众讲话,不要紧张,没什么了不起的,中国应该有让群众讲话的地方,让群众出气的地方,让群众申诉的地方。他说,让群众讲话无非是三种情况,一种他讲得对,我们就照他的办;一种群众可能不太了解情况,一半讲对了,一半讲错了,那么讲对的那一半我们就照着做,讲错的那一半不要紧,我们向他作解释工作;第三种是群众全然不了解情况,讲错了,那也没什么了不起,他讲错了,讲出来了,气也就消了。这个讲得很大度啊。大家知道资产阶级新闻学有一个理论,说报纸是社会的排气阀、出气筒。我们现在还缺少排气的装置,老百姓有牢骚往往憋着,完了喝酒、骂娘,甚至绑架人质、报复社会。由此可见,小平的这种认识很开明。第三点,他提出"拿事实来"的实事求是的新闻作风。邓小平经常说一句话,拿事实来,实际就是马克思主义实事求是的思想路线在新闻工作中的生动体现。因为邓小平德高望重,很多部委领导一有机会就要向他反映情况,邓小平经常说,说了那么多,我可信可不信,拿事实来。所以,邓小平执掌中央工作十几年,冤假错案很少,一切根据事实来秉断。这个作风很值得我们学习。第四点,他提出为现代化建设创造良好的国际舆论环境。正是在邓小平时代,中国对外宣传有了很大发展,我们和大国、小国的良好关系开始建立起来。邓小平经常讲,我们需要有20年、50年和平建设的环境,不要去争霸,等等。所以他对国际宣传是很重视的。第五,邓小平提出抓党风,改文风。这个提法是有创新的。因为他揭示了一个基本事实,在我们国家,重大的虚假报道常常和党风出了问题有关系。新中国成立以后,其实重大的失实,都是中央的指导思想出了问题。比如,1958年的"大跃进",全党造假,所以新闻也跟着造假。小平根据这样的历史实际,提出要通过抓党风来改进文风,就把问题的要害抓住了。

江泽民同志谈新闻的材料非常多,他喜欢写,喜欢讲,每年有几次重大的新闻宣传会议:全国宣传部长会、全国省级党报总编辑会、全国新闻出版局长会、广播电视台长会,这些会上,只要有时间他都去讲,而且讲得都比较具体。在江泽民这么多有关新闻工作的论述里,我们提炼一下也有五点:第一点,他提出了为人民服务、为社会主义服务的基本方针。大家知道,为人民服务、为社会主义服务本来是我们党的文艺方针,是新中国成立后提出的。延安文艺工作座谈会上提出了文艺为工农兵服务的方针,1949年以后,这个方针显然不适用了。因为根据首届政协的精神,中国的人民不仅是工人、农民,还包括民族资产阶级和小资产阶级。所以当时就改成为人民服务、为社会主义服务,它一直是文化指导方针。江泽民1989年领导全党工作以后,把这个方针引申扩大为新闻工作的方针,而且是基本方针。第二点,他提出了坚持正面宣传为主和坚持正确舆论导向的方针。这是我们这些年讲得最多、论述得最多的方针。第三点,他提出了以社会效益作为文化产品的评价准则。江泽民提出的口号,是"两手抓,两手都要硬",就是一手抓经济效益、一手抓社会效益。当这二者出现矛盾时,毫不犹豫地以社会效益为最高准则。所以,他强调新闻工作者和作家等一样,是人类心灵的工程师。第四点,他提出了从总体上、本质上把握新闻报道的真实性,这个提法是有新意的。我们新闻学一直在说从总体上、从本质上看待新闻的真实性,但是以前领导人没有这么说。从总体上、从本质上看待新闻的真实性,就是说新闻报道不仅一人一事要真实,而且总体上也必须真实;不仅现象上真实,而且本质上也应该真实。第五点,他对新闻工作队伍的建设提出了非常明确的可操作的一些要求,这就是政治强、业务精、作风硬、守纪律。在这个题目下面,他有很多提法,比如说"五大功底""六大作风",又提出了"学习学习再学习、深入深入再深入"等。

上面,我们非常简略地把马克思主义新闻观6个大师级人物的思想做了一些梳理,这是今天晚上报告的第四个内容。

五、马克思主义新闻观学习的新机遇和新考验

第五个问题,讲一讲当前马克思主义新闻观学习的新机遇和新考验。

当前，我们全党、全国新闻战线的新闻工作者、全体新闻教育战线的老师和同学，学习马克思主义新闻观遇到了一些新的机遇，同时也面临着很多新的考验。

新的机遇我想最重要的就是，我们身处经济全球化和跨文化传播的热潮。这对我们来说，是非常难得的机遇。现在，在我们党内和中央政府里面，公开反对全球化的大概没有，完全反对跨文化传播的大概也没有。全党思想能集中到那样的程度，是非常不容易的。这个是前所未有的历史机遇。有两点与马克思主义新闻观的学习直接相关。第一点，就是国外有很多有生命力的文化产品可以比较顺利地进入中国，其中包括西方马克思主义派别一些作品。像我们今天学习哈贝马斯等那样一些西方马克思主义作品并不困难。哈贝马斯本人到北京作过报告，也到上海作过报告，这在以前是不可设想的，这是一个很好的机遇。

第二点，海外那些学习马克思主义新闻观的成果、代表人物，对中国是一个很大的推动，也是一个很大的压力，我们能不往前学吗？能不加快学吗？我们是以马克思主义立国的社会主义国家呀！对我们来说，这的确是前所未有的好机遇。

另外，当前学习马克思主义新闻观，也的确面临着一些巨大的压力，这是新的考验。所谓新的考验，我们中国共产党、我们广大新闻工作者、我们广大新闻学人，要用铁的事实来说明马克思主义新闻观的说服力、战斗力和生命力。应该说，我们现在正在这么做，也取得了一定的成绩。但是，问题也不少。比如，关于民生新闻是我们正在积极推进的。大家知道，从2003年4月20日，中央开放对"SARS事件"的报道以来，民生新闻一直是我们党支持的一种新闻的新样式。从理念上说，中央一直在强调"新三民主义"，就是权为民所用、情为民所系、利为民所谋。但是，民生新闻做到现在，大家知道，压力也很大，继续做好不容易。因为，它在理论上有一个问题没有解决，就是我们在坚持党性的同时，要不要坚持人民性？新闻报道、新闻传媒有没有人民性？大家知道，到目前，这是个理论难题，难以深入展开讨论。胡锦涛同志曾经提出："我们要在同党中央保持一致的前提下，做党性与人民性的同一论者。"对此的讨论还未能深入展开。朱镕基视察《焦点访谈》节目组，最后能被报道的就四句话：舆论监督、政府镜鉴、改革尖兵、群众喉舌。其实，当时朱镕基的讲话还有一些非常好的内容。朱镕基说："我赞成正面宣传为主的方针，但是什么叫正面宣传为主？90%正面是为主，难道60%就不是吗？依我看，51%就是控股者。"讲得多好啊！

另外一个考验，就是在未来几年，会增加很多的突发性事件和群体性事件的报道。群体性事件，可能同学们听得比较少。所谓群体性事件，以前叫群众闹事，这个当然很不好听，也不符合民主化的要求，现在就改称群体性事件。

第三个考验，就是对我们内容开放的考验。马克思主义新闻观始终强调，要满足读者的需要，要增强新闻宣传的可读性、吸引力、说服力。最近，我们又特别强调，新闻报道好不好、满意不满意，主要看群众喜欢不喜欢、满意不满意，我们做得究竟怎么样？应该说这有很多新的考验。比如,突发性事件的报道,按我自己的估计,未来几年只会增加,不会减少。

在内容开放方面,对我们存在很多考验。比如,国际社会对我们有一个很大的压力,要求中国政府尽早批准《人权公约》。因为,我们政府在1998年就提出加入《人权公约》,到今年,8年过去了还没有结果,这对我们是不利的。我们要修复国家形象,要尽早批准《人权公约》。当然,在司法、立法的过程中,也有很多难处。在新的历史时期,我们对外一天天地开放,跨文化传播一天天地深入。能不能按照国际态势去做,对我们的确是一个新的考验。所以,我最后提出这个问题,希望大家去思考。这个问题终究是要解决的,因为中国总是要向前发展的。如果我们能够利用这个机遇,能够经受这个考验,我想马克思主义新闻观就能够被证明是有力量的,是万寿无疆的。

问:您在刚才的讲座中提到,毛泽东说自己喜欢高尚的文化报,同时他又提出了"政治家办报"的主张,您觉得这二者之间有没有矛盾?

答:基本上没有矛盾。因为毛泽东是一位文化人,他喜欢的是这样一类文化类报纸。最典型的是他有一次对徐铸成等老新闻报人说:"我每天午睡起来,一定要找《文汇报》来读,《文汇报》上有些新闻我很喜欢。比如说,越剧演员王文娟嫁给了电影演员孙道临;比如说,新闻记者组成篮球队和电影演员篮球队进行比赛,这样的新闻就很好嘛!我把《文汇报》《光明日报》这些报纸读了以后,还有时间的话,找《人民日报》读一读,没有时间的话,就不读了。"类似这样的讲话不少。他对这两家报纸也作了很多指示。比如,《光明日报》的很多专版,像教育专版、哲学专版、历史专版、文学专版等,毛泽东都看得很仔细,也有很多批示。这些,你们谁要做硕士论文研究,可以到《光明日报》或《文汇报》上查到。

毛泽东强调"政治家办报",和后来邓小平、江泽民强调的不一样,他们强调的是从大局、从政治上看问题。毛泽东强调的是"多谋善断",就是该下决心的时候要下决心。这和前面说的喜欢文化报是不矛盾的,是两个范畴的东西,两者没有直接的关系。

问:现在有的西方国家经常用人权问题,如计划生育、死刑问题等向中国施压,那么我们的马克思主义新闻观应该如何发展,新闻工作者应该通过何种策略来向世界解释中国的一些现状,比如说死刑在中国目前的必要性。

答:总体来说,我想同学们会认同我这样一个观点:你要是仔细去阅读马克思主义大师的一些经典作品,就会非常深切地感受到,马克思主义是充满着人性的,是充满着对人的关爱的。对这一点,千万不要有任何怀疑。比如,马克思、恩格斯,非常令人感动的,就是对人的关心。马克思早期的作品有大量这方面的说法,所以我把马克思的早期思想称之为"自由思想和人民思想"。列宁也是这样。

我们现在的报纸报道同马克思主义新闻观的要求有距离。比如,我们的版面到今天为止，主要还是给领导人看的。尽管现在是"厚报时代"，版面很多，但是要闻版上基本还是领导人的活动。比如，领导人的讲话、开会、视察、外事会见等，这些活动老百姓不是很感兴趣，但是又不能不登。

改革开放以来，据不完全统计，我们国家一共参加了400多部国际法规。比如，关于经济犯不判死刑的问题，最近我们就加入了联合国的《反腐败公约》，虽然还有待于全国人大的批准。再如，2004年1月，胡锦涛应邀在法国国民议会发表演讲，第一段讲道："中国政府正在很认真地研究中国加入《人权公约》的问题。一旦条件成熟，将立即批准加入这个公约。"在这个过程中，我觉得学者也不是无能为力的，可以通过调查报告等方式努力去推动这个进程。应该说，学校可以比业界做得更好一点，因为我们的负担少一点。

问：您在演讲中提到了舆论监督的问题，您以前的讲座中也提到舆论监督可以推进政治文明建设。中国的舆论监督现状往往是异地监督，现在好像异地监督也遇到困难。您觉得中国的舆论监督以后能获得哪些空间？

答：这个问题提得好，也是我很关心的问题。

应该说，关于舆论监督，今年出现了两个令人担忧的事件。我很不愿意把它们说成是两个令人担忧的趋势，要是趋势就可怕了。我只把它们看成两个孤立的事件。一个就是不准异地监督。不准异地监督，主要是针对《南方周末》一类报刊的。有的人说，《南方周末》很可恶，打老虎就打外省的老虎，不打广东的老虎。这是《南方周末》生存的一个策略或者说手段吧。它很聪明的，打了广东就没法生存，打别的地方可以。赵启正被聘为复旦大学教授，在发聘书的会上，有人就问到了他对这个问题的看法，他说："举个例子吧，比如说，同济的报纸天天批评复旦，复旦的报纸天天批评同济，总不好嘛！"我想，只要批评得是对的，那有什么不好呢？第二个事件是南京市委的文件，说批评稿件一定要经过当事人签字，当事人没有签字就发了报道，要按违反宣传纪律处理。我们现在还没大度到那样的程度：你批评我，我乐滋滋地给你签字！这样大度的人也有，但是很少。这样一来，不是把记者的手脚捆起来了吗？毛泽东当年还提出，实行新闻批评，要贯彻"开、管、好"的方针，首先要把批评开展起来。今天，我们只能在那个基础上往前进，而不是相反。

好，谢谢大家！

第三讲 中国共产党新闻思想的形成和发展

郑保卫

中国人民大学新闻学院教授

演讲人简介：郑保卫，1945年出生，山东人。1969年毕业于中国人民大学新闻系。1981年在中国人民大学新闻系获硕士学位。1981年在国际政治学院任教，曾任新闻系副主任、学术委员会主任等；1986年调入新华社中国新闻学院，任研究生部主任、教授，兼新华社国内部记者；1999年兼北京广播学院教授、博士生导师；2002年调入中国人民大学新闻学院，任教授、博士生导师。曾任教育部国家文科重点研究基地"新闻与社会发展研究中心"主任。现任广西大学新闻传播学院院长。代表作《新闻学导论》《中国共产党八十年新闻思想史》等。

很高兴来到清华,来到清华大学新闻与传播学院。你们学院建院时间不长,但是发展非常快,今年又通过了一级学科博士授权点的审批,这在全国新闻教育界是个奇迹。我相信清华大学新闻与传播学院的老师和同学们会在今后的学习与工作中取得更大的成绩。

刚才听王健华书记和李彬老师介绍你们学院开设了这门课程,我觉得非常好。因为现在全国新闻院校中,专门开设这种课程对学生进行马克思主义新闻观和马克思主义新闻学基础理论教育的并不多。作为清华大学这样一个著名学府,由德高望重的范敬宜院长牵头开设这样一门课程,我觉得意义非常大。通过这门课程,对每一个新闻学专业的学生一开始就进行马克思主义新闻学基础理论和马克思主义新闻观的教育,这对学生整个世界观和新闻观的形成,都是很有意义的事情。

讲课之前和李彬老师沟通了一下,他让我讲一讲中国共产党新闻思想的形成和发展问题。这个题目正好是这几年我研究的一个主要课题。最近由我主编的《中国共产党新闻思想史》一书刚刚出版,方汉奇老师是这本书的顾问,作者连我共有8位,其中包括你们清华大学的刘建明老师和复旦大学的童兵老师等。这是由我和方老师共同主持的教育部人文社科重大课题《中国共产党80年新闻思想研究》的最终研究成果。我们8个人用了3年时间,完成了这部70万字的著作。全书对中国共产党新闻思想的形成脉络作了全面的梳理;对中国共产党80年来新闻工作中的一些传统、经验及教训作了全面的总结;对中国共产党新闻思想的基本观点进行了归纳和阐释。应该说通过研究,我们对中国共产党的整个新闻思想有了一个完整、全面的梳理和概括。这使我们切实感受到了中国共产党新闻思想的丰富内涵。可以说,在马克思主义新闻思想的发展历程中,中国共产党新闻思想的产生和发展是一个重要的里程碑。

一、马克思主义新闻思想的三个发展阶段

马克思主义新闻思想的形成经历了三个阶段。

1. 马克思、恩格斯奠基和创始阶段

马克思和恩格斯作为科学社会主义的创始人,也作为马克思主义新闻思想的创始人,在19世纪40年代创立了马克思主义新闻思想。当然,我们现在讲马克思主义新闻思想,并不是说马克思和恩格斯当时就提出了自己有什么新闻思想,而是我们今天的研究者提出马克思主义新闻思想是由马克思和恩格斯创立的。马克思和恩格斯在他们自己所处的时代根据当时政治斗争和新闻工作的实际需要,对新闻工作有很多很重要的论述,包括发表了一些重要的文章,草拟了很多有关新闻工作的重要文件,发表了许多重要谈话。这些东西汇集在一起就形成了马克思和恩格斯的新闻思想。

我和童兵老师是甘惜分老师1978年带的第一批研究生。入学后甘老师就交给我们

俩一个任务，让我们通读《马克思恩格斯全集》39卷。我们用了大半年时间吭哧吭哧把39卷看得差不多了，还没等全部看完，甘老师又告诉我们说中央马列编译局又编出了后11本，你们赶快去看。我们又赶紧到马列编译局把后11本看完了，总共是50卷。通读了50卷，我们做了几千张卡片，后来出了一本书叫《马克思恩格斯报刊活动年表》，40万字，是人大出版社出的，这是中国第一本专门研究马克思和恩格斯报刊活动与新闻思想的年表式的著作。我们觉得研究马克思和恩格斯一生的报刊活动和新闻思想，非常有收获。

马克思和恩格斯作为奠基者和创始人，对马克思主义新闻思想基本理论的形成做了开创性的工作。他们的新闻思想有两部分：一部分是阐释新闻工作一般规律的；另一部分主要是论述无产阶级政党报刊的性质、功能、地位、作用、工作原则和运行规律的。应该说马克思主义新闻思想中的一些基础性的东西在马克思和恩格斯时期已经基本形成。

马克思和恩格斯关于新闻工作一般规律所提出的主要观点有：要根据事实来描写事实，不能根据希望来描写事实；报纸是社会舆论的纸币，具有流通和中介作用；报纸是社会的耳目和社会的捍卫者；报纸是对当权者孜孜不倦的揭露者；报纸是人民日常思想和感情的表达者，是人民千呼万应的喉舌；报纸具有连植物也具有的内在规律性；报纸作为一个整体处在一种有机的运动过程之中；出版自由是一种基本的自由，是实现其他自由的保证，等等。这些观点都是马克思和恩格斯对新闻传播基本原理和一般规律的概括与总结，它们是马克思主义新闻观的基础部分。

马克思和恩格斯一生中的主要精力用于指导无产阶级革命运动和共产主义运动，因此，在他们的报刊实践和报刊理论中关于无产阶级及其政党报刊的内容占了很大比重，特别是党报理论成为他们新闻思想中的重要内容，而正是这些理论奠定了马克思主义新闻观的基础，构成了马克思主义新闻观的主要内容。马克思和恩格斯的党报思想主要包括以下一些内容：党报党刊是党的重要思想武器和政治阵地，是党存在和发展的标志；党报党刊必须遵守和阐述党的纲领和策略，按党的精神进行编辑工作；党报党刊应当真正代表和捍卫无产阶级和人民大众的利益，成为他们自己的报纸；党报党刊要成为党内批评的强大武器，敢于开展新闻批评是一个党有力量的表现；党报党刊要处理好与党的领导机关的关系，在党的领导和监督下开展工作；党组织要加强对党报党刊工作的领导和监督，等等。

可以说马克思和恩格斯的新闻思想，作为一种科学的新闻理论，成为世界无产阶级及其政党新闻事业的工作指南。

2. 列宁和斯大林的继承与发展阶段

列宁是马克思和恩格斯科学思想的忠实继承者。他把马克思主义的普遍真理和俄国布尔什维克党以及俄国革命的具体实践相结合，形成了他所处的那个时代代表马克思主义最高峰的列宁主义。

在新闻领域列宁也有很多贡献。列宁一生办了30多份报纸,他一生中唯一的正式职业就是办报。他上大学期间因为参加政治运动被学校开除,后来他便成了职业革命家。1895年他从喀山来到彼得堡以后便开始了革命报刊活动。他办的第一份报纸是《火星报》,后来又办了《真理报》,前后一共办了30多份报纸。在指导俄国报刊的实践过程中他也有很多理论贡献。

第一个贡献,是他明确提出了报纸的宣传、鼓动和组织功能,这是他对马克思主义新闻思想的一个重要发展。他强调报纸具有宣传、鼓动和组织功能,特别是强调报纸的组织功能,这和他当时所面临的形势是密切相关的。列宁到了彼得堡后,创办了工人阶级解放斗争协会,他的任务就是宣传革命。1897年,俄国社会民主党召开了第一次党代会,宣告了党的成立。党的成立是一件好事,但是这个党的成立却留下了两大遗憾。一个是没有制定党纲。大家想想,一个政治组织、一个政党没有党纲会是什么情况?也就是说它没有统一的指导思想,所以党在思想上极其混乱。第二个是,它选出的中央领导机构——中央委员会遭到严重破坏。国内的中央委员都被捕了,有一些逃到国外。在国内的党员各自为战,没有统一的领导,所以组织上比较涣散。在这种情况下,到底怎么来建党?当时有两种主张,一种是建议马上召开第二次党代会,制定党纲,选举新的中央领导机构。列宁不同意这个主张,他提出了另一种主张——立即创办报纸。他在文章中连续写下了"机关报,机关报,机关报"三个机关报,就是说一定要办机关报。办机关报的目的是什么?一是通过这张报纸来宣传党的纲领和主张,在第二次党代会召开前首先把党的思想统一起来,《火星报》就做了这项工作。二是在组织上加强党的组织建设。作为一个报纸怎么来实现这样一个目标呢?当时俄国党的报纸承担的任务比较特殊,它除了办报纸之外还建立了一个代办员机构,有一批代办员,斯大林就是其中之一。这些代办员一方面是发行报纸,为报纸撰稿;另一方面是做组织工作,到国内各地去开展党的工作,没有支部的建立支部,党员少的发展党员。这样,在1903年第二次党代会召开之前,在《火星报》周围已经形成了一个"火星报派",这就是在第二次党代会上形成的"布尔什维克派"。在俄语中"布尔什维克"是多数的意思,就是多数派,他们都拥护列宁提出的建党主张。显然,列宁提出要办报的很重要的一个目的,就是通过办报来建党,来建立起一个独立的马克思主义的工人政党,同时通过报纸来巩固这个党。强调报纸的宣传、鼓动和组织功能,通过报纸来建党,可以说这是列宁对马克思主义新闻思想的一个很重要的贡献。

第二个贡献,是他运用报纸来指导武装斗争。大家都知道马克思、恩格斯是科学社会主义的创立者,他们关于科学社会主义的很多论述都非常精辟。但很遗憾,在他们有生之年没有能够看到社会主义制度的建立。他们当时设想社会主义要在全世界同时取得胜利,起码要在西方发达的资本主义国家同时取得胜利,这是他们的一种预见。因为他们对共产主义的界定是生产力高度发展,社会财富极大丰富。要想达到这样的目标,显然经济一定要发展,因此,要靠发达的资本主义提供一定的物质基础,在这个物质基础之上再来建立社会主义。

列宁后来经过自己的调查和思考,认为社会主义不一定非要在发达的资本主义国家先取得胜利,相反可以在相对经济不太发达,但是革命却比较激烈的国家先获得成功。于是,他便在俄国发动和领导了"十月革命",通过武装起义推翻了资产阶级的统治,建立起了社会主义的政权。而他领导的《真理报》在指导俄国革命方面发挥了巨大的作用。10月25日(公历11月7日)武装起义那天,当时在攻克冬宫的队伍中,很多工人和士兵是拿着刚刚印出来的《真理报》投入战斗的。起义者们手中的《真理报》上还散发着油墨的芳香。所以说,确实列宁所领导的报纸在指导武装斗争方面发挥了很大的作用。

第三个贡献,是列宁在十月革命胜利后组织和领导俄国报刊顺利实现了工作重点的战略转移:由报道政治斗争转向报道经济建设,从为夺取政权服务转到为建设国家服务。

第四个贡献,是列宁对社会主义的经济宣传提出了很多重要思想。我专门有一篇研究列宁经济宣传思想的文章,发表以后,一些读者和我联系,说没想到几十年前列宁对社会主义的经济宣传有这么好的主张,这么好的思想。只可惜到现在我们的许多经济宣传还没有达到当年列宁提出的那些要求。

刚才我讲的这四个方面的贡献,说明马克思主义新闻思想发展到列宁这个阶段,已经充实了很多内容。到了斯大林时期,他也有很多贡献。斯大林一开始也是在自己家乡办报,后来又参加了《真理报》的创办。关于这个事情好像学术界还有一些不同的观点。俄国史学界就有人指出斯大林不是《真理报》的创办者,说他是"沽名钓誉"。我查阅了一些史料,觉得应该这样说比较准确:斯大林是《真理报》的创办者之一,而列宁是创办《真理报》的指导者。因为列宁当时在国外,没有在国内参与创办,真正直接参与办报的是斯大林和另外几个人,《真理报》的创刊号就是斯大林组织设计的。但是非常遗憾,报纸创办的当天斯大林便被捕,流放到了西伯利亚,所以从第2期开始,斯大林就没有再参加报纸的工作了。但是不能由此说《真理报》就不是斯大林办的,或者说他没有参加《真理报》的创办,我觉得这种说法不实事求是。

另外,斯大林对列宁的"报纸是集体的宣传员、鼓动员和组织者"这一思想的深化宣传起了很重要的作用。他强调报纸不但是党的"思想中心",还是"组织中心";不光是"组织中心",还是"政治中心"和"领导中心"。确确实实,俄国布尔什维克党办的许多报纸都起到了这样的作用。所以我们说,马克思主义新闻思想发展到列宁、斯大林这个阶段,已经充实了很多丰富的内容。

3. 以毛泽东为代表的中国共产党人的丰富创新阶段

大家都知道,中国革命的胜利在世界无产阶级革命和无产阶级的共产主义运动历史上占有重要的位置。中国革命的胜利开辟了人类历史的新纪元。由于我们国家整个的革命事业在世界历史上有这么重要的地位,所以我们党在这个时期提出的许多重要的新闻思想自然也有重要的地位。我认为,以毛泽东为代表的中国共产党人根据中国的党情和国情,就新闻工作所阐释的一系列观点、意见和主张,形成了中国共产党的新闻思想。这个思想的形成标志着马克思主义新闻思想发展到了一个新的阶段。我想,这一阶段叫"中国共产党新闻思想阶段"比较好。因为除了毛泽东之外,我们还有一些别的领导人对新闻思想也有十分精彩的论述。不像前两个阶段用马克思、恩格斯、列宁、斯大林来命名就可以了。到我们中国这个阶段,应该是以毛泽东新闻思想为主体的中国共产党新闻思想。今天重点就想给大家讲一下中国共产党新闻思想形成和发展的过程。

下面我想讲三个问题,第一是中国共产党新闻思想形成的背景及条件;第二是中国共产党新闻思想的理论价值;第三是中国共产党新闻思想的历史地位。

二、中国共产党新闻思想形成的背景及条件

我们党诞生已经有80多年的历史了。这80多年来,党的新闻事业始终作为党的整个事业的一部分,运用自己特有的手段和优势,为实现党的斗争目标和革命理想服务,为工人阶级和广大民众服务,为无产阶级事业和社会主义事业服务。应该说这80多年的历程,党的新闻事业经历了非常丰富的实践过程。在这个过程中,我们党不断地总结新闻工作的经验和教训,完善新闻工作的传统和作风,逐渐形成了一系列新闻工作的思想原则和行为规范,逐步建构起自己的理论体系,成为中国新闻思想发展过程中独具特色的学科理论和思想体系。我们国家的新闻思想是很丰富的,不光中国共产党有新闻思想,中国共产党成立之前也有许多新闻思想。而中国共产党新闻思想是中国新闻思想发展过程中独具特色的学科理论和思想体系。它的形成经历了一个长期积累、不断充实、日益成熟的过程,有着深刻的时代背景和历史原因。下面我给大家作些介绍。

1. 吸收和借鉴了中国资产阶级的办报经验

毛泽东曾经说过自己是梁启超作品的忠实读者。青少年时代的毛泽东非常爱读梁启超的政论文章,据说《新民丛报》上的一些梁启超的文章他都能背诵。毛泽东还尊称孙中山先生为"中国革命的先行者",说中国共产党人是孙中山先生开创的事业的继承者。他通过《民报》了解孙中山的革命主张。作为党的创始人之一的陈独秀,早年也受到梁启超和孙中山的影响。所以从历史发展的角度来看,党的新闻事业的发展和理论探索都和吸纳中国资产阶级有益的经验和理论成果有一定的关系。在新闻工作方面,很多共产党人也从资产阶级报人和学者那里吸收和借鉴了许多有益的东西。

比如,1918年毛泽东曾在北大李大钊担任馆长的图书馆当管理员。这期间,他一方面通过管理报纸、阅读报纸接受了很多马克思主义和列宁主义思想;另一方面,他参加了北京大学新闻学研究会组织的首期培训班。北大新闻学研究会是中国历史上第一个新闻

教育和研究机构。读书期间毛泽东非常用功。据北大现存的资料,每次听课都有记录和签到,毛泽东是听课次数最多的几个人之一。另外,听课期间他还登门拜访给他们上业务课的邵飘萍老师。邵飘萍当时是《京报》的主编。这个史料是方汉奇老师考证出来的。也就是说,这期间毛泽东不但通过听课学习新闻专业知识,而且还登门向老师求教。因此,他第二年回到自己家乡之后创办的《湘江评论》就不同凡响。当时李大钊、陈独秀、胡适等人都给这张报纸很高的评价,说这张报纸的影响力远远超出了湖南。《湘江评论》为什么办得好?应当说这与毛泽东经过专门的新闻专业学习和培训,掌握了一些办报的基本知识和技能有关。可以说毛泽东这时已经是科班办报了。

当时这个培训班上的主讲老师有两个人。一个是徐宝璜。大家都知道徐宝璜是我们国家最早倡导新闻学和讲授新闻课的老师,创办北大新闻学研究会就是他的提议。当时的北大校长蔡元培大力支持,研究会才得以顺利建成。研究会成立后,徐宝璜成了这个研究会办的培训班的第一任授课老师,他负责讲授新闻理论课。另一位老师是邵飘萍,他讲授新闻采编业务课。徐宝璜的授课讲义第二年整理出书,这就是被称为中国第一本新闻学专著的《新闻学》。这本书不长,才 10 多万字,但是我看了以后觉得内涵非常丰富。前两年我在写《当代新闻理论》一书时接连看了几遍,吸收了很多有益的东西到我的书里头。他在讲新闻理论课时,概括了报纸的六大功能:供给新闻、代表舆论、创造舆论、灌输知识、提倡道德、振兴商业。这同我们现在讲的报纸的主要功能是相吻合的。他特别强调报纸在社会生活中的重要舆论作用。他还讲报纸"善用为福""滥用为祸"。后来江泽民讲"祸福论",即"舆论导向正确是党和人民之福,舆论导向错误是党和人民之祸",应该说徐宝璜当年说的就是这个意思。徐宝璜强调报纸强大的舆论功能,我想这在当年会给毛泽东留下很深的印象。后来毛泽东一生都在运用报刊组织舆论,并且获得了成功。通过这样一些例子可以说明,学习资产阶级报人和学者的办报实践及办报思想,从中汲取营养和经验,是中国共产党人早期报刊活动的共同特征。

刚才我们介绍的是毛泽东。除此以外像陈独秀、李大钊、周恩来等这样一批党的早期活动家,都属于这样一种情况。他们有的在"新文化运动"中创办民主报刊,有的是通过阅读和研究资产阶级报刊从中汲取有益的知识和营养。总而言之,从资产阶级的新闻实践和新闻思想当中,中国共产党人学到了不少有益的东西。后来刘少奇曾多次提到要学习资产阶级的办报思想和办报经验,当然他也提醒大家要批判地学习,要避免不加区别地完全接受资产阶级的新闻观。

中国早期资产阶级新闻思想的形成与西方资产阶级新闻学在中国的传播和影响也有一定的联系。例如,中国最早出版的徐宝璜的《新闻学》,据他自己在前言中讲,就吸收了美国新闻学理论中的许多内容。另外,20 世纪初,国外一些学者的新闻学理论和一些报人的办报主张,对中国资产阶级新闻思想的形成也产生了一定的影响。像日本学者松本君平的《新闻学》、美国新闻学者约斯特的《新闻学原理》这样一批著作,很早就翻译到中国来了。所以,中国资产阶级的新闻思想很多是吸收借鉴了西方资产阶级的新闻思想。而我们中国共产党的新闻思想又吸收和借鉴了中国资产阶级的新闻思想,这里面存在着一种继承的关系,我们不能隔断这样的联系。当年列宁写过一篇文章叫《俄国工人报刊的历史》,他在文章中就明确阐述了这样的观点,说俄国工人报刊是从资产阶级一些报刊继承和发展过来的。

2. 学习和继承世界无产阶级的办报传统

应该说中国共产党的革命事业是整个世界无产阶级革命事业的一部分,那么中国共产党的新闻事业也是世界无产阶级新闻事业的一部分。所以在学习和继承世界无产阶级新闻学理论和观点的基础上,形成我们自己的新闻思想,也是一个很重要的特点。

研究世界无产阶级新闻史可以知道,世界无产阶级的办报传统是由马克思和恩格斯首先开创的。

作为世界无产阶级革命导师和领袖的马克思是从办报开始自己的革命活动的。马克思1841年大学毕业,毕业后本来想在大学当老师,但当时的普鲁士封建专制政府对大学讲坛上的一些有革命倾向的教授采取压制、排挤的做法,所以这条路走不通。1842年4月,马克思开始为《莱茵报》撰稿,10月,他被聘为这家报纸的主编,当年他才24岁。从此以后,马克思再没有从事别的什么专门职业,所以说办报是他一生当中唯一从事过的正式职业。过去一些年轻人因为马克思、列宁等革命领袖都是办报出身,因而往往对自己能够从事新闻工作有一种自豪感。

马克思早年主编的《莱茵报》是资产阶级激进派的一份报纸,它是代表当时激进的资产阶级民主派,反对封建专制制度的民主报刊。这家民主报刊在当时受到了很大的压力。封建专制政府动不动就对报纸股东施压,股东们一看顶不住就让马克思退让。马克思实在无法忍受,他认为自己不能在一个丧失自由的条件下唯唯诺诺地办报,他希望能够自由自在、大刀阔斧地办报。于是在1843年春天,马克思就离开了《莱茵报》。后来他辗转到了法国,又到了比利时。1848年欧洲爆发革命,这年春天,马克思在法国巴黎被选为共产主义者同盟中央主席。

共产主义者同盟是世界上第一个马克思主义指导下的无产阶级政党组织。世界上最早的工人政治组织是英国宪章派,而第一个在马克思主义指导下的工人政党是共产主义者同盟。为什么这么说呢,共产主义者同盟早就成立了,它原来的名称是正义者同盟。1847年正义者同盟的领导者找到马克思和恩格斯,希望马克思、恩格斯帮助他们改造这个组织。马克思、恩格斯接受了他们的邀请。在马克思和恩格斯的指导帮助下,正义者同盟发生了根本性的变化,我们可以从其口号的改变中看出来。原来正义者同盟的口号是"四海之内皆兄弟",改造后的共产主义者同盟的口号是"全世界无产者联合起来"。1848年,共产主义者同盟选举马克思为中央主席,恩格斯当选为中央委员。这时他们的家乡也爆发了革命，为了参与斗争，4月马克思和恩格斯返回了自己的家乡——德国莱茵省首府科伦市。

他们回到家乡做的第一件事就是办报纸。他们找到共产主义者同盟的当地领导人，想说服他同意中央在这里办报纸。这个领导人说你们应该去首都柏林办报，因为他们自己也想在这里办报纸。马克思、恩格斯用了一整天连续和他谈，最后这位领导人终于同意马克思、恩格斯在这里办报。为什么马克思和恩格斯非要在自己的家乡科伦办报？有几个原因：一个是科伦地区比邻法国，是当时德国工业最发达的地区。由于工业发达，工人运动开展比较好，群众基础也就比较好。第二个原因，这里是马克思、恩格斯的家乡，情况熟悉、关系多，有很多有利于办报的条件。例如，他们一开始想采取股东会的集资方式办报，熟人多就可以在当地找。第三个很重要的原因，这里是《莱茵报》的创办地。为什么马克思把这张报纸叫作《新莱茵报》呢？因为他希望这张报纸可以继承《莱茵报》的革命传统，重新举起《莱茵报》的旗帜。

经过紧张的筹备，1848年6月1日，《新莱茵报》正式出版了。这张报纸是世界无产阶级报刊史上最著名的一份报纸，是第一张马克思主义指导下的无产阶级党报。这张报纸当时的身份很特殊，它公开是打着民主派机关报的名义，实际上是共产主义者同盟中央的机关报。为什么要打民主派的旗号呢，因为当时的德国革命是资产阶级革命。马克思、恩格斯非常清楚，当时共产主义者同盟的首要任务应当是支持资产阶级推翻封建专制制度，在此之后，再立即把资产阶级的民主革命推进到无产阶级的社会主义革命。所以马克思、恩格斯给自己定的目标非常明确。这张报纸在当时确实起到了很重要的作用。

为什么无产阶级政党的机关报组织功能这么强？大家听了我刚才讲的列宁办的《火星报》和马克思、恩格斯办的《新莱茵报》，都是党的领导人兼报纸的总编辑。党组织和党报实际上是两位一体的，党报是为党服务的，党是通过党报来实现自己的斗争目标的，所以这是一个非常自然的结果。

《新莱茵报》存在的时间不长，只有354天，一共出了301期报纸，它不是每天都出。后来报纸没法办下去了。因为当时资产阶级临时政府采取种种卑鄙的手段来扼杀它。政府当局对《新莱茵报》百般刁难。在不到一年的时间里，报纸23次被起诉，马克思7次受到庭审，恩格斯2次被传讯。后来警察当局采取了更加卑鄙的手段，即宣布马克思是非法移民要将他驱逐出境，恩格斯则因为持枪参加了维护《宪法》的斗争而被政府通缉。一个被驱逐，一个被通缉，另外几位编辑也遭受了类似的命运，这样报纸就没法办下去了。《新莱茵报》不得不在1849年5月19日被迫停刊。《新莱茵报》存在时间虽然不长，但是它在无产阶级新闻事业史上却有着很重要的位置，马克思、恩格斯在创办和主编《新莱茵报》期间所提出的许多重要思想后来成为各国无产阶级办报的重要指导思想。

到了后期，马克思和恩格斯更多的是指导各国共产党和工人党的机关报刊怎样宣传共产主义，怎样批判机会主义思潮，怎样同资本家作斗争，当然也有很多是批判资产阶级报刊的。他们的这些新闻思想对于中国共产党还是有很大影响的。不过我想相对来说，中国共产党继承的新闻思想当中更多的还是列宁的新闻思想，这是因为中国的党情和国情跟列宁比较接近。另外，当时中国和俄国不但国土接壤、地理位置上比较接近，而且从时间上讲，列宁和斯大林的新闻思想也比马克思和恩格斯的新闻思想离得近。这种种原因，使得我们党在吸收和借鉴国外无产阶级新闻思想方面，吸收和借鉴列宁、斯大林的新闻思想可能更多一些，也更直接一些。

列宁在办《火星报》的时候，提出了一个很重要的观点，他说，我不打算把我们的报纸办成形形色色观点的简单堆砌，相反地，我们将本着严正的方针办报。他强调，这个方针"一言以蔽之，就是马克思主义"。这是很重要的一个思想。列宁一生中有很多重要的新闻思想，这里我就不多说了。应当说，我们党早期的领导人陈独秀、李大钊、毛泽东等人，一开始主要是学习和运用俄国布尔什维克党的办报经验和列宁等人的办报思想。举几个例子。

1922年7月，中国共产党第二次全国代表大会通过了一个决议，其中关于宣传部分的规定，同列宁1920年7月为共产国际第二次代表大会起草的《加入共产国际的条件》的一些内容完全一致。如里面讲到，日常的宣传活动必须具有真正的共产主义性质；党掌握的各种机关报刊都须由忠实于无产阶级革命事业的可靠的共产党人来主持。这些就都出自于共产国际的一些规定。

从20世纪20年代到40年代这一期间的中国共产党人的新闻实践中，列宁的新闻思想成为当时中国共产党的重要指针。党的许多关于新闻工作的重要文件、领导人的讲话、报刊的重要文章，有很多是专门阐释列宁的办报经验和办报思想的，特别是阐释列宁提出的报纸是"集体的宣传员、集体的鼓动员和集体的组织者"这样一些重要思想。当时党的报刊，像《布尔什维克》《红旗》《解放日报》等，都专门发表过宣传和介绍列宁这些思想的文章。

1942年4月1日，《解放日报》实行改版。在这一天报纸第二版的上半版，列出了一个总标题，叫《怎样办党报》，上面发表了几篇文章，一篇是中宣部《为改造党报的通知》，另外几篇是《列宁论党报》《联共党史论〈真理报〉》《联共八次大会关于报纸的决议》等几个联共（布）关于党报工作的文件。大家看，四篇文章中有三篇是介绍苏联和列宁的办报思想与办报经验的。这说明当时我们中央的机关报是决心要学习苏联的办报经验和办报思想。7月，《解放日报》发表《把我们的报纸办得更好些》的社论，里头大量引用了列宁1918年写的一篇谈报纸性质的文章，这篇文章是列宁办报思想中的经典名篇。社论提出，中国共产党要"彻底实现列宁的指示，要按照列宁的方法去办报"。

另外一个例子，是1947年解放区由《晋绥日报》率先开展的反"客里空"运动。这件事也和学习苏联有关系。

1944年，延安《解放日报》刊登了一篇文章，介绍苏联的一个剧本，叫《前线》。这个剧本里的一个代表人物是记者,名字叫"客里空"。他非常善于逢迎和造假。他采写军事报道,人在后方不上前线,可是对前方的事情却描写得绘声绘色,好像亲临过战场一样。所以"客里空"后来就成了新闻造假的代名词。可以说,反"客里空"运动的思想依据就来源于我们报纸上登的这篇文章。当时《解放日报》还发表了一篇《我们可以从科尔内楚克的〈前线〉里学习些什么》的文章,科尔内楚克是《前线》的作者。学什么呢?学反官僚主义,反形式主义。反"客里空"运动后来发展成为全党的一个学习运动,不只是新闻界,整个解放区的党政干部都要学习,学习的核心问题就是要坚持实事求是,反对搞形式主义。后来新华社为此专门发了社论,号召大家都来学习《晋绥日报》反"客里空"的经验。反对"客里空"运动,由此发展成为一场整个解放区的实事求是的思想教育运动。

应该说我们党的新闻思想的成熟期是在延安时期,当时我们党提出了很多重要的新闻思想,像党性原则、群众办报、新闻批评、实事求是、真实客观问题等,这些都和当时学习苏联的办报经验和列宁的办报思想有直接的联系。

另外,在中国共产党建立初期,共产国际在组织上和宣传上提供了很多帮助。当时共产国际派了两个人,一个是马林,一个维经斯基,到中国来指导建党和党的宣传工作。总而言之,中国共产党新闻思想的形成过程,以俄国布尔什维克党为代表的无产阶级的办报经验和列宁等人的办报思想,起到了重要的影响作用。这和当时我们党所处的环境和形势,所面临的主要任务有密切的关系。

3. 总结和吸取自身新闻实践的经验

前面我们讲的是吸取国内资产阶级和国际无产阶级的办报经验,这些都是外部的。实际上,在事物变化发展的过程中,外因总是通过内因起作用的。所以,中国共产党新闻思想的形成和发展,虽然受到外部因素的影响,但主要是中国共产党人不断总结自身的经验和教训的结果。在长达80多年的新闻实践中,我们党的新闻事业遇到了很多的困难和挫折。我们在做这个课题的时候,做了一些调研,发现党的新闻实践过程是既有经验和成绩,也有教训和挫折。今年我们纪念抗日战争胜利60周年,有的媒体有一些关于抗战期间新闻工作者牺牲的报道,新华社统计了一下,历史上该社牺牲的记者总共有150多个,其中大多数是在抗战期间牺牲的。这说明,为了形成党的新闻工作的传统和经验,我们很多新闻工作者付出了生命的代价。所以说,党的新闻工作自身的实践,经验也好,教训也罢,对我们党新闻思想的形成都具有重要的作用。

从历史上看,中国共产党新闻思想的形成和发展有几个重要的时间和事件,产生了重要的影响。可以概括成这么几个时期:

(1) 共产党成立初期

这个时期主要是通过制定关于新闻出版和宣传工作的文件,对我们党的新闻工作提出指导性意见。这些文件为新闻工作确定了基本的原则和要求,以及基本的理念和规范,从而为党的新闻思想的产生奠定了最初的思想基础。正是建党初期的这些文件,成为我们党新闻思想形成的基础。这些文件规定了新闻工作的原则、新闻工作的要求、新闻工作的理念,虽然不是很成熟,但是奠定了基础。

(2) 延安时期

这个时期主要围绕着《解放日报》的创办和 1942 年的改版,围绕着中共中央的有关文件和毛泽东等党的领导人的一些讲话、指示,形成了党关于新闻工作的一系列思想观点。这个时期是我们党报历史上进行第一次改革的时期。它的实践经验和理论总结,标志着我们党的新闻思想趋于成熟。特别是以《解放日报》的创办和改版作为标志,我们党的新闻思想开始走向成熟。

这些思想主要体现在毛泽东等中央领导人的指示、中央的文件和党的机关报《解放日报》的文章中。把这些东西集中起来,我们可以看出这个时期党的新闻思想。

(3) 1947 年到 1948 年的这两年时间

这个时期的主要标志就是解放区开展反对"客里空"运动和纠正在土改宣传中犯的"左倾"错误。另外一个标志是两篇重要谈话:一篇是 1948 年 4 月毛泽东对《晋绥日报》编辑人员的谈话,一篇是 1948 年 10 月刘少奇对华北记者团的谈话,这两篇谈话是两个领导人关于新闻工作最重要的谈话,也是中国共产党新闻思想的名篇和代表作。第一篇谈话是毛泽东离开延安,东渡黄河,准备去西柏坡,路过晋绥边区的时候,对《晋绥日报》编辑人员的一个谈话。这个谈话对党报的性质、任务、功能、任务,风格、特点,工作原则、工作路线和工作方法等都做了比较全面的阐释,较为集中地体现了毛泽东的新闻观点,是毛泽东一生中关于新闻宣传工作的专门谈话中最为经典的篇目之一。

再一个谈话是刘少奇对华北记者团的谈话。华北记者团是当时新华社华北总分社和《人民日报》社共同举办的一个培训班,这个培训班的人员都是准备随军到新解放区去的记者和编辑。他们的任务一是组织报道;二是接管国民党统治区的新闻机构,建立解放区人民自己的新闻机构。举办培训班的报告打到当时主管宣传工作的刘少奇那里,刘少奇非常重视,原来准备用一周时间,后来他提出延长到两周,而且说要让中央一些领导同志到培训班去讲课,并说他本人也要去。

刘少奇对华北记者团的谈话内容十分丰富,从新闻工作的使命、任务、工作路线、工作方法,到新闻工作者的职业修养等一系列问题,都作了全面、透彻的讲述,集中反映了刘少奇对党的新闻宣传工作的基本认识和主要观点,是研究其新闻思想的重要篇章。

有人说,如果把 1948 年毛泽东和刘少奇的两个谈话综合在一起,就能较为完整地反映出中国共产党关于新闻工作的一些基本立场、观点和方法。因为两个讲话的侧重点不一样,集中起来就非常完善。

另外刚才讲到这个时期还有反"客里空"运动和纠正土改宣传中的"左倾"问题,既有正面的东西又有教训的东西,所以这个时期是我们党的新闻思想形成的重要时期。

(4) 以1956年《人民日报》改版为标志的新闻改革时期

在中国共产党新闻史上称为新闻改革的,第一次是《解放日报》的改版,第二次就是1956年的《人民日报》改版。为什么叫以《人民日报》改版为标志的新闻改革?因为当时全国新闻界都在酝酿改革,但《人民日报》作为党中央的机关报,它的改版具有示范作用,也具有代表性。

1956年7月1日《人民日报》发表的社论《致读者》,大家可以看一看。这篇社论写得非常精彩,重申了《人民日报》既是党的报纸,又是人民的报纸、人民的公共武器的性质,同时也阐明了改版的目的、意义和方法。但是非常遗憾,这场改革由于1957年开始的反"右"斗争而中断了。不过这场改革中所提出的一些思路,形成的一些理念,采取的一些措施在当时还是产生了一定的影响和效果。

(5) 从1978年中共十一届三中全会至今的新闻改革时期

这个时期的新闻改革是我们党历史上新闻事业所进行的持续时间最长,涉及范围最广、行动力度最大的一场新闻改革。它不仅体现在新闻观念、理念的更新上,也体现在从新闻业务到新闻体制和运行机制的全方位的革新上。应该说这次新闻改革的理论及成果大大丰富了党的新闻思想,特别是探讨了在改革开放新时期,在市场经济条件下,如何做好新闻工作的实践和理论问题。

上面是对党的新闻思想发展过程所作的简单的回顾。我们党的新闻事业在历史上经历了这样五个重要的历史时期,这也标志着我们党的新闻思想发展所走过的历程。

4. 吸纳党的领导人的新闻思想和新闻观点

我们可以这样说,中国共产党新闻思想的核心内容和它基本理论的确立,离不开以毛泽东为代表的几代领导人的新闻思想和新闻观点。换句话说,以毛泽东为代表的几代领导人的新闻思想和新闻观点,奠定了共产党新闻思想的理论基础,构成了中国共产党新闻思想的核心内容。

通过前面的介绍,我们已经讲到,以毛泽东为代表的几代领导人都十分重视新闻工作,他们一方面通过直接创办报刊领导新闻工作:一方面,通过讲话、发文件和指示来指导新闻工作。也正是通过这样一些形式,他们提出了许多新闻观点,构成了党的新闻思想的基础。这些新闻观点包括党报的性质、任务、功能、作用、工作原则和工作方法,等等。这些东西不但本身是党的新闻思想的重要内容,而且也是党的新闻思想形成和确立的基础。这一段话概括起来很简单,但是具体分析起来内涵却非常丰富。

在中国共产党早期的领导人中,很多人都有办报的经历。毛泽东青年时期就办报,他办的重要报纸,除了《湘江评论》,紧接着比较有影响的是他1925年创办的《政治周报》。当时正值国共合作时期,毛泽东被选为国民党中央候补执行委员,而且还担任了代理宣传部长。在他所撰写的《政治周报》发刊词里,毛泽东提出了很多很重要的新闻思想。周恩来同志在南开上学的时候,就开始办报纸,在旅欧期间也办过报刊。邓小平同志长征之前在瑞金的时候担任过我们红军报纸《红星报》的主编,长征开始以后,主编是陆定一。我们党的很多领导人都办过报纸,另外还发表过大量有关新闻工作的讲话,提出了许多重要的新闻观点。下面我们分头做些介绍。

首先介绍毛泽东。毛泽东作为我们党从战争年代到新中国成立几十年中的最高领导人,他的新闻思想主要是解决党如何利用新闻舆论开展政治斗争,建立革命根据地,武装夺取政权,实行人民民主专政的社会主义制度,建设社会主义国家的问题。他的新闻思想大都和这些内容有关。应该说这一部分是我们党的新闻思想中极其重要的部分,而且这一部分内容奠定了我们党的新闻思想的基础,成为了我们党的新闻思想中最基础和最重要的部分。我们研究中国共产党的整个思想发展,知道它经历了毛泽东思想、邓小平理论等几个重要阶段,而在这几个阶段中,毛泽东思想应当说是处在最先的、基础性的、最重要的阶段。

毛泽东思想,按照邓小平同志的讲法,不是毛泽东个人的思想,是以毛泽东为代表的中国共产党人集体智慧的结晶。那么,毛泽东的新闻思想可以说也不是指毛泽东一个人的思想,应该说它集中反映了早期领导人或者是第一代无产阶级革命家们的新闻思想。它不像我们今天研究邓小平、江泽民的,比较单一。江泽民的新闻思想基本上就是研究江泽民一个人的,邓小平新闻思想就是研究邓小平。毛泽东的新闻思想内涵比较丰富,因此说它是理论基础。因为和毛泽东同期的还有很多党的早期活动家,如李大钊、陈独秀、周恩来、刘少奇、瞿秋白等,他们都有大量的报刊活动和新闻思想,这些都可以作为以毛泽东为代表的党的新闻思想中的重要内容。

邓小平是中国共产党第二代领导集体的核心人物,他的新闻思想主要体现在解决改革开放新时期社会主义市场经济条件下,党的新闻工作如何更好地为改革开放和现代化建设事业服务,以及党的新闻事业如何加速自身健康发展的问题。这些思想观点是我们党过去新闻思想中所没有的全新的东西。

邓小平新闻思想的核心可以称为"思想中心论",他强调报刊应该成为"全国安定团结的思想上的中心"。

其实,"思想中心说"并不是出自邓小平。马克思就说过,要通过办报为愿意独立思考的人们寻找一个新的集合地点,这个集合地点,显然就是一个"中心"。恩格斯则把报纸比作是"党的旗帜",是"社会主义运动的中心"。列宁和斯大林关于"党报中心说"也有很多论述。因此,"中心说"并不是小平同志的发明。但是,小平同志在20世纪80年代提出报纸要成为"全国安定团结的思想上的中心"有着特别重要的意义。

大家知道,粉碎"四人帮"以后,我们揭批"四人帮"、平反冤假错案、真理标准讨论等,这些活动对于我们党拨乱反正都起了很重要的作用,其积极效果是明显的。但是经过这样一些活动,当时也产生了另外的一些情况,就是有一些人开始对党的领导、对社会主义制度、对毛泽东思想产生怀疑和动摇。有的人公开提出,不要再提毛泽东思想是指导思想。对毛泽东,一些人也持否定态度,有人提出天安门不要再挂毛泽东像。总之,当时社会上和群众中思想比较混乱。

我们说肯定小平同志作为第二代领导集体的核心人物的关键之处就在于,在这样一个历史转折关头,他作为一个政治家,起到了中流砥柱、力挽狂澜的作用。他明确提出并反复强调,要旗帜鲜明地宣传"四项基本原则"。当时有很多人觉得社会主义搞了这么多年,怎么是这个样子?社会主义还能发展吗?于是他提出了"初级阶段"的理论,指出我们现在的社会主义还处在"初级阶段",离理想的社会主义的目标还有很长一段路要走。关于党的领导,他指出,共产党是犯过错误,但是党的错误最终还是靠党自己纠正的。刚才谈到的粉碎"四人帮"以后党所开展的一系列活动,就是中国共产党自己发动起来的。敢于否定自己,敢于承认错误,敢于吸取教训,敢于开拓新的工作局面,应当说这正是中国共产党的英明伟大之处。

关于毛泽东思想,刚才我讲过,邓小平指出,毛泽东思想是中国共产党人集体智慧的结晶。关于如何评价毛泽东,邓小平说,如果没有毛泽东,中国人民至少还要在黑暗中摸索更长的时间。这话对经历过战争年代的人来说,会有更深刻的体会。大家如果看过《长征》、看过《延安颂》,就能深刻感悟到毛泽东作为我们党和军队的领导人在战争年代所起到的不可替代的、决定性的作用。关于毛泽东晚年的错误,邓小平说,毛泽东个人要负主要责任,但有些错误也不只是他一个人的责任,我们大家都有责任。他说他是总书记,他也有责任。他提出对毛泽东要有一个实事求是的评价;对毛泽东思想要完整、准确地理解,不要断章取义,不要歪曲。

凡是经历过那段历史的人都知道,当时社会上思想很混乱,发生了很多事情,邓小平强调报纸要成为"全国安定团结的思想上的中心",意义重大。所以我说,邓小平新时期新闻思想的核心就是"思想中心论"。

大家知道,1989年发生的那场政治风波,使我们国家在一段时间里陷入了混乱。江泽民主持中央工作以后,首要的任务就是要稳定局势。邓小平同志说过,稳定是压倒一切的任务。怎么稳定呢?江泽民通过1989年11月关于新闻工作的讲话,总结了新闻媒体在这场风波中的一些教训,澄清了当时理论上的一些含糊不清的问题。这一时期他关于新闻工作的指示,主要是就如何坚持正确的舆论导向、如何保证新闻媒体更好地为党和国家工作大局服务、如何解决新闻业本身借助改革开放的宏观形势,加强自身发展的问题。我认为江泽民新闻思想的核心就是舆论导向,说来说去都是围绕着舆论导向问题。

我研究了一下,迄今为止在我们党历代领导人中,关于新闻工作的专门讲话讲得最多的就是江泽民。毛泽东这方面的讲话没有几篇,加上他的文章,也就是十几篇。刘少奇能够找到的相关文章和讲话大概只有两三篇。邓小平专门的讲话只有一个,就是1950年在西南新闻工作会议上的讲话。后来他的一些相关论述都是在各种会议的讲话中涉及新闻宣传工作时发表的意见。江泽民的讲话大概有二十几个,从1989年11月的第一次讲话,到后来视察新华社、视察《人民日报》、视察解放军报社,以及每年的宣传工作会议、宣传部长会议、报社总编会议、理论工作会议,他都要讲话。

其次,对新闻工作的重要地位提得最高的也是江泽民。前面讲到,毛泽东、刘少奇等人也讲过新闻工作的重要性,什么"思想武器""精神导线""中心一环",等等,都讲过。但是,江泽民把新闻工作看成是"党的生命的一部分",是"党和国家的前途和命运所系的工作"。他认为党和国家的命运就系在新闻工作上。他对新华社讲、对《人民日报》讲、对《解放军报》讲:你们的工作太重要了,你们工作的好坏直接影响大局,影响国家的整个事业。

另外,对新闻工作者的要求讲得最细的也是江泽民。他在对《人民日报》的讲话中,要求新闻工作者要打好"五个根底",要树立"六大作风"。过去的一些领导的讲话都没有讲得这么细,这么具体。

江泽民为什么对新闻工作的讲话讲得那么多,对新闻工作的重要地位提得那么高,对新闻工作者的要求谈得那么细、那么具体?我想这和他所处的环境及所面临的形势与任务有关。大家想一想,在那样一种形势和环境下在中央主持工作,稳定确实是压倒一切的任务。所以,江泽民特别重视舆论,特别注意抓新闻工作。1996年春天,他连续主持中央政治局开了三次会,分别听取人民日报社、新华社、国家广电总局三个新闻单位的党组汇报工作,这在中共党史上好像没有过。中央政治局七个常委,一个不少听一个单位的党组汇报工作,而且现场办公,有什么问题现场解决,这说明他对新闻工作非常重视。江泽民关于新闻工作的论述为党的新闻思想充实了很多新的内容。

党的"十六大"以后,以胡锦涛为总书记的新一届党中央,面对的是在新世纪、新时期的国内外形势下,党怎样提高执政能力,如何保证国家持续、健康、稳定发展,实现党所确定的全面建设小康社会宏伟目标的问题。因此,他们关于新闻工作的论述都围绕着党和政府如何利用新闻传媒和舆论手段,改善执政环境,提升执政能力,增强执政效果,构建和谐社会,促进社会全面发展的问题,以及新闻事业作为信息产业如何加速自身发展的问题。这三年多时间,开端很好。新一届中央领导集体关于新闻工作提出了许多新的政策,采取了许多新的举措,形成了许多新的理念。我总共概括了12个方面。

1)强调新闻工作的"三贴近"原则

"三贴近",类似的提法其实以前早就有过,例如毛泽东在延安时给《解放日报》的题词,就是"深入实际,不尚空谈"。1991年江泽民视察新华社时给新闻工作者提了两句话,叫"学习学习再学习,深入深入再深入",深入什么?深入基层、深入实际、深入生活、深入群众。新华社的老社长穆青,原来兼任过新华社办的中国新闻学院的院长,他每年都要到新闻学院去和老师、同学座谈,他总是要求同学们要注意做到贴近实际、贴近群众、贴近生活。而且他说，一个不和群众打交道的人、一个和群众没有感情的人，是当不好记者的。

讲到这里使我联想到客观报道的问题。按照一般的理解，客观报道强调的是客观地讲述事实，不夹带任何个人的感情和想法。应当说，客观报道手法是有道理的，记者如果夹杂着个人的情感和看法的确很难做到"客观"。而穆青却讲，一个对人民没有感情的人，是当不好记者的，怎么理解呢？我们还是来看看穆青自己的实践吧。

穆青说他写焦裕禄的时候，是边采访、边流泪、边写作，眼泪把稿纸都打湿了。正因为这样，这篇稿子才写得感人肺腑，催人泪下。当时播出这篇稿件时，中央人民广播电台的播音员也充满了感情。我那时还是个中学生，记得我是含着眼泪听完这篇报道的。这就是新闻作品的魅力和感染力！

据说这篇报道来得有些偶然。穆青他们几个人去河南了解植树造林的情况，人们告诉他，最近河南开封那个地方一位县委书记去世了，成千上万的人自发地去给他送葬。他们觉得这里面有故事，于是就去调查。被访问的人都是含着泪向他们介绍焦裕禄的事迹，他们也非常感动。这篇报道用了很多焦裕禄自己的话和干部、群众的语言，非常感人，效果非常好。所以我想，"深入"的问题，不只是一个新闻工作者职业要求的问题，而且也是一个思想感情的问题。这一次中央把"三贴近"上升到党的新闻工作指导思想的高度，上升到反对官僚主义、密切党群关系、密切干群关系、密切新闻媒体与群众的关系这样的高度来谈，这和过去仅仅把它当作职业道德和职业修养问题就不一样了。所以有人说，要概括"十六大"以来我们党的新闻思想，其核心可以用"三贴近"来代表。而反过来也可以说，"三贴近"是"十六大"以来党的新闻思想的核心内容。

2）制定《关于进一步改进会议和领导同志活动新闻报道的意见》

2003 年 3 月中央政治局召开会议，专门研究改进会议和领导同志活动新闻报道的问题，这在党史上好像也没有过。

关于会议和领导同志活动新闻报道的问题是我们党报工作中久拖难解的一个"老大难"问题。往远处推，可以推到 40 年代的延安时期。1942 年，延安整风，整顿"三大作风"——党风、学风、文风。文风重点整顿的是"党八股"。当时延安要开个动员反对党八股的会。开会的通知是参加"压缩大会"，压缩什么？压缩长风。什么长？会议长、文章长。这说明当时会议报道太长就已经是个问题了，而且大家有意见了。经过整顿，长风问题有所改善，但好像还没有从根本上解决问题。1946 年，当时《解放日报》总编胡乔木，在报纸上发表了一篇文章，题目叫《短些，再短些》。我想你们上业务课，可能会读到这篇文章，这说明当时我们报纸上的文章还很长，还没有解决问题。

新中国成立以后，新闻总署成立，第一任署长就是胡乔木。他开的第一次报纸工作会议，其中也研究到会议报道问题。1956 年《人民日报》改版。改版的内容中也涉及到会议和领导同志活动报道问题。当时做了几个决定，包括中央的会议，结束以后发一个结论式的报道；中央领导的讲话，未经中央允许原则上不得发表，等等。结果这次改革后来还引出了一点问题。

正是在改革期间，1957年初，毛泽东在最高国务会议上发表了一个重要讲话，即《关于正确处理人民内部矛盾的问题》。这个讲话非常好，《人民日报》发了一条短消息，没有发评论，也没有做后续报道。毛主席对此有意见。而后来召开的全国第一次宣传会议，《人民日报》连个消息都没发，所以毛主席非常非常生气。

那么这两个问题到底是怎么一回事呢？后来我了解，第一件事有答案。当时《人民日报》发了消息以后，马上写了一篇社论。社论稿送给胡乔木，胡乔木当时是毛主席的政治秘书，重要的稿件都是他看了以后，最后给毛主席或周恩来审定的。胡乔木一看觉得写得不好，便退回去重写，完了看不好又退回去。这样一来二往，时间过了，也就不了了之了。这个事，应该说责任不在《人民日报》。第二件事，后来有人解释说，是因为改革当中提出来，会议结束以后再发消息。不过这个解释好像也不行，因为宣传工作会议结束后也没有发消息。这里面的原因可能比较复杂。

中间插了这么一段，讲的都是会议报道问题。1956年也提出来了，提出来以后还做了这么个规定，这个规定简化了会议报道，但没想到又出了"问题"。

当然会议报道不是都不可以报，也不是老百姓都不喜欢。"非典"期间，中央和北京市领导的会议、他们每天的活动，大家都很关心。就是说，你的会议，领导同志的活动要和老百姓日常的学习、工作、生活息息相关，这样他就会关心了。问题就在于我们报纸上登的很多东西老百姓不感兴趣，和他们没有多大关系。例如，那些长篇的会议报道，领导同志毫无新意的讲话、例行公事的调研，等等。

所以这一次中央非常重视这个问题，政治局开会，最后制定了这个文件，站在非常高的高度来认识这个问题。实际上从学理上看，这个问题并不复杂，说到底就是个新闻与宣传的关系问题。党的领导机关、领导者，认为他们的会议和活动要宣传，非要你往报纸上登。可是从新闻媒体这个角度看，上新闻媒体的东西，应该是既有宣传价值，又有新闻价值。你光有宣传价值，没有新闻价值，这个不行。一旦作为新闻来发表，必须有新闻价值。你的会议新在什么地方，解决了群众关心的什么问题，你的这个视察有什么新意，这些都需要从新闻价值的角度来考虑。

会议和领导同志活动的新闻报道，这个多少年来没有解决好的问题，现在中央决定用制订和下发专门文件的形式来解决，这说明了中央对此问题的重视和解决的决心。《意见》作出后，中央几位主要领导身体力行，带头精简会议，简化外事活动，包括对会议的报道、对外事活动的报道，都采取了一些积极的、有效的改革措施。有的报纸还规定，头版的文章不得少于多少条。这样一来就把长东西给限制住了，长文章就登不了了。我想这个改革应该说是很有意义的。

3）实行政府工作信息和社会公共信息公开

实行政府工作信息和社会公共信息公开，这是从"非典"以后开始的。过去我们在这方面,既缺乏自觉意识更没有实际行动。其实这个问题非常重要,它涉及到公民的知情权问题。作为一个民主政府,作为一个现代政府,信息公开是它的义务和责任。公开是惯例、是常规,而不公开只是特例,应该形成这样一种理念。"非典"发生了,逼得我们提前考虑,并实行信息公开。

当时根据北京市"非典"发生后一段时间里存在的"隐情不报"的情况,中央召开紧急会议,采取果断措施,提出对一切瞒报、谎报和缓报疫情的单位或是个人,要严肃查处,而且撤换了卫生部部长和北京市市长两位高级官员,使得"非典"期间信息公开问题有了实质性的进展。以此为开端,"信息公开"在中国成为了一个大家都认可的理念。现在有20多个省市(含地级市)制定了关于信息公开的地方条例。中央的"信息公开条例"也正在拟订之中,这对加强信息公开工作将会有很大的促进。

4) 建立新闻发言人制度

建立新闻发言人制度,这是信息公开过程中的一个必然要求。你信息公开借助什么形式、通过什么渠道呢?建立新闻发言人制度就是最好的一种形式和渠道。中央政府各部门、各级地方政府,都设立发言人。发言人定期或不定期地把政府工作信息和他们掌握的各种社会公共信息及时地向媒体通报,通过媒体再向社会和民众告知。这样,就可以把党和政府的决策、政策、工作情况及时让群众知道,才能实现群众作为国家主人参政、议政的目标。试想,如果群众连政府工作的情况都不知道,你要他参政、议政,他怎么参,怎么议? 没有条件! 所以我想这一点非常重要。

当然现在发言人也还存在一些问题。有的新闻发言人有时用"无可奉告"来搪塞媒体。我觉得这种做法不对。发言人不能用外交辞令,你只能说到目前为止,对于你提的这件事,我还没有掌握可靠的信息,我还暂时不能给你准确的答复。你这样说是可以的。总之,我认为,新闻发言人要积极、主动地与媒体沟通,向媒体提供及时、准确和有效的信息。

5) 制定《关于进一步改进和加强国内突发事件新闻报道的意见》

2003年8月,中央制定了《关于进一步改进和加强国内突发事件新闻报道的意见》。突发事件新闻报道问题也是一个群众议论多,媒体深感挠头的"老大难"问题。按照旧的理念和传统的做法,对一些重大的、突发的事故、灾害和危难性的事件,过去媒体的做法往往是回避,采取不报道的办法。有的时候不得不报道也是躲躲闪闪,尽可能地避重就轻,轻描淡写,应付了事。所以群众对此非常不满,特别是有些重大的事件,老百姓要通过海外的媒体,通过"出口转内销"才能了解到,大家更觉得无法接受。

那么,是不是我们的记者没有应对突发事件报道的能力和水平? 不是。1984年,洛杉矶奥运会,美联社有个记者发了一条消息,他说,在现场采访的几千名记者中唯有中国新华社的记者是拿着笔在采访的。就是说,当时咱们还没有便携设备,电脑什么都没有,是拿着笔在采访。但就是拿笔采访,许海峰拿到第一块金牌的新闻是我们新华社第一个发的。有人说,你中国人拿金牌自己第一个报有什么了不起的,不是那么回事。第一块金牌,全世界的媒体都关注,大家都在那儿抢,我们拿笔写的抢到了第一,应当说了不起。到了汉城奥运会的时候,我们新华社争得第一的新闻就更多了。这说明我们不是没有这个本事,有这个本事,关键是要有好的政策和环境。

过去因为缺少相应的政策和环境,结果我们吃了不少苦头。最典型的例子,就是那年发生在千岛湖的"游船被烧事件"。一帮歹徒,劫了一艘船,把船里的乘客推到船舱里,浇上汽油烧死了。船上30多名游客,大多数都是台湾同胞,港台一些媒体跟踪采访,大肆渲染。我们的媒体一开始一言不发,后来发了条报道又躲躲闪闪,避重就轻,更让人家攻击得厉害,弄得我们非常被动。

大家可能都不会想到,正是这个"游船被烧事件",当时竟成了台湾李登辉攻击大陆"草菅人命",制造"台独"言论的借口,这个教训实在深刻。所以我想中央也是总结了我们这么多年来的一些教训,提出了要改进国内突发事件的新闻报道。

"非典"期间,我们一开始也是没有及时报道,结果吃了亏,造成了被动,后来的报道尝到了甜头。看来对突发事件,确实应该及时加以报道,这样做只有好处没有坏处。过去那种在封闭状态下采取的回避不报道的做法,当然有它一定的背景和原因。但现在已经发展到了通信高度发达,世界高度开放的状况,我们再沿用过去的做法,显然就不行了。

2003年春天爆发的伊拉克战争属于国际重大突发事件,按照过去的做法,我们可能也不能充分报道。这次中央的政策非常开放,我们的媒体也很争气,报道组织得非常好。过去像发生这样的情况,大家都会争着看凤凰卫视,但是这次伊拉克战争期间,很多人后来都转向看中央电视台的节目。应当说中央台的资源,各方面的条件都有明显优势。问题是要有好的政策和好的环境与条件。

最近国家民政部和保密局专门发了一个通知,说今后各种自然灾害造成的灾难性事故当中的死亡人数,不再作为保密数字,可以公开报道。这就为我们报道这类突发性事件又创造了一个条件。我想中央制订改进国内突发事件新闻报道的意见这个文件,确实是非常有意义的,它为新闻界又解决了一个"老大难"问题。

6) 制定《关于进一步加强和改进舆论监督工作的意见》

2005年4月出台的《关于进一步加强和改进舆论监督工作的意见》,是中央制定的第三个用于解决新闻工作中的"老大难"问题的文件。"十六大"召开仅仅三年多的时间,中央就通过了三个关于新闻工作的专门性文件,而且这三个专门性文件都是针对新闻界长期以来一直没有解决好的老大难问题的,这说明中央对新闻工作的重视程度。

大家都知道,舆论监督问题是群众对我们媒体反映较大的问题之一。许多人认为我们的媒体"报喜不报忧",正面的报道太多,而反映问题,批评揭露性稿件太少。为了解决这个问题,党中央采取了很多措施。

这些年来中央关于加强舆论监督工作的相关文件和规定相当多。像2003年12月中央颁布的党内监督条例中,就专门有一节是讲舆论监督。2004年中央印发的《关于建立健全教育、制度、监督并重的惩治和预防腐败体系实施纲要》中，"舆论监督"也列入其中，成为重要组成部分。这说明中央希望通过监督的方式和教育及制度并重的方式来预防和惩治腐败。

这些年来大家都在探讨为什么党内腐败这么严重，我想很重要的一条，就是没有一种监督机制，没有形成一个完整、有效的监督体系。这个体系的建立，需要与教育和制度结合起来。所以中央就制定了这样一个纲要，我想这是非常重要的。另外，去年9月十六届四中全会通过的《关于加强党的执政能力建设的决定》中，也谈到要加强舆论监督问题。从1987年的"十三大"开始，到2002年的"十六大"，历次党代会都强调要加强舆论监督，应该说中央在这个问题上头脑是清醒的，认识是高的，态度也是很坚决的。但是由于种种原因，总体看，我们的舆论监督工作落实得还不够好。我想，再好的政策、再好的思想、再好的决策，如果不能有效实施的话，也会形同虚设，无法发挥作用。这次中央以文件的形式，强调要加强舆论监督工作，并且对如何做好舆论监督工作提出了一些明确和具体的要求，我想应该会收到很好的效果。

7）治理整顿党政部门报刊

2003年7月，中办和国办联合发出了一个治理整顿党政部门报刊的通知。"党政部门报刊"，是指那些中央和地方所属党政部门，即各部、委、局所办的报刊。其实它也是一种机关报，是党委或政府某一个部门党组的机关报。这些报纸靠财政部门拨款办报。因为是行业报纸，所以它们常常会通过行政摊派来搞发行。结果各个部门都按自己的系统通过行政命令搞报刊征订，那么千条线、万条线，最后都穿到基层的那一根针上，这样一来基层就会感到痛苦不堪。胡锦涛同志下去视察的时候，基层的干部和群众向他反映这方面的情况，说负担太重。每年我这个村、我这个乡，订报要花多少钱，订了多少多少报纸、刊物，订了之后成捆成捆地堆在那儿，连封都没打开，就送到废品收购站去了。中央的意思是通过这样一次整顿，对党政部门报刊实行"管办分离"。管还是原来的部门和单位管，办，则要求报纸走市场道路，自主经营，自负盈亏，自我发展，能生存就生存，不能生存就自行消亡。这次治理整顿停了677家报纸，划转了300多家报纸，有不少划转到大的报业集团里头去了。指导思想就是通过这种方式，把党政部门报刊推向市场，减轻国家财政负担，减轻基层和农民的负担，促进党政部门报刊的改革。应该说这项工作意义也是非常大的。

8）开展"三项学习教育活动"

"三项学习教育活动"，即中国特色社会主义理论体系、马克思主义新闻观、职业精神职业道德这三项学习教育活动。这是中央2004年夏在新闻界开展的一场活动。其目的在于通过这一活动转变新闻传媒和新闻工作者的职业作风，加强职业修养，改善职业形象,提升新闻传媒的社会公信力。

各新闻单位对此项工作都十分重视。人民日报、新华社、国家广电总局等中央单位率先垂范,一方面,通过组织学习来提高职工对新闻职业精神和职业道德的认识;一方面,则通过制定内部条例,加强行政管理来规范职工的职业行为。同时注意抓住一些典型案例,对职工进行切实有效的中国特色社会主义理论体系、马克思主义新闻观和职业精神及职业道德教育。活动开展以来,收到了一定成效,但要真正解决问题,还要继续坚持把这一活动深入进行下去。

9) 把传媒业列为关键重点扶持发展的文化产业

面对全球化形势下激烈竞争的态势和现状,中央十分重视中国传媒业的发展问题,决定将其作为重点扶持发展的文化产业,力图通过传媒业的发展,赢得在世界新闻传播领域参与竞争的主动权。近年来,政府不断加大对传媒业扶持的力度,为其加速发展注入新的动力。

政府对传媒业的支持,首先是适时地制定一些新的产业政策,通过政策的扶持,来促进传媒产业的深化改革与发展。这表现在,一是对内进行行业改制,促进新闻机构事业单位和企业单位的改制分离;二是对外加大对业外资本的开放力度,鼓励和支持业外资本投资国家批准的某些传媒业领域。

通过一系列的扶持政策来推动传媒产业的企业化运作进程,提高传媒产业的市场化程度,激发传媒产业的内在活力。

党和政府政策上的相对宽松,为中国传媒产业的发展营造了良好的经济环境和社会环境,促进了传媒产业的深化改革与发展。

在国家政策的扶持和推动下,中国传媒业的经济实力在不断增强。中央把传媒业作为文化产业当中的支柱型产业来发展,我觉得这也是一个很重要的、很有意义的事情。

10) 将新闻学纳入国家重点发展的九大社会科学之一

2004年初,中央通过了《关于进一步繁荣发展哲学社会科学的意见》。在这个文件当中,新闻学与哲学、政治经济学、科学社会主义,以及政治学、社会学、史学、法学、文学一起,共同被列为国家重点发展的九大社会科学之一。新闻学排在第八位,在文学之前。我不知道这种排序是有意还是无意,反正我非常在意。咱们新闻学从来没有在文学之前过,从来都是在文学下面。原来是中国语言文学下面的二级学科,1997年变成一级学科,现在和这些门类学科并列,而且排在文学之前,这说明了中央对新闻学科的高度重视。我现在在大会小会都讲,说目前是我们新闻学科发展的最好的机遇期,一定不要错过。

紧接着中央又决定实施马克思主义理论研究和建设工程,要编9套能够体现当代马克思主义水平的学科教材,在这套教材中也有新闻学。新闻学教材编写组的首席专家是我们人民大学新闻学院的老院长何梓华老师,他组织了一个专家组,12个成员:包括人民日报、新华社、广电总局和中宣部新闻局的领导,另外有几个高校的老师,我是其中一个。

另外还成立了专门的写作组,吸收了几位老师,总共十几个人。经过了大半年时间,现在大纲已经出来了,并且通过了审定,很快就要进入写作阶段。我想,这也是个大事,是我们新闻学科发展中的一个大事。

关注和促进新闻学学科发展,是我这两年经常做的一件事,因为我是教育部的社科委员,这应当算是我的责任。教育部社会科学委员会是教育部社会科学方面的最高咨询机构,承担为教育部提供学科咨询的任务。也就是说他们要为各个哲学社会科学的发展提供咨询意见。在教育部社会科学委员会的 99 名委员中,新闻传播学科的委员是我和复旦大学的丁淦林老师。我们一定要抓住这个机遇期,宣传和促进我们新闻学科的发展。

11) 把正确引导舆论作为加强党的执政能力建设的重要内容

中共十六届四中全会通过的《中共中央关于加强党的执政能力建设的决定》(以下简称《决定》),提出了要"牢牢把握舆论导向,正确引导社会舆论"的任务,而且把它作为加强党的执政能力建设的重要内容。

《决定》强调要坚持党管媒体的原则,增强引导舆论的本领,掌握舆论工作的主动权。坚持团结稳定鼓劲、正面宣传为主。引导新闻媒体增强政治意识、大局意识和社会责任感,进一步改进报刊、广播、电视的宣传,把体现党的主张和反映人民心声统一起来,增强吸引力、感染力。重视对社会热点问题的引导,积极开展舆论监督,完善新闻发布制度和重大突发事件新闻报道快速反应机制。高度重视互联网等新型传媒对社会舆论的影响,加快建立法律规范、行政监督、行业自律、技术保障相结合的管理体制,加强互联网宣传队伍建设,形成网上正面宣传的强势。

12) 把构建和谐社会作为新闻工作的重要任务

构建社会主义和谐社会,也是中共十六届四中全会提出的一项重要战略任务。全会将其作为中国共产党需要加强建设的四项执政能力之一(另三项是驾驭社会主义市场经济、发展社会主义民主政治、应对国际局势和处理国际事务)。2005 年 2 月,胡锦涛在中央提高构建社会主义和谐社会能力专题研讨班上对和谐社会的内容作了全面的阐释。他认为,社会主义和谐社会的内涵包括:"民主法治;公平正义;诚信友爱;充满活力;安定有序;人与自然和谐相处。"此后,构建社会主义和谐社会,成为举国上下的热门话题,也成为全党和全国的一项重要任务。

新闻传媒作为信息传媒和舆论机构,中央明确要求其在构建社会主义和谐社会方面发挥重要作用。作为新闻传媒自身,当然也要义不容辞地承担自己在这方面的职责,为构建社会主义和谐社会贡献力量。

应当说,新闻传媒借助其信息传播、舆论导向、社会监督、道德教化和文化传承等功能,可以在构建社会主义和谐社会中发挥重要的作用。例如,可以在宣传社会民主法治、扶持社会公平正义、倡导社会诚信友爱、激发社会充满活力、维护社会安定有序和促进人与自然和谐相处等方面发挥积极功能和有效作用,提出建设性意见。同时,它还可以通过宣传构建和谐社会的意义、推广构建和谐社会的典型、引导构建和谐社会的舆论、传承构建和谐社会的文化,来当好党和政府在构建社会主义和谐社会方面的助手,等等。从今年年初的人大、政协会议开始,全国媒体各显神通,在构建社会主义和谐社会方面出色地发挥了作用,收到了很好的效果。

通过上面的介绍可以看出,中国共产党新闻思想的形成和发展,靠的是全党的集体智慧和力量。正是党的几代领导人和全体共产党人的共同奋斗,正是全体新闻工作者的努力实践和广大人民群众的大力支持,才促成了党的新闻思想的形成和发展。从上面讲的12个方面的内容可以看出,"十六大"以来仅仅3年时间,新一代领导集体关于新闻工作就有这么多新的东西,这说明我们党的新闻思想,是与时俱进、不断发展的。

三、中国共产党新闻思想的理论价值

通过上面对党的新闻思想形成过程的简单回顾可以看出,中国共产党的新闻思想是中国共产党人长期对自身新闻宣传实践理论思考和科学总结的结果,也是马克思主义新闻思想同中国共产党新闻工作实践相结合的产物,因而它是一种科学理论,具有重大的理论价值,同时它也是一种行动指南,具有重要的实践意义。

中国共产党的新闻思想的理论价值主要表现在以下几个方面:

1. 遵循和反映了新闻传播的一般规律

作为一种科学理论,它应当揭示它所要反映的某一事物或现象的基本特征及一般规律,它应当在自己所规定的理论范畴内具有普适性的特点。中国共产党的新闻思想作为一种新闻工作经验的科学思考和理论总结,它首先应当符合新闻工作的基本特征,反映新闻传播的一般规律。在中国共产党的新闻思想中,就包括了许多反映新闻传播一般规律的内容。例如:

(1)新闻传播要讲究真实、客观、公正、全面;

(2)新闻传播要遵循新闻价值规律,要考虑受众的需求,满足受众的知闻需要;

(3)新闻传播要承担多种社会功能,包括传播信息、表达舆论、传承文化、教化道德、刊登广告、提供娱乐等,要为社会与公众提供多样化的社会服务;

(4)新闻传播要服从和服务于由其经济地位所决定的一定阶级、政党和社会组织及利益群体的需要;

(5)新闻传媒及其从业人员应当拥有从事新闻传播所必需的权利,同时也要承担相应的义务和社会责任;

（6）新闻传播要遵循自身的客观规律，新闻传媒及其从业人员要按照行业规则和职业要求规范自身的传播行为，等等。

上述内容都是新闻传播作为一种社会传播活动所自然具有和应当具备的一些基本特征及一般要求，是一些普适性的东西，任何新闻传播活动，无论是西方的还是东方的、外国的还是中国的、资产阶级的还是无产阶级的都要遵循。

中国共产党在形成自己新闻思想的过程中，从西方国家、从资产阶级、从一切可以而且值得学习和借鉴的地方将这些反映新闻传播基本特征及一般规律的东西学习、借鉴过来，将其吸收和内化到自己的思想体系中，成为其科学理论有机的组成部分，作为自己新闻宣传活动所依据和遵循的原则与规范。

当然，从实践情况看，中国共产党的新闻事业在其发展过程中，由于受到各种"左"和"右"的错误倾向的干扰与影响，在有的时候，有的问题上，也发生过一些违反上述新闻传播基本特征和一般规律的情况，给自己的工作带来重大损失，造成不好的影响。但是，中国共产党人总是能够自觉地审视自己的行为，总结自己的教训，纠正自己的失误，从失误和教训中警醒，不断改进和提高，回到正确的符合新闻传播客观规律的轨道上来。

2. 总结和形成了无产阶级及社会主义新闻事业的特殊规律

中国共产党作为中国先进生产力发展要求、中国先进文化前进方向、中国最广大人民群众根本利益的代表者，自从它诞生以来，它的所有新闻传播活动都是为无产阶级及其政党用以维护无产阶级和广大人民群众的根本利益，推动社会生产力和社会主义文化的健康发展，实现自己的政治理想和不同历史时期的斗争目标服务的。它的新闻事业是无产阶级及其政党整个事业的重要组成部分，是社会主义整个大机器上的"齿轮和螺丝钉"。

中国共产党正是在指导自己的新闻事业实现上述目标，完成上述任务的过程中，对新闻事业的性质、任务、功能、作用、工作原则、运行规则等，提出相应的符合自身特点的要求，做出相应的符合自身特点的规定，从而逐渐揭示了其新闻工作独具特点的运行规律，形成了其思想体系中独具特点的新闻思想。因此可以说，中国共产党新闻思想在反映新闻传播基本特征和一般规律的基础上，更多的是总结和反映无产阶级和社会主义新闻事业的特殊规律。

总结几十年来中国新闻工作的实践经验和理论成果，中国共产党新闻思想中反映和体现无产阶级及社会主义新闻事业特殊规律与新闻工作特殊要求的内容有以下一些方面：

（1）把马克思主义、列宁主义、毛泽东思想、邓小平理论等作为新闻工作的指导思想，强调要用马克思主义新闻观指导新闻工作；

（2）把为人民服务、为社会主义服务、为全党和全国工作的大局服务作为新闻工作的

基本方针,强调要坚持"三贴近"(即贴近实际、贴近群众、贴近生活);

(3)把坚持用正确的舆论引导作为新闻工作的根本任务,要求新闻媒体必须始终坚持正确的舆论导向;

(4)把坚持党性作为新闻工作的根本原则,强调新闻工作要接受和服从党的领导与监督,要同党中央保持政治上、思想上和组织上的一致,要实行"政治家办报";

(5)把全党办报、群众办报作为自己的思想原则和工作路线,强调要依靠全党和广大人民群众的支持办好新闻事业;

(6)把坚持团结、稳定、鼓劲和正面宣传为主作为工作方针,强调新闻工作要唱响主旋律,打好主动仗,要帮忙,不要添乱;

(7)把搞好新闻队伍建设作为新闻战线的重要任务,强调要加强对新闻传媒及其从业人员的中国特色社会主义理论体系、马克思主义新闻观和职业精神职业道德教育,要求新闻工作者增强政治意识、责任意识和大局意识,提高职业精神和职业道德修养;

(8)把坚持民主集中制作为新闻工作的组织原则,强调新闻传媒及其从业人员要严格遵守新闻宣传纪律,做遵纪守法的模范;

(9)把新闻传媒列为信息文化产业的重要组成部分,强调可以通过市场手段促进新闻业的发展,要求在保障社会效益的前提下努力实现新闻传播社会效益与经济效益的统一;

(10)把"党管媒体"作为新闻工作的重要原则,强调党组织要加强和改善对新闻事业的领导,要重视、关心和支持新闻工作,要增强引导舆论的本领,掌握舆论工作的主动权,提高运用新闻媒体宣传群众、引导舆论和指导工作的能力。

上述内容都是中国共产党在几十年的新闻工作实践中,总结和形成的一些具有自身特点的基本工作原则和特殊工作要求,它们所反映的是无产阶级和社会主义新闻工作的特殊规律,也是体现中国共产党新闻思想的理论价值的最重要的内容。

3. 探寻和开创了发展中国特色社会主义新闻事业和构建中国特色社会主义理论体系

中国共产党在长期的新闻工作实践中,不断进行理论思考和经验总结,逐步发展和完善自己的新闻思想,并且积极探索在新的历史条件下,如何建设和发展具有中国特色的社会主义新闻事业,如何构建具有中国特色的社会主义新闻学理论体系,用以充实自己的新闻思想。换言之,中国共产党的新闻思想,也为发展中国特色的社会主义新闻事业和构建中国特色的社会主义新闻学理论体系,探索和开创了道路。

构建一个全新的、具有中国特色的社会主义新闻学理论体系,以适应21世纪新闻事业和新闻学科发展的需要,是中国新闻学学科发展的目标,也是中国共产党新闻思想未来发展的必然趋势。

所谓"中国特色社会主义新闻学理论体系",顾名思义,这个理论体系要体现两个特点,一是要坚持社会主义的方向,反映社会主义新闻事业的本质;二是要具有中国特色,适应中国新闻事业发展的需要。当然,这两点是相互联系、相互依存的。只有坚持社会主义方向的新闻学,才是具有中国特色的;而中国特色的新闻学,就应当是反映社会主义新闻事业本质的。

要坚持社会主义的方向,反映社会主义新闻事业的本质,就需要我们所创立的新闻学理论体系能够充分体现中国新闻事业作为党、政府和人民的耳目喉舌所应具备的基本性质,所应遵循的基本方针,所应坚持的基本原则,等等。

要具有中国特色,适应中国新闻事业发展的需要,就需要我们所创立的新闻学理论体系能够准确表述中国新闻事业在改革开放和现代化建设的新时期所应承担的历史使命,所应采取的发展方略,所应体现的风格特点,等等。

上述要求可以说都是中国共产党新闻思想所具备的。中国共产党的新闻思想,首先它是坚持社会主义方向,反映社会主义新闻事业本质的。因为新中国成立50多年来中国社会主义的新闻实践是中国共产党新闻思想形成和发展的重要依据,其基本内容是对社会主义新闻事业本质特征和客观规律的概括与总结。另外,它是具有中国特色的。因为虽然中国共产党新闻思想吸收了许多来自马克思、恩格斯和列宁、斯大林新闻思想中的许多内容,但是其基础和核心的东西还是中国的东西,是中国共产党人将马克思主义新闻思想与中国无产阶级和社会主义新闻实践相结合的结晶,是适应中国社会主义新闻事业发展需要的。因此可以说,我们要发展中国特色社会主义新闻事业,要构建中国特色社会主义新闻学理论体系,党的新闻思想起到了开拓性的作用。

四、中国共产党新闻思想的历史地位

最后讲一讲中国共产党新闻思想的历史地位。

以毛泽东为代表的一代中国共产党人是马克思主义新闻思想的实践者、继承者,也是其丰富者、创新者。他们认真总结自己运用报刊指导革命战争、指导政权建设和指导社会主义革命与经济建设及改革开放事业,以及发动全党办报、群众办报等方面的经验,用以充实和发展马克思主义的新闻思想,并在创建具有中国特色社会主义新闻理论方面做了许多开创性的工作,为马克思主义新闻思想的发展树起了一座新的里程碑,将其推进到一个新的阶段。因此可以说,中国共产党的新闻思想在马克思主义新闻思想史上有着自己独特的历史地位。

我把党的新闻思想的历史地位概括为三个方面。

1. 开创了马克思主义新闻思想发展的新阶段

以毛泽东为代表的中国共产党人根据中国革命和建设事业的不同特点,认真总结了革命战争和社会主义建设时期,特别是在社会主义市场经济条件下进行社会主义现代化建设的新时期,党的新闻工作的经验和教训,提出了许多新的理论观点和科学理念,使得马克思主义新闻思想在当代获得了新的发展,具有了中国特色。因此可以说,中国共产党的新闻思想是当代的马克思主义新闻思想。

2. 为建设中国特色社会主义新闻学奠定了理论基础

建设中国特色社会主义新闻学,是中国新闻学研究的重要使命和任务,也是中国共产党新闻思想研究的重要使命和任务。要达到这一目标,首先必须构建起中国特色社会主义新闻学的理论体系。而这一理论体系的构建,必须依据作为中国无产阶级和社会主义新闻事业实践总结及理论概括的中国共产党的新闻思想。从这个意义上说,中国共产党的新闻思想为建设中国特色社会主义新闻学奠定了理论基础。

自进入改革开放和社会主义现代化建设新时期以来,中国新闻事业的发展和新闻学的学科建设获得了难得的机遇和少有的有利条件,这不但为中国共产党新闻思想的丰富与发展提供了可靠的基础和有力的保障,同时也为建设中国特色社会主义新闻学提供了可靠的基础和有力的保障。

在坚持开放的前提下,在继承传统的基础上,不断地吸收营养,不断地改革创新是新闻理论和新闻实践永远的话题,也是中国共产党的新闻思想与社会主义新闻学理论研究所要遵循的原则和所要达到的目的。通过深入的理论研究,要弄清哪些是应当继承和发扬的好的东西;哪些是需要学习借鉴别人的知识和经验的东西;哪些是需要按照传统和常规办事的东西;哪些是需要根据新的形势、任务和工作要求进行改革创新的东西。总之,党的新闻思想与社会主义新闻学理论研究要坚持与时俱进,真正学会不断用新的知识、新的实践、新的理论去充实、完善、创新和发展自己的理论内涵和学科体系。

中国共产党的新闻思想借助中国改革开放和现代化建设不断取得发展和进步的大环境,近些年来不断创新、发展,形成了较为科学、系统和完整的知识架构与理论体系,这不但为其今后的进一步丰富和发展创造了有利条件,同时也为以其作为理论依据的社会主义新闻学的建设和发展奠定了理论基础。

上面我把中国共产党新闻思想的形成与发展的背景,以及几代党的主要领导人的新闻思想和党的新闻思想的理论价值、历史地位等,给大家作了一个简单的介绍。因为时间关系,不可能讲得很仔细,如果大家还想了解更具体的内容,建议大家看一看《中国共产党新闻思想史》这本书。

下面留一点时间回答大家的问题,请同学们提问。

问：我想问一下，现在有很多市场化的媒体和自称为精英阶层服务的媒体，您认为这些媒体还是以马克思主义新闻观为指导的吗？

答：这个问题提得非常好，过去我在讲新闻理论中谈到党性原则时，也有人提到这个问题。

党性原则，作为一种指导性的原则，是不是所有的媒体、所有的新闻工作者都要遵行呢？我是这样看的，在我们国家，中国共产党是一切事业的领导核心，可以说国家所有的事业都是我们党所领导的社会主义事业的一部分。而马克思列宁主义、毛泽东思想、邓小平理论等是当前我们国家一切事业的指导思想。按照这样一种理论逻辑，我认为，无论是什么属性的媒体和在什么媒体工作的新闻工作者都应该自觉地按照马克思主义新闻观、按照党性原则来约束自己、要求自己。尽管你不是党员，尽管你不是在党的机关报（刊、台）工作，我想在中国办报（刊、台），这条原则还是都要遵守的。

当然，不同的媒体要求应当是不一样的。对《人民日报》、新华社、中央电视台等党的机关报（刊、台及国家通讯社）这样一些媒体的要求，和对一般市场化报纸的要求应当是不一样的。比方，现在办得很好的一些都市报，其实它们都不是完全独立的报纸，它们都是附属于某一个党报集团下面的一个子报。像《华西都市报》是四川日报报业集团的子报；《楚天都市报》是湖北日报报业集团的子报；《北京青年报》是北京团市委的报纸，它现在以都市报的形式出现，但其实它也是一种"机关报"。当然，这些报纸不是完全按照传统的机关报来办，而是把市场因素引入办报过程，按照现代企业制度的要求来进行管理和运作。

至于你所说的那些把读者对象确定为精英阶层的报纸，我想也应该有服务国家、服务人民和社会的政治理念，应该遵循党和政府关于新闻工作的政策及要求去办好报纸。当然，这类媒体在实际运作过程中灵活度会更大一些。我想，只要它们遵纪守法，自觉维护国家、人民和社会的利益，就应该能够获得自由的办报空间。

我认为，马克思主义新闻观并不是一些简单的政治口号，它是一些很实在、很具体的东西。我发表过几篇专门探讨马克思主义新闻观的文章，里头谈到一个很重要的观点：马克思主义新闻观是马克思主义的世界观、方法论和价值观在新闻工作领域的体现。问题在于要学会用马克思主义的世界观、方法论和价值观来看待与分析新闻工作当中的一些问题和现象。坚持马克思主义新闻观，不是让你光搬用马克思、恩格斯、列宁的几句话、几篇文章，而是要求你用他们的世界观、方法论和价值观来分析各种新闻现象。我想，这种要求对任何媒体、对任何新闻工作者都是需要的。

问：今年据说出台了一个新文件,禁止异地监督。请问老师您怎样理解这个政策,这是否也属于马克思主义新闻思想的一部分呢?

答：刚才我讲到了,2005年4月份中央出台了《关于进一步加强和改进舆论监督工作的意见》。这个文件出来以后,有关部门有一个贯彻落实这个文件的具体要求,里面包括刚才你讲的内容。如何看待这个问题,我想介绍一点情况。

近年来,对异地监督问题,各地反应不一。有的表示赞成拥护,有的则意见较大。一些人认为有些媒体不了解当地情况,随意刊登而且进行炒作,这样容易出错,造成不良后果,而且可能会给当地的工作带来被动,所以希望有关部门对异地监督进行限制。

我想异地监督问题的出现不是偶然的。因为当地监督碰到困难,所以有的媒体就搞异地监督。我监督别的地方,让本地人从异地监督当中学习点东西,受到点启示。

我印象中,最早搞异地舆论监督的应当是《南方周末》。一开始,《南方周末》是靠报道一些名人轶事而获得读者青睐的。发展到一定阶段,很多媒体都学着做以后,它就改变策略了。它想的创新办法之一,就是在每期的头版发表一篇有一定影响力和冲击力的反映社会问题的,带有舆论监督性质的文章。但是它的选题很少涉及广东当地的,而主要是外地的。大概涉及广东当地的问题麻烦多,不容易做。异地监督好像就是这么形成的。现在异地监督的情况已经比较普遍。我觉得异地监督还是有它的积极意义的,人们从异地监督的一些事例当中,可以吸取一些教训,受到一些启示。当然它也会产生一些消极的后果和影响,所以有关部门要加以限制。我想限制异地监督,从管理部门的角度有它的一些思考,不是没有道理。但是,如果完全把它一下子都取消掉,可能会对整个舆论监督带来一些冲击和影响。所以怎么处理好,我想还是应当寻找更加稳妥的办法。但是不管怎么样,我们对舆论监督的信念还是应该坚定不移,舆论监督工作还是应该坚持到底。

问：我想问一个比较敏感的问题,就是您刚才提到了党的第一代领导人对舆论、对新闻工作的一些观点和看法,我想您能不能谈一谈现在的领导人他们的一些新闻观。我认为自从胡锦涛主持中央工作以后,新闻领域的变化还是很大的。比如央视的一些新闻节目,像《新闻调查》等节目的内容和题材都有很大的改进。

答：刚才我后面讲的十二条,都是胡锦涛担任总书记以后新一届党中央所做的工作。特别是三个关于新闻工作的专门性文件(即三个《意见》),都是在胡锦涛主持下制定的。这就体现了他的一些新闻观点。你讲的《新闻调查》这样一些节目加强了,有很多改进的东西,可以说这也都是在以胡锦涛为总书记的新一届党中央的新闻改革思想的指导下成功实践的结果。

李彬：郑老师不愧是搞新闻理论出身的，高屋建瓴，旁征博引，从中国到世界，从理论到历史，从道理到细节，给我们做了一场内容丰富的学术报告，既有学问，又有思想。从辈分上讲我也是郑老师的学生，以往由于种种原因没有请教的机会，今天终于补上这一课，听完后的感受就是四个字——名不虚传。我非常羡慕在座的同学们，不管是研究生还是本科生，大家一入学，就能听到这种名师讲座，而且是在一些重要的点上，给你们做了重要的点拨。最后让我们再次向郑老师表示感谢！

第四讲 全球视野中的中共新闻理论与实践

赵月枝

加拿大国家特聘教授
中国教育部长江学者讲座教授
西蒙弗雷泽大学传播学院副院长

演讲人简介：赵月枝，1965年出生，浙江省缙云县人。1984年毕业于北京广播学院新闻系，同年考取公费留学生。1986年进入加拿大西蒙弗雷泽大学传播系攻读研究生，1989年和1996年分别获得硕士和博士学位。1997年至2000年任教于美国圣迭戈加州大学传播系。2000年重返西蒙弗雷泽大学传播学院任教。2017年任清华大学特聘教授。中文代表作有《维系民主？西方政治与新闻客观性》《传播与社会：政治经济与文化分析》等。

一、理解中共新闻理论与实践的历史背景和理论框架

1. 两个隐喻,一个框架

如何认识中国共产党的新闻理论和实践,对我来说是一个难题,甚至是吃力不讨好。国内有许多马克思主义新闻观学者,也有许多中共新闻史专家,我讲起来不一定到位。不过,这个题目由我来讲的好处可能在于,我是个批判学者,不怕被批判。

我来自浙江缙云山区,就从中国文化里两个有名的关于山的隐喻开始吧。一个隐喻是"不识庐山真面目,只缘身在此山中"。就中国共产党的新闻理论与实践而言,可以说我们都在此山中。不过,我 21 岁就出国了,所以到外面看这个山相对时间长一点。另一个隐喻是"看山是山,看山不是山,看山还是山"。在国内接受了马克思主义新闻学的基础知识,到国外研究了一番西方的新闻理论和实践,现在再看中国共产党的新闻,我似乎有这样一种正反合的感觉。因此,这个讲座以此为构架来组织,其中包括三个部分:第一是"国际共运史视野中的中共新闻理论实践——看山是山";第二是"从美国新闻传播学中看中共新闻理论与实践——看山不是山";最后一个是正反合,即"全球视野中的中共新闻理论与实践再认识——看山还是山"。如果说第一个关于山的隐喻包涵了内外的辩证关系,那么第二个隐喻体现的就是一个动态的、历史的视角,两者的结合所产生的是一个相对立体的认识。对中国共产党新闻历史的认识,需要置于这样一个历史与逻辑有机统一的框架里进行解释。

2. 特殊历史时刻:一个新回合斗争的开始期

重新认识中国共产党的新闻理论与实践,现在是个特殊的历史机遇。1962 年毛泽东在中央工作会议上说:"从现在起,五十年内外到一百年内外,是世界上社会制度彻底变化的伟大时代,是一个翻天覆地的时代,是过去任何一个历史时代都不能比拟的。处在这样一个时代,我们必须准备进行同过去时代的斗争形式有着许多不同特点的伟大斗争。"2012 年习近平主持起草十八大政治报告,用了同样引人注目的说法:"准备进行具有许多新的历史特点的伟大斗争。"西方传播政治经济学奠基人之一的阿芒·马特拉 1979 年说了一句话:历史上有些特定时刻,"特别青睐对现实的批判分析",这种时刻包括:"革命的热烈时刻""法西斯主义和独裁的冷冽时刻"和"经济危机时期"。与此相应还有一种说法,资本主义发展到一定阶段,其生产关系或者整个社会的权力关系就会全部展开,此时,人们才能真正看清资本主义社会的本质。经济危机时刻就是这样一个让人能看到一些现存的、以前掩盖的社会权力关系,以及使得某些权力关系变得更清晰的时刻。实际上,历史上有过很多这样的危急时刻,从而产生过许多批判的、革命的思想与革命实践。当然,

革命思想和实践的产生和发展不是一劳永逸的，它必然是在与占统治地位的资产阶级思想反复斗争中才能得到不断发展，许多时候还会经历一个反反复复的曲折过程。从新闻传播学的角度看，20世纪以来资本主义的发展和资本主义内部的抗争，或者说西方资本主义体系和西方资本主义体系外的抗争可用三个回合的斗争加以简单概括。

第一个回合是20世纪前半叶，围绕1929年至20世纪30年代危机前后的斗争和妥协。这个过程中的内部和外部斗争产生的结果，一是西方内部福利资本主义的出现，一是社会主义国家的出现、民族解放运动的兴起以及去殖民化运动。波兰尼的名作《大转型》就是在"二战"即将结束时写就的。在波兰尼看来，两次战争证明了19世纪自由资本主义的经济是神话，市场秩序的扩展必然摧毁社会，所以他认为市场自由主义的神话在两次世界大战的腥风血雨中彻底破灭了。波兰尼是社会主义者，他的理论也可以说是后来福利社会理论的先声。但是，波兰尼不可能想象到，他认为已经被两次世界大战彻底埋葬的市场自由主义意识形态，会以新自由主义意识形态的形式在80年代战胜福利社会思想，在西方社会再次复活。在中国，市场这只"看不见的手"被政府这只"看得见的脚"给踩住的说辞，就是新自由主义意识形态的集中表述。

从20世纪80年代新自由主义反扑开始到2008年的全球金融危机，世界体系内的斗争完成了第二个回合。从"资本主义对社会主义"到"民主对专制"的二元对立构建，是这个回合意识形态框架的一个重要变迁。大卫·哈维在《新自由主义简史》中讲道，20世纪70年代末，西方下层民众所占国民生产总值的比例与精英阶层所占的比例是"二战"以来的最高值。从国际和国内阶级斗争的框架分析，我们可以说，由于两次世界大战不得不动员民众的广泛参与和依靠他们的牺牲，西方统治阶级在战后秩序中不得不对本国下层民众有所让步，也由于共产主义革命和亚非拉民族解放运动争取的是下层民众和被压迫民族的利益，精英阶层在整个资本主义积累中的份额就相对减少了。当然，他们不甘心，所以就进行反扑，其政治代表就是美国的里根和英国的撒切尔夫人这两个新自由主义的政治家。

与这一反扑相关，我国意识形态话语也产生了"有意思"的变化。在"冷战"时期，当时国际上的话语对立是资本主义对社会主义，但是到了70年代末，在美国总统卡特及其政权有意的意识形态战略策划下，这个话语就变成了民主对专制了。与此同时，刚好凑巧，苏联内部官僚主义问题日趋严重，其领导层对社会主义也失去信仰，而中国开始改革开放。于是，西方新自由主义的崛起与苏联社会主义的危机，同我国改革开放刚好是世界体系中同时进行的过程。总之，从20世纪80年代开始，国际体系上的主导意识形态话语，就从"社会主义与资本主义"的对立变成了"民主与专制"的对立。针对这一话语体系的转换，一方面苏联领导层似乎并不在乎，因为他们对社会主义已经失望甚至可能准备背叛了；一方面我国整个改革开放时期的意识形态斗争也从"不争论"慢慢到不谈"姓社姓资"。由于苏联和中国都不再在国际话语体系中旗帜鲜明地坚持社会主义意识形态话语体系，西方主导的新自由主义国际话语，也就是"民主对专制"的话语体系，就成了一套霸权话语。一旦进入这套话语体系，我们就被套进去了，仿佛成为"专制"一方，而西方俨然成为"民主"一方。这样对号入座必然失去话语的定义权和领导权，跳到黄河也洗不清了。

我自己早期的学术问题意识也反映了这个回合的国际意识形态变迁历史过程，以及当时占主导地位的传播民主化国际学术话语体系。我的硕士论文选择研究新闻客观性，正是因为1986年出国后，受冲击的第一件事是里根政府1987年废除了美国广播电视史上的媒体公正准则（fairness doctrine）。公正准则是美国广播电视业在福利制度时代形成的，依据这一准则，无线电波属于国家的、公共的资源，虽然广播电视机构为私人拥有，但也要完成一些公共服务责任。一方面，广播电视必须报道重要的公共事务，不能天天报道花边新闻，娱乐至死；另一方面，报道的时候应该注意平衡，起码在两个主要党派之间保持平衡。而里根政府废除公正准则，就放弃了由公共机构实施媒体内容监管的机制，也不再要求新闻业必须平衡报道严肃而有争议的公共议题，这让我很震惊。于是，我就开始研究媒体公正准则的来龙去脉，里根政府为什么要废除，并把这个准则放在更为广阔的美国新闻体系中的客观性和专业主义这一整套理论和实践中加以分析。也许，如果公正准则现在还存在，那么美国的新闻不会成为现在这个样子，也不可能出现福克斯（FOX）新闻的明显共和党倾向性。而公正准则的被废除正是美国整个新闻制度新自由主义化的一部分。

虽然我出国的时候，感觉自己是从社会主义国家到了资本主义国家，但面对强势的传播民主化主导学术话语，有关社会主义对资本主义的问题就只有从属的地位了。我的《维系民主？西方政治与新闻客观性》和《媒介、市场与民主》这两部英文书，进入的都是传播民主化的学术话语。虽然前者聚焦西方自由主义民主的危机并把它与资本主义危机相联系，后者也提到中国的社会主义革命历史并试图说清不同模式的民主，可一旦进入了西方主导的这套"民主"话语体系，许多根本性的事情就说不清楚了，如新闻自由（按照这套话语，资本主义有新闻自由，社会主义无新闻自由）。

今天，要对中国新闻传播体系有一个世界历史语境中的全面理解，就必须克服历史虚无主义，有一个国际共运史和国际意识形态斗争的话语框架，否则就成了"去政治化的政治"，一不小心就进入西方"民主对专制"这样一个框架，于是除了反对党对媒体的控制和新闻审查之外，就不知道该说些什么。实际上，这个意识形态话语体系的转变，也就是国际垄断资本对"二战"以来的国际共产主义运动的反扑和对福利社会的挑战，是一个系统性的跨国资产阶级意识形态工程。正如大卫·哈维在《新自由主义简史》一书中阐释的，新自由主义意识形态在60年代是很边缘的，被认为不登大雅之堂。但是，有些人不断拱卒，用金钱建立智库，有意识影响媒体，最终在政治领域出现了里根和撒切尔夫人这样的代表人物，使这个意识形态变成了一套新的占主导地位的资产阶级意识形态。

第三个回合始于2008年的资本主义结构性危机，以及相伴而起的"马克思归来"。在新闻传播领域,这表现为西方新自由主义新闻理论和实践的全面"内爆","专业主义""自由主义""精英主义"模式的失败,所谓"后真相"时代的到来,以及"马克思归来"。北京大学副教授王维佳在《媒体建制派的失败》一文中,已经对西方主导的新闻模式的危机进行了细致的阐述,我在这里就不多解释了。"马克思归来"表达的是这一轮危机时代,人们对马克思主义的重新发现和兴趣,以及对超越资本主义社会关系的期望,甚至对社会主义的信仰。在传播领域,这方面的鲜明表现是《马克思归来》这一英文学术特刊的出版。我与吕新雨教授主编"批判传播学"书系组织了对这部书的翻译出版。令我高兴的是,该书很快又被重庆出版社重新出版。

总之,随着 2008 年全球资本主义的金融危机的爆发,广告支撑的,以专业主义、精英主义、自由主义为标志的,即希拉里、硅谷或美国主流媒体所代表的精英群体和他们的自由主义立场受到了前所未有的挑战。在我看来,在美国当下的政治语境下,"后真相主义"不是让我们可以放心的可选择另类,党派新闻的回归也不一定都是好事。但是,专业主义那一套,也是一个暂时的历史现象,并不是所谓的"新闻事业客观规律"运作的结果。我们可能会想,从党派新闻到便士新闻,再到专业主义,这是铁打的新闻事业发展规律,而事实上并非如此。当年的新闻专业主义高峰只是特定历史时期,即战后福利资本主义时期资本主义内部矛盾得到缓和时期的产物。在这个时期,美国社会的意识形态分裂不是那么厉害,主导精英及其支持者对资本主义有一个基本认同,大家可以在这个意识形态框架下追求专业主义,而一旦这个共识破裂,连精英阶层也产生了分裂,专业主义就难以为继了。

以上内容为今天要谈的话题提供了一个历史背景和理论框架,下面就进入正题——全球视野中的中共新闻理论与实践。

二、理解中共新闻理论与实践的三个视角

1. 国际共运史视角中的中共新闻理论与实践——看山是山

中国共产党的新闻理论和实践是国际共产主义运动的产物。它的理论合法性来自马克思主义新闻理论对资产阶级新闻制度的批判,正如它的实践合法性来自中国革命与中国道路的伟大成就。如果自由主义理论框架内的"新闻自由"叙事是资产阶级新闻理论的核心,那么,对自由主义新闻自由理论和实践局限性的批判,尤其是对"新闻自由"的资产阶级性质的揭示,则是马克思主义新闻观的核心,而这也正是批判传播政治经济学的最主要内容。这一批判包含对比较明显的私人资本掌握媒体所有权的批判,尤其是对私人资本在媒体领域的集中控制和垄断的批判,更包括对更为隐秘、但也更为广泛和重要的新闻媒体的商业主义原则的批判,而对广告机制的批判则是对商业主义媒体批判的核心。

媒体的私人资本控制和媒体商业主义原则的建立过程,既是资本主义为自己的全球

扩张建立基础设施的过程，也是资产阶级建立自己的文化领导权，从而使资产阶级作为一个在物质生产上占统治地位的阶级，保证自己在精神生产即意识形态领域占统治地位的过程。虽然这是马克思和恩格斯在《德意志意识形态》中的核心思想，但是他们毕竟没有专门研究媒体的商业主义原则和广告机制。英国批判传播学者詹姆斯·柯伦从马克思的批判视角，研究了媒体商业主义原则的确立过程和广告机制的作用，从而彻底挑战了资产阶级新闻学的主导性新闻自由叙事，丰富了马恩《德意志意识形态》中有关在物质上占统治地位的阶级，在意识形态上也占统治地位的思想。正如我在许多地方说过的，这一研究揭示了一个资本主导的、商业化的媒体体系，就是资产阶级得以掌握和巩固其文化领导权的主要机制。也就是说，所谓新闻自由的叙事并不是一个简单的、市场战胜专制的叙事，而是新兴的商业阶级如何通过找到适合自己的媒介体制机制来巩固自己文化领导权的过程。在史安斌教授翻译的《媒体与权力》一书的一章中，詹姆斯·柯伦通过分析英国劳工报纸在报业商业化和市场化过程中走向衰落的历史过程，指出英国报业市场自由化的实质是，通过开放市场打压激进劳工报刊，并将它们排斥在市场和媒体话语之外："英国历史上对出版印花税的废除以及对报业市场的开放不仅仅是一种简单的经济行为，更不单是自由主义新闻理论叙事中所说的新闻出版自由对政府控制的胜利。"面对日益壮大的工人阶级报刊，资产阶级终于找到了一个开放报业市场，通过广告保证自己掌握文化领导权，把报纸的意识形态掌握在本阶级手上的经济手段，这就是以广告为支柱的体制机制。综合柯伦对英国报刊史，丹·席勒对美国报刊史和加拿大学者对加拿大报刊史的研究，清华大学出版社的《维系民主？西方政治与新闻客观性》一书第一章，对英美加三国新闻史中党派新闻到商业新闻转型的相似性和不同性进行了综述，进一步挑战了自由主义的新闻理论叙事。

中国的马克思主义新闻理论研究从国际共产主义运动的视角，呼应了西方批判传播学理论有关商业主义媒体制度如何边缘化工人阶级声音的论述，表明工人阶级及其政党早就认识到必须建立自己控制下的媒体。陈力丹教授在《马克思主义新闻思想体系》中分析道，早在第一国际期间，国际工人运动就意识到工人阶级创办自己的报刊、尤其是工人政党机关报的重要性。1865年国际工人协会（第一国际）伦敦代表会议上通过的《告大不列颠和爱尔兰工人书》，体现了作为无产阶级意识表现的关于报纸阶级性和党派性观念的形成："现有的成千上万家日报和周报中，能捍卫工人阶级利益并为劳动者事业而斗争，屈指可数。只要想一下，几乎所有的报纸无一例外地都是资本家的财产，都是他们为了自己的需要……我们必须尽力创办和扶持尽可能多的报纸和期刊。在这些报刊上，我们一定要提倡和捍卫我们自己的事业。"

列宁在《党的组织和党的出版物》中，不但明确了党报的党性原则，而且认识到，仅仅取消书报检查本身还不是"出版自由"的全部内涵，出版事业必须有独立于资本家牟利的自由，后者是"剥削者对于他们占有的印刷所和纸张拥有神圣的所有权"。因此，正如陈力丹所总结的,对列宁来说,"不掌握资本,就意味着没有出版自由"。让人深思的是,对国内很多拿新闻自由说事的人来说,不但列宁早被否定或遗忘,而且他们心中的马克思也只是那个反对普鲁士新闻检查的马克思,而不是批判资本主义制度和资本主义对物质生产和精神生产的占有和支配的马克思。

当然,十月革命初期,列宁并不知道这个革命应该怎么展开(也不可能全部预测到)。正如陈力丹的研究所表明的,列宁试图保留旧体制留下来的资产阶级报刊。但是,当这些报刊在帝国主义武装干涉和国内白匪军的叛乱中,站到新政府对立面的时候,和平利用和改造资产阶级报刊的理想已经成为不可能。也就是说,列宁并不是一上来就反对不同党派也可以同时有自己的声音,只是一旦阶级斗争到了你死我活的激烈状态时,那些资产阶级党派的报纸就开始要推翻新政权了。总之,阶级斗争的剧烈性不允许列宁实现不同政党和团体的报刊代表各个劳动阶级和阶层行使新闻自由的设想。这使世界上第一个社会主义国家所建立的现代媒体体系成了一党管控下的媒体体系。

具体到今日中国,我有时感觉自己像是一头公牛闯进了意识形态论争的瓷器店。几年前,中国社会科学院院长王伟光由于撰文坚持人民民主专政,认为"并不理亏",就引起轩然大波,尽管中国的宪法上还明文写着中华人民共和国是一个"人民民主专政"的社会主义国家。我斗胆建议大家深入研读一下毛泽东的《论人民民主专政》。此文发表于1949年6月,新中国即将诞生,毛泽东充满了自信——道路自信、理论自信、制度自信、文化自信,并以这样的自信写就了这篇文章。今天看来,这篇文章仍然具有重要的指导借鉴意义,仿佛就像说当下,比如文中有两段:

一切别的东西都试过了,都失败了。曾经留恋过别的东西的人们,有些倒下去了,有些觉悟过来了,有些人正在换脑筋。事变是发展的这样快,以致使很多人感到突然,感到要重新学习。

"你们独裁"。可爱的先生们,你们讲对了,我们正是这样。中国人民在几十年中积累起来的一切经验,都叫我们实行人民民主专政,或曰人民民主独裁,总之是一样,就是剥夺反动派的发言权,只让人民有发言权。

当年毛泽东充满了自信,这种自信源于历史逻辑和理论逻辑的统一。如果现在要解释我们的新闻体制,就必须回到这里,回到这个国家的阶级性质,回到新闻自由的阶级性立场,否则没有选择。如果要有中国特色的新闻学,那么,套用伦敦政治经济学院的林春教授在她的一本书中的一句话——"中国特色就是社会主义",中国特色新闻学就是中国社会主义的新闻学。我们要有信心说,中国是一个人民民主专政的国家,我们走社会主义道路,敢于坚持社会主义对资本主义的立场。当然,我们要讲究言辞,尤其在外交场合;但是,如果国家的性质模糊了,如果否定了马克思主义的阶级话语,那么我们就没有办法解释自己的新闻体制,也就没有理由坚信"我们的事业是正义的,正义的事业是不可战胜的"。以上是所谓"看山是山",从国际共产主义运动视角下看中国共产党的新闻理论和实践。

2. 从美国新闻传播学中看中共新闻理论与实践——看山不是山

我曾听说，在国内某知名高校，有篇研究毛泽东时代的《人民日报》对某一问题报道的博士论文被匿名评审者从选题的角度就否定了，因为《人民日报》不像《纽约时报》，不是大众传播意义上的报纸，而是宣传。这个故事的具体细节也许更复杂，但《人民日报》不是新闻媒体并以《纽约时报》为标准，这应该是中国新闻学界自己内在化了西方的"看山不是山"的最典型看法了。不过，美国新闻传播学术对共产党宣传和中共新闻媒体的看法还是多面的。我们可以选取美国传播学术七个方面的代表性人物和事例，对这一话题的脉络进行梳理。我的这一梳理并不全面，还有许多研究工作可以做，我希望能在这方面开个头。

1）拉斯韦尔对革命过程中"宣传"的重要性的认识

日前读到一篇文章，提到拉斯韦尔对宣传问题的讨论，使我重新关注这位被奉为传播学"四大奠基人"之一的学者。在其 1936 年的著作《政治学：谁得到什么？何时和如何得到？》(*Politics: Who Gets What, When, How*)中，拉斯韦尔对革命过程中宣传的重要性有一个很有意思的说法：

由于暴力行动使每一个人随时都有面临死亡的可能性，付给金钱报酬的做法显得有些自相矛盾，所以要努力提高的是心理报酬而不是物质报酬。因此要强调"荣誉"，强调颁发嘉奖状和勋章等带有充分神秘力量的做法。这样做既可以减少维持一定工作量的费用，又能避免把太多的思想花费在计算冒险与效益之间的比例上。为了培育重视荣誉的精神，苏联军队制度规定了十三个等级的荣誉称号。现代各国军队都已经开始依靠荣誉和实行系统的思想灌输作为对操练和处罚的一种补充。

由于统治精英通常掌握着物资的支配权，领导群众的反对派精英必须更多地依靠宣传，而不是物资或暴力。群众的潜在经济实力或战斗实力可以通过耐心和持久的宣传将其集中起来。在实际夺得政权之前，控制物资的重要性更多地表现在象征方面，也就是宣传方面，而不是特指的经济方面。

虽然这个解释不是针对中国革命，也不能完全解释共产党对宣传、意识形态的一贯高度重视，但是，作为一个政治学者，拉斯韦尔对革命过程中宣传的重要性的理解还是有一定价值的。当然，对一个人来说，精神说不定比物质奖励更重要。毕竟，人最后是可以不为五斗米折腰的，也就是，人跟动物的区别是人有精神。总之，拉斯韦尔的分析有功能主义的问题，也不了解中国革命的实践，但不失为对宣传重要性的一种阐述。

如果说拉斯韦尔试图解释的是当年的革命以及在此过程中宣传的重要性，那么，时到今日，解释中共政权何以依然存在就成了西方汉学家的难题。哈佛大学裴宜理教授等一批汉学家编著的一本《毛的无形之手：中国适应性治理的政治基础》(*Mao's Invisible*

Hand: The Political Foundations of Adaptive Governance in China），针对的就是这一问题，我也是本书作者之一，负责分析中国新闻媒体制度在如何坚持了列宁主义基本框架下的变迁。裴宜理 2015 年在一个访谈里也说道，与现在已经垮掉的苏联和东欧共产党政权相反，现存的共产主义政权，如古巴、朝鲜、中国、越南等，都经过一个漫长的民族主义和农民参与的政治动员过程。在这一过程中，这些政权知道怎么样跟社会取得联系，这些政权还特别强调文化治理，用我的理解，就是建立葛兰西意义上的文化领导权。裴宜理还特别提到，在这些政权中，中国共产党在文化治理方面尤为重视。

2. 施拉姆等人的《报刊的四种理论》（1956 年）

没有任何一本书比《报刊的四种理论》更能体现对中共新闻制度的"看山不是山"视角了。然而，仔细研读就会发现，本书根本不涉及中共新闻传播在"共产主义模式"中的特殊性，实际上也很少提到中国。但是，也许由于我们太急于告别革命，急于告别革命过程中形成的新闻制度，所以也就急着对号入座了。《报刊的四种理论》作为"冷战新闻学"本身的意识形态局限早已在西方新闻理论中被彻底清算，如伊利诺伊大学出版社的《最后的权利》（1990 年）。我与吕新雨教授主编的"批判传播学"书系之一《胁迫之术》，也阐述了美国传播学和美国政府心理战的关系，这里就不展开对《报刊的四种理论》的"冷战新闻学"背景及其理论局限的分析了。

需要指出的是，《报刊的四种理论》把中国当作苏联的卫星国来描述，完全忽视了中共的马列主义中国化过程和中共在与"苏联模式"斗争中形成的"中国特色"。更有意思的是，与该书出版相对应，从 1956 年中共以《人民日报》编辑部名义，发表《无产阶级专政的历史经验》以回应赫鲁晓夫的秘密报告全面否定斯大林开始，到 1966 年，中苏两党经历了旷日持久的"十年论战"，更不必说"文革"时期的中国的新闻理论与实践对苏联模式的背离了。因此，对于《报刊的四种理论》，我们完全没有必要对号入座，这也不符合我们真正的历史发展。

3. 西方批判学派中的"中国道路派"和他们眼中的中国新闻传播理论与实践

批判学派并不是这里要讨论的重点，不过，值得一提的是，传播政治经济学奠基人斯迈思可以被视为西方批判学派中的"中国道路派"。斯迈思深受毛泽东的影响，20 世纪 70 年代初和 70 年代末两次来中国，研究社会主义中国的传播、技术政治和意识形态问题。遗憾的是，直到今天，不仅斯迈思的文章《自行车之后是什么》（2014 年由北京大学的王洪喆博士翻译并于《开放时代》发表）依然被中国新闻传播学界排斥在外，而且毛时代传播实践对美国主流"发展范式"转移的贡献也被遮蔽。后面这点正是下面一点要重点讨论的。

4. 20 世纪 70 年代开始，美国"主流"发展传播学重要人物罗杰斯对中共新闻传播实践的赞许性新认识

鉴于主流发展传播学，如罗杰斯所提倡的扩散研究、传播技术与现代化那一套的多年实践,并没有在第三世界产生多大作用,主流传播学内部开始了一个反思的过程。罗杰斯的《传播与发展：主流范式的消失》(Communication and Development：The Passing of the Dominant Paradigm),就是这方面的一个典型。作为主流的发展传播学者,罗杰斯到了70年代也开始对中国的传播实践有了新的认识。他说,中国两个十年基于本土系统产生的"现代化奇迹"(miracle of modernization)激发了不少反思(stirred up a good deal of academic thinking)。可以说,他对主流范式的反思部分是由于该范式在第三世界其他国家,尤其是中东的失败,部分是由于中国的成功或者说中国当时的实践对其产生的触动。

罗杰斯的话甚至可以用来为我们中国走自己道路做注释。虽然他是否受毛泽东有关走自己的发展道路思想的启发不得而知；但是他那句"每个国家,也许每个村庄,都可能根据自己的道路发展"(every nation, and perhaps each village, may develop in its own way)的话,简直可以拿来为中国当下提倡的每个国家应该走自主发展道路的说法背书。不过,罗杰斯说了这样的话也招来了受"冷战"意识形态影响的学者的麦卡锡主义式"钓红"。所谓"钓红"(red-baiting),是指在西方做学术,一旦有点对共产主义、社会主义表示同情,就会被说是共产党的同道者,甚至是共产党专制的"帮凶"。"恐赤病"就是通过这样的"钓红",成为一种学术控制的力量的。

5. 美国传播学对中共新闻传播理论的百科全书诠释

两年前,由于被邀编撰第三版中国大百科全书的传播学卷有关内容,我查看了美国几部新闻传播学百科全书。由宾夕法尼亚大学编著、牛津大学出版社1989年出版的四卷本《传播学国际百科全书》(International Encyclopedia of Communications)应该是这方面比较权威的一部。让我注目的是,该书第二卷将中国共产党的新闻理论归入"马克思主义传播理论——第三世界取向"(Marxist Theories of Communication—Third World Approaches)这一范畴,认为第三世界对传播问题理论思考的主要贡献,来自"二战"以后的亚非拉民族解放运动及其传播实践,并把毛泽东思想和格瓦拉思想当作最好的范例,认为这两个领袖都强调信息管理的重要性和传播是取得政权的决定性因素。这部百科全书的这一词条还引述了毛泽东有关凡是夺取政权,总要制造舆论,革命的阶级是如此,反革命的阶级也是如此这一论断,认为这是毛泽东对传播理论的一个主要贡献。此外,该百科全书在把毛泽东的人民战争思想和群众路线思想当作他对马克思主义传播学的另一重要贡献的同时,还把他的这一思想与格瓦拉有关宣传在武装斗争中的重要作用相区别,认为毛泽东把传播问题放在更广阔的文化背景中,并在延安文艺座谈会讲话中从群众路线的角度谈到了知识分子与其他社会阶级的联系,而他关于要让知识分子作为知识的生产者和传播者与人民大众建立有机联系的思想,与意大利马克思主义者葛兰西的思想完全一致。更意味深长的是,该词条还认为,这一让知识分子与人民建立有机联系的思想是"文革"的一个中心主题,因为在"文革"中,脑力劳动和体力劳动的社会分野遭到了强烈批判。

最后，该百科全书还认为毛泽东对传播学的另一个重要贡献，是与直到50年代一直主导国际共产主义运动的经济主义和阶级化约论相分离，认为毛泽东在试图把握劳资矛盾的同时，坚持分析"人民"的不同构成和这种构成的具体历史变化。

除此之外，百科全书第三卷对"革命""政治传播"等有关解释中，还提到中国革命的长征对群众意识的影响，群众路线作为一种"政治传播"，等等。该百科全书中对"垄断/Monopoly"的解释也耐人寻味。该书认为，这一词汇指的是20世纪下半叶的苏联和中国，所有媒体均由政府或建制政党控制……在这些国家，媒体的目标不是提供多元的观点或赢利，而是教育和鼓励民众实现全社会的经济和社会目标。我们知道，在新自由主义的语境里，垄断天然是坏事，反垄断俨然具有无可争辩的道义正确性。然而，这里，对垄断的解释与媒体制度的目标（不是提供多元的观点或赢利，而是教育和鼓励民众实现全社会的经济和社会目标）联系在一起，而该百科全书第二卷对"发展传播"的讨论中，更是认为中国通过大众媒体动员在鼓励公民牺牲短期消费来实现发展计划和重大社会转型方面，可能提供了最惊人的案例（the most striking example）。

众所周知，美国传播学内部有多元声音。我无意证明这部由宾夕法尼亚大学主编的传播学百科全书是否真正代表主流，但它的确为我们如何理解中国革命和毛泽东思想对传播理论的贡献提供了一个从外面看的窗口。在我们国内，新闻学曾是基础学科，传播学是后来从美国引进来的，新闻学延续的是马克思主义、毛泽东思想的传统，而传播学，尤其是带有"冷战"色彩的美国主流传播学，在一定意义上，是被用来"明修栈道，暗度陈仓"的，也就是在马克思主义新闻学这一"存量"不变的前提下，用传播学这一"增量"来淡化，甚至否定马克思主义的新闻学传统。有人甚至说传播学就是传播学，怎么可能有马克思主义传播学呢？这让人想起甘惜分的名言：（"去政治化者"）不是傻瓜，就是装蒜。

6. 中共新闻实践对美国意识形态的冲击

如果上面的分析开始使"看山不是山"复杂化，让我们看到，美国的新闻传播学对中共新闻理论和实践的认识远比《报刊的四种理论》更丰富，有些地方甚至颇有"看山是山"的意味，那么，最后还需指出，中共新闻事业"此山"对美国"彼山"也不是没有冲击的。从世界体系和全球史的角度看问题，20世纪共产主义运动的发展，尤其是苏联、中国等一批社会主义国家的出现，是逼得西方资产阶级妥协，使其成为福利国家的重要外因（当然西方内部的社会斗争是主要原因）。因为，对西方主导阶级来说，如果不实行福利社会，资本主义的危机就无法克服，工人阶级就要革命，而比起革命来，妥协一点是次优选择。所以，从一定角度上看，如果没有世界共产主义革命，美国工人阶级就不一定得到资本家曾经分给他们的那一杯羹。当然，美国工人阶级可能从来不这么想，他们已被那套占统治地位的资产阶级意识形态"内在化"了，用反共、民族主义，甚至种族主义的框架看待中国。

其实，正如我在《中国故事的力量源泉》一文中讨论过的那样，当年正是因为在人权问题上共产主义国家的攻势,加上新独立的非洲国家对美国种族主义的批判,帮助美国黑人取得了民权斗争的胜利成果。正因为如此,美国学者杜齐亚克(Mary L. Dudziak)把美国黑人在20世纪五六十年代所赢得的民权叫作"冷战民权"。"冷战"初期,美国一边在国际上急于显示其自由民主制度相对于共产主义的优越性,一边由于白人种族主义对黑人群体的种族压迫和隔离政策而成了国际舆论的众矢之的。在与美国的宣传战中,苏联尤其抓住美国的这个弱点,拿种族问题大作文章。中国共产党也立场鲜明地支持美国黑人的反种族主义斗争。美国新闻署一份报告就写道,中共在发到各国的电文中也在美国种族问题上做文章,"北京的报道归结到一个主题,那就是,蔓延的种族主义已经'暴露'了美国自由和民主的野蛮本质"。这就是当年我们的人权话语,社会主义的优越性与制度自信也体现于此。

7.《纽约时报》难得的真问题

2003年,在半岛电视台的影响刚建立起来,还没有像现在变成其他阿拉伯国家群起攻之的对象时,《纽约时报》评论说了一句话:If a free, uncensored press ever arrives in the Arab world, many Americans will be shocked by what it says。意思是说,如果一个自由的、不经审查的新闻界在阿拉伯世界出现,那么,很多美国人都会为自由的中东媒体所说的内容而感到震惊。换句话说,中东新闻审查压制的,主要是阿拉伯人民反美的情绪和声音。那么,我们也可以推测一下,一个让中国人民,尤其是底层民众都说话的新闻媒体,难道一定就会跟美国发出一样的声音吗?

三、全球视野中的中共新闻理论与实践——看山还是山

近年来,我一直在结合批判传播政治经济学、后殖民文化研究和转型政治学等学术理论资源,发展一种跨文化传播政治经济学视野。从这一视野出发,我把中共新闻理论与实践的规范性内涵归纳为以下八条,并试图提供一个贯通中西的初步理解。

第一条是传播和舆论的重要性。

中共及其领导人历来重视新闻传播和舆论工作的重要性,这点毋庸置疑。不过,如果要对这一点有更全面的认识,就应当超越拉斯韦尔式的功能主义,把它提升到文化领导权的重要性、精神生活的重要性的高度。

具体说来,一方面,要把马列主义新闻传统、中国共产党新闻传统以及西方传播学(包括批判传播学和主流传播学)等中外新闻传播和文化精髓都有机容纳进来;另一方面,还要贯通中国古今历史,包括中国作为马丁·雅克意义上的"文明国家"自古以来对宣教的重视。也就是说,共产党对宣教的重视,既有国家政权在中国革命锻造过程中对意识形态的重要性及宣传重要性的认识,毛泽东对经济主义的批判,也可能有意无意地继承了中华

文明对教化的注重，尤其是儒家传统对"以文化人"的强调。

第二条是媒体的非资本所有与控制原则和传播的社会效益第一原则。

在"看山是山"部分，我们提到列宁对媒体非资本所有和控制的重要性的强调。我国改革开放以后，不仅商业主义盛行，甚至成了主导性原则，很多媒体以及党媒的边缘性产业已经资本化了，人民网和新华网都已上市，但是，中国始终没有彻底开放新闻业私人拥有的口子。列宁有句话，谁向资产阶级开放媒体，谁就不理解我们正在迈向社会主义。我不知道这句话至今是否依然影响中共的媒体所有权政策；但是，新闻媒体的非私人资本所有和控制原则以及传播的社会效益第一原则，应该是社会主义新闻传播业的根本原则，中国特色新闻学不容许私人资本拥有新闻媒体，尤其不能让跨国资本家在中国拥有媒体，应该是中国共产党需要守住的底线。至于国家所有和控制——也即垄断——的媒体如何在管理上民主化，是另外一个话题。

实际上，媒体和广义的知识生产的公共性和非商业化，也符合中国传统文化中文化的非商业性质。今天，孔乙己式"窃书不是偷"理念所包含的知识非商业化和共享理念，与国内教授按课时拿讲课费的计件工资模式已经相去甚远。这种理念只作为"文化遗产"存留在社会的边缘。比如，我在农村办学术活动，邀请一位初中毕业的老农给参与者讲授山村广播电视的发展史，老农很认真地准备材料，讲得也很生动细致。为此，我给他几百块钱作为讲课费或误工费，结果老农一夜没睡，第二天早上写了个条子，托我的助手把钱还给我。在他看来，知识是很神圣的，讲课是很神圣的，不应该同金钱交易行为联系起来。

第三条是以正面报道为主的社会运动媒体和倡导性新闻理念。

正面报道为主也是中国共产党新闻学的基本原则。西方新闻学主要以批判和负面报道为主，看门狗的角色被提到很高位置，负面新闻或对非常规现象的报道成为新闻领域的"主旋律"。看门狗的角色与西方自由主义民主政治体制中的权力制衡观念相关，而非常规现象的报道是以某种假定的常规为前提的——人咬狗之所以是新闻，是因为这不是常规。虽然中国共产党新闻事业中也一直有批评和自我批评的传统，十三大后这一话语又被"舆论监督"理论和实践所代替，但从中国共产党领导人民建设社会主义社会，其新闻事业是世界社会主义运动的一部分这个角度，中国共产党的新闻报道以正面新闻和正面舆论引导为主，也是历史逻辑和理论逻辑上相统一的。历史上，当年延安《解放日报》改版有一项重要内容，就是报道在大生产中出现的新人新事。理论上，要建设一个新的社会主义社会，就必须用社会主义的价值观引领社会，用社会主义的新人新事促进社会主义建设。也就是说，要移风易俗，就要有新的思想和观念，媒体应当倡导这样的东西。相反，在资产阶级社会里，针对封建社会的舆论倡导已经完成了，媒体除了引导人们消费，帮资本家实现剩余价值外，不可能去倡导批判资本主义的新价值体系了，所以主要以负面报道，也即报道对现有社会规范背弃的现象为主打。总之，只有在建设一个新社会或在一个现有的社会里倡导改革之际，才需要倡导性新闻，需要进行正面宣传。放在西方的批判传播理论里面,社会运动媒体也一定是倡导性媒体,而不是所谓的客观和中立的媒体。共产党当年打天下的时候,就是一个社会运动,它所领导的媒体就是一个倡导性媒体体系。今天,只要它还把自己的事业当作世界社会主义运动的一部分,只要它还坚持走社会主义道路,就可以在理论上说它所领导的媒体还是一个社会运动媒体,即一个倡导性媒体。但是,如果用"执政党"的话语体系,这一新闻理论与实践就讲不通了,因为,"执政党"是相对于政党轮流执政体制的"在野党"而言的,而在政党轮流执政体制中,垄断媒体、正面宣传等自然成为恶谥。

从传播学的视野中,威廉斯曾提到过 residue、dominant、emergent 三种意识形态存在。全球范围内,如果封建等级思想是遗存的意识形态,资产阶级思想是主导意识形态,那么,社会主义思想就是新生的意识形态体系。当然,当下的中国意识形态场域的吊诡之处在于,社会主义这一在毛泽东时代事实上占主导地位的意识形态,在现实的舆论场中仿佛变成了遗存的意识形态,而封建等级思想、资产阶级意识形态反而颇有占主导地位之势。在新闻传播领域,马克思主义新闻观的弱化、边缘化和虚化,就是一个表现,这是全球范围内社会主义运动遭到挫折的表现,是中国社会主义者必须正视的问题,也是我们今天要建构马克思主义新闻观的迫切性所在。总之,放在国际社会主义运动的框架里,放在资本主义和社会主义意识形态斗争的框架里,回到国际共运的轨道和共产主义是一个社会运动这样的框架里,回到宪法序言所规定的中华人民共和国是人民民主专政的社会主义国家这个基本框架里,中国特色新闻学就是一个社会主义运动的新闻学,或者一个倡导社会主义价值观的新闻学。虽然社会主义运动会有挫折,也可能有"进一步,退两步"的反复,但是,只要把中国特色新闻学放在社会主义运动的世界历史视野里,那么以倡导性新闻为主就是历史逻辑和理论逻辑相统一的运作。如果放到资产阶级新闻学的框架里,讲客观性,那就没法说了,必然有矛盾之处:客观什么?对现存的不平等客观?对法西斯主义客观?实际上,资产阶级新闻学从来不掩饰自己对共产主义意识形态的立场,它对共产主义从来不说要客观、公正、平衡。

这里,我希望用中外两个同事的例子来说明一下。国外的一位从事环境传播的同事说,在生态危机问题上,西方媒体不应"客观"和"中立",而且现在也有许多正面实践,可是媒体不去报道。国内一位同事说,介于西方新闻的极端负面倾向,应该提倡"积极新闻学",他甚至有意写一篇文章,提出这个概念,可是,由于这个概念与中共正面宣传为主的原则接近,担心被人批评嘲笑,他就干脆放弃不写了。如果自己认为的思想是对的,为什么不说呢,可见某种话语霸权的存在。

第四条是政党的作用和群众路线作为政治传播模式。

在"看山是山"部分已谈到列宁建立的媒体党性原则,在"看山不是山"部分又谈到中共群众路线是如何被理解成一种政治传播模式的。而在开场白中,我则谈到美国媒体重新党派化倾向。除了列宁主义,我们还可以从西方马克思主义传统中最新的自主马克思主义的破产，到中国传统的"水可载舟，也可覆舟"等民本思想等方面，来理解和分析中共新闻学中的党性原则和群众路线这一对相互关联的原则。基于斯大林主义的弊端，也部分由于冷战意识形态的长期影响，西方的马克思主义者，谁也不敢提共产党，甚至不敢提组织起来，以至于占领华尔街运动以一种乌合之众的形式出现。在新世纪初流行一时的激进西方自主马克思主义者那里，没有任何组织的所谓"诸众"替代了曾经需要政党来组织的工人阶级，被想象成推翻资本主义的主体。后来，作为对自主马克思主义的"后结构主义"倾向的批判，"后-后结构主义"学者朱迪·迪恩（Jodi Dean）反思了占领华尔街运动，出了一本书《共产主义地平线》，里面讲到需要一个政党。不过，虽然迪恩意识到没有政党是不能解决问题的，但是她不但不提中国共产党的现实存在，也没能在理论上说清楚她呼唤的这个政党是什么，如何运作。我邀请她来中国做讲座，她也始终不提"政党"。

第五条是全党办报/全民办报。

全党办报/全民办报是中国共产党新闻学的重要内容与独特传统。用西方传播学话语来解释，这一传统就是参与式传播。相对于精英主义和专业主义，参与式传播是所有传播模式中是最民主的，也是得到互联网时代证明的、支撑的。互联网时代被称为"人人都有麦克风"的时代，也就是参与式传播有可能大发展的时代。可以说，共产党的全党办报、全民办报，早就体现了这种传播模式。从西方的"公民新闻"到拉美的社区媒体，再到今天网络时代的众声喧哗、人人都是记者，也许可以说，中共的新闻模式早就比"西方主流"先进！在全党办报、全民办报的理念里，领导干部包括第一书记要自己写新闻，毛泽东自己就经常写新闻，如今特朗普的推特可谓蹩脚的"第一书记"写新闻呀。这一理念并不排斥新闻专业工作者的角色，但它强调新闻事业不只是专业人员的事业、知识分子的事业、精英的事业，而是全体人民的事业。

第六条是强调"传输传播模式"和"仪式传播模式"的结合。

美国传播学史上，先有主流传播学的谁对谁说了什么有什么效果的传输传播模式，后有詹姆斯·凯瑞从文化的角度，将传播模式分为两种："传输传播模式"和"仪式传播模式"，后者强调传播对意义共同体构建的重要性，而不是只关注信息的传输。在我看来，中共的新闻理论和实践就包含了传输传播模式和仪式传播模式的有机结合。在一定意义上，《新闻联播》就是一个仪式性传播的典范，要理解它的意义，不但需要信息传输模式，而且需要仪式传播模式。理解中国的新闻、中共的传播，意义和文化认同共同体的构建而不只是信息的传播才是最重要的内涵。这又回到中国传统文化中对仪式和"礼"的重要性的强调。中国召开G20杭州峰会、"一带一路"峰会时，习近平总书记的发言很重要，当天晚上的文艺晚会也很重要，这就是我们中国人的礼——世界上没有一个国家会这样做，能这样做。总之，中国特色新闻学的构建可以从"传输传播模式"和"仪式传播模式"相结合方面做文章。

**第七条是超越哈贝马斯（资产阶级）公共领域理论的认知主义和理性主义偏颇，讲究

新闻传播中情与理的结合。

我在许多地方已经批评过哈贝马斯理论的理性主义和认知主义偏颇,这里就不展开了。与此相关,舒德森在《发掘新闻:美国报业的社会史》里说到两种新闻概念,一是作为信息的新闻(news as information),是精英的,诉诸理性,提供民主政治所需的硬新闻;一是作为娱乐的新闻(news as entertainment),是大众的,诉诸情感,使人想起小报新闻、软新闻。在主导的西方新闻观里,前者是高级的,后者是低级的。实际上,新闻性和娱乐性都是传播的一部分,新闻有娱乐性,娱乐有新闻性。在中国共产党的新闻传统中,新闻报道固然重要,而有声有色、有情有理的通讯体裁,同样占据非常重要的地位。事实上,对哈贝马斯理论和舒德森两种新闻观的扬弃,还可与传统中国的传播思想和实践连在一起。比如"动之以情,晓之以理",就是中国传播实践的最高智慧之一,这里,情与理相提并论,同等重要。再如"心思"这一词汇,也是中国传播思想最深层的文化沉淀。

第八条是知行合一,理论和实践相结合——在认识世界中改造世界,改造自己。

理论和实践的结合,知和行的结合,既是马克思主义的精髓,也是中国传统文化的精髓。如果前面七条是相对于新闻机构及其新闻理论和新闻业务的话,那么这一条更是相对于新闻工作者而言的。对于新闻工作者和学者来说,这是唯一的不会产生"异化"劳动的传播和知识实践。在作为社会主义运动一部分的新闻传播实践中追求知行合一,不是封建士大夫的"先天下之忧而忧"的救世主式劳动,而是"无产阶级只有解放全人类,才能最后解放自己"的事业。(感谢加拿大西蒙弗雷泽大学博士生张晓星协助文献研究)

不当之处,谨请批评!

李彬:今天,赵月枝老师一口气讲了三个小时,从历史到现实,从中国到世界,从理论到实践,从新闻到传播,浩浩汤汤,汩汩滔滔,黄河落天走东海,万里写入胸怀间,不仅是高水平的,而且也是我听她几次学术报告中最有水平、最有创见的,觉得就像《木兰辞》中写到的:东市买骏马,西市买鞍鞯,南市买辔头,北市买长鞭。……万里赴戎机,关山度若飞。……将军百战死,壮士十年归。我们知道,十八大以来,习近平发表了一系列思想文化与意识形态的重要讲话,让人感到就像毛泽东《新民主主义论》中写到的:"全国人民有一种欣欣向荣的气象,大家以为有了出路,愁眉锁眼的姿态为之一扫。"特别是2013年的"8·19"讲话、2014年的文艺工作座谈会讲话、2016年的新闻舆论工作座谈会讲话与哲学社会科学工作座谈会讲话等,高扬马克思主义的旗帜,充满丰沛的学术思想内涵,犹如长江大河,气象万千,又似春风徐来,万象更新,开辟了焕然一新的局面。现在,越来越多有识之士都清醒地意识到文化自觉与文化自信,意识到创建中国特色社会主义的学科体系、学术体系与话语体系。然而,问题是究竟怎么做?就新闻传播学而言,一边是传统的一套偏安一隅,孤芳自赏,日渐失去解释世界与改变世界的生机与活力,青年记者与青年学者更是敬而远之,一边又是前赴后继的新人气喘吁吁地追逐时尚前沿的新潮西潮,一波未平,一波又起。面对这一客观现状,如何建设历史与逻辑有机统一,立足中国大地、回应人类关切的新闻理论,已经无可回避地提到时代的议事日程。赵老师的报告可以说是为这一时代命题提供了一个高水平的答卷,一个"立足中国土,回到马克思"的理想方案。这样的思路与讲法融汇中西、贯通古今,真正有望让新闻记者心服口服,也让新闻学子入脑入心。让我们谢谢赵老师!

(录音整理:清华大学博士生、中国传媒大学助理研究员武楠)

第五讲 再塑新闻魂

李彬

清华大学新闻与传播学院教授

演讲人简介：李彬，1959年出生，新疆乌鲁木齐人。清华大学新闻与传播学院教授，博士生导师。1981年毕业于郑州大学中文系（新闻方向），获文学学士学位；1998年毕业于中国人民大学新闻学院，获法学（新闻学专业）博士学位；1984年执教于郑州大学新闻系，曾任副系主任；1998年调任中国青年政治学院新闻与传播系系主任；2001年调入清华大学，曾任副院长。代表作《传播学引论》《传播符号论》《新中国新闻论》《全球新闻传播史》《中国新闻社会史》《唐代文明与新闻传播》《清潭杂俎》《水木书谭》。

马克思主义新闻观是中国新闻业的灵魂。它既是理论,更是关乎国家发展、人民福祉的政治,也是业界、学界人人皆知的当代中国新闻业的标志。从历史与现实的角度重新审视马克思主义新闻观的科学与价值,正本清源,守正出新,对于新闻工作及其研究无不关系重大。下面从四个方面谈谈自己的一点初步认识。

一、当下问题:失序与失魂

当下触目所见的问题当属"失序",可谓乱象丛生。先看几个案例。

首先是《新闻记者》杂志评选的年度十大假新闻。2000年,《新闻记者》策划评选年度十大假新闻,希望通过这种方式对开始泛滥成灾的虚假报道产生一种制约。没想到,评选之后,一切照旧。于是,第二年又评了一次,还是一如既往。结果,就这么一年一年评下来,评出的虚假新闻千奇百怪,如新浪网的"千年木乃伊出土后怀孕"等。评到第八个年头,杂志编辑部无奈叹息,艰苦卓绝的抗日战争八年都打赢了,而杜绝假新闻还遥遥无望。

再看一个新近的典型案例,《财经》杂志的假新闻事件。2016年情人节,《财经》一篇报道《春节纪事:一个病情加重的东北村庄》,引起社会关注与舆论热议。报道反映的一系列农村问题令人惊愕,如"村妇密谋组团'约炮'"。这篇报道开宗明义写道:"我要写的故乡杂记却显得些许残酷和悲戚,可惜这并非杜撰虚构,而是真实的写照。"然而,新华社记者去东北了解情况时,却发现这篇报道纯属杜撰虚构。这比假新闻更令人震惊。因为,《财经》自比专业媒体,一向以《纽约时报》等为楷模,在海内外声名卓著,竟刊发如此赤裸裸的假新闻。更令人惊愕的还在于,出现这一丑闻,媒体没有反思,主编没有辞职,记者没有受到处理。相反,《财经》道歉信中反而曲意回护与辩解,说刊物由于把关不严,发了一篇随笔。什么随笔?《财经》何时改为文学期刊了?即便是随笔,也不能不讲事实,胡编乱造。作为对比,看看《财经》引为楷模的《纽约时报》怎么处理类似问题——2003年,《纽约时报》曝出记者的系列造假丑闻,引起举世震惊,总编辑与执行总编辑宣布辞职,记者永不续用。

如果说,上述案例仅关乎职业道德的话,那么下面的案例就涉及政治价值了。2013年,《新快报》记者陈永洲涉嫌违法,被警方带走。当天《新快报》编了一个耸人听闻的版面——"请放人,敝报虽小,穷骨头还是有那么两根的",俨然一副为民请命、铁骨铮铮的架势。尤其触目惊心的是,"请放人"三个大字通贯版面,占据头版中心,大得几乎覆盖整个版面的1/3,仿佛"黑奴吁天录"。然而,事实表明陈永洲确实涉嫌违法,警方不过依法行事,该报后来不得不发了一则不起眼的致歉声明:"受人指使收人钱财,发布大量失实报道。"类似案例还有2013年《南方周末》新年献词事件,什么"中国梦""宪政梦""自由梦"云云,一度还在海内外炒成沸沸扬扬的热点事件。习近平2015年在全国党校工作会议上的讲话格外令人深思:"有的人奉西方理论、西方话语为金科玉律,不知不觉成了西方资本主义意识形态的吹鼓手。"

　　最后看一个更令人深思的案例，2013年央视报道曼德拉逝世的新闻。以上案例要么出自商业化的动机，要么出自政治化的取向，而这个案例则纯属中央主流媒体及其加强国际传播能力的动机。作为一代政治领袖，曼德拉去世自然是重要的国际新闻，央视第一时间做了大规模报道，新闻频道从早到晚滚动播报，时间及时，信息充足。那么还有什么问题呢？问题在于央视的报道丧失了中国对这一新闻以及相关背景的解读，成为西方媒体及其话语的传声筒。换言之，我们看到的是中央电视台的曼德拉逝世报道，实际上接受的是西方一套政治宣传。对此，清华大学新闻学院年轻学者王维佳（后来调入北京大学新闻学院），看了一天央视报道后，写下一篇影响广泛的文章《中国媒体曼德拉逝世报道的问题》，令人悚然而惊，豁然而醒。文章指出，央视报道曼德拉，无视20世纪六七十年代反帝反殖的时代潮流与正义力量，无视社会主义国家特别是新中国、毛泽东、周恩来等，对亚非拉人民反抗斗争的大力支持，将曼德拉塑造成个人英雄，信奉一套西方自由民主宽容理念，仿佛通过个人魅力就化解了种族冲突，这种形象与话语恰恰是欧美刻意塑造的。事实上，曼德拉当年曾经积极从事革命斗争，组织武装暴动，不幸被捕入狱，而为南非当局提供曼德拉行踪情报的正是美国中情局。曼德拉入狱后，与世隔绝几十年，同后来的历史进程基本隔绝了。而央视的报道却遵循西方媒体的口吻，按照欧美刻意扭曲的曼德拉形象，讲述了一个西方乐观其成的曼德拉神话，失去了自己的政治立场与政治判断。正如王维佳文章所言："所有的报道中，曼德拉的革命生涯基本上孤立于那个特定的历史背景，也孤立于所有国际力量，这样的报道不是真实客观的，它基本上等于是一场政治宣传。中国的媒体积极主动地参与了欧美主流新闻媒体所主导的一场声势浩大的全球政治宣传。"此事还有一个下文，同样让人哭笑不得——王维佳的文章发表后引起业界学界关注，有识之士也开始反思，不料时隔一年，某所名校联合名流，搞了一个年度电视节目评选，名列第一的竟是央视报道曼德拉，而获奖理由则是不足为奇的"国际接轨"！

　　以上是一些失序的案例，而背后根源是今天要谈的核心问题："失魂"。"失序"背后是"失魂"，魂儿没了，魂儿丢了。那么，什么是魂儿？毛泽东在《关于正确处理人民内部矛盾的问题》一文中说过："没有正确的政治观点就等于没有灵魂。"我们看看欧美记者，无论报道什么新闻，往往体现着鲜明的政治立场、政治价值、政治观点，也就是他们的新闻魂。习近平在新闻舆论工作座谈会上更是一语中的："新闻观就是新闻舆论工作的灵魂。"在我看来，习近平这篇讲话的灵魂正在于此。当然，他讲的新闻观不是别的什么新闻观，而是"马克思主义新闻观"，马克思主义新闻观是中国新闻工作者的灵魂。失去这个灵魂，就好像一个人失魂落魄，势必导致以上乱象丛生的问题。

　　关于失魂，当代诗人昌耀在平生最后一首长诗《一个中国诗人在俄罗斯》中，写下一段耐人寻味的诗句："这个世界充斥了太多神仙的说教，而我们已经很难听到英特纳雄耐尔的歌谣。"何谓神仙的说教？举个例子，某位曾经暴得大名的央视记者，在一篇访谈中侃侃而谈新闻的核心就是一个"知"："记者只是观察、记录、认识这个世界，而不是去干预……"这位据说不去干预而只是"知"的记者，却在2015年"两会"前夕，与境内外势力合纵连横，策划了一个满城风雨的大动作，借环保话题做了一把捅破天的文章，看来所谓"知"也是自欺欺人。当然，诸如此类的新闻观不必特别介意，倒是学界、业界的流行曲更有影响力，试举几例。一是信息论。信息时代，传播共享，新闻只是提供信息。二是专业论。所谓专业主义、新闻专业主义，客观中立，不偏不倚云云。三是公器论。新闻媒体属于社会公器，公器自然公用。最后，最流行的是自由论。记者是无冕之王，新闻是第四等级。诸如此类的理论早已成为业界、学界暗流涌动的新闻观，同马克思主义新闻观不说圆凿方枘、格格不入，至少也是分道扬镳，渐行渐远。

这就是所谓"失魂"问题。对此，北京大学潘维教授尖锐指出：自上而下的价值观混乱和媒体从业人员的价值观混乱互为因果，已经危及国本。芝加哥大学终身教授赵鼎新在《社会与政治运动讲义》里也一针见血地挑明：国家精英和媒体精英缺乏意识形态性的价值认同，他们之间只有利益认同，而基于利益的认同显然很不牢固，一旦经济出现问题，政治出现变故，那么这些记者包括体制内的得益者，就会毫无心理障碍地站到对立面，为政治危机添砖加瓦。想想苏东解体不正是如此嘛。

二、现代中国：为什么选择马克思主义

以上从失序到失魂，谈了一些触目可见的现象和问题。下面就进入今天讲座的正题——再塑新闻魂。鉴古知今，我们先从历史的角度谈起。

中国现代新闻业曾经形成三种主要形态，三种形态又对应着三种主义，三种主义实际上代表着三种不同的道路。第一种，是自由主义与私营报业，像《申报》《大公报》《新闻报》等。第二种，是保守主义与国民党报业，如国民党的《中央日报》《扫荡报》及中央社等。第三种，是延续至今的马克思主义与革命报业、人民报业。先看自由主义。清华大学教授胡伟希撰文谈道，近代中国的主题是独立与富强、反帝反封建，而对于广大劳苦大众来说，这一主题一点儿也不深奥，相反十分浅显，无非是一个生存权利与基本温饱的问题。萧红的名著《呼兰河传》里有一段朴实文字："他们不知道光明在哪里，可是他们实实在在地感受得到寒凉就在他们的身上……（他们）只希望吃饱了，穿暖了。但也吃不饱，也穿不暖。"面对这个问题，自由主义的方略要么是与列强军阀当权者合作，实际上是助纣为虐，要么是同他们讲道理，说白了是与虎谋皮。他们想以此解决中国的危局，不仅没有发生效果，而且使他们失去了广大民众。美国学者格里德对胡适的总括性评价，也适用于现代自由主义文人与道路："胡适的价值标准和思想抱负表明，他对于他的人民的'社会愿望'或他们生活的'实际条件'几乎完全没有什么真正的认识。"

思想史学者何晓明将现代中国的自由主义喻为"不结果实的精神之花"，他在对比了

三种主义、三条道路后指出：激进主义以其昂扬的气势、痛快彻底地解决问题的方式以及英雄主义的精神感召力量，比较容易赢得苦难民众的认可。保守主义迎合了社会大众既想改变现状，又怕打破坛坛罐罐的普遍心理，从而在历史遗产格外丰厚的中国拥有宽广的社会基础。唯独自由主义，先天不足，后天失调，既缺乏与中国传统文化的接榫机理，又生不逢时，加之自由知识分子一贯的精英做派和鄙视民众的贵族心理，与几万万民众的"悲惨经验之间几乎存在着无限的差距"，自然与大众相疏远、相隔膜，它们的主张也就无法得到历史的青睐和社会的采纳。结果，自由主义终究只能在精英知识分子中流行，在教授的沙龙、太太的客厅、文人的书斋中高谈阔论，而无法成为激励社会各阶层，尤其是劳苦大众争取自身解放的思想旗帜。海外传播学者李金铨讲到"文人论政"时，也谈到类似看法：自由主义知识分子及其报刊，凭借良心和理念讲话，针砭时弊，只有抽象想法，没有具体主张和运动策略，他们的社会地位高高在上，他们关注的民主、言论自由、宪政对那些为温饱而挣扎的普通百姓来说未免陈义太高。结果，自由主义及其报业的命运，最后就像徐志摩诗中写到的：

> 我不知道风
> 是在哪一个方向吹——
> 我是在梦中，
> 在梦的悲哀里心碎！

下面再看马克思主义和保守主义。也以两个代表人物及其代表作为例，前者是毛泽东及其《新民主主义论》(1940)，后者是蒋介石及其《中国之命运》(1943)。抗战后期问世的《中国之命运》堪称保守主义的政治宣言，蒋介石由此不仅失去民心，而且也失去曾经对其寄予厚望的自由知识分子。因为这些知识分子经过"五四"洗礼，自由、民主、科学等现代意识深入骨髓，而《中国之命运》却想开历史倒车，退回到仁义礼智的儒家传统。毛泽东的《新民主主义论》则充满生机勃勃的现代精神、现代意识，如一把光明的火炬照亮黑箱子的中国，最终成为人民民主新中国的奠基石。而历史也由此给出答案：马克思主义赢得了中国。

那么，现代中国为什么选择马克思主义，而不是其他主义？政治学泰斗、天津师范大学教授徐大同先生有一篇文章，题为《中国人民拒绝自由主义，接受共产主义的文化基因》，从文化基因的角度对此作了独到剖析。文章讲道，中国人民拒绝西方自由主义，接受共产主义有多方面原因，其中文化基因是一个重要原因。在中国文化基因中，也有一套自由观。这种自由观简单说就是我行我素，不要任何干涉。这种意识同西方自由观很不一样，后者是在资本主义文明基础上形成的以私有财产为基础，以个人权利为诉求，负有相应社会责任的政治价值观。而中国传统的自由观，则是不要任何束缚，天马行空。最早的一例，就是上古歌谣《击壤歌》，表现一位农夫耕田之余，悠然吟唱的心声："日出而作，日入而息。凿井而饮，耕田而食。帝力于我何有哉！"他是何等自由自在，天王老子也管不着。这种自由自在的意识，在几千年隐逸文化中更是不绝如缕：采菊东篱下，悠然见南山；永忆江湖归白发，欲回天地入扁舟。这样一脉自由散漫的传统，到近代列强入侵，积贫积弱之际就成为致命的问题了。孙中山先生就曾指出，中国社会的主要问题不是专制，不是缺乏自由，而是自由过度，一盘散沙。所以，现代中国拒绝自由主义就是势所必然了。

同样，现代中国选择共产主义，也是文化基因使然。中国的文化基因一脉连绵不绝的大同思想，而大同思想与共产主义心心相印，息息相通。如同器官移植，外来的共产主义同中国的社会肌体若合一契，源远流长的大同思想成为中国人民接受共产主义的文化基因。关于大同，儒家典籍《礼记·礼运篇》有段经典文字："大道之行也，天下为公。选贤与能，讲信修睦，故人不独亲其亲，不独子其子，使老有所终，壮有所用，幼有所长，鳏寡孤独废疾者皆有所养……是谓大同。"这段话凝练地表达了中国文化一脉源远流长的意识，即有福同享，有难同当，天下为公，四海一家，也就是一种原始共产主义思想。这种大同意识在历代农民起义中成为一种强大的感召力量，如唐末黄巢自号"均平大将军"，北宋钟相、杨幺起义的"等贵贱，均贫富"，太平天国的《天朝田亩制度》以及耕者有其田等。康有为的《大同书》，孙中山的天下为公，均为大同思想的近代范本。孙中山说过，"三民主义"的民生主义就是社会主义，又名共产主义，即是大同主义。作为一种深入骨髓的文化基因，大同思想自然使中国人更容易接受社会主义。

北京大学教授强世功在《中国香港》一书里说：中国选择马克思主义，与其说是出于民族主义或国家主义的现实动机，不如说是基于国际主义和天下大同的古典理想，这是共产党与国民党、新中国与旧中国的根本区别。过去讲"十月革命"一声炮响，给我们送来了马克思主义，只有马克思主义才能救中国。而强世功教授指出，中国人民信奉马克思主义不只是为了自己的翻身解放、独立自由，在这一救国救民的现实背后还有更深刻的一面，那就是马克思主义与中国古典大同理想一脉相通，中国人民信仰马克思主义也是基于心目中还憧憬着一个天下为公的世界。

改革开放后，邓小平反复强调：我们干的是社会主义事业，最终目的是实现共产主义。这一点，我希望宣传方面任何时候都不要忽略。我们搞"四个现代化"，是搞社会主义的四个现代化，不是搞别的现代化。1989年政治风波后，他同新一届中央领导集体谈话时又明确指出，如果我们不坚持社会主义，最终发展起来也不过成为一个附庸国，而且就连想要发展起来也不容易。1992年，在平生最后一次公开讲话也就是南方谈话中，邓小平再次重申：不坚持社会主义、不改革开放、不发展经济、不改善人民生活，只能是死路一条。这段话前些年一度被断章取义炒作一番，所谓不改革就死路一条，云云。事实上，邓小平的思路一以贯之，用他的话说"改革是社会主义制度的自我完善"而不是其他，不坚持社会主义的改革才是死路一条，就像苏联戈尔巴乔夫的改革最终导致亡党亡国。所以，十八大后启动深化全面改革的三中全会公报提出，"全面深化改革的总目标，是完善和发展中国特色社会主义制度,推进国家治理体系和治理能力现代化"。习近平还用两句话简明扼要地说明:改革开放的旗帜必须高高举起,中国特色社会主义道路的正确方向必须牢牢坚持。

三、实事求是:新闻魂的科学内涵

前面回顾了现代中国的三种报业、三种主义、三条道路,最后万水朝东归结到马克思主义与革命报业,共产党新中国的新闻业就是革命报业的历史延续。下面再通过革命报业的理论与实践,谈谈我们的新闻魂。

革命报业在新闻史上属于重头戏,人们耳熟能详,大略说来从建党前后开始萌芽形成,《新青年》《向导》《热血日报》等均为先驱,经过北伐战争、土地革命、抗日救亡运动,一步步成长壮大,到延安时代总其大成,走向成熟。其中,延安整风以及《解放日报》改版更是一个里程碑,不仅形成了新中国新闻业一系列传统、精神、机制等,而且牢固确立了马克思主义新闻观的指导思想,为共产党新中国的新闻业注入了鲜活的生命和灵魂。

关于革命报业以及《解放日报》改版,可用两个关键词概括,即实事求是与群众路线。这一认识来自历史性文献《关于建国以来党的若干历史问题的决议》。决议中对毛泽东思想的概括有三个关键词:实事求是、群众路线、独立自主。2013年毛泽东诞辰120周年时,习近平在纪念讲话中再次重申了这三个关键词,并围绕这三个关键词做文章。可以说,实事求是、群众路线、独立自主既是毛泽东思想活的灵魂,也是共产党新中国活的灵魂。这里,我们也用这三个关键词追溯《解放日报》改版和共产党新中国的新闻魂。不过,我们把独立自主作为一种总体性追求,共产党的革命路线、新中国的建设路线、改革开放的发展路线,无不体现了独立自主的追求,常说的"中国特色"也可谓独立自主的宣示与诉求。从革命报业到新中国新闻业,同样贯穿了这种独立自主的意识,从而使新中国新闻业在世界新闻业中独树一帜。而这一追求与意识,集中体现为实事求是与群众路线。所以,下面重点讲实事求是和群众路线,而独立自主则融入实事求是与群众路线之中,就不单独谈了。

先看实事求是。马克思在《好报刊和坏报刊》一文中,写下一段经典精辟的论述:"谁是根据事实来描写事实,而谁是根据希望来描写事实呢?"这句话区分了两种基本的新闻观,一是唯物论的,一是唯心论的。唯物论的新闻观自然是根据事实描写事实,唯心论的新闻观则根据希望描写事实,也就是根据记者头脑中的想象描写事实、报道新闻,就像《财经》记者的东北农村报道、美国媒体配合美国政府的伊拉克战争而想象的"大规模杀伤性武器"。毛泽东在国共第一次合作期间,出任国民党中宣部代部长,创办了《政治周报》,撰写了发刊词,其中写道:

敌人说:"广东共产"。我们说:"请看事实"。敌人说:"广东内讧"。我们说:"请看事实"。敌人说:"广州政府勾联俄国丧权辱国"。我们说:"请看事实"。敌人说:"广州政府治下水深火热民不聊生"。我们说:"请看事实"。

《政治周报》的体裁,十分之九是实际事实之叙述,只有十分之一是对于反革命派宣传的辩论。

周恩来对实事求是的表述更是精辟:尊重事实才能尊重真理。如果连基本事实都不尊重,那么何谈尊重真理呢。邓小平说得同样干脆:拿事实来。延安《解放日报》改版期间,陆定一发表了一篇文章《我们对于新闻学的基本观点》。文章要点有两个,一是新闻的实事求是,一是新闻的群众路线。关于实事求是,他写道:

唯物论者认为,新闻的本源乃是物质的东西,乃是事实,就是人类在与自然斗争中和在社会斗争中所发生的事实。因此,新闻的定义,就是新近发生的事实的报道。

新闻的本源是事实,新闻是事实的报道,事实是第一性的,新闻是第二性的,事实在先,新闻(报道)在后,这是唯物论者的观点。

因此,唯物主义的新闻工作者,必须尊重事实,无论在采访中、在编辑中,都要力求尊重客观的事实。

陆定一的文章是《解放日报》改版的一个标志。以此为契机,解放区新闻界展开大规模的马克思主义新闻观教育,其中最突出的就是《晋绥日报》发起的"反客里空运动",对新闻记者确立实事求是意识、老老实实做新闻产生了深远影响。这里讲两个小故事,可以略见一斑。

原新华社社长穆青,毕业于鲁艺,本想从事文学创作,结果分到《解放日报》,干了一辈子新闻。穆青当记者之初,遇见一件事,让他铭记终生,直到晚年接受记者访谈时还念念不忘。当时,博古派他去采访一个苏联专家的报告会,他写了报道,拿给社长博古,博古一看,脸色就沉下来了,问穆青去现场了吗?你看报道是怎么写的:会场上自始至终掌声不断。博古说,如果大家一直拍巴掌,那么专家还怎么作报告?这就是陆定一文章里说到的"老老实实主义"。

无独有偶。清华大学新闻学院已故老院长、《人民日报》原总编辑范敬宜,也有过类似经历。他年轻时跟穆青一样同属文学青年,文采风流,妙笔生花。20世纪50年代,他在《东北日报》当记者。一次,他去采访乌兰诺娃。乌兰诺娃是世界著名的芭蕾舞大师,习近平在文艺工作座谈会上的讲话中,提到一批古今中外的文学艺术家,其中有乌兰诺娃。范敬宜采访乌兰诺娃后,写了一篇可想而知的优美报道。然而,当他拿给总编辑,心里兀自得意时,不料总编辑批了八个字,让他刻骨铭心——"涂粉太厚,未必是美"。这里,同样体现了一种老老实实的新闻观。

范敬宜二十多年前,还写了一首打油诗,善意批评当时新闻界一些不良作风:"朝辞宾馆彩云间,百里方圆一日还,群众声音听不到,小车已过万重山"。这是二十多年前的情况,现在一些记者恐怕连宾馆小车都省了,蹲在写字楼,看看微信,玩玩手机,网上扒拉扒拉就可以捣鼓一篇"新闻"了。甚至还有专家学者为此鼓吹，说什么互联网时代采访都过时了，用电子邮件、视频连线，再看看网上评论，搞些大数据，就可以生产新闻了。还说什么"只需采，不需访"，就是说不必深入新闻现场，只需像客里空趴在后方掩体，就可以编排前线的战地报道了。范敬宜的高徒、《人民日报》浙江分社社长王慧敏，2016年在《新闻战线》发表文章《不改初衷》，批评这种脱离实际、脱离群众的做派："不少记者走出校门便跨进了现代化设施齐全的编采大楼，风刮不着雨淋不着，了解社会靠的是网络。即便下去采访，也是星级宾馆听汇报，隔着玻璃看庄稼，围着饭桌话沧桑。"他认为，记者就是把新闻现场作为战场的战士。

关于实事求是问题，最后还需强调一点，我们所说的唯物论是辩证唯物论，不是机械唯物论。什么叫机械唯物论？举个例子，网络上林林总总的东西，东一下、西一下、鸡一嘴、鸭一嘴，即便桩桩件件都是事实，人物、时间、地点、事件等全都确凿无疑，也不叫实事求是，而是典型的机械唯物论。这种所谓事实堆积得越多，真实世界的面貌反而越模糊，越让人恍兮惚兮，云里雾里。什么叫辩证唯物论？也举一例。刚刚获得美国艺术与科学院院士的北京大学教授李零，在《鸟儿歌唱——二十世纪猛回头》里谈道："改革开放，前提是中美接近。中美接近的前提是中苏交恶。没有中苏交恶，就没有中美接近，没有中美接近，就没有改革开放，一环扣一环。""没有毛泽东的这一招，哪有邓小平的改革开放？"只有在联系的、辩证的、总体的意义上把握事实，才能趋近真实世界及其本质，这就是辩证唯物论。对此，列宁有段话说得好："社会生活现象极其复杂，随时都可以找到任何数量的例子或个别的材料来证实任何一个论点。如果不是从整体上、不是从联系中去掌握事实，如果事实是零碎的和随意挑出来的，那么它们就只能是一种儿戏，或者连儿戏也不如。"

习近平在新闻舆论工作座谈会上的讲话，同样体现了辩证唯物论的新闻观："真实性是新闻的生命。要根据事实来描述事实，既准确报道个别事实，又从宏观上把握和反映事件或事物的全貌。"这也是王慧敏等人民记者的共识："只有把握了宏观真实与微观真实的统一，才能抓住事物的本质，才能秉持新闻真实性的原则。"

四、群众路线：新闻魂的价值内涵

1942年3月31日《解放日报》改版前夕，毛泽东在中央办公厅召开的改版座谈会上，上来第一句话就是："共产党的路线，就是人民的路线。"延安时期，他对新闻界有个题词：深入群众，不尚空谈。走进清凉山的延安新闻博物馆，一眼就能看到这个题词。经过延安整风和《解放日报》改版，革命报业形成一整套体现马克思"人民报刊"思想的新闻传统，概括起来就是两句话：全党办报、群众办报。

这两句话看似寻常，深究起来却大有文章，其中恰恰蕴含着一整套独立自主的专业内涵与价值追求。清华一位博士生正在对此进行深入探讨，并提出一个概念"业余"。何谓

"业余"？业余是针对时下流行的专业及其主义而言的。按照专业主义的逻辑，新闻是一门专业，有一道专业门槛，需要经过专业训练，普通百姓显然与之无缘。而共产党新中国的新闻传统正在于打破这种专业壁垒，把新闻当作全党的事业、全体人民的事业，为人民所分享，为人民所参与。在新闻传播中，群众不再是被动的看客或所谓"受众"，而是积极主动介入其中的主人或"主体"。

全党办报、群众办报的一个典范，是延安时期一份有中国气派、中国作风、为老百姓所喜闻乐见的《边区群众报》。《边区群众报》的创办者周文（1907—1952），是"左翼"新文化运动的代表，文艺大众化、群众化、民族化的先驱，25岁参加革命，26岁入党，曾任"左联"党团成员，作品获得鲁迅先生赏识。1940年来到延安，在毛泽东的窑洞中就大众化问题作了深入交谈，然后在毛泽东支持下，筹办大众读物社，创办《边区群众报》，调胡绩伟任主编，胡绩伟改革开放后出任人民日报社社长。周文在《大众化工作研究》序言中，谈了大众读物社及其创办的《边区群众报》，指出这一大众化新闻传播网络形成了如下有机环节：

首先，是大众化的报纸。《边区群众报》通俗易懂，生动活泼，略识几个字都能看得懂，即使不识字也能听得懂。其次，是大众化的新闻通讯网，报纸不仅是几个专业记者在忙活，而且更有一批工农兵通讯员，遍布各行各业，提供丰富的报道内容，广泛传达人民心声。最后，是大众化的读报组，报纸发到基层后，还组织老百姓，由识文断字的人念给大家听。所以，这份报纸与群众的日常生活深度融合，成为全党办报、群众办报的一面旗帜。《边区群众报》创刊6周年时，习仲勋写来贺信，称赞它为群众服务，当得起"群众报"的光荣称号。1950年，37岁的习仲勋出任中宣部部长，毛泽东向胡乔木、周扬等副部长介绍他是"活的马克思主义者"。习仲勋在1951年西北区报纸工作会议上的讲话，就是活的马克思主义的一个典范。仅看这篇共产党新闻经典的标题，就不难体会新中国的新闻魂——《新闻工作就是群众工作》。这种新闻观在林林总总的西方新闻教科书中自然看不到，在时下流行"去政治化"的新闻学与新闻业中也是难觅踪迹，而这正是马克思主义及其人民报刊的灵魂。按照马克思的著名说法：报刊按其使命来说，是社会的捍卫者；是对作威作福当权者的孜孜不倦的揭露者；是无处不在的耳目，是热情维护自己自由的人民精神的千呼万应的喉舌。

在大革命时代的《政治周报》发刊词中，毛泽东开宗明义写道，为什么出版《政治周报》？为了使中华民族得到解放，为了实现人民的统治，为了使人民得到经济的幸福。也就是说，为什么办报，为什么发展新闻业，不是为了专业主义的客观中立、不偏不倚，更不是为了一个所谓"知"，而是为了人民当家做主。重庆谈判期间，有一次毛泽东应《大公报》总编辑王芸生邀请，去报社访问参观，道别时，王芸生请他留下墨宝，毛泽东挥笔写下"为人民服务"。新闻工作就是为人民服务，新闻记者就是为人民服务，而不是为人民币服务，为种种利益集团服务。

陆定一在《我们对于新闻学的基本观点》一文中谈了两个要点，一是实事求是，一是群众路线。怎样才能做到实事求是,得到真实的新闻呢?他的回答是:只有为人民服务的报纸,与人民有密切联系的报纸,才能得到真实的新闻。他还特别提到,这种报纸,不但有自己的专业记者,而且,更重要的是它有广大的与人民血肉相连的非专业的记者。正如王维佳在一篇新近发表的文章中就此阐发的:

在传播实践中,从事新闻工作的知识分子面向劳工、走向基层、服务大众,与社会底层相结合,由此形成的"群众路线"传统是党办媒体中最重要的政治特色。

在抗日战争时期的延安,"群众路线"凭借组织工作的完善而得到进一步发展。编辑和记者不但被要求走向基层去采访,还被要求到基层参加生产劳动,并加强自己的"思想改造"。更引人注目的是,当时共产党报刊普遍实行通讯员制度,数以万计遍布基层的报纸通讯员为党办的这些新闻媒体提供了大量群众新闻,打破了新闻职业的分工边界,推动了新闻的大众化。这种所谓"群众办报"的理念,"把专业的新闻工作者与非专业的新闻工作者结合起来",相比新闻专业主义,显然更具有民主进步色彩。(《"党管媒体"理念的历史生成与现实挑战》)

既然新闻工作是为人民服务,那么,新闻记者就必须时刻勉励自己做人民的公仆,千万要有群众的观点,不要有"报阀"的观点。陆定一的这番话当下更有现实针对性,是俯首甘为孺子牛,做人民的公仆,还是高高在上,做颐指气使的报阀,已经成为业界、学界不得不面对、不得不回答的一个根本的问题,原则的问题。看看如今还有多少人真心实意甘做人民的公仆,又有多少人处心积虑想做炙手可热的报阀?从一些新闻名流的王婆卖瓜中,从纷纷攘攘的传媒领袖大讲堂、传媒领袖讲习班中,人们不难发现公仆意识越来越淡,报阀意识越来越浓。延安整风期间,毛泽东在文艺座谈会上谈到一个关键问题——为什么人。他说:"为什么人的问题,是一个根本的问题,原则的问题。"习近平 2014 年在文艺座谈会上的讲话再次重申这一点,他说,社会主义文艺从根本上讲就是人民的文艺。延伸一下,也可以说社会主义新闻根本上讲就是人民的新闻。为什么共产党、新中国的新闻业如此注重人民,为什么如此强调人民主体?说到底,这是由共产党、新中国的根本性质所决定的,既然共产党是马克思主义政党,奉行全心全意为人民服务的宗旨;既然共和国是工人阶级领导的、以工农联盟为基础的人民民主国家,奉行人民当家做主的政治价值,那么全党办报、群众办报就是题中应有之义,由此形成党性与人民性水乳交融的生命纽带。说到党性与人民性问题,如今正反两方往往陷入非此即彼的本质化思路。为什么说党性和人民性有机统一,通行的一套话语恐怕难让新闻记者与学子入脑入心,心悦诚服。一次,我同几位研究生、博士生聊天,谈及这个话题,请他们谈谈各自的看法。于是,大家滚瓜烂熟地复述了一通理论。我说,这么说政治上无疑是正确的,问题是,道理上似乎还难以让人信服,恐怕你们自己也未必真心相信吧。马克思有句名言:"理论只要说服人,就能掌握群众;而理论只要彻底,就能说服人。"我试着说说这个问题,看看能不能达到彻底的程度,说明党性与人民性是有机统一,密不可分的。

一方面,没有先进的政党及其党性,就没有人民及其人民性。有人说,人民是永恒的,是永远正确的,而党是一个历史性产物,常常犯错误,所以人民性高于党性。如果不加深究的话,这套逻辑听起来仿佛振振有词。其实,没有先进政党及其党性,哪有人民及其人民性;没有现代意义的政党,哪有人民这一政治主体。这里,首先需要明确一点,人民是一个现代概念,属于几百年来逐渐通行于世的现代政治,现代国家无论什么国体、政体,均以人民作为立国之本,从资产阶级的人民主权到社会主义的人民主体无不如此。人民这一政治主体与政治概念,追根溯源同文艺复兴、启蒙运动所召唤的价值相关,如自由、民主、人权,例如,人人生而平等。按照现代这套政治价值,国家是属于人民的,权力是人民赋予的,政府是人民授权的,就像林肯《葛底斯堡演讲词》的著名表述:民有、民治、民享。总之,人民是一个现代政治概念,而不是一个从古及今,天然如此的东西。

有人或许会问:古代难道没有人民么?孟子不是讲"民为贵,君为轻",魏征不是也讲"民如水,君如舟",故民可载舟,亦可覆舟么?其实,此民非彼民,古代所谓民以及民本思想,同现代政治意义上的人民格格不入。当官不为民做主,不如回家卖红薯的那个民,不过是马克思形象概括的一个个土豆,一麻袋的土豆搁在一起还是土豆,故需大人先生为其做主。也就是说,古代的所谓民,是没有政治意识、独立意识和主体意识的小民、草民,是马克思说的人的依附关系中的附庸,同现代意义上独立自主的政治主体风马牛不相及。当然,现代社会的人民虽然摆脱了人的依附关系,又陷于物的依附关系,沦为物化体系的附庸。

相对于现代政治意义上的人民,传统中国的民就像鲁迅笔下的祥林嫂、孔乙己、闰土,平日里逆来顺受,听天由命,一旦小日子实在过不下去,就揭竿而起,杀进东京,夺了鸟位,然后一切又恢复老样儿。将成千上万微不足道的小民、草民,召唤为独立、自由、平等的现代政治主体,成为创造历史的主人,正是有赖先进政党及其现代理念的启蒙。如五四运动、《新青年》、新文化、李大钊、陈独秀、瞿秋白等先驱,通过他们发起的文化革命,推动的文化运动,一步步召唤起老百姓的主体意识,借用毛泽东的诗句:唤起工农千百万,同心干。哈佛-燕京学社社长裴宜理教授,对共产党领导的安源罢工进行了专题研究,发现中国革命的一大贡献是把人的尊严带给了底层,安源罢工有句口号"从前是牛马,现在要做人",这正是现代政治的核心理念。特别是在革命报业的风雨进程中,《新青年》《共产党》《劳动界》《劳动者》等一大批进步报刊,"都开始大量关注劳工问题,它们不仅用通俗易懂的语言向工人传播共产主义理念,而且展开与工人生存状况和抵抗运动相关的调查,更可贵的是,这些媒体都开辟专栏让工人发表自己的作品,表达自己的思想。在农村,沿着同样的方式,中国共产党负责组织农民运动的机构主办了中国历史上最早的一批农民报刊,宣传农民革命的墙报、传单、标语、漫画等宣传品更是到处可见"(王维佳)。

由此可见,没有先进政党——共产党,没有先进理念——马克思主义,以及现代的自由、民主、平等,不是先进政党运用这些先进理念去启蒙,去召唤,怎么可能有千千万万觉醒的现代政治主体——人民，低眉顺眼的祥林嫂怎么可能成为自立自强的吴琼花、李双双。所以说，没有先进政党及其党性，就没有创造新政治的主体人民及其人民性，就像《娘子军连歌》所唱的：共产主义真，党是领路人。

另一方面，我们又说，没有人民以及人民性，先进政党及其党性也就无所依托，失去意义，成为无源之水、无本之木。由此说来，没有人民以及人民性，也就无所谓党性了。《共产党宣言》有段名言："代替那存在着阶级和阶级对立的资产阶级旧社会的，将是这样一个联合体，在那里，每个人的自由发展是一切人的自由发展的条件。"如果离开了人民，离开了每个人自由而全面的发展，既摆脱人的依附关系，又摆脱物的依附关系，那么要共产党干什么？要马克思主义、《共产党宣言》干什么？同样，李大钊、陈独秀、瞿秋白、毛泽东还忙活什么？千千万万共产党人前仆后继，抛头颅、洒热血，又为了什么？说到底，他们的一切所作所为，他们的追求、奋斗与梦想点点滴滴不都是为了人民吗？对此，毛泽东讲过一番通俗而深刻的道理：共产党人好比种子，人民好比土地，我们到了一个地方，就要同那里的人民结合起来，在人民中间生根、开花，结果。这个说法既形象，又深刻，共产党人好比是种子，没有这个种子，也就什么东西都长不出来，故没有党性就没有人民性；而只有种子，没有土地，没有人民，那么再好的种子，也只是优良品种而已，同样什么东西也长不出来。青年学者章永乐的阐述进一步揭示了这一关系：

党并不外在于人民，而是在人民自我解放的事业中起到了先锋队的作用；党所表现出来的力量，其实也就是组织起来的人民的力量。当党没有能力组织人民的时候，她自身也将是孱弱的。党要获得力量，恰恰是需要相信，"人民"这个母体，拥有源源不断的力量。

总而言之，没有现代政党及其先进理念，就没有人民这一政治主体以及人民性；而没有人民以及人民性，先进政党及其党性也就失去意义与活力。所以，党性与人民性是有机统一的。

然而，当下问题正如王维佳所言，一套所谓"专业主义"新闻观及其价值观已经广泛渗透于中国新闻教育和新闻实践，正在逐步对"群众路线"和"党性原则"进行改头换面。而一旦离开"群众路线"和"党性原则"的相互统一，新闻业的"党性和人民性相统一"也就失去合法性基础：

仅用"党性原则"和"党管媒体"来概括中国共产党的宣传理念是有失偏颇的，"群众路线"是这个革命政党宣传理念中更原始、也更根本的核心部分，这是传播领域"党性和人民性相统一"的灵魂所在。

让"党性原则"获得合法性的关键，是"党性和人民性的统一"，是怎样为"党性原则"找回"群众路线"这个灵魂和活力源泉。

2012年，习近平主持起草的十八大政治报告谈到未来中国道路的"八个坚持"，其中第一个就是必须坚持人民主体。2015年开启"十三五"规划、实现全面小康的十八届五中全会公报，又讲了六个坚持，其中第一个同样是坚持人民主体地位。习近平在新闻舆论工作座谈会上的讲话专门谈道：新闻记者要解决好"为了谁、依靠谁、我是谁"这个根本问题。

结 语

今天的话题是重塑新闻魂。什么是我们的新闻魂，一言以蔽之，就是马克思主义新闻观。关于马克思主义及其新闻观，我的理解有两点——科学与价值。一方面，马克思主义是一套博大精深的科学体系，特别是剩余价值理论和唯物史观更是震古烁今，深刻揭示了人类社会的基本规律。故新千年之际，马克思被西方评为千年第一思想家。与此同时，仅讲马克思主义是科学体系还远远不够，因为任何科学都有缺陷，任何科学理论早晚都可能被新的理论所超越，如同爱因斯坦体系超越牛顿体系。所以，仅仅承认马克思主义是伟大的科学还远远不够，同时还应看到马克思主义更是一套伟大的价值，是为天下人谋福祉的思想体系及其向往的美好世界，而这一价值显然是永恒的。只要人类社会存在一天，人人平等，相亲相爱，四海一家，天下为公，就永远是人类向往的美好理想，马克思主义作为伟大的价值体系也就永远不会过时，正如北京大学"90 后"女生创作的歌曲《马克思是个"90 后"》中唱道的：共产主义甜如蜜。与此相应，就马克思主义新闻观而言，同样是科学与价值的有机统一；事实判断与价值判断的有机统一。科学性体现于实事求是，尊重事实，尊重真理，既注重微观事实的准确无误，又强调宏观事实的完整把握；价值性体现于为人民服务，最终为了每个人的自由而全面的发展。

人民，只有人民，才是创造世界历史的动力，这一认识论与价值论已经深深印在中华人民共和国的历史上。中南海的正门影壁上，镌刻着毛泽东的手书"为人民服务"，清华园的心脏"工字厅"同样悬挂着"为人民服务"的匾额。新华社记者穆青将"勿忘人民"作为座右铭。《人民日报》记者范敬宜在一首词里，用诗的语言表达了同样情感："念白云深处千万家，情难抑。"中央电视台年轻记者何盈，以《新疆塔县皮里村蹲点日记》获得中国新闻奖一等奖，她的新闻理想是"做一个裤腿上永远沾着泥巴的记者"。清华园有处景观，大礼堂西侧苍松翠柏间，矗立着闻一多先生塑像，后边的影壁上镌刻着他的两句手书，上一句是"诗人主要的天赋是爱"。如果只有这一句，那么一切诗人都会这么说，不足为奇，而只有说出下一句，才无愧是伟大的诗人闻一多："爱他的祖国，爱他的人民。"

谢谢大家，敬请批评。

实践篇

第六讲 如何成为一名好记者

何平

新华社总编辑、高级记者
第三届范长江新闻奖得主

演讲人简介：何平，1957年生于北京。1982年毕业于北京大学中文系新闻专业。历任新华社国内部政治新闻采编室副主任、国内部主任助理；新华社总编辑助理、副总编辑兼国内部主任；新华社党组成员、副社长兼常务副总编辑、党组副书记；2007年任新华社总编辑。参与执笔的《在大海中永生——邓小平骨灰撒放记》《领导干部的楷模——孔繁森》等获中国新闻奖特别奖（一等奖）。曾获"首届全国百佳新闻工作者"称号；1998年获得中国记者最高荣誉——范长江新闻奖。

范敬宜：何平老师是1982年从北京大学中文系新闻专业毕业的，做新闻工作已经有二十多年了。别看他年纪很轻，却已经做了很长时间的新闻记者，而且从记者一直做到现在的新华社党组副书记、副社长，又是常务副总编辑。他的新闻生涯是闪光的、丰富的。他的著名作品有人物通讯《孔繁森》，还有一篇《在大海中永生》，记述邓小平同志骨灰撒放的事情。这两篇作品都是传诵一时，脍炙人口。正是由于这些杰出成就，他获得了"范长江新闻奖"，还有全国百佳新闻工作者奖，这些都是中国新闻工作者的最高荣誉。他的新闻作品有两大特点：一是，有深层的理性思考，他的理论功底很深；二是，他的文笔充满激情，他能够把理性的思考和炽烈的激情结合得很好。那么，现在就欢迎何平老师给我们讲课。

何平：尊敬的范敬宜院长、尊敬的王健华书记、尊敬的李彬老师、尊敬的各位同学，大家晚上好！本来接到范院长让我给大家讲课的指示，我起初是推辞的，因为确实没有什么可讲的内容，另外最近一段忙于学习、贯彻、落实宣传六中全会的精神，整天忙忙碌碌，今天又开了一天会，也没有多少时间认真准备。但是，范院长既是我们新闻界的老前辈，又是老领导，德高望重，所以恭敬不如从命，只好勉为其难地来占用大家周末的时间。好在范院长之前给我打消了顾虑，说不用怎么准备，就谈谈自己的经验。我说，不用准备的话就好一点，因为说错了大家也可以原谅，没有经过深思熟虑。范院长说，你可以结合本人的新闻工作实践讲一下自己的感悟，那么我就想集中讲讲自己的一些体会吧。

首先，我想给自己，也是给同学们提一个问题：我们为什么要选择新闻记者这个职业？不知道在座的同学是否思考过这个问题。也就是说，在你们报考大学、填写志愿的时候，有的同学肯定是抱着一种理想和追求选择这个专业的，也有的是被动地分到这个专业的。无论你们当初是怎样选择的，那么现在一旦做出这样的选择，我觉得就要认真思考这个问题。为什么提出这样的问题呢？我想引用一个在西方管理学上经常引用的例子。有三个石匠，人们问他们"你的志向是什么"，三个石匠都有各自的回答。第一个石匠说是为了养家糊口；第二个石匠说是把石头做得精美，成为一个出色的石匠；第三个石匠说是造一座美丽的、宏伟的宫殿。这个例子给我们什么样的启发呢？第一个石匠是将石匠作为谋生的职业，跟新闻工作相比，就是把记者仅仅当作一种谋生手段，仅仅是为了生存；第二个石匠还是有一定追求的，他想做一个出色的石匠，但是仅仅局限于把石头打造得精美一些，就像记者把稿子写得漂亮一些，虽然也有一定追求，但境界还不够；第三个石匠的回答才算有志向、有理想、有追求，他超越了职业本身的含义，而是按照自己心里的追求和理想去实现一种梦想。我想新闻工作既是一种职业，更是一项事业，一字之差有很大的区别，而这一点又是新闻工作或职业特点中比较鲜明的一点，就是它的事业感要比其他职业更明显、更突出。

根据我自己的体会，新闻工作是一种什么样的事业呢？很简单，三个层次：第一是求真的事业;第二是维新的事业;第三是进取的事业。这是我自己概括的,我认为这三点就是新闻工作所具有的本质属性,或者说是我们的职业理想和追求。换句话说,新闻工作就是要不断地摒弃虚假的东西、守旧的东西、僵化的东西。所谓求真,就是要在复杂纷纭的社会现象中,通过把握事物的现象和本质获得真知,从而发现真理,这就是真字的含义。所谓维新,就是要在日新月异的社会发展中,去发现并且讴歌那些代表着历史前进方向的新生事物;所谓进取,就是要顺应历史进步潮流去推动社会的变革与进步。就此说来,我觉得我们新闻事业很了不起,很光荣,它的本质属性规定了我们新闻工作者的历史命运就是要体现求真、维新和进取。如果站在对立面,你就不能成为一个合格的、称职的新闻工作者。所以,你看我们所从事的这项工作是不是很让人自豪,很有意义,很有价值。我是这样来理解新闻工作,特别是党和人民的新闻工作的。在一般的新闻工作的普遍规律当中,它更有特殊的属性,所以我们在座的各位同学既然有志于选择这个职业,首先应该思考一下这个问题。

一、坚持导向　把握基调

具体地说,经过我从事新闻工作20多年的经验和教训,我觉得我们作为党和人民的新闻工作者,需要考虑五个方面的要求。第一个方面,坚持导向,把握基调。导向这个词可能离你们还比较远,但是一旦走上了新闻岗位,你就会经常地、不可回避地碰到这个问题,解决导向的问题是我们从事党和人民新闻工作的一个首要问题。为什么要提出这个问题呢?江泽民同志曾经有过一个很经典的论述,就是"导向祸福论"。既然导向问题与我们的党和人民、和我们国家的前途及命运这么息息相关,我们怎能不解决这个问题呢?

那么,怎样做到坚持正确的舆论导向,把握基调呢?这方面,无论是新华社、《人民日报》,还是其他主流媒体的发展历程都可以说明这一点。就新华社来讲,今年非常巧是我们建社75周年。1931年的11月7日,新华社的前身——红色中华通讯社和中华苏维埃共和国临时中央政府同时在江西瑞金诞生,就在一间普通的民居里。新华社从诞生那天起,就在党中央的直接关怀和领导下,我们党很多重要的领导人都曾担任过新华社的领导职务。新华社还有一些虽然没有担任党和国家的领导职务,但在新闻界或思想理论界却有影响的杰出人士。我们知道中国新闻最高奖是"范长江奖",而范长江就是我们党直接培养出来的领导干部,他就担任过新华社的副社长、副总编辑。他原来是在《大公报》工作,出名也是在《大公报》期间。他走上无产阶级的领导岗位还是在参加革命之后,特别是在解放战争期间,被几十万大军包围、搜索,毛主席的政策就是中央不离开陕北,利用陕北特殊的高原地形和敌人兜圈子。那个时候新华社分成两支队伍:一支由范长江带队,叫四大队,另一支由廖承志同志带队,到山西、河北。范长江及其四大队当时也就是10来个人,跟在毛主席、党中央身边,一方面,通过搜集国民党的新闻报道和外电报道为党中央提供信息;另一方面,也把党中央的声音向全国发布。后来,毛主席说指挥"三大战役"靠的是两条线:一条是军委总参;另一条就是新华社,文武两条线。党在夺取政权的时候就已经充分意识到舆论工具对革命事业的极端重要性。毛主席把它比喻为枪杆子与笔杆子,"两杆子"都是不可或缺的。

我自从到了新华社以后,始终觉得新华社这段光荣的历史使我们受到非常深刻的教育和熏陶,我们为自己能够从事这样的工作而骄傲。我们党有这样一个传统,就是看到了舆论导向的重要性。傅作义准备偷袭西柏坡时,毛主席通过新闻唱了一出"空城计",这就是舆论的特殊作用。我到新华社的时候,正好是我们国家经历了一个重大的历史转折时期,一个新的历史时期刚刚开始。也就是说,经历了十年动乱,整个国家、整个民族在对我们曾经走过的弯路进行反思。思考的问题是邓小平同志概括的,一个是什么是社会主义;一个是怎样建设社会主义。十年动乱使我们整个国家的经济受到严重干扰,而过去我们把计划经济、收入分配的平均主义当成社会主义。1976年粉碎"四人帮"到1978年三中全会召开之前有一段徘徊期,这段时间,中国在酝酿着一场变革,邓小平讲这也是一场革命。这场革命是从农村发端的,我想这段历史在座的老师比较熟悉,非常值得我们纪念。因为在历史转折的过程当中,作为党和人民的主流媒体,发挥了特殊的、不可替代的作用。以人民公社这种超越生产力发展的体制为例,它已经严重地制约和束缚了农村生产力的发展。最严峻的现实是,当时8亿人吃不饱肚子,包括城里人在内,每个月都是有定量的,经常要去排队抢购,全国有2.5亿人生活在贫困状态。我是1976年到农村插队,1978年上北京大学。我在北京郊区的农村插队,当地一个壮劳力一天的收入也就是几毛钱,一年就是两三百块钱。如果刨去口粮和其他的,可能还要倒扣。我插队的那个地方现在是非常好的住宅小区了,教委给老师盖的房子就在回龙观小区,那就是我当时插队的农村。当时就是这么一种情况。

1978年,安徽发生大旱,芜湖水位急剧下降,大批农民外出要饭。当地干部千方百计要把他们劝阻回来,觉得有损社会主义形象。社会主义国家怎么能够逃荒要饭呢?但是农民已经活不下去了,说:"如果还按照那种办法,我们坚决不回去。"这个时候,大家都知道,安徽凤阳小岗村的农民最后秘密签订了一个分田到户的协议,首先在小岗村搞起了"大包干"。这就是当时中国农村改革的发端,也是整个改革的序幕。在这种情况下,应该说由于长期"左"的思想影响,从上层到基层的干部、群众当中可以说争论得非常激烈。反映到媒体上也是一样,你到底是支持呢?还是反对呢?我到新华社以后,就了解到我们新华社的同志在这个问题上是坚定地站在人民和改革这一边的。当时我们新华社在这期间召开了一次会议,就是全国农村记者会。副社长穆青同志,在会上讲了一段现在听来一般,当时却振聋发聩的话:如果到了现在这种状态(因为来自各地的农村记者把现在农村这种问题都反映上来),那一定要来一场革命,因为已经维持不下去了。大意是这样。当时的情况下,他说这种话需要很大的政治勇气。所以,新华社在那一时期播发了大量旗帜鲜明地支持安徽及全国大包干改革的宣传报道,像《火山在芜湖爆发》《故乡人民的笑声》等。农民讲的话最有说服力,"交够国家的,留足集体的,剩下都是自己的",编了很多这种民谣和顺口溜。

但是,我们的稿子播发以后,阻力非常大,有的领导说你们新华社记者好糊涂。当时万里同志在安徽主政,他是旗帜鲜明支持的,当时说"要吃米,找万里",后来因农村改革有功被调到中央。当时,《人民日报》、新华社高度一致,播发了大量支持农村大包干改革的报道。但因为有一段反复,《人民日报》也顶不住压力,登了一篇读者来信,坚持"队为基础不动摇",结果下面以为风要变了。最近我看了《人民日报》原总编辑李庄同志的回忆录《风雨四十年》。当时他是值班负责的,他对这一段懊悔不已。他说:"这篇稿子没顶住,即使没顶住,如果版面处理不那么突出,也觉得还能过得去;但又处理得比较突出,还是在报眼,在一版头条。这就叫导向啊。如果放在四、五版或不起眼的地方,当然也是一种导向啊,反正我顶不住压力登了,但我是不赞成的,可是又这么突出地处理。"其实当时李庄同志,包括当时《人民日报》编委会也是坚决支持大包干的。当时我们老范有篇很有名的报道《莫把开头当过头》。改革已经开始,又说什么"要搞资本主义""否定毛主席、人民公社、三面红旗"等。这种思潮压力很大,既有行政干预的压力,又有思想观念的阻力。其实现在看来都是很可笑、很简单的事情,也是很简单的道理,就是"人要吃饭"嘛!但当时对这个问题就掰不过来。我记得当时老范是在《辽宁日报》发表这篇报道,被《人民日报》转发,一下在全国产生很大影响。

回顾这段历史,我们虽不能说"一言兴邦,一言丧邦",这有些夸大其词,但"祸福论"的说法我觉得还是符合实际的。如果我们的舆论导向不能体现党和人民的意志,体现社会进步、历史发展的潮流,恐怕就比较危险了。这段历史发生于20多年前,实际上这之后我们整个改革开放也不是一帆风顺的。从农村开始,然后向城市延伸,从内地到沿海,在办特区的问题上、国企改革的问题上,都有很多这样的争论。所以小平同志有一条特别高明就是不争论,即"三个有利于":有利于社会生产力发展;有利于人民生活水平提高;有利于综合国力的强大。只要有这"三个有利于"就去做,不去争论。所以,才有中国今天翻天覆地的变化。我们能赶上这一时期,是非常幸运的,我们亲历了、目睹了、见证了这样一段历史。这当然是整个国家的变化,但新闻工作者在其中真是发挥了非常重要的作用。如果没有舆论推动、舆论支持,这些变革也是不可想象的。现在,由于改革到了攻坚阶段,到了深水区,特别是各种利益的重新调整,确实也出现了一些问题,暴露出一些矛盾,所以各方面对改革的认识和议论也相对多起来了,和改革开放初期广大人民像被压抑的火山爆发出的那种情况有不大一样的变化。那时候人民普遍受益,国家发展日新月异;现在由于到了这种攻坚阶段,矛盾出现胶着状态,开始有了对改革的反思,大家可能也注意到了。但如果我们把它放在历史大背景下,以及中国在世界历史方位上看的话,我们就应保持坚定的立场和清醒的头脑,就应该看到改革开放是决定中国命运的关键一招。

邓小平说：尽管现在问题不少,困难很多,挑战严峻,但以前温饱问题无法解决,现在粮食相对过剩。从以前物质短缺的时代到现在物质相对丰富的时代,当时贫困人口2.5亿,现在只有2000多万,我们国家发展速度始终接近两位数,现在经济总量居世界第四,这一切都和我们改革开放的政策分不开。所以今年"两会"期间,胡锦涛总书记专门有段讲话：在新的历史起点上,要促进中国经济和社会的发展,就必须深化改革,扩大开放。这表明了中央的态度。6月5日的《人民日报》有篇总理写的理论文章,也是集中阐述这个问题：中国社会主义道路的方向不能动摇。坚持正确舆论导向,把握报道基调,对现在新闻工作者来讲,核心就是坚持党的基本路线不动摇。这个基本路线是什么？就是坚持以经济建设为中心,坚持改革开放,坚持四项基本原则。这个问题上没什么可含糊的。20年历史已经证明,现在也在证明,将来还将证明这一点。所以,我觉得导向问题是我们要首先解决的问题,如果不解决,就不能胜任党和人民的新闻工作。这是我想说的第一点体会。

二、忠于事实 追求真理

做个好记者的第二点要求,就是忠于事实,追求真理。周恩来总理要求新闻记者：忠实于事实,忠实于真理。为什么这样说呢？因为新闻是对事实的报道,事实是第一性的,报道是第二性的,这是基本的唯物主义观点。只有忠于事实,在忠于事实的基础上,才可能发现和传播真理。我觉得这两个方面应该是有机统一的,脱离事实的报道肯定与真理是背道而驰的,而脱离真理的事实也难免是扭曲的,对此我们也有过很深刻的教训。

虽然这是一个基本的要求,但是做起来不是那么容易。按说新闻报道客观事实,这有什么疑问呢？但实际上要真正地发现真相,或者说把握事实、把握真理,并不那么容易。就看最近这几年,哪一年新闻界不出现很多失实的报道、虚假的报道,有的媒体和研究机构每年都评当年的"十大虚假报道""十大虚假新闻"。如果这么简单的话,为什么会出现这种情况呢？所以我说,这是说起来容易做起来难的事情,真正把握真实、接近真相、发现真理——这是一个层层递进的过程,是非常不容易的。

说来惭愧,前不久我们就发了一篇报道,事后证明是失实报道,可能大家在报纸上也见到了。吉林有个孕妇怀了五胞胎,我们的记者听说这个新闻线索后,真到现场采访了,还见到那个所谓五胞胎的孕妇了。表面看起来确实不小,五胞胎肯定很大了,而且记者也确实做了一些了解,但是却没有刨根问底。其实很简单,至少医院的证明你有没有啊？难道当事人自己说什么,你就信什么吗？这是新闻报道上一大忌啊！这是消息来源的问题。我们现在报道失实在很大程度上就是消息来源不权威、不多元,而是单一的。消息来源一定得是权威的,而非小道的；一定得是多方的,而非单一的；一定得是实名的,而非匿名的;一定得是完整的,而非残缺的。像什么"据可靠人士""据知情人士"等,肯定要打个问号的。据谁呀?都是含糊其辞,为什么不署真名实姓呢?当然极个别情况下,因为特殊的理由,为了保护当事人,这么做也情有可原。如果没有特殊理由,十有八九不要相信这种报道。还有什么张女士、李先生的,你到哪儿去查证,到哪儿去寻找?国外这方面要求很严,甚至你的职业、你的年龄都要交代清楚,没有这种消息来源,报道肯定容易出现失实。所以,首先要有权威的消息来源,而且是要多方印证的。当时记者问这个孕妇,她就以各种理由进行搪塞,一会儿说医院证明丢了,一会儿说怎么样了,就是没有提供起码的硬性证明,而我们的记者也就信以为真。当然事后总结,他也带有先入之见。这件事首先是当地一家小报报道的,于是他不免带有一种先入之见,首先认定它是真的,然后再进行采访,还发了通稿,最后造成很坏影响。新华社发的稿子居然是个骗局!其实,是一个农村妇女长期不能生育,思想有压力,便想了这个办法骗她丈夫,最后把我们记者也给骗了。她肚子外面绑得全是棉线、毛衣、线团什么的,几十件东西包在里面,本来很简单的一个事,也没有精心包装,结果记者就被骗了。可见记者的作风如果粗枝大叶,既害自己,也害社会公众,更损害新华社报道的公信力啊!所以我说,忠于事实看似简单的一个道理,其实做起来并不容易,你们将来可能多多少少都会遇到这种问题。

  第二点就是真相。光有事实的真实就够了吗?未必!因为,同一个事实可能是真的,事实本身是真的,没有什么大的出入,但是事实背后到底是怎么回事,那就很难说了。可以有很多不同的原因和结果。比如,我们去年遇到一件事,湖南某地发生了洪涝灾害,特别是有一个村,附近有座山,因降雨量比较大,后来发生山洪。在这个过程中,有很多当地的老百姓遇难,其中也有镇上、村上的干部在洪水中牺牲。这个事情本身是存在的,确确实实是在洪水中牺牲的,但是真相到底如何?最后产生了一个截然不同的分歧。当时这个事情我们都在报道,中央媒体、地方媒体都在报道。正好全国在进行共产党员的先进性教育,需要推出一些先进的个人和群体作为生动的教材,那么正好有这么个事件发生,地方上就把这件事作为典型推荐给中央新闻单位,说要作为一个先进性教育的典型向全国宣传。我们就接到这项任务,由湖南分社负责。结果前方的记者去采访,经过了解以后,发现牺牲不假,但是不能作为抗洪抢险的英雄人物来宣传。因为,我们的记者经过现场采访和了解,发现一些疑点,觉得恐怕要慎重一点。他们提出几个问题:第一,如果是正常的山洪暴发自然没有问题,属于天灾,但是在这座山上,当地有个违章的金矿,还修了一个坝。这个矿和这个坝应该是一个要治理的工程,由于一直没有治理,结果加剧了洪灾的严重程度。也就是说普通山洪可能不至于使整个村庄被冲毁、淹没,由于这个坝的修建,加剧了洪涝的灾情,对此当地主管部门是有责任的,这是其一。其二,当时接到暴雨洪灾的气象通知后,镇里的领导没有及时果断地采取应对措施,比如,去现场指挥,让村民们进行转移等,结果延误了至少4个小时时间。那个时候灾情如火,分秒之间都能拯救很多人的生命啊!后来接到通知,他又没有及时行动,我记得好像是8点接到灾情通知,他到12点多钟才开始坐车赶往现场,牺牲的时候是在去现场的途中,突然遭遇山洪,整个车子被淹没了,这是第二个疑点。第三个疑点就是刚才讲到的这个金矿问题。它是一个非法金矿,本身就该整治的,但是没有整治、没有关闭。矿主和当地领导关系非常好,怎么个好法呢?就在山洪暴发的前几天,很巧,这个矿主因为经济方面的问题被检察机关抓起来了,这个镇里的领导还专门到县里进行疏通,最后把他保释出来了。所以当地老百姓意见很大,说他可能在里面有股份。这当然只是老百姓的一种反映,并没有非常确凿的证据。但是,很多地方的小煤矿、小金矿,现在为什么事故不断?为什么安全生产事故不断?为什么就关不下去?其中的一个重要原因,就和当地的一些领导干部的腐败问题有关,他有利益,他有股份。当然,这个第三条只是怀疑了。基于这三条理由,我们的记者以分社名义给总社写了报告,认为群众反映大,如果作为典型向全国宣传不妥。我们认为有道理,就向有关方面反映。后来也是几经反复,又去调查,调查完了,我们记者还是这个结论。当地有关部门做工作,认为好不容易树立一个典型,现在正好是需要鼓舞大家斗志的时候,已经都播出去了,所以还是坚持要报。但我们坚持自己的意见,因为我们要对事实负责,要对事实的真相负责。我讲这个例子是说,事情看起来本身似乎没有什么问题,但事情后面的真相就不那么简单了。因为事实本身也有真相和表象,或者说假象,它正好与真相是相反的。表象并不一定能反映本质,而假象更是截然相反。总之,第一是真实;第二是真相;第三是真理。

掌握了真相还应该去把握真理,真理比真相又高了一个层次。我觉得这是新闻报道的最高境界了。比如,我们新华社始终比较引为自豪的,也是改革开放拨乱反正时期的一些有影响的报道,像穆青同志写的《为了周总理的嘱托》,关于棉农吴吉昌的命运和遭遇的通讯,都非常感人,当时产生了强烈的社会反响。这篇报道固然人物塑造非常生动,命运跌宕起伏,催人泪下。但我觉得这不是最重要的地方,最重要的地方实际在文章结尾,写了什么呢?大意是说,吴吉昌的悲惨命运连同产生他悲惨命运的土壤从此一去不复返了,就是说吴吉昌这样的命运和我们整个国家及民族发生"文革"这样悲剧的时代一去不复返了。而这个稿子播发的时候,当时的中央并没有正式地、公开地否定文化大革命,当时还是"两个凡是"的时候。我觉得这就是一种真理的追求,不只是一个事实和真相的问题,而已经上升到真理的层面。稿子播发后,电话很多啊,打爆了,很多单位支持,认为说出了大家想说而不敢说的意思。当然也有一些人是有意见的,问谁让你们发这样的稿子的,压力也是很大的。所以,那篇稿子最有分量的地方在于结尾,在于传达了一个非常重要的信息。

焦裕禄也是一样,有特殊的东西在里面,形象生动感人。很重要的一点在于当时是讲阶级斗争的年代,而这篇稿子恰恰没有阶级斗争,这也是一种追求真理的勇气和胆识。通讯展现在读者面前的,是一幅严酷的自然景象,盐碱滩啊、荒原啊、风沙啊,是讲和自然作斗争,而没有把阶级斗争作为报道的主线。再如,"天安门事件"还没有平反的时候,北京市委作了一个决定,2000多字的文件,其中有一句"天安门事件是革命行动"。当时新华社社长曾涛同志和副社长穆青同志就决定把这句话单独挑出来,而且用在标题上,写成100多字的新闻向全国播发。还有真理标准的讨论,新华社也好,《人民日报》《光明日报》《解放军报》、中央党校也好,实际上,几家共同在思想舆论界促成了这场思想大解放。所以我说,从事物的真相最后到真理的把握,作为一个新闻工作者必须要有这样的追求,这样的水平和能力,这样才是一个称职的、优秀的新闻工作者。这是第二个体会。

三、深入实际　情系人民

第三个体会就是深入实际,情系人民。我认为,只有深入实际,才能情系人民。因为人民大众主要是在基层,在实际生活当中,在农村,在工厂,在部队。所以,你不深入实际的话,讲情系人民就是空话。范院长曾经写过一首打油诗,讽刺这种现象:

　　朝辞宾馆彩云间,
　　百里方圆一日还。
　　群众声音听不着,
　　小车已过万重山。

这样怎么谈得上情系人民呢?不到现场去,不到基层去,怎么情系人民呢。所以,我觉得深入实际,情系人民必须要联系起来,统一起来,而这也恰恰是我们新闻工作者一个优良传统。现在尤其需要提倡这种传统,因为现在是信息时代,采访、技术通信手段都发生了很大的变化,许多事情做起来确实很容易、很方便,客观上也存在着很多记者图省事在网上发稿子,在 E-mail 上直接收稿子、改稿子,这种情况确实是相当普遍。但这样的记者绝对不会成为有出息的记者,绝对不是有成就的记者。我们的范院长在当年那种情况下成为一个非常有名的、有成就的记者,就是因为长期深入基层,深入采访,所以才会写出《莫把开头当过头》那样的报道。不了解基层情况,心里没有底,就不能得出这样的结论。你不知道农村的状况,你不知道农村生产力被破坏到什么程度,你不知道当时的生产关系已经制约了生产力的发展,你不知道老百姓这种强烈的呼声和愿望,你怎么敢写出这样的稿子,心里没有底呀!那么,他的那种底气,那种主心骨来自哪里呢?其实就来自基层,来自人民大众,这样的报道才能代表和反映人民的呼声和意愿。所以,我觉得调查研究、深入实际,是为人民效力、报效祖国的有效途径,也是记者成才的必由之路。新华社也好,《人民日报》也好,几乎一切有成就的记者都走的是这样一条路。

我们国家近几年发展很快,但在经济生活中也出现一些不好的苗头:投资规模过大,一些行业重复建设严重,钢材、电解铝、水泥等扰乱了市场秩序,所以中央这几年大力进行宏观调控。这个过程当中,你怎么去把握呢?刚才说了从计划到市场,所谓市场就是在资源配置当中,发生了一个很大变化。过去搞计划经济主要靠行政手段,而现在搞市场经济主要靠价值规律。这里有一个很大的问题:交给市场了,政府是不是可以放任不管了呢?其实,在西方市场经济国家也不是这样的。所以小平同志说:计划经济不是社会主义,资本主义也有计划;市场经济也不是资本主义,社会主义也有市场。我觉得这是一个很简单的道理,跟社会制度没有关系。在宏观调控中,有相当一部分领导、企业是有不同认识和不同看法的,认为宏观调控又是走计划经济那一套。最近查处的某市大贪官,实际上就是抵触中央宏观调控的,他觉得调控就是要抑制他的发展、影响他的发展。所以,这个问题在认识上并不是那么一致。沿海发达地区说我们速度发展这么快,为什么要调控我,不要搞一刀切嘛。中央文件确实有一条"有保有压、区别对待、分类指导、因地制宜",于是有人就抓住这一点,说为什么不分类指导,要搞一刀切呢。而中西部地区就说我这里还没发展呢,怎么要调控我,应该去调控那些已经出现过热的地方。总之,这个问题是很不一致的。所以,前年中央针对这些经济生活领域出现的问题,查处了一个案件,叫"江苏铁本案件",这个事情就是新华社记者经过深入调研发现的一个典型案例。

我刚才说了,几个重复建设比较严重的领域,一个是钢材,一个是水泥,一个是电解铝。钢材的问题非常严重,中国现在是钢材生产大国,产量最高,这可是我们在20世纪50年代梦寐以求的,那时候钢是元帅啊,"元帅升帐"嘛。一个是钢,一个是粮,一个是棉,钢是一个国家工业化的重要标志。我们是钢材生产大国,但结构性问题很突出,优质型钢材,比如说,薄板钢、精加工的钢材很少,还要靠进口,而一般性的钢材,比如说,螺纹钢大量生产。生产出来后第一是卖不出去,市场没有这个需求;第二是扰乱了市场秩序。钢材市场已经重复建设这么严重,江苏常熟还要建一个大的钢厂,投资是25个亿。这是我们记者偶然得知的,就在长江边上,占地好几千亩。但是究竟在什么地方,有没有这件事,开始并不清楚。我们的记者很厉害,一个小女孩,个子不高,和另外两个记者,就到那里展开徒步调查。她们大致知道在常熟一带,便沿着江边一路走,一路查,从早上到晚上,最后果然发现这个地方,这个地方就叫长江村,一大片的良田。你们想想,常熟、江苏、长三角都是鱼米之乡啊,我们国家最富足的地方,大片良田被占了,大概6000多亩,农田都打上水泥桩、盖厂房的架子。记者一问,村里1000多户农民流离失所,因为地被圈了,又没有给补偿,因为不是依法向农民进行征地,它没有正式的批文,等于完全是一个非法的项目。记者为了把情况搞准:第一是违法占地问题;第二是占了多少地;第三是资金违规操作问题,便在全村1000多户人家一户一户走访,走了200多户,找当时征地的证明材料。把基本情况了解清楚后,他们就跟镇里的领导交锋。镇里领导也心虚啊,知道这个项目是违规的,记者来调查,根本不敢露头。我们的记者锲而不舍,从中午一直等到下午,结果他无可奈何只得出面,而记者一问,他就哑口无言。但是,他又美其名曰"发展是硬道理"。我们有相当一部分地方官员,认识是相当糊涂的。发展怎么可以不依法、不依规,有令不行、有禁不止呢?这个项目非法融资25个亿,占地6000多亩,而且没有经过批准,这么大的项目应该是国家批准，现在等于说是地方越级批准了。记者根据这个调查先写了内参，后来又做了公开报道，温家宝总理做了批示，要求派调查组调查。最后，我记得处理了一个副省长，主管部门也都做了严肃处理，这是2003年国家宏观调控的一个标志性事件。通过这个事情，刹住了乱铺摊子、乱投资、重复建设的倾向。

这里，一个信贷是违规的；一个征地也是违规的。经过三中全会，农民最大的收益就是耕地交给了农户，农民自主经营，有了自主权，这是一个非常大的政策调整，也是党在农村政策的一个基石。然而，在这个征地项目中随意侵占农民土地，是违反政策的严重问题。我们记者的调查对中央政策的落实起了积极的推动作用。这就是我说的调查研究的重要性，类似的例子还有很多。所以我说，深入基层、了解国情，对记者来说是一笔非常重要的积累和财富。我也注意到，去年范院长专门推荐的一个清华新闻学院学生回乡写的调研日记《乡村八记》，我觉得范院长真是用心良苦。作为记者，一定要把眼光放在下面，扎根在基层，要提高自己的调研能力，这样才能更好地了解我们的国情和广大群众的意见及呼声。

这是从国情的角度讲，其实还不止如此。另外，在新闻工作上，还有一种对全球的、国际的大格局的了解，也是很重要的，因为将来你走上新闻工作岗位，有可能被派往国外当常驻记者，作为中国的记者向全世界发出中国的声音，那么你就要对世界的问题有所了解。新华社20世纪70年代有一个记者的国际问题调研，对中央的决策就产生了决定性影响。70年代，国际形势是两极格局、"冷战"对峙，美苏两个超级大国互相对峙。当时，美国整体的战略重点是放在欧洲，像北约组织和华沙组织的对峙。但70年代初期到中期，对美国的战略方向产生了不同看法，有人认为美苏争霸的战略重点要向东移。这是一个很大的问题了。如果争夺在欧洲，中国的压力就不会很大。当时我们只是觉得苏联对我们压力很大，所以毛泽东批示打开中美关系大门，也是有这种战略的考虑，否则我们的周边环境很紧张。当时有这么一种说法，还具有相当影响，包括我们的一些外交官，也向国内报回了这样一些材料。可是，新华社一个驻德国记者对这个判断表示怀疑，他认为美国的战略中心没有转移，还在欧洲。为了印证他的观点，他就进行了广泛的调查研究，不断跟主流的、上层的人士进行接触，同时广泛了解社会各个阶层的意见。因为记者有这样的社会条件，这是一般外交官不具备的优势。作为记者，什么样的人都可以接触，基本上没有什么禁区，而外交官由于其身份的特殊，有些人就很难接触，搞不好会比较敏感，而记者采访报道是他的本分。所以，他经过大量周密的调研，最后非常慎重地提出自己的判断，通过内部的渠道上报，引起中央高度重视。最后，我们的主席、总理支持了这个记者的判断，并专门把他调回来了解情况，最后的结论是赞成新华社记者的判断。迄今为止，我看这个结论基本上还是成立的，现在美国的战略重点恐怕还在欧洲，当然现在有点向东转移的势头或趋势，但是还不能简单地说它的重点已经放在其他地方。也正因为如此，我们这个记者最后由记者成为外交官，做了驻德大使，最后成为外交部副部长。他的名字叫王殊,你们有兴趣的话可以找一下他的资料看看。

所以我说,作为一个记者,你必须有这种调查研究的本领和分析判断的能力,无论是国内还是国际问题,只要你在这个岗位上,就必须有这种观察力、分析力和判断力,否则的话,人云亦云,难成大器。当记者最忌讳的一条就是人云亦云,一定要保持你的独立思考,要有一种怀疑的态度,不要轻信,一旦轻信就很容易上当。因为很多事物都是有表象、假象、来影响你的判断,必须要有这种精神,才能做出独到的、精辟的、深刻的判断。所以,我特别赞成范院长推崇你们调研的这种精神,这一点特别重要,例子也是挺多的。

四、客观公正　维护正义

第四点,就是当记者要客观公正、维护正义。这是记者的基本准则,但能不能做到?现在看来是越来越难。因为干扰、阻碍、影响你客观公正的东西越来越多。

我想起范长江20世纪40年代写的一篇文章里讲道:没有一个职业像记者那样,同时遇到这么多的诱惑和这么大的压力,记者要在这两者的夹攻中去寻求真理。他在40年代就意识到这个问题,现在虽然时代不同了,但这个问题仍然是存在的。一个是诱惑,一个是压力,在压力面前,你能不能保持客观公正?还有诱惑,诱惑很多。

记得2005年有一个"甲醛啤酒风波",当然很难说这个报道本身有什么,但写这个报道的记者肯定是被利益集团左右了。因为这件事情本身就是利益集团之间的不正当竞争。甲醛是啤酒本身存在的一种元素,在一定的限度内是不影响人的健康的。那么多的啤酒企业,你为了在市场竞争中打败对手,就编造这样一个骇人听闻的消息来误导公众,因为大家不了解,一听说甲醛那还得了,污染当中最严重的一个杀手就是甲醛。你却弄出一个似是而非的东西来误导公众。为什么要这样做?在市场经济下,这种事情很多啊。许多出问题的报道,我看十有八九都是这个问题。

记得也是2005年,河南汝州煤矿发生大爆炸,是一起矿难。当地领导为了隐瞒这个事件,居然拿出至少20万元作为记者的封口费,而且居然有数以百计的真真假假的记者去领这个封口费,这成为新闻界的一大耻辱、一大丑闻,光是那个登记表就写了20多页。当然里面的记者有真有假,每人500到千元不等,中央的媒体多一点,地方的媒体少一点。让我感到非常欣慰和骄傲的是,在那20多页纸上没有我们新华社记者的名字,这不是我说而是网上说的。后来我们记者写了内参,因为要是公开报道太影响新闻工作者的形象了。

当然,我们新华社也出过类似的问题。这种诱惑、压力很多,但你还是要保持公正。现在搞市场经济,媒体要走向市场,过去工作很单一,就是宣传报道,没有发行任务、广告业务。现在不行了,媒体有了这些压力,有了发行广告的压力。其中有关房地产的广告,据有关人士统计,就占到媒体的1/3左右。有些媒体无非就是这么几类广告,其中份额比较大的就是房地产广告,这是媒体的主要收入来源。从去年到今年,中央宏观调控要抑制增长过猛、过快、过高的房价,出台了一些政策,就有许多媒体不登这方面的稿件而登相反的稿件,就是不去唱衰而去挺势的那种报道。也确实有报纸登了抑制房价的报道,结果几百万的广告就撤回了。这就是很现实的问题,作为新闻工作者怎样保持客观公正?这是从国内的角度说的,从整个国际舆论环境看更是如此。维护客观公正的国际舆论,在世界上也很不乐观。由于国际舆论是由许多西方媒体控制的,或者说是一种西强我弱的格局,90%的新闻和信息是它们传播的,传播的是它们的价值观,是它们的声音,而来自发展中国家的声音是很微小的。中国这20年来的巨变,在它们的笔下往往被妖魔化。要么是"中国威胁论",要么是"中国崩溃论",反正你就没有个好。你要是发展了,就说你是威胁了;你要是出点乱子,就说你要崩溃了。在它们笔下,实际上就是一种双重标准,就是不客观,就是戴着一种有色眼镜进行报道。

当然不能说没有变化,随着我们国力的增强,西方对中国的认识也有了变化,从过去负面报道占60%,到现在略有下降,我看了资料大概是30%左右,40%是中性一点的,1/4左右可能是正面一点的。有了一点变化,但总体上讲我们的声音还是很弱。国际舆论的客观公正性,通过什么去建立呢?建立合理的国际秩序,其实也应该包括合理的舆论秩序。

我们新华社作为一个国家级、世界性的通讯社,1947年就开始在国外派分支机构,当时中央是非常有远见的,新中国还没有建立先把记者派出去,布拉格就有我们的记者。经过五六十年的发展,现在新华社已经成为一个国际大通讯社,跻身世界四大通讯社,其他三家是路透社、美联社和法新社。我们也做了一个比较,新华社在规模上有1万多人,其他世界通讯社有的多有的少。从派出的分支机构看,我们有100多个,跟它们差距不是很大。从技术装备上看,应该说大家基本上都在一个起跑线上。我们用6种外文发稿:英、法、俄、阿、西、葡,加上中文共是7种语言。这同它们也是旗鼓相当的。但是,差距也比较明显。一个是发稿量。作为一家国际通讯社,我们每天发的英文稿只有三四百条,相当于西方大通讯社的一半。另外,从主流媒体的覆盖面上看,我们也同样是人家的一半,人家覆盖80%的主要国家的主流媒体,而我们不到40%。不占领主流媒体,就谈不上影响舆论。再有一点就是我们国际新闻的自采率也是人家的一半,我们的记者在国外主要还是编一些报道,缺少原创的新闻。当然还有经济方面的差距。中国要想积极有效地影响国际舆论,还有很长一段路要走。新华社和中国其他对外媒体还任重道远。国家经济的发展,现在已经有一个贸易的顺差,比如,我们许多商品占全球90%的市场份额,像打火机等。当然这些东西没有什么科技含量,也没有什么附加值,但从贸易上看是顺差,而文化产品恰恰是反的,是逆差。也许我们这代人还不能改变这种状态,我们把希望寄托在你们这代人身上,寄托在新一代年轻人身上。我估计你们的外语水平应该比较高,而且各方面的条件能力也比我们强,所以完全可以走向世界。毛主席在1956年说过一句很豪迈的活:新华社要把地球管起来,让全世界都听到中国的声音。现在从分布来讲,我们是把地球都覆盖了,但事实还不能让全世界都听到我们的声音,这还是一个任重而道远的任务。

五、不怕挑战 勇于奉献

最后一点,就是要不怕挑战,勇于奉献。新闻工作是一个充满挑战、具有高风险的工作。全世界每年都有数百名新闻人殉职。就新华社而言,从建社到现在有 150 多名烈士。就是在和平建设时期,也发生过"克什米尔公主号"事件,我们非常优秀的记者,沈建图、李平等延安时期就能直接用英语写稿,却在这场国民党特务制造的空难中殉职。1998 年,美国轰炸我南联盟大使馆的时候,我们的邵云环等记者为国捐躯。就是说,即使在和平环境当中,也有战乱、也有风险。最近这一两年,新华社摄影记者王岩,大家可能都知道,是非常优秀的摄影记者,也是在接受采访任务的过程中牺牲在工作岗位上的。

这也是我们的历史命运。记者就是挑战性很大,风险性很大,如果你选择了这个职业,你就要有这样的思想准备,敢于应对各种挑战,敢于应对各种风险。像前年的"非典",街上根本都没有人,但我们很多记者提出请求,到"非典"的定点医院去采访,非常了不起。比如,小汤山医院、宣武医院等,所有人都像躲避瘟疫一样避之犹恐不及,而我们的记者就迎着这种危险而上。当时,在小汤山医院,我们的一个记者参加过老山前线战争,碰上一个参加过对越自卫反击战的师长,后来当了总后的部长(因为医院归总后管)。他说:这可不像老山前线,敌人看得见摸得着,这里的敌人是无孔不入,你可千万别大意。他不让我们的记者进重症病房,记者想这怎么能行啊。医院当时也是重重隔离啊,一道一道的门,进一道门就要换一次或加一次衣服,出来以后还要不断地消毒,非常复杂,可是我们的记者就是要进去,而且必须跟病人面对面。文字记者可以离得远一点,可摄影记者不行。摄影大师卡帕说过:如果你的照片拍得不够好,那是因为你离着目标还不够近。我们的记者就是这样啊!感染的可能性非常大,我们记者有的身体也不好,家里还有老母亲,但是他们就是冲锋在前,在重症病房一待就是 10 个多小时。你想那是夏天,又裹得一层一层的,人出来都快虚脱了。我们的记者真是无愧于党和人民的新闻工作者称号,我非常感动,更为他们感到自豪!如果我们选择了新闻工作这个职业,就要有这样的思想准备。胆小恐怕当不了一个合格的新闻工作者。

对新闻工作者这个职业什么说法都有,有的说是无冕之王,有的说是船头的瞭望者。我赞成马克思的说法:它是无处不在的耳目,是人民自由精神的千呼万唤的喉舌。我们新闻工作者能不能当好党和人民的耳目喉舌,能不能真实地记录历史,能不能推动历史的进步,在社会的进程中能不能当时代的先锋,我想把这句话送给大家,也希望与大家共勉。

今天没怎么准备,就当作漫谈吧,占用大家的时间了,谢谢!

范敬宜： 非常感谢何平老师今天给我们作了这样一场精彩的报告。大家看到,他是不带片纸,侃侃而谈两个小时,还言犹未尽。由此可见,我们常说的"大家""高手"是什么样的。他今天没有讲太多的道理,没有举太多的例子和故事,但让人领会的却是一种恢宏的大气。我们常说,最大的本领是什么,最应该掌握的东西是什么,何平老师都讲到了。我本来以为何平老师要讲讲他的几篇得意之作,当时怎么写的,怎么采访的,等等,这里面肯定有好多动人的情节和有趣的故事,同学们也都是非常希望听、喜欢听的,可他没有讲这些可以博得你们满堂掌声和笑声的东西。然而,今天他讲的这些东西是可以让你们终身受用的,这是他二十多年的新闻实践和理论学习沉淀下来的精华。他讲的内容你们现在可能还难以领会,完全领会是需要一些底蕴的,但是这些内容会让你们终身受用,哪怕你只是记住其中的几句话,几个关键的词,都会使你终身受用。

大家注意到,何平老师从头到尾没有讲马克思主义新闻观的哪一句、哪一条,直到最后才画龙点睛地讲了一个耳目、一个喉舌,点到而止。这就可以看出什么是大家了,什么是融会贯通了。我们提出一个口号：面向主流,培养高手。什么叫主流？什么是高手？今天晚上从何平老师身上都得到了解释。所以,我说何平老师讲的是很有深度、很有厚度的。再次感谢何平老师！

（录音整理：石学彬　小坂明叶　尹慜淑　王超　郑佩　王丹薇　徐晓雯　蒋肖斌）

第七讲 心中有爱有阳光

张严平

新华社国内部高级记者
第十届长江韬奋奖得主

演讲人简介：张严平，山东人。1982年毕业于山东大学中文系，同年进入新华社，现为新华社国内部高级记者。长期从事典型报道，曾采写张云泉、王顺友、杨业功、华益慰等典型，产生广泛影响。人物通讯《索玛花儿为什么这样红》获得第16届中国新闻奖一等奖。2005年获得"全国优秀新闻工作者"称号；2006年获得中国记者的最高荣誉——长江韬奋奖。

范敬宜：马克思主义新闻观的一大主题是实事求是与调查研究，实事求是也是马克思新闻观的重要内容。为了让大家对这个问题的理解能够更深刻、更亲切，我们今天请来新华社名记者张严平老师给大家讲课。张严平老师已经在新华社工作了20多年，近年来写出大量出色的人物报道。大家都知道的《穆青传》，也是出自张老师的手笔。这部关于穆青一生的书，对穆青的生平纪录既实事求是，又生动活泼。最近，还有不少生动的人物通讯是张老师的作品，比如泰州市信访局局长张云泉、四川马班邮路乡邮员的故事——讲的是几十年如一日骑在马背上到穷乡僻壤送信的王顺友，还有前不久又推出的杨业功将军的故事等。张老师的实践经验非常丰富，工作也特别忙，但是她还是愿意抽时间来和大家分享她的体会，她将以自身的新闻经验说明，如何在报道中加强实事求是与调查研究的马克思主义新闻观作风。下面我们请张老师讲课，大家欢迎！

张严平：今天见到同学们非常高兴！这是我第二次来到清华新闻与传播学院，2005年底来过一次，主要是与同学们交流写作《穆青传》这本书的体会。我对清华新闻与传播学院的同学印象深刻，我非常喜欢你们，我把与你们的交流看作一个非常难得的学习机会，从你们身上我得到了很多，你们的激情、你们敏锐而活跃的思想、你们对理想的向往都激励着我。我真怕今天我的发言会让你们失望，我主要谈谈自己在采访中的一些感想，理论性可能不是很强，在交流过程中希望大家有问题随时提出。

一、记者的追求：用心记录人心的美好

记者如何实事求是地采访和报道，是一个很丰富的话题。我觉得只谈深入、只谈不要浮光掠影还不够。其中还有一个重要的东西，就是你要怀着一颗什么样的心？说白了，这是一个责任感的问题，而这种责任感就体现在每一次采访之中。记者的职业不是一般的谋生的职业，它与社会的道义、良心、正义、进步息息相关。因此，一个记者绝不能是一个游离于社会之外的人，不能随便骂骂、随便笑笑就完事的。如果完全将自己置身于这个社会之外，而对社会没有任何责任感，我想这不是记者应有的样子。我们生活在一个前进发展的国度，生活在广大人民群众之间，我们没有理由逃避"责任"这个东西，如果逃避，就不要选择记者这个职业。

诚然，记者应该客观、真实地报道社会，这是首要的职责；但在客观和真实的同时，还必须想到采写的人、采写的事对社会产生的影响。我们的社会正处于一个发展前进的黄金时代，记者应该反映时代的本质，将希望和力量带给大家。比如，对不道德的人应该曝光、应该抨击，同时更应该把大多数人心灵中美好的东西报道出来。我相信，包括在座的每个人心中都有非常美好的东西，如果说过去我还不太相信这一点的话，那么现在我绝对相信。我们平时可能只是在平常的生活中，没有机会让自己去突出地展现，但这种美好就在我们心里。比如,我们看一部感人的书,看一部感人的电影,常常会流泪、会激动,这正是我们内心热情和理想的呼应。

我想,并不是社会缺乏美好,而是我们如何发现美好并将美好传达出来,并感动更多的人。我想,要给这个社会和所有人一种向上的希望、一种力量,这就是记者非常重要的"支点",或者说角度。如果没有这样的角度和支点,做一个记者就会觉得没意思。现实生活中有这样的记者,做了几年或十几年后觉得很没有意思。这并不奇怪,也许我也经历过这样的阶段。如果记者不能真正用心去感悟许多东西,每天仅仅是写写稿子,或者游离于社会之外,就会觉得没意思。不仅自己没意思,稿子发表后在社会上的反响也是"没意思"。

范敬宜先生曾对我讲过,有的同学说,打开一份报纸,特别是一些小报,通篇都是凶杀、抢劫、偷窃,感觉很灰暗。的确,如果一张报纸通篇都是这类犯罪事件,而又没有写出任何希望和解决的办法,身在社会中的读者会有怎样的感触呢?我想至少不会觉得很昂扬,至少不会觉得很有信心,至少不会感到美好。我觉得这些东西不是不能写,而在于用什么角度去写,这个问题对记者来说真的是非常重要。回顾我们的新闻界,包括许多像范老师这样的老前辈,真正能做出成绩来,成为人民的记者、人民的新闻工作者的人,绝对是一个爱人民、爱国家、爱这个土地,有这样一颗热诚的心的人。如果没有这样的心,你不可能做一个优秀的记者。所以我觉得,做一个记者最重要的不是怎么写稿,不是仅仅去想生花妙语,不是去谋篇布局,这些实在是太次要了。要做一个好记者,首先,他的眼睛及其发现很重要;其次,记者的心很重要,如果有眼睛、有心,文字则是其次再其次的东西了。

关于马克思主义新闻观,尽管我没有学过这个理论,但开始觉得不愿接受,认为新闻应该是没有"姓氏"的。但通过这么多年的新闻实践,我相信它绝对是有的。我们不要盲目迷信西方的新闻观点,它们从来没有丢失自己的立场。我们需要学习的,在于它们的形式可能比我们好一点,我们的形式有时候太笨拙了。事实上,西方的新闻也在宣传,只不过宣传的形式比较巧妙。我们可以读读它们的报道,就会感到它们的舆论导向、舆论控制非常厉害的,也毫不奇怪。我们课程的题目是"马克思主义新闻观",其实我以前也没有受过这方面的系统教育,只是在这些年的新闻实践中逐渐有了一些体会。走进记者队伍前,我对记者这个职业的想象只有风光浪漫的一面,诸如"无冕之王"什么的。走进后才发现这个职业是一个必须用"心"去做的职业,新闻工作需要一种非常真诚的做人的良心,需要一种对党和人民的非常深刻的责任感。我想,光这么说也许显得空洞,下面就结合我的具体实践谈一点感受。

20多年中我采访了很多类型的新闻,包括突发事件、热点新闻、动态消息等,而人物报道是我涉及较多的领域。在人物报道中,应该如何把一个人物真实地、实事求是地呈现给读者呢?2005年我采写的人物中,印象比较深刻的、在社会上影响较大的,有张云泉、王顺友、杨业功等典型报道,因为时间距离比较近,记忆比较清楚,我就结合这几个人物谈点体会。我的体会是,人物报道的关键在于用你的眼睛去发现蕴含于人物内心的那堆篝火。

为什么说是篝火呢?因为采访对象本身对你是一个陌生人,在采访之前你不知道方向在哪里,他对于你是一片未知与黑暗,即使事先可能了解了一些有关事情,但如果最终没有找到那堆篝火,只是把一些事情串联起来,见事不见人,读者依然不会看到人物本身,也很难受到触动。因为你没有抓住人物内心的那种跳动和燃烧,这种跳动与燃烧恰恰正是你要在未知与黑暗中发现的那堆篝火。所以,必须找到那堆篝火,你笔下的人物才能活起来,才能走进读者的心里。

敬业之火:索玛花儿为什么这样红

下面,我想先从《索玛花儿为什么这样红》谈起,这篇报道刚刚获得中国新闻奖一等奖。我为什么想讲这篇稿子呢?很多同学将来到新闻媒体工作,要采写的东西很多,如消息、通讯、特写等。其中,人物报道是正面报道经常面临的难题,而人物报道是我当记者这么多年,感觉不太好做的一种报道。最近,新华社准备开"新华社学术年会",社长田聪明和总编辑南振中提出要破解三个难题:一是,舆论监督与批评报道;二是,突发性事件的报道;三是,正面人物的典型报道。下面,我就从"索玛花"这篇稿子谈起,与同学们一起探讨一下正面报道的问题。

我的理解,要真正还原典型人物的真实性,最根本的是理解典型人物属于典型环境,切忌概念化。这个问题首先得清楚,我也为此走过很多弯路。另外,"采和写"如果是10分的话,那么我认为采访应该占到6分甚至7分,采访功夫是决定人物能不能写好、写成功的最根本问题。现在新闻写作比较快,发稿日期又定得很死,加上网络比较发达,网上的材料、资料非常丰富,各种各样的因素促使一些记者在采访上不够下功夫。我觉得记者采访不够,还有一个因素就是采访典型人物时,当地会提供很多有关人物的资料,造成很多记者的采访蜻蜓点水,抱着材料就走,回来打开电脑,上网一查,一篇稿子就出来了。这样的采访不可能真正地了解这个人物,这样的采访完全是没有采访。我觉得所谓采访,不单要采访这个人物做了哪些事,事情是稿子里最主要的东西,还要采访这个人物为什么做这些事,深入这个人物的内心世界。你要知道,这个人物什么时候会哭、什么时候会笑、为什么这个人物会发脾气,等等。你要明白这个人,懂得这个人。这样的采访,所下的功夫就很多很多了。采访时有些人比较善谈,你可以和他做很多的交流,还有一些人不善谈,无论怎么采访,他都可能"无可奉告"。采访的目的就是要走进他的生活,走进他的内心。

下面我就讲一下王顺友和我写的《索玛花儿为什么这样红》。你们大概在电视上看到,他被评为2006年感动中国的十大人物,在电视上看到他的形象,我觉得已经是非常好了。他坐在那儿,可以坦然地面对镜头,而且可以比较平静地、连贯地说出话来,我真的很高兴。记得我刚去四川木里县的时候,第一眼见到他,他穿着一身邮政制服,非常呆板地站在那个地方，说句开玩笑的话，就像木头人一样，眼睛瞪着你。你问他一句话，他瞪你半天。因为，他是长年一个人、一匹马、一条路，走了将近20年，非常不善于和人交流，不善于表达。他是苗族人，汉语能力不是很强，所以你问他半天，他顶多冒几个字，懂几个字，我一直没有办法和他交流，他有时甚至根本听不懂你问什么。

当时有一个年轻记者，估计可能是刚毕业，非常认真、非常热诚的一个小伙子，就问他说："哎，老王，你走那么多年，你如何实现你的人生价值？"类似这样的问题，他只能瞪着眼，根本就听不懂。他后来说自己糊里糊涂的，再后来他告诉我说："好多记者问我的问题我不懂。"他真的是不懂。他只有小学四年级水平，就认一点儿字，加上常年在大山这样封闭的环境里生活，怎么可能懂得这样的概念。后来我觉得对这样一个人进行采访，唯一的办法就是走进他的邮路。因为，一年365天，他有300天是在邮路上度过的。他说，他在邮路上的日子，比他和老婆孩子在一起的时间还要长。他每次往返邮路是15天，回来以后只休息两到三天，接着又走了。所以，他二十几年的生命，基本上是在邮路上度过的。想要采访这个人，想要真正了解他，唯一的办法就是走进他的邮路。

四川那个小凉山非常独特，今天爬到海拔4000米的山顶，下着雪，非常冷，第二天下到山谷，又是40℃高温，山势忽高忽低。当时，他告诉我们，有血压高、心脏病的都不能去。然后，我们每人发了一匹马，跟着他进山了。走了小半天，我们队伍就开始出现问题。一个报社的女记者，因为太紧张，又骑着马——我们都是头一次骑马，又是在山上骑马，一会儿上坡，一会儿下坡，结果非常紧张，昏过去了，从马上摔下来。后来，又有一个男记者可能不小心，马上坡的时候没抓好，从马上掉下来了，摔得头都流出血了。幸亏他摔到山壁的这边，如果摔到那边，就到山崖底下去了。还有一个记者由于马蹄子一步踩空，眼看就要冲到山下去了。多亏旁边的马夫把马拽住，另外一位摄影记者狠劲儿攥着缰绳，把手指甲都给勒劈了，满手都是血。后来带队的同志看到这种情况，很紧张，就下了一道铁命令，除了中央电视台的三个焦点访谈记者，还有两个摄影记者，所有文字记者全部下山。我觉得这个决定是应该的，因为的确很危险，当时我也属于被撤下的记者。如果我有一点犹豫的话，也就撤下来了，因为很多人告诉我，反正有材料，还有他的录像，他们当地媒体以前拍的录像片，你回去看看，总能整一篇稿子，不值得冒这么大的险，听说后面的山更陡，据说是有生命危险的。

坦白说，我也犹豫了好一会儿，但我觉得王顺友一生有20年基本上在山里度过，在路上度过，他已经走了20年，生生死死的，而我就冒一回险，实在不可同日而语。于是，我就再三要求跟着继续走，后来我就成了唯一走到底的文字记者。如果我没有继续走下去，我根本无法了解一个真实的王顺友，了解他的生活状况和内心状态。后面的山路十分险恶，如果我这辈子没去过那里，我永远也不会想到这样的"路"也可以叫"路"。一边是很高的山壁，路上到处都有马和骡常年踩出的马蹄窝窝，根本找不到一个地方可以让你的脚平放在那里，另一边就是悬崖。开始我不明白，马总是靠着悬崖边走，一个马蹄之外就是悬崖。

我当时很害怕,心想:你这马能不能离山壁近一点儿。我觉得靠里边一点儿,就安全一点嘛。后来我才知道,这里的马常年在山里运货,一代一代的已经变得很聪明了。它知道背上的货物比较宽,如果靠着山壁走,货物就会撞到山壁上,反而可能连马带货一起反弹到悬崖下面。当时,我只是蹶在马上,紧张得大汗直往下冒,脑子一片空白,几乎忘了我是来干什么的。在悬崖边上,低头一看不见底。我后来想,我能活着回到北京是我的运气,如果我回不来一点都不奇怪。所以,后来我走过最险的一段路后,忍不住在马上哭了。坦白说,我哭不是为自己,而是为王顺友,我觉得自己才走了那么一点路,已经感觉死亡的威胁,而王顺友一年走了300天,一走走了20年,他为了什么?这条路让我知道,什么是在生死线上走,什么叫忠诚。

走了一天,当天晚上住在一个叫"李子坪"的村子。这个村子就两户人家,我们就在原始森林里露营。露营那个晚上给我印象也特别深,天一黑不知从哪儿突然冒出来许多小伙子、大姑娘、苗族、藏族,还有其他民族,他们常年很少见到山外来的人。据他们介绍,那个地方是从奴隶社会一下子进入社会主义社会,他们对共产党的感情特别深。听说今天晚上山上来了人,他们很高兴,从大老远十几里外跑来。他们喜欢跳舞,我们就生了一堆篝火,拉着手跳起舞,王顺友跟着我们一块儿跳。王顺友平常为了驱赶孤独,会喝一点白酒,他就喝着白酒和我们一块儿跳。他的山歌唱得非常好,是个山歌大王,他的山歌是随口唱,唱得非常美。像我们读过好多年书的人,憋在屋里绝对憋不出那样美的山歌。我们边跳边唱,大家都非常高兴,跳着跳着,王顺友突然停下来,然后开始抹泪。我们觉得奇怪,就围上去问他怎么回事,他说:"我今晚实在是太高兴了,我走了一辈子山路,从来没有见过这么多的人,如果有这么多的人陪我走邮路,我愿走到老死。"然后,他又说:"我这个劳模是苦出来的,我的心头苦啊。"他自言自语,讲了很多。他非常孤独,非常寂寞,在大山里经常一个人对着大山吼,对着大山唱。讲了这么多之后,他又说:"但是还要干下去,还要走下去,因为这个大山少不得我。"他就一边讲一边哭,后来就拿两只手捂着眼睛,在火光的映照下,我看着他的眼泪从手指缝里不断地往下冒。当时我真没有想到,在这样高兴的时刻,王顺友会展现这样的一种场景。我深为感动,开始体会他内心其实有很多的痛苦。他一个人在山上,像刚才说我走过最险的路,那种危险、那种孤独,他走了20年,他并不是没有感觉,每一步的苦他都有感觉,他内心积压的痛苦的确很深,他一点也不掩饰自己,这是很真实的。但是,让我更感动的是,即便这样子,他说还要走下去,因为这个大山、这里的百姓少不得他。

那天晚上睡在帐篷里,我几乎一夜没睡,整个晚上都听着马在叫,远处的风在吹,更远的地方还有狼叫的声音。后来,我设身处地想,今天晚上我就是王顺友,周围没有一个人,每一年每一天都在这条路上,那会是一种什么样的感觉呢?真是煎熬、恐惧、孤独!通过这样一条路,这样一个晚上,我再次体会到他的不易、他的艰难。

第二天我们继续往下走,走在这样的路上,我在感情上与王顺友越来越近。一开始,我觉得这个人太木了,没有办法讲话,没有办法采访,对他基本上也没有太多感觉。但是,这一路下来,我觉得情感上越来越敬重他,觉得这个人在我内心有很多很真实的感觉。他的痛苦、他的欢笑、他的歌声以及他跳舞的样子,都让我感觉一个很真实、很生动的王顺友。

后来,王顺友也觉得和我的感情拉近了。这是后来他讲给别人听,别人传给我的。他还说,"大部队都撤下去了,就她跟着走,她一个女人都不怕死"。所以,他就比较信任我了。我再试着跟他聊,他还是无法回答我这个记者的问题。后来我注意到一个细节,大家一路上都是骑着马,但他却是一步马都不骑,他是牵着马走的。为什么老王不骑马呢?原来他对马非常有感情,不单是这次没有骑,20年来几乎都是牵着马走的,他舍不得骑马。他说,他和马在一起的时间比他和家人在一起的时间还长。他对马的感情,从某种意义上讲超乎他和家里人的感情。有一次他告诉我,前两年在北京开劳模会,住在一个非常漂亮的宾馆,每天晚上都睡不着觉。我说为什么?他说旁边没有马。我们猛一听觉得很可笑,旁边没有马就睡不着觉。但是,你再品味这个感觉,就会觉得很难过、很心酸的。他这辈子就是和马在一起,每天晚上到一个地方,到一个山坡、一棵大树、一块石头旁,把马一拴,喂了马,然后马卧在哪儿,他就和马睡在哪儿。于是,后来我就试着和他聊马,结果没想到,他的话匣子一下就打开了,他谈了很多马的故事。他换过好多匹马,每一匹马都有故事。他一说到马真是如数家珍,就像谈起自己的亲人。他特别喜欢几匹马,其中有一匹让他特别怀念的马叫"白银",这马很有灵性。比如,一般他都有固定的休息地方,哪棵大树的底下、哪个山道的旁边,他都有固定的休息地方。如果今天走累了,他的步子拖不动了,离固定休息的地方还有一段路,天又快黑时,白银就会摇摇他的肩头,意思是告诉他"快点走,我们还要赶到休息的地方去呢"。白银还和他遇到很多险情。比如,王顺友有癫痫病,常年靠药物控制,每到发病的时候,一瞬间天昏地暗就昏过去了。等他醒来的时候,就会看到白银焦急地围着他转圈,一看他醒来了,就非常高兴地跑过去咬他的肩头。刚才我说王顺友从来不骑马,舍不得骑,但是由于那个病犯完之后,人是虚脱的,一点力气都没有,这时白银就会主动地卧下来,让王顺友抓住它,骑上去,然后把最后的一段路走完。就是这样一匹马!

还有一次最绝的,这匹马救了王顺友的命。金沙江的一个支流叫雅砻江,我也去过。雅砻江的水非常深,也非常急,江上有一座吊桥,我去的时候,吊桥已经是新换过的,桥头写着"一次只准上三个骡子一匹马"。开始我还不理解,为什么要这样规定,为什么当地老百姓都自觉地遵守这个规定,后来才知道是因为出过事。这件事就出现在王顺友的眼前,而且就是这匹叫白银的马救了他。怎么回事呢?有一次,王顺友牵着白银到桥对面一个叫"锣鼓乡"的地方送信,送完信以后往回赶。当时已是下午,乡长说:"哎,老王,你留着住一晚,明天再走吧。"王顺友说:"不了,我还有两封信,顺道送过去。"但那天非常奇怪,白银怎么也不肯走,当时乡长还开玩笑说:"你看,老王,你的马都留你了。"老王说:"不行不行,我还要走。"他就牵着白银坚持往回走,走到离这座吊桥还有十几步的地方,老远看见有三个马帮拉了四匹马走上桥头。一个人走邮路非常孤单嘛,王顺友看见他们自然非常高兴,高喊着:"哎,等等我!"那三人一看老王都认识,就说:"你快点走!"他们一边说,一边上了桥。这个时候,那匹马死活也不走了,再拉再打也不走了,嗷嗷叫着就是不走。正在王顺友又生气又着急的时候,他看见那三个人拉着四匹马走到桥的中间,突然那座桥就在王顺友面前整个儿地翻了,三个人、四匹马一下子全掉到雅砻江里,一瞬间就无影无踪了。当时,王顺友一下子坐到地上哭起来,他说:"你救了我!"

王顺友讲了很多这样的故事,大大小小关于他和马的感情故事。我告诉他,这次电视台来了,你可以在电视上看到你的马了,没想他突然冒出一句:"我从来不在电视上看我的马。"我问为什么,他眼圈就红了,眼泪随着就流下来了。他说:前些年当地电视台拍过一部他的纪录片,"我一在电视上看到我的马,心头就疼,它们太苦了"!他和马的感情就是这样。他讲了好多关于马的事情,我简直完全被他拉入马的世界。回头想一想,王顺友没有跟我讲自己的事,他讲的都是马的故事,但我从这些马的故事里已经体会了他的生活、他的内心。我想,如果没有走这条路,没有听到这些马的故事,我不可能真正了解王顺友,也不可能走进他的世界。

在这条路上,我遇到很多老乡。他们大概在算日子吧,算着王顺友哪天该到了,就会老早在山里等着他。有的老乡还带着核桃啊、土豆啊,他们的好东西就是土豆。我见了一个老乡,亲自抱了一只公鸡,一看见老王来了,就往他的马口袋里塞,就拿他当……我说当亲人都还不够。咱们可以想想,刚才我说了,这里的人很少出山,我到过一个老乡家,家里挂着一张画,还是"文革"时期,毛主席在天安门城楼上检阅红卫兵、穿着军装的照片。有一户人家告诉我,他们的父母,大概四五十岁,连县城都没去过。只有两个孩子,一个男孩,一个女孩,姐姐带着两块五毛钱和弟弟去了一趟木里县,结果发现两块五毛钱根本没办法买什么东西。后来一人买了一个馒头,剩的钱就给他弟弟买了一把铅笔回来了,就是这样一个封闭的地方。所以,你们就可以想象,老乡们对王顺友是怎么样的感情,如果没有王顺友,他们连一张报纸都看不上,连一封信都收不到。所以,老王一来,他们特别高兴,觉得特别亲切。在乡亲们眼里,老王不但是他们的亲人,而且也是正义的化身。他们觉得老王就是政府,老王就是共产党。这样的话,我们听起来可能觉得可笑,可在他们看来,老王代表党和政府却是实实在在的。王顺友之所以能撑下来,能这样走下来,这么苦、这么难、这么险还能走下来,就在于他内心真的是有很大的自豪,有很大的骄傲。他觉得他就是政府的人,他就是共产党派来的人,他就是共产党的代表。所以,不走这条邮路,你根本无法体会老王内心那种自豪、那种骄傲、那种阳光。这种东西不是唱什么高调,不是记者后来硬给他安上的,而是他在这种特定的环境,由特定的使命所赋予的一种最真实的内心感受。

我记得告别的那一天,漫山遍野都开着红色的索玛花,王顺友牵着马唱着山歌。他这么一个朴实的人有十分丰富的情感,他的山歌特别美,都是他自己创作的,其中许多是唱给他妻子的情歌。每次他唱出来后,都抄在一个本本上,你简直不能想象没有受过多少教育的人能够写出这么美丽的山歌,真不愧是山歌大王。那一刻的情景深深触动了我,后来的稿子就起了这样一个标题——《索玛花儿为什么这样红》。

回到北京,坐在电脑前,有两天我写不出一个字。刚刚过去了的马班邮路上的情景就像走马灯一样在我眼前旋转着,太多的镜头,太多的思绪,心涨得满满的。我该怎样把让我哭、让我笑、让我夜不能寐的乡邮员王顺友从心中倾吐出来呢?我该怎样向千千万万的读者传递出内心的感动呢?

我再次像一个跋涉者,努力寻找着通向彼岸的路。记起一位哲人说过的话:"在道德的力量中,真实是最具有震撼力的。"我回味着。回顾这次采访,之所以对王顺友这个人物有如此强烈的感动,对这次经历有如此刻骨铭心的记忆,不正是因为真实的力量吗?作为一个记者,我真实地走进了王顺友马班邮路的生活,真实地体验了他的甜酸苦辣,真实地感受了他质朴而高尚的心,乃至我真实地领悟了高原上被人们称为"圣洁之花"——索玛花儿如诗如歌的内涵。我对自己说,好吧,那就把最真实的王顺友从大山里捧出来,把最真实的感动传递给读者,把带着高原土、高原风的索玛花,献给千千万万如索玛花一样的普通人!

3个夜晚,长篇通讯《索玛花儿为什么这样红》完成了。那一刻,我感受到一种心灵洗礼之后的辽远与宁静。

短短几日,马班邮路乡邮员王顺友的事迹便传遍了城市乡村,感动和震撼了无数颗心灵。6月2日、3日,新华社连续播发的《索玛花儿为什么这样红》,被全国120多家报纸刊用,新华网、央视国际网、人民网等各大网站相继转载。它以真挚的情感和对人物原生态的观察视角,受到了广大读者发自内心的喜爱。

晚上,我打开电脑,在新华网上读到成千上万读者留下的感言:

——这才是民族的脊梁,这才是个汉子!你潮湿了我的双眼!!

——真的感动啊!向中国人民的好儿女致敬!

——这样的人可以称得上咱中国的脊梁!这才是英雄!

——无语!感谢记者!记者、王顺友、王顺友的马都是感人的!

……

一位读者还给我打来电话,他说:"谢谢你,你把王顺友一颗金子般的心,通过你的心,感动了无数读者的心!"

另一位读者,发来短信:"我一次次看你的文章,一次次地流泪,谢谢你,我能体会出你那颗充满同情和尊敬的爱心!"

几天后,王顺友事迹报告团来到北京,我又见到了这位矮小苍老的乡邮员。那天饭桌上,许多人与他举杯喝酒,我也走到他的面前。不想,他竟提出一个特别要求:"张记者,我们喝一杯交杯酒吧。"我愣了一下。望着他那真诚质朴的目光,我举起杯子,挽过手臂,与他喝下了交杯酒。他的眼里开始有泪,突然,又蹦出一句话:"你写的,我看了。你最明白我心头。"那一刻,我佯装心不在意,眼睛使劲地望着天花板上的吊灯,不让泪水流下来。

作为一个记者,我已经享受了太多与一个人、一颗心、一个灵魂的相互碰撞、相互交流,最终留给我长久的感动与滋养的幸福。采访王顺友和他的马班邮路,让我再一次体味到这种幸福。从这位大山里乡邮员的身上所传达出的关于生命的价值、人生的幸福等种种意味,都将不断地启示着我:怎样做一个记者?怎样做一个人?同时,这次采访本身,也让我更深刻地体会到:生活永远是记者心灵的源泉,真实的才是具有震撼力的。

作为一名记者,我非常感恩这次机会,感恩王顺友,感恩这条路。我想,当时如果我犹豫一下,没有走这条路,我也会写篇稿子,但是绝对不是这篇稿子,绝对不是能感动读者的稿子,连我自己也感动不了。

理想之火:爱因信仰而璀璨

下面再谈谈张云泉的报道。这个人可能是一个大家不是特别感兴趣的人物,但也是你经常会遇到的人物。怎么样采写这样一个人物呢?张云泉是泰州市信访局的局长,用我们的话说就是"当官的"。在我采访的体会和经验中,我也老老实实讲,我不太喜欢采访"当官的"。因为,他们身上会自觉不自觉地"有一层很厚的壳",如果问他对一件事的看法,他会给你讲得头头是道,但如果采访他本人,这个壳就会很厚,你根本走不进去。所以,当时听说让我去采访张云泉,我真的很发怵。对于这样的一个人物该怎么办?我的体会就是要想办法打破这个壳。

当时我们有很多的媒体记者,一块儿坐着,一起采访他。大家七嘴八舌,问这问那,他都应付自如。后来,我问了他一个问题,因为我觉得必须把他的壳给打破。我先介绍一下信访局这个地方,我特别到信访局体验了一天,从早到晚,哭的、闹的、骂的、躺在地上不起的、坐在地上静坐的,什么都有,就是在这个位置上,张云泉干了18年。所以,我就提了这样一个问题:"在这样一个位置上,这样一个非常头疼、非常糟糕的环境下,待了18年,对你有没有什么负面的影响?如果有影响的话,那么有什么样的影响?"当时我就想用这个问题逼他说真话。他愣了一下,说没想到会问这个,但这人很坦诚,他说在这个岗位上负面影响太大了,他每天从早忙到晚,回到家以后,和他的媳妇、儿子一句话都不愿意说,如果家人有什么事情要和他商量的话,他就会大发雷霆,而且会拍桌子。我相信,他讲的都是真话。你想,如果在这样一个岗位上,每天回到家心情快乐、心情舒畅,那才是鬼话呢。被缠了一天的局长,所有的矛盾的焦点都是冲着他来的,他不可能轻松。但他又说了一句话,他之所以能在这个岗位上干下来,而且干了将近20年,就是因为他看到很多老百姓因为自己的问题解决之后,衷心感谢他、感谢政府。他说,他觉得我们因为工作失误造成一些老百姓的痛苦,由于他的工作又让他们减轻痛苦,甚至让他们重新获得幸福生活,他觉得很有意义、很有价值。他说,设信访局这么一个部门,说明共产党最终是为老百姓服务的,就是这种信念支撑他干了18年。他讲得实在,我很感动。我就想:这是一个内心很有力量的人,我就想进一步了解他。

所以,后来我就通过各种渠道、各种场合了解他,包括和他本人约谈了好几次。和他聊,不要聊一般概念性的东西,就聊他自己,你要通过很多问题让他展现他是什么样的人。比如,他流过泪吗,他从小是在什么样的家庭长大的?再如,他最痛苦的是什么,他最高兴的是什么?就聊这样一些非常人性的东西。聊了很多以后,他终于向我说,这些话他从来没向别的记者谈过。他告诉我,他的第一份工作是在一个小单位的洗澡堂收澡票,后来还干过食堂管理员、炊事员。他收澡票收得非常漂亮,当食堂管理员也干得非常漂亮。他干任何一个很小的、任何一个我们觉得非常低级的工作都非常认真。那么是什么支撑他呢?还是一种内心的力量。由此我才懂得,为什么他在信访局局长的岗位一干就是18年。这种信仰的力量、内心的力量、精神的力量,在他身上体现得太典型了。后来我的稿子题目就是《爱因信仰而璀璨》。稿子发出当天网上点击率就达到100万,将近上万的网民在上面留言,他们都说为共产党这个信访局局长感到震撼。我也很感动,后来很多网民在网上留言说愿意和张云泉交朋友,很多人写了感人的话,我也觉得很出乎意料。可是回头想一想,这样一个人物为什么写出来有这样一个效果,无非是从采访到写作,我没有按照一般的框子去写,特别是写当官的,很容易走进一个框子,我完全没有按照这个框子,而是从最真实的一个人去写他。

记得这篇稿的开篇,就是"这个人的心一半是水,一半是钢"。这个水就是他对老百姓柔情似水,可以为老百姓的事付出自己的一切;这个钢就是对于损害老百姓的事情,他会拍案而起怒发冲冠,置生死于不顾。他还讲了很多,这些话都不是我坐在屋子里能够编出来的。这些话是我采访之后,坐在电脑前一直往外冒的东西。没有办法,就是这样一种强烈的感受。如果没有这样的采访,没有这样的感受,这些话是你坐在屋子里怎么编都编不出来的。我写过很多人物,特别是一些活着的人物,他们看完稿子以后,都感觉我把他们内心的东西表达出来了,为什么?我觉得没什么窍门,就是采访。就是采访,让我对他们及其内心有所了解。

很多人,包括我们社里的一些年轻记者问我,采写典型人物有没有什么窍门?坦白地讲,我没有任何窍门。我就是一个笨功夫,一个采访的笨功夫,还有一个写作的笨功夫。比如,采访一天、半天、一个早晨,我就只为了一句话,甚至一句话都没有。也许有的人会说:"唉,这不是白费工夫嘛?"有的记者就是这样,他们说,我采访了一天,连一件事都没有捞着,这不是白废工夫吗?其实一点都不白费。因为,通过这半天、一天的接触,你可能更了解采访对象了。我们假设,让你写你的父母,写你的好朋友,写你非常熟识的人,我想你能写得活灵活现。为什么?你太了解了。你拿起笔来不用多想什么。但如果让你来写我,或者让你写一个陌生人,我告诉你很多关于我的事情,他也告诉你很多关于他的事情,你还是不见得能把这个人写得像他。为什么？你不了解他。为什么有的记者的稿子，包括我自己以前的稿子，下功夫也不小，事情也写得很多，但是读者看了以后不感动呢？因为不了解。所以，我觉得没什么窍门。如果硬说窍门的话，唯一的窍门就是下笨功夫，去采访他、去感受他、去了解他。

当然，最后写作的时候也要下笨功夫。有时我写得顺的时候，一晚上能哗哗写很多字；而写得不顺的时候，坦白讲一个晚上、两个晚上，都可能一段话、甚至一句话憋在那儿。有时，我会痛苦地想，当记者这活儿真不是人干的，这种痛苦真是一种煎熬。所以我说，当读者看到这篇稿子的时候，背后是有很多笨功夫的。我觉得这个笨功夫还是值得的。比如，我刚到新华社的时候，都是从小稿子、小新闻、小通讯、小消息一点点写起来的。我觉得，无论如何，永远都不要期望走什么捷径。在现在这种信息时代，走捷径是很容易的，电脑上一堆现成的资料。我们也有那种记者，他们就在电脑上攒稿子，稿子也攒出来了。但是，你们千万不要走这样的捷径。因为最后，你把自己耽误了。有些笨功夫你不要害怕，这次稿子失败了没关系，失败给你的东西往往比成功时的收获还要大。人物通讯我已经写了很多，包括杨业功、陆幼青、华益慰等。这些人物报道并不是每一篇都精彩，有的也很一般。有的是因为采访不够；有的是因为我下的功夫不够。无论怎样，采访工作都是最重要的。

总之，我们做记者的，对采访这个功夫是一定不能走捷径的，绝对不能绕过去的，采访太重要了。对人物的采访，不但要下功夫，而且还要下到点子上。只有这样，才能真正深入他的生活。我还要顺便说一句，一般说采访一个人，有关方面会提供你很多资料。对于这些资料，我一般都不看，至少我自己采访之前不看。因为它已经形成一个思路，按照这个思路形成一种模式。如果你先看了，就会给你一种暗示，在你完全不了解一个人的时候，暗示已经在你脑子里了，你就会自觉或不自觉地跟着这种暗示走。我觉得应该保持一种最原始的、像一张白纸的状态进入一个人物，正如刚才说的，我们不要给典型人物任何一个概念，要带着自己最鲜活的感受走进他。这样，你感受的东西才是最真实、最直接、最生动的。《索玛花儿为什么这样红》就是按照这样的感受，这样的体会去采访、去写作的。

军魂之火：一二一，出发

作为一名记者，我一直深感欣慰，这份工作给予我莫大的财富，就是让我比一般人享受更多的幸福，让我有机会认识无论是活着的，还是逝去的一个又一个优秀的、高尚的人，让我有机会一次又一次走进这些人的心灵世界，让我追寻着他们的信仰和理想，感知他们的欢乐与痛苦。二炮某导弹基地司令员杨业功将军，让我再一次享受如此壮美的幸福！在采访杨业功将军之前，我对部队的了解很少，对军人的认识也不深，特别是对和平年代的军人，他们的精神内核究竟是什么，我几乎是一片茫然。

带着这样的茫然，我走进了杨业功曾经战斗、生活过的部队，见到了将军的战友，结识了将军手下的将士,看到了将军带出来的士兵,我久久感动!杨业功将军在阵地上付出他的一生,所以我要求去阵地看看。阵地四面环山,我坐在地上一动不动,汗就像水一样一直往下淌。而战士们就在导弹车旁,演习装导弹,然后发射。他们身上穿着军装,没有一点干净的地方,全部被汗水泡透了。开始我以为今天是为我专门准备的,后来听说一年365天,他们天天都是这样训练。他们的口号就是:"首战用我,用我必胜。"只要中央军委一声令下,他们的导弹就可以马上打到任何地点,我听了这些很受触动。以前,我觉得和平对我没有什么感觉,就像空气、就像阳光、就像水一样,我可以随意享受,轻飘飘的,好像天生就是属于自己的。这时,我才第一次懂得和平其实是有分量的,和平是这么多军人用不和平的生活换来的。于是,我对杨业功有了更深刻的理解。

当时基地的参谋长叫高津,他也曾到过清华作报告,他是杨业功一手带出来的,很多人都说他是杨业功的一个影子。我发现,他对杨业功的理解非常独特,并有一种很深的默契,而他本人所具有的典型的军人性格和气质,让我似乎看到了一个活着的杨业功,他几乎成为我通向杨业功内心世界的路标。还有许许多多的军人,他们每一个人,每一双眼睛,每一句话都让我为之惊讶,为之思考,为之感奋,最终所有这一切在我的心底酿成一种强烈的冲击波——将军为何而生?

记得那天早晨,我在将军生前创建的中国导弹第一旅的基地,仰望着战士们在蔚蓝的天空下升起的国旗,听着战士们迈着刚健的步伐高唱着将军创作的军歌,看着战士们在炎热的阵地上挥汗如雨地操作……我落泪了。

将军为何而生?每一个享受着和平的人们都应该静静地想一想。黎明,当许许多多的人还在睡梦中的时刻,将军已经进入了阵地,一箱方便面、一个军用水壶、一件军大衣,他常常要在阵地上跑十几天、几十天,每天要跑几百、上千公里。节假日里,当无数的人们涌向商店、公园、风景胜地,无数的家庭团聚欢乐的时刻,将军总是与他的家人天各一方,这样的时刻,他必定与战士们在一起,与阵地在一起。多少个隆冬的夜晚,将军带着部队在茫茫戈壁滩上全装拉训;多少个酷暑的季节,将军为勘察阵地跋涉在一座又一座崇山峻岭之间。和平是多么美好,但是将军却永远都是在过着一种充满硝烟味道的生活,乃至他走路如风,吃饭不超过20分钟,以及对任何事情都愿用一句口头语:"操作!"他还有一句响彻部队的名言:"天下虽安,忘战必忧。军人不思打仗就是失职!"打仗,打仗,将军的脑子里天天都在想着打仗,将军的生命时时刻刻都在为打仗而燃烧。

如果有人疑问:难道将军不愿意享受和平吗?那便错了。将军何尝不想尽情地享受和平。和每一个人一样,将军也有自己温暖的家,家中有他敬重如山的父母,有他相濡以沫的妻子,有他疼爱不尽的儿子。他让妻子每年至少回一趟他们共同的老家,为双方的老人尽忠尽孝;他在妻子重病住院的时刻,许下他最终也没能实现的心愿:等妻子病好,一定带她去外地旅游一次;他在儿子结婚那天,亲手为一对新人选下两棵桂花树,祝福他们的幸福生活像桂花一样芬芳。

和平的日子是多么的宁静与美好,然而,将军的心注定不可能停泊在这片宁静美好的日子里。军人自有军人的责任,将军自有将军的使命。对国家安危的深重忧患,对党中央、中央军委关于新时期军事战略方针的深刻理解,让他清楚地意识到自己肩头的责任。他曾经在日记中写道:"战争只有一种结果,不可能再来一次,打不赢就无法向党和人民交代,我将成为历史的罪人!"于是,为了国家和民族的安全,为了千千万万个家庭的幸福,将军舍弃了和平的生活,义无反顾地选择了阵地,选择了战位,选择了风餐露宿、漂泊不定、艰辛与危险。将军为何而生?看一看天安门前那一面高高飘扬的国旗吧,看一看国旗上那片神圣的天空;看一看学校里的孩子,听一听孩子们幸福烂漫的欢笑;还有那遍布乡村、城市大街小巷的无数享受着和平生活的人们……将军就是为这一切而生!

杨业功将军让我明白了:军人没有和平,军人只有战位!杨业功将军让我理解了:和平便意味着军人的奉献,在人民共和国和平的大厦下,挺立着千千万万如杨业功一样的中国军人的钢铁脊梁!杨业功将军让我懂得了:和平是对军人的最高奖赏!将军为何而生?我被内心强大的冲击波推动着,继续寻找着我要寻找的答案。一个细雨蒙蒙的上午,我走进了杨业功的家。当这个能毫无遮掩地透视出一个人生命信息的私人世界呈现在面前时,我久久无语。

一抹的大白灰墙壁,简陋破旧的桌椅板凳,每一个房间的天花板上都吊着那种最老式的像棍子似的日光灯,书桌上的电源插座竟是用一个旧乒乓球拍子制成。这就是将军的家吗?作为记者,我去过很多人的家,豪华的不少,穷家也自然有,但是大多数人的家与眼前这位将军的家相比,都不可同日而语。环顾时下,当追求时尚与体面的生活已经成为一种潮流,当电视、杂志里到处都挤满了教你如何打造精美居家、享受极致人生的指南,当越来越多的家庭变得五彩斑斓……杨业功的家就像是一张过时的黑白老照片。我慢慢地徘徊在这个家里,细细地品味着这张老照片中深含不显的内蕴。有一瞬间,脑子里也曾经闪过:难道将军是一个古板而没有生活情趣的人?不,不会的,一进部队我就听说了,将军不仅懂军事、善谋略,还能写诗、善书法、填词作歌,文韬武略。我曾经读过将军的一首《满江红·和岳飞词》,"何日请缨提锐旅,决战决胜伏强魔",将军的诗情、豪情、英雄气概让我深深地震撼。眼前,在将军的家,我能找到他内心的轨迹吗?终于,我在一件最耀眼的家具前停住了,四个大大的书柜装着满满的书,军事、历史、天文、地理、生物、信息、政治、文学……内容琳琅满目,我随手取出一本《我军若干著名战役指挥实践与经验》,翻了翻,看到字里行间有钢笔划下的长长短短的道道。在另一个房间,我又一次停住了,将军的书法挂了整整的一面墙,那是王羲之的《兰亭集序》。

将军的生命呈现出一种奇特的景观。他对部队的工作有着最为严格的、最高标准的要求,而对自己的生活却完全是粗放式的得过且过;他在精神和道德情操上有着极高的追求,而在物质的欲望上却是极为的淡泊;他对世界的局势、国家的安危及军事斗争准备工作的思考都处于时代的前沿乃至是超前的行列,而待人处世却一直保持了真诚质朴的传统本色。这些看似不合的两极,却正是杨业功将军独具的风范与魅力。在将军的人生哲学中,从不以追求物质的享受为幸福,简朴于他是一种轻松和自由。他曾经说过:"君子用钱,不为钱所用。"作为一个将军,一个随时准备打仗的将军,他把自己生命的全部精力和全部热忱都投入到了他挚爱的部队,投入到了他所肩负的军事斗争准备工作的第一线。只有在这里,将军才能感受到人生的最大幸福!他这样说过:"一个人如果只追求金钱,他便永远得不到满足,而不满足便不会快乐。我没有很多钱,但有很多钱买不到的东西,我是一个清贫的富翁。"

我终于懂得了。懂得了这一点,我也就懂得了,为什么将军的家门楣上常年高挂着"携礼莫入"四个字,一辈子没收过他人的一钱一物;懂得了,为什么将军穿着破旧的衬衣不肯换新,却一次又一次从自己的工资里拿出几百成千甚至上万元的钱资助农村贫困的孩子和学校;懂得了,为什么将军从不顾惜自己的身体,在延绵数万公里1000多个阵地上,到处都留下了他的足迹,即使疲劳和病痛到难以支撑,也只是在阵地的帐篷里边研究工作边挂一瓶吊针;懂得了,为什么将军在生命垂危的时刻,没有一句对家人家事要交代的话,他全部的牵挂和向往始终都是阵地和部队。他是听着将领俯在他的耳边报告部队已经完成了他交代的任务后,绽放了他生命的最后一个微笑;他是在昏迷中喊着"一二一,出发……"的口令声中,留下了他生命的最后的定格。杨业功将军让我理解了:为什么总有一种精神让我们泪流满面!杨业功将军让我看到了:最壮美的生命是在和平的事业中永恒!杨业功将军让我更深地理解了那句传诵久远的诗:有的人活着,他已经死了;有的人死了,他依然活着。

这一感触便成为杨业功这篇稿子的灵魂。稿子的题目叫作《将军已经出发》。之所以选择这个题目,是因为非常感动一个细节,杨业功去世前最后一句话是:"一二一,出发!"他是一个纯粹的军人,他一辈子带兵,一辈子准备打仗,临终前想的仍是他的部队。我稿子的第一句话就是,"我们来晚了,将军已经出发。"

我翻开了从网上、电话、信件、手机短信等各种渠道收到的来自天南地北的留言:

"中国有这样的将军,人民感到欣慰!"

"杨业功:国家的栋梁,军人的骄傲,人民的期盼!"

"军魂、国魂、党魂!向杨司令致敬!"

"将军的事迹感人至深,有这样的共和国军人,老百姓可以安心!在将军身上,我看到了一个真正的共产党人,看到了共和国生生不息的真正原因。希望军队能有更多的杨将军,好让我们挺胸昂首做中国人!"

……

我不知道自己读了多久,我为这如潮如海般的感言而热血沸腾。我从中读出了什么?我读出了一颗民族的心,读出了一个民族的灵魂,读出了一种民族的精神!

我一直对自己说:采访将军是对你记者生涯的一次奖赏。是的,杨业功将军给了我太多太多。记得离开部队的那天晚上,夜色格外的晴朗,群山在青色的天际间连绵起伏,像不息的海浪。我知道,在那海浪之间,便是将军的阵地。那一刻,我多么想投入海浪之中,我多么想站在将军的面前,向他报告:我渴望加入他的部队,尽管这种渴望是那样的可笑而永远不可能变成现实,但是我依然固执地渴望……我要向将军报告:是您让我真正懂得了和平;是您让我真正认识了和平年代的中国军人;还是您,让我再次坚信理想的崇高,人生的高尚!我接到许多读者特别是部队官兵打来的电话和写来的信,他们认为新华社这篇稿子真正反映了军人内心深处最本质的东西,把军人的精神世界展现出来了。他们向我表达了对军人理解的感谢。我想,我应该感谢他们,是他们让我真正理解了军人。

总之,无论去世还是在世,无论善谈还是木讷,最终你要达到的就是走进他的生活,走进他的世界,走进他的内心。如果走进他了,你就能感动,而这样的稿子、这样的人物也一定能感动读者。

二、记者的信念:感动源自坚定的信仰

前面和大家说了怎样去发现一个人物心中最深、最真的东西。刚才有同学问我,做了那么多年记者,年纪也不小了,为什么会有那么多的感动呢?

我觉得,首先我非常感动于记者这个职业。我常说,这个职业吸引我的最大魅力,就是给了我机会和平台去接触生活中各种各样美好的、优秀的、善良的人,每个人可能都只有这样或那样的闪光点,但正是这些闪光点汇聚成一种丰厚的精神滋养着我。他们对生活的态度、对生活的感悟,他们生命中的闪光,都在点点滋养着我,让我永远怀着一颗热爱生活的心。所以,我做了那么多年记者依然怀有真诚的热情。相信同学们做了记者以后,也会有同样深刻的感动。当然,这种感动是互动的。你愿意去感动,愿意去探寻他,愿意去接触他,这个非常重要。只要你愿意,就一定可以从采访对象身上得到呼应。

同学们对我去年写的《穆青传》比较感兴趣,那就借这本书来谈一点感受。写这本书之前,我从来没有写过书,因为一直在做记者,写书是新华社党组交给的任务。当时我很犯愁,如何写书、特别是如何写传记,我一点也不清楚。结果写下来以后,得到大家的肯定,特别是范敬宜先生给了很高的评价,使我非常感动。我想写书的过程,也正是一个走进人物心灵的过程。传记我认为可以分成两种,一种是流水账式的,从小到大,事无巨细,平铺直叙,读者读完以后常常感觉并没走进人物之中。再一种就是还原人物灵魂的传记,一部传记就是一部生命的成长史,一部人物的心灵史,最经典的莫过于罗曼·罗兰的《贝多芬传》。所以我当时写穆青的时候,对自己就提出一个最起码的要求,努力不写成流水账式的传记。

每个人生活在这个世界上、社会中,他的历史都是一部心灵史。因为人要生活,心脏

要跳动,血液要流淌,要唱歌要跳舞,要笑要哭,这一切的本源都是他的心灵。所以写一个人物,就要写他的心灵史。无论是怎样的人,无论是大人物还是小人物,都会有心灵的跳动。我当时给自己定了这样一个目标,就是以这样的要求去写作,所以在写作过程中,在采访大量细致的事实时,努力去了解这些事情背后的成因。有时采访一天,基本上没有谈什么具体事情,我总是在问:"什么事会让穆老头生气?""他常常在什么情况下落泪?""他感觉压力最大的时候,是一种什么样的状态?"等等。这完全是一个"漫谈"一样的采访,我就是想更多地了解穆青究竟是怎样的一个人。我觉得真正了解到这些比采访到一两件具体事情更重要,因为只有知道了这些内在的东西,这个人才能在你心中活起来。

事实只是平面的东西,当你了解一个人的内心之后,你才能对他所做的事情有一个立体的定位和把握。灵魂是树干,具体的事情是叶子、是果实。只有当你真正了解了他,才能知道他所做的事情应该"挂"在树的哪个地方。否则,如果不知道他的心是如何的,不懂得他的灵魂,那么采访来的事情——这些果子、叶子就会挂得不合适,就会安错。深入采访的例子可以说上很多很多,这种深入不仅仅是需要了解细致的事件,更重要的是"心的深入"。你必须了解这个人物最真实的、最原始的思想脉搏,然后才能知道他的事情是怎么来的,为什么他会走到这个地步,才知道他为什么会哭、为什么会笑。只有这样,人物在你心里才会是很真实的,不然这个人物就会非常空洞。

记得我采访穆青,到他家里去,当时对他完全不了解,也不知道该从哪里谈起,却又非常迫切想知道他是怎样的一个人。我就问他:"老头(这是大家习惯的称呼),如果让你自己来为自己画一幅像,你会怎么画。"他半天没说话。当时我有点忐忑,觉得自己是不是有点蠢,提了这样一个不称之为问题的问题。正在我不安的时候,穆青突然说道:"糟糕透了,我欠债欠得太多!"说完这句话,他已经满眼泪水。他说:"我这一辈子,还有很多很多基层的干部、老百姓没有写出来,来不及了,来不及了……"说完,就一下子哭了出来,泣不成声。这个画面,我永远也不会忘记。我完全没有想到他会这样回答我,但是从这样的回答中,我对他有了非常深刻的理解和认识。穆青当时也知道自己的生命不会有太长时间了,在这样的时刻,他没有想到别的,没有想到自己,没有像我提的那个愚蠢的问题那样为自己画一幅像。而是想到自己"欠债太多",用这样一种愧疚的心灵来面对他热爱的百姓和人民,这对我的震动实在太大了。而也正是顺着这样一条心灵的线索,我才最终走进了穆青的世界。

所以说,对人物内心的把握,我认为就是要用自己的心去靠近他的心,这样就会体会很多。每个人都会有很美好的东西,更何况这些优秀的人物,他们的世界、他们的生活太丰富了。还有一次,穆青和我讲了一些当年坎坷的经历,我就问他:"你经历过那么多事情,你对你曾经信仰过的东西,经过那么多年,有没有过一点点动摇,哪怕是一点点。"穆青信仰的是共产主义,我本人曾经会有一些彷徨,如果他能说出一点点来,可能就符合我的想法了。老头平静地、没有任何犹豫地回答:"没有。"我问:"为什么?"他依然平静地回答:"只有两条。第一条,我相信我们党,不但能战胜外来的敌人,也能战胜自己的失误和失败。这已被历史反复验证,是不可怀疑的。第二条,我还是相信那句话,道路是曲折的,前途是光明的。"他说得非常沉稳,非常平静,似乎在我意料之外,又在意料之中。我当时很久没有说话,我觉得已经没有话说了。这些东西,包括上面提到的那个"画像",都没有写在书中,但却永远写进我的心里。它帮助我认识了穆青,认识了这个老头,对我了解他的追求、他的信仰、他的爱、他的恨、他为什么是穆青等,太重要了。如果不了解这些东西,就写不出穆青来。穆青之所以是穆青,就在于他的这颗心灵;他之所以写出一个又一个感动几代人的典型人物,就在于他有这样的一颗喷涌着理想、激情一生燃烧的心。

对穆青的采访写作,对我的影响是非常深刻的,其中也包括对穆青相知相交多年的老一代新闻工作者的采访,他们给予我很多。我印象非常深的是采访范敬宜先生,他和我谈了一上午。这一上午,范先生几乎没有谈什么具体的事情,完全是谈他对穆青的认识、感受、理解,谈他眼中的穆青。这次谈话是在我已经进行了多日采访,脑子里塞得满满的却不知道如何把握的时候进行的。我就像一个站在岔路口的远行者,不知道该从哪一条路上去寻找真正的穆青。而正是这个上午和范先生的谈话,我才真正找到那条路,知道应该怎样去看穆青,一个非常真实的穆青。当时,范敬宜先生对我说了一句重要的话,他说,一定要真实,实事求是,包括穆青的失误和不足也不要回避,回避了就没有说服力。而关于穆青精神的东西,更不能偏失,主导的东西一定要写出来。那天上午我对穆青的理解就像是敞开了一扇亮堂的窗子。

这样的体会在采访中还有很多。我想说的是,对一个人的把握太重要了,真实不仅仅是事情的真实,如果感觉不真实、心灵不到位、心没有深入,事情本身也会模糊起来。

后来《穆青传》出版后,社会上的很多读者都有比较好的评价,我深受鼓舞。《穆青传》给我的东西太多太多了,书中表达的东西都是穆青本人和他们那代人所具有一种高度,我只是把它如实地表达出来,当然还有很多表达不出来。

在20多年的记者生涯中,让我铭记的人很多,我常常在静下来的时刻,脑子里便会浮现出一张张面孔——那些我曾经采访过的、并给我以深刻影响的一个个活着的和死去的人们。他们不是我的亲人,却与我有着亲人一般的情愫。回想自己生命成长的许多时刻,都与他们息息相关。我知道,无论岁月的潮水如何冲刷,他们在我心中永远不会褪去。只要我的生命还在,他们就是我一生的思念。

我忘不了郭秀明——原陕西铜川市惠家沟村党支部书记。受命去采访他的时候,他已经去世一年多,是村里老老少少对他痛彻心骨的怀念,引我走进了他的世界。那些日子,我常常在老百姓为他建造的墓碑前长久地徘徊、思考……渴望着与他有灵魂的对话。他不仅让我感动,更让我昂扬,他让我在这个贫穷的小山村里看到了共产党人的光芒。当这位优秀的农村党支部书记随着新华社播发的长篇通讯《山沟沟里的共产党人》终于走向全国的时候,他也在我心中筑起了一片精神的高地。

我忘不了汪洋湖——原吉林省水利厅厅长。采访时，这个性格刚硬的人在谈到老百姓的养育之恩，谈到老百姓的艰难时无法控制的泪水，让我感到了心灵的震颤。我在心里默默地想：这才是有着鲜红底色的共产党人。我们通讯的题目就是《共产党人汪洋湖》。

我忘不了张云泉——江苏省泰州市信访局长。一见到他，我最想弄明白的就是，几十年在信访这个岗位上，每天都是做不尽的烦事、难事、窝囊事，他靠什么保持了对事业、对老百姓始终不渝的真情？当我从一位又一位曾经上访过的人的口中听到他们流着泪说出的"共产党好"四个字时，我终于懂得了张云泉，这是一个为理想、为信仰而战斗的人。通讯《爱因信仰而璀璨》，让无数的人感受到了共同的信念。

我忘不了白芳礼——一位以93岁高龄谢幕人世的天津蹬三轮的老人。他弥留之际那双清亮的眼神，写满了对这个世界的爱；他靠蹬三轮所得资助贫困学生的义举，让我深深感受了植于社会底层的崇高。通讯《一位老人与300名贫困学生》播发后，无数的读者流下了感动的泪水……我心底从此也镌刻下一道生命的壮景——他像流星一样划过，但却给世界留下了最后的光芒……

我忘不了华益慰——北京军区总医院一位医德高尚、医术精湛的医生。他一辈子没收过病人的一个"红包"，一辈子没出过一次医疗事故，一辈子没做过一件对不起病人的事，他被病人们称为"可以托付生命的人"。他让我看到了，一个挣脱了私欲羁绊的高尚灵魂能走多远，他给了我们通讯的眼睛《大医有魂》！

我忘不了酒泉卫星发射中心的官兵。为了祖国和民族的梦想，他们一代又一代人把青春、生命、爱情、智慧……永远地写在了戈壁大漠之中，蓝天太空之上。《发射架下的花环》是我们对这些航天英雄们永远的祭奠。

有同学问我：记者这个职业最吸引你的是什么？

我想，每个记者肯定都有自己的燃烧点，而对于我，记者这个职业最让我神往、让我一直停不下脚步的是它让我有机会走进一个又一个优秀的、高尚的、平凡而伟大的心灵之中。正是这样一颗颗心灵，让我领悟着生命的意义，感受着民族的灵魂。我写他们，不仅让更多的人因为他们而感动和受到激励，同时，我的生命也在他们的心灵中得到丰厚的滋养。一个内心有阳光的人，才能感受我们社会的阳光；一个内心有阳光的记者，才能传达出蕴于千千万万人心中的阳光。深深地感恩记者这一份工作，它让我领悟了太多人生的意义；它让我在理想与现实之间，始终朝向前进的方向；它让我内心始终充满热爱与阳光……

最后我想说，我非常羡慕同学们，你们这样年轻，生活在这样一个蓬勃鲜活的时代，而且从交流中也感到同学们的热情、敏感和活力，你们将来能够进入记者这个职业，我将以你们为自豪。

问：以前对记者的印象非常肤浅，认为记者都被光环笼罩。但是，后来发生了一件印象特别深的事情,就是美国轰炸中国驻南联盟大使馆,三位记者都牺牲了,于是对记者这个职业有些动摇。报志愿的时候,家长也觉得太危险了。但是听了您的演讲之后,真的感觉您是义无反顾的。在社会中,好像每个人都在光明与黑暗、美与丑之间去生活、挣扎。有时候我们会变得非常焦虑。我想问的是,面对社会上一些黑暗的东西时,应该怎么去抉择?

答:这位同学问的问题,是我经常经历的。我有很多弱点,遇到不理想的时候,我也会彷徨、动摇。我刚才讲到很多美好的东西,实际上我也看到很多不美好的东西,我经常在这种美好与不美好的痛苦中挣扎。

我只想告诉这位同学,不要害怕痛苦,也不要去回避你所遇到的不美好的东西,这都太正常了。永远不要期望社会是个单纯的颜色,这个社会有各种各样的颜色,这才促成了一个生态的、真实的社会。

而且这些不美好的东西遇到了,也是件幸运的事情,从这里你才会更强烈地、敏锐地保持一种对美好的感觉。关键是不要被这种不美好的东西淹没。你可以痛苦,但要从美好的东西中吸取力量。在这对比中,你会更渴望那种美好的东西。

归结到底,我的感觉就是,你只要不被这些不好的东西所淹没,你努力地做起来,就会更热烈地投入美好的东西中,你就会更加热爱生活。很多东西需要自己体会,我只是想告诉你们,只要不被淹没,你永远都会热爱这种美好。

问:如果有个事情,报道出来会引起不好的影响,不报道出来又会对人民、国家不负责任。这时候应该怎么做呢?

答:这是记者经常遇到的问题。我觉得,作为一个记者,要看你站在怎样的角度报道。如果你认为这个事情报道出来,非常有必要,应该让社会、政府和老百姓知道,而且知道以后要去解决,那么你就去报道,即使掀起波澜也义不容辞地报道。记者就应该去发现社会上那种特别需要关注的、需要敲警钟的东西。正面报道很重要,揭露性报道也非常重要。这些报道常常会更快地推动社会的进步。这种时刻,不要考虑个人会怎样,只想对国家、对社会怎样,是不是有所促进?如果有促进,那就一定要报道。

问:您在对先进人物的采访报道中会不会发现一些他的缺点。如果发现了,您愿意在自己的稿子中表现出来吗?

答:这个问题提得非常敏锐。我可以坦白地讲,在我采访的任何一个人中都不是完人,包括穆青都有缺点,而且我觉得非常真实。不过一般的人物报道是作为一个典型推出来的,只需要报道他最闪光的东西,是生命的一个横断面,所以是不需要把他的缺点也做一个全面介绍,那是传记的事。但是,在我的内心,一点都不回避他们的缺点,我看得非常清楚。这样我在写报道的时候,对人物的分寸就能有一个比较准确适度的把握。

问：您刚刚说过，作为一个记者，应该爱国家、爱人民，应该有责任感。但是，现实社会中，黑暗的事物好像比美好的事物更多，作为一个记者是不是应该更多地把黑暗的事物揭露出来呢？

答：我不认为黑暗的东西比美好的东西多。否则，社会就没有意义存在，历史就没有必要发展。何况，即使无边的黑暗，也无法掩盖一根蜡烛的光明。在我的心中，揭露黑暗并不表示排斥美好。揭露黑暗，也是带着一种理想，带着追求光明的希望。新中国成立前，很多进步记者揭露国民党的黑暗，就是想使这个社会进步。这种揭露并不是漠不关心的，而是因为你有爱、有理想，才会去揭露。只要你带着理想，爱着社会、爱着生活，你的揭露也是表达光明和美好的一种方式。

问：您采访了这么多人物，是不是对每一个人您都走进了他们的生活？这样走进另外一个人的世界、生活，会不会影响自己的正常生活？

答：走进生活是个大的概念。我不可能和每个人一起去生活，走进每个人的生活，但你不能放弃每一个能和他接触的机会。其次，关键就是你要带着内心想了解他的态度，非常真诚地同他去交流。另外，感悟非常重要。同样一个采访对象，去两个记者，可能出来是完全不同的稿子。对生活，要尽可能去接触、去感悟，同时去思考。

问：一个新闻工作者对事物的客观、公正是非常重要的。在介入人物生活的时候，会有主观的思想传达给读者。作为一个记者，和报告文学的作家有什么区别呢？怎样把握这个度呢？

答：这里有一个风格的问题。有的记者完全是白描风格，我也非常欣赏，比如西方有些记者。不过，其中你照样能感觉字里行间想要表达的东西，只是他的形式更冷静。如果有机会我也会尝试这样的写作，但总体说，我的风格可能更带有感情色彩，这与我的性格有关。但是，这并不会影响我的客观。我不会绞尽脑汁去编造美好，美好不是我赋予的，我不会把自己的意见强加在某个人的身上；美好不是我们自己想编造就能编造出来的，而是客观存在的。我的感动不是我主观的东西，而是我的感受力对客观事物的反映。

问：我以前觉得，作为一名战地记者，更能接近真实。今天听了您的报告，我觉得生活中也能很接近真实，非常感人。我的问题就是：在您的记者生涯中，最感动的一件事情是什么？

答：我有很多很多的感动，谈不上是最感动的。刚才我讲了很多很大的人物，我要谈一个很小的人物，也让我非常难忘。我采访过一个女孩子杨柳。那年在新疆发生过一次大火，烧死了一批孩子，这个女孩子就是那次火灾中的幸存者。我要去采访的时候，她的父母在电话里告诉我,这个孩子烧得不轻。我想象不出她烧成什么样子。

当我一进病房,看到床上躺着的女孩,脑子里一片空白。她的脸非常漂亮,大眼睛。她以前是文艺骨干,但现在除了脸,身体全部烧坏了。她的身体就像一段烧焦的黑木炭,脸以下你都想象不到那是有生命的躯体。

让我感动的是,她的躯体已经这样,但这个12岁的女孩对未来的梦想却并没有幻灭。她告诉我,她还想继续找老师学音乐、学钢琴。大火烧坏了她的身体,没有烧坏她的梦想,她还在想今后的生活。如果我像她那个样子,我会像她一样还充满梦想吗?她给我传达了一种很庄严的生命的意义,一种永远对生活不放弃的态度。有时候我觉得特别难的时候,就会想到她,想到那双美丽的眼睛。

问:很多人对记者这个职业有很多片面的不好的看法,您怎么看待这种看法?

答:我觉得记者这个职业外表上总给人一种轻飘飘的感觉。可能是来自电视、电影中的一些形象,有时候我也觉得很可笑,电视、电影中记者的形象总有很不真实的感觉。比如,某个女记者,长得很漂亮,特别风光,走哪儿都呼风唤雨。其实记者并不是这个形象,而是被很多电视里的形象"误解"了。一方面,我不否认在我们的记者队伍中也不是那么整齐划一,现在的新闻业很发达,记者的队伍迅速膨胀,一些素质不高的人也进了记者圈,他们按自己格调不高的想象来指导他们的行动,有些人甚至做了很多违背道德的事情,给社会造成的影响很坏。

另一方面,记者风光的一面其实只是表面的东西,本质上记者是个很沉重的差使。要当一个好的记者,你必须考虑好多问题。比如,穆青就经常想,记者要当一个政治家,要考虑总理的问题,记者的脑子要不断地思考。记者是一个很沉重的职业。在我的周围,我看到许多真正的好记者都是一些很朴实、很踏实的人,甚至有些在交际场合中并不善于言谈。但他们有一个重要的特质:善于思考。

问:作为一个记者,应如何保持理想主义,不被世俗的金钱所左右?

答:现在我们这个年代,讲理想,好像很空洞,大家都厌烦了。我曾经是个非常理想主义的人,当我看到社会的现实和我的理想不完全一样的时候,我就走上另一个极端,不相信任何理想。但是,度过低谷走过来以后,我想跟同学们讲,理想是永远存在的,就存在于你的心里。这个理想就在你看了这么多黑暗、这么多痛苦之后,仍然在生活中看到那么美好的心灵,这个理想使你会相信,在这个世界上人类是一种高尚的动物。

(录音整理:莫颖怡　唐超　王魏蔚　欧阳姗姗　段祖贤　刘紫薇　曹姗姗)

第八讲 大记者与大视野

翟惠生

中华全国新闻工作者协会党组书记、常务副主席
第五届韬奋新闻奖得主

演讲人简介：翟惠生，1956年出生，山东聊城人。1982年毕业于北京师范大学物理系。曾任《光明日报》记者、国内政治部副主任、主任。1996年任《光明日报》副总编辑；2006年5月任中华全国新闻工作者协会党组书记，10月任党组书记、常务副主席；2002年获中国记者最高荣誉——韬奋新闻奖。

李彬：同学们,今天给大家请来的是中国记协党组书记翟惠生老师,我们先对翟老师的到来表示欢迎!刚才提到中国记协,什么是中国记协呢?中国记协的全称是中华全国新闻工作者协会。这是一个什么组织呢?简单地说,就是全国新闻工作者或全中国新闻记者的家。明白了这一点就知道,翟老师其实就是这个家的"当家人"。翟老师也是新闻记者出身,在新闻一线工作多年,多有建树,做过《光明日报》副总编辑,得过中国记者最高奖"韬奋新闻奖"等。下面我们就欢迎翟老师为我们开讲!

翟惠生：同学们,晚上好!刚刚跟李老师讲,我俩都是七七级的,"文革"后的第一届大学生。我说,还是年轻那阵儿好啊,晚上多晚睡觉,考试前多晚夜读都没事儿,现在的确不成了。所以,我讲得不到的地方、思想短路的地方、思维跟不上的地方,还请同学们谅解。

我跟清华新闻与传播学院的同学接触过几次,也曾经来讲过一回,同样是范敬宜老师让来的。最近一次接触是我还在《光明日报》的时候,正好主持高校毕业生进报社的录取工作。当时报社招 15 个人,结果报了 2000 人,后来经过筛选,有 200 人参加笔试,考完后参加面试的有 60 人,其中也有不少清华的同学。这里更正一个观点,都说新闻单位不喜欢要女生,实际上最后进来的大部分是女生。其实干记者,女同学挺合适的,因为她具备一定的公关能力和社会活动能力,采访起来也比较方便,人家爱接待她,这真是一个现实。我不说官话,也不说虚话,咱就说实话。清华几个小伙子给我留下深刻印象,穿着西服,打着领带,头发梳得很整齐,绝对有高的素质。说起话来慷慨陈词,同时又比较踏实、比较实在,不是单纯表态或自我表扬,给人感觉相当不错。

说这么多话,其实也是为今天的报告做个铺垫,我今天讲的题目是大记者与大视野。这个"大"字固然包含舞台大的意思,大舞台能够展现大的风采,但小舞台上也照样可以有大演员。舞台固然重要,但不是绝对的,如同你到《人民日报》《光明日报》等,虽然舞台不一样,但如果是一个大记者,一样能够发光发彩。戏曲界有句话,叫只有小演员,没有小角色。就是说那些大艺术家,只要给他们一分钟的出场机会,他照样可能比舞台中间的主角更能抓住观众的心。我觉得大记者和大艺术家、大政治家、大科学家都是相通的,到了"大"这个层面,思维就基本一致,本质上就是一致的。

那么,大记者是个什么概念呢?首先,它是一种荣誉。同学可能知道这个例子,列宁在填写党内登记表时,职业一栏总是填写新闻记者,他始终认为出身于新闻记者是一种荣誉。同学将来走上新闻岗位当记者,也是一种荣誉。如果是大记者的话,就更是一个很大的光环。可是,怎么做大记者呢?有人归纳了这么几条标准：一是有一篇或数篇在社会上产生广泛影响的代表作。比如,一说穆青,就会想到焦裕禄;一说王顺友,就会想到新华社的张严平,这就是社会上有影响的作品。二是应该熟悉某一领域的报道并具有权威性。记者跟大夫一样,也是分科分行的。是跑经济,还是跑文化;是跑科技,还是跑政治?

无论跑哪一行,都必须要做这个行业的专家,在这个行业有一定的发言权,这是靠积累得来的,而不是仅仅依靠书本。实际上,真正意义的大记者应该是跑政治的,无论国内,还是国外,最后上升到政治层面才有分量,才能是一个真正的大记者。三是应该有一定的新闻理论修养。四是有一本以上的专著。有人归纳了这么四条标准,看起来似乎很普通,但能达到这四条标准并不容易。

一、如何做大记者:做人

做一个大记者,要做好两方面的事情:一是要学会做人,二是要学会做事。先讲做人。做人里面有两个关键词:一是责任,二是道德。

1. 责任问题

大记者的责任是什么责任?大家可以有多种回答,我始终认为大记者的责任有两条:第一,是维护国家利益;第二,是在国家和老百姓之间搭桥,这是大记者的两个最高责任。责任可以有多种答案,关键是怎么理解责任,这也是大记者和小记者的分水岭。如果是大记者,他的最高责任就是捍卫国家利益。无论是党报的记者,还是都市类报纸的记者,或是产业报、财经媒体的记者,大记者的最高责任都是一样的,就是捍卫国家利益。不是说捍卫国家利益的责任只交给《人民日报》,《京华时报》的大记者及其最高责任同样是捍卫国家利益。国家的利益和人民的利益究竟是矛盾的还是统一的?应该说是统一的。对国家负责就是对人民负责,因为我们是人民共和国,两者决不能矛盾,应该是个统一体。有时候有些事情看着是矛盾的,但实际上是因为你所处的位置不一样、角度不一样,所以对国家利益的理解就可能不一样。我们不可能要求每个人都像领导人那样了解国家的大事。老百姓就是老百姓,所以大记者的责任一是要捍卫国家利益,二是要在国家和百姓之间架起一座桥梁。这个桥梁就是沟通党、政府和百姓关系的桥梁。所谓国计民生,以大记者的责任,就要捍卫国家利益,让国计真正落到民生头上,实现国家利益和人民利益的最大统一。这个问题是不是可以这样看,不然我们总是争论,国家利益和人民利益是矛盾的还是统一的。比如,食品安全问题,不让报是危害人民利益的。关键是怎么报,站在不同的角度自然有不同的结论和看法。如果我们把捍卫国家利益不当作一个口号的话,那么你就必须做到在国家和老百姓之间搭一座桥。这个桥搭好了,通过你的文章就能够让国家利益和人民利益达到统一,实现捍卫国家利益的最高责任,这是一个辩证关系。

有些记者也知道应该承担责任,但对责任的理解有点浅薄或偏颇、片面。比如,认为为一件事儿鼓与呼,就是在为人民鼓与呼。但他不知道这件事儿在国家大局里究竟处在什么样的一个位置。站在局部的位置可能是对的,而站在全局的位置可能就不太对。如果只看局部,而忘了大局,那就是一个小记者,甚至是不合格的记者。完成对最高责任的认识过程如同爬山,从海拔 2000 米上升到 3000 米、5000 米、8000 米,是有一个艰难的过程的。不是说从学校一毕业,就能一下站到海拔 8000 米的高度。一个开窍快的记者,可能完成攀登的时间早一些。也就是说,在这个过程中他对责任认识的加速度大一些。而迟钝点儿的记者,对最高责任的认识时间要长一点儿,有些记者可能一辈子也不能从 8000 米的高度来看他的责任。如果想使这个攀登过程的加速度大一些,就必须处理好业务与政治的关系。

政治与业务有什么关系呢?我认为,新闻是一项业务性很强的政治性工作,又是一项政治性很强的业务性工作。无论哪个国家,现在都有一些记者持有这样两种看法:或者认为政治与己无关,不喜欢政治;或者认为如果不跑政治口,就可以和政治无关。同学们可以想想,如果要当一个大记者的话,这两种认识和完成自己最高责任的意识矛盾不矛盾?如果你选择记者这一行,你就等于进入做政治工作的行列。政治工作有多种体现,教政治课是做政治工作,当领导也是做政治工作,而新闻记者也是一种政治工作。这种政治不是狭义的而是广义的,因为它毕竟是引导人和教化人的工作。比如在报社,有的记者平时好像写的文章很多,但遇到党代会、人大和政协会议这种重要报道,一个报社能够挑出十个承担这样报道任务的人就不容易。为什么,就是因为他过于专注所跑那个口的专业性,而忽视了这个专业性的政治属性,从而限制了他在思维上和在业务上的大发展。

今天讲的是怎么做大记者而不是怎么做记者,这两者之间是有区别的。什么是记者?只要你进了新闻单位的门,经过实习、见习,给了你记者证,这一辈子如果不离开这个岗位,都可以管你叫记者,那是你的工作岗位所决定的称谓。但真正意义上的记者和大记者不是一个概念,有的记者到退休也没做成一个大记者。如果你善于用政治的思维来分析、判断和采写你这个领域的稿件,你就会觉得站在一个很高的高度,你会觉得游刃有余,你每篇稿子的分析都很到位,准能打到点上,这是实践得出的一个体会。原来我老说的一句话,其实也是范老师强调的一句话,就是一个大记者必须有一个政治家的头脑,至于你是否能达到一个艺术家的手法那是另外的一个问题,但是政治家的头脑是一个前提。就像我刚才所说的,新闻既是一项业务性很强的政治性工作,又是一项政治性很强的业务性工作,这句话我希望同学们能够在将来的新闻实践当中,去逐渐理解和体会。

2. 道德问题

第二个关键词,叫作道德。我为什么要讲道德?可以给大家说几件事儿。中国记协承担的一项主要工作是新闻队伍的建设,这项工作的载体现在是"三项学习教育",即学习中国特色社会主义理论体系、学习马克思主义新闻观、加强职业道德。这个活动在新闻界已经开展数年了。我发现一个问题,无论是问到宣传部部长,还是问到新闻采编人员,能够回答三项学习教育有哪三项内容的人不是很多。这说明,这个活动本身的意义虽然是好的,但是贴近性还不够。三项学习教育活动的办公室就设在中国记协,由中宣部和中国记协共同承担这项任务。

关于当前的记者道德问题，我说几件事。第一，就是有偿新闻花样翻新。现在所说的有偿新闻，不是说记者去采访报道，人家给你个午餐费或车马费，而是更深层次的、更大数额的，往往表现为媒体的集体行为，如一家报社或电视台的集体行为。比如，南京有一家服务中心，刊登广告说可以花钱刊登新闻稿件。公司的负责人就是一个记者站的站长，他说只要花钱，就可以在《人民日报》登署名文章，价格贵一点，如果是《人民日报》华东版，可以便宜一点，省级报再便宜一点，还都列出了价格。有一家北京的投资顾问公司董事长说，他们公司就是在他们的企业和媒体之间搭桥。刚才说的搭桥是在党和政府与人民之间搭桥，而他们则是在企业和媒体之间搭桥，这样做自然是有好处的。企业省去了宣传费，媒体不用去采访，两边都欢迎。运作方式是他把稿子写好，企业把钱给他，他再把稿子发给编辑。稿子登出后，按篇幅大小，把钱划入记者、编辑的储蓄卡就完了。还有一件事，北京一家广告公司被一家乳制品公司收买，在全国30家媒体上刊发诋毁另一家乳制品公司的不实新闻，采用的手段是以广告的价格购买媒体版面，按字数给记者付费。再有一件事，西部一家行业报的记者站站长，在西部几家主要媒体用整版或半版的篇幅刊发诋毁另一个省区酒厂的文章，文章就发在以1万元的价格从广告部买来的版面上。还有，广东一所大学，搞80周年校庆，学校有关负责人说，他们在很多媒体上做了广告，某青年报的版面就是通过校友办理，打折成交后近10万元，这笔费用从校团委经费支出。

本来新闻与广告之间有着严格区分，但是现在报社管这类的新闻、这类的广告叫作软广告，编辑部叫作软新闻，实际上它是占据广告版面的有偿新闻。今年"两会"前，一个政协委员、中科院院士，递交了一份集体抵制有偿新闻的提案。他说，他对这种有偿新闻的现象是很有看法的，谁花了钱，肯定要为谁说好话，我是从事科技研究的，报上登出来的许多科技成果，哪些是真的？哪些是花钱买来的？值得深思。国家工商总局的一位领导同志也说，以新闻形式发布的广告普遍存在突出的问题，特别是一些医疗、药品、保健食品等，大量使用消息、通讯、人物传记、报告文学、科普文章等形式，进行违反广告法的宣传，混淆新闻与广告的界限，骗了读者，也丢了报格。一些经济实力强大的行业，如房地产、汽车、IT等，都有自己的宣传势力范围，它们凭借强大的经济实力和广告投放量使媒体为自己服务，比如在新闻版上头条。即使这些公司出了问题，媒体往往也是低调处理或装不知情，根本不予报道。这都是有偿新闻的花样翻新。

第二，就是借舆论监督之名敲诈钱财。比如，山西繁峙矿难中，11名记者收取矿主的金元宝，用矿工生命作代价。再如，河南鲁州矿难，许多媒体打着记者旗号，汇集鲁州说要采访矿难，不让报道就要钱，排着队找地方宣传部领钱，被当地形容为记者排队领工资。再如，一个科技报社的聘用人员，拿着一篇揭发某公司产品质量问题的批评报道，向该公司索要180万元的所谓赞助费，否则就公开曝光，让企业关门。经过几次讨价还价，企业被迫签订一份60万元的广告合同，这一过程被公司全程录音录下。再如，某报社人员用同样内容的批评稿件,只是换地名和单位,半年时间向3家公路承包单位拉广告,这件事调查属实后,李长春同志、刘云山同志都高度重视,批示让《焦点访谈》公开曝光。

电视前两天播的《中华工商时报》驻浙江记者站站长,以监督为名敲诈当地工商企业,仅三项学习教育办公室列举的4家被敲诈的企业,加起来的金额就达到235万元。由于这些企业也确实存在一些问题,所以它们不敢投诉。于是,这几年这个站长,由于拉的广告多,连连被评为先进。开庭时公诉人还指出,他的问题只是冰山一角,说明还有更深层次的问题。比如,20世纪80年代末、90年代初的时候,诞生了一大批报纸,包括产业报和行业报。这些报纸现在的确面临困境,因为,有主流媒体,又有都市类媒体,更有电视、新兴的网络等,它们已无立足之地,加上政府体制改革,原来上边的主管单位都与它们脱钩,这些报纸为了谋生存,于是就出现上面列举的这些情况。这些都是报社的集体行为。

第三,就是虚假新闻,花招迭出。虚假新闻有几种形式:一是,捕风捉影的一次性新闻;二是,凭空编造的虚假新闻;三是,文题不符的标题新闻;四是,违反事实的失实新闻;五是,违反常识的误导新闻。虚假新闻的多发区是文化娱乐报道、体育报道和经济报道。社会纪实、口述实录、情景再现等造假现象,也相当严重。而且新闻从业人员公然造假现象,有增无减。虚假新闻的制造者日趋社会化,媒体和商家结成利益同盟,相互勾结,制造假新闻。今年1月份,《新闻记者》杂志选出2005年度十大假新闻:一是,女大学生拣剩馒头充饥近两年;二是,中科院某院士两度逝世;三是,越洋采访郎平,郎平自己提出抗议,谁采访我了,没有谁给我打过电话,这在《新京报》上就登出来了;四是,北京人可喝上贝加尔湖高山矿泉水;五是,布什要卖掉夏威夷;六是,南开大学欲破格录取十龄儿童;七是,18岁少年因情自杀,高考作文曾获满分;八是,左权县投资3亿元兴建中国最大的烈士陵园;九是,秦始皇兵马俑腐蚀严重,专家担心百年后变煤坑;十是,王小丫与陈章良携手入"围城"。刊登十大假新闻的媒体,涉及一家某省会城市的党报、六家都市类的晨报和晚报、一家体育类的报纸、一家广播电视报和一家读书报,还都不是特别小的小报。

第四,就是低俗化的报道已经形成错误的理念。什么叫作低俗化?各人有各人的判断和标准,但是最起码一条不能够误导人家的道德标准和文化取向。比如,大量传播的凶杀、色情等消极庸俗的内容。就说王菲生孩子的事,也不知道炒了多少回了,不知有些记者为什么热衷于这些事。关键是什么呢?关键是我们记者要对社会有正确的舆论导向。同学们一听正确的舆论导向,就觉得是个政治口号,其实真不是。导向就体现在你的文章里、版面上,字里行间都是导向。导向不光有政治导向,还有文化导向和生活导向。

我举个例子,前几天有一家电视台,播了个书法大赛节目,本来是很高雅的一个活动。主持人是个小伙子,长得也不难看,可说话的声音没有底气,现在不都流行这个吗?软绵绵,嗲里嗲气的。他自己可能认为有点脱口秀的感觉,这个那个的,实际上与书法大赛清新高雅的环境是不相容的,这是两个格调啊!后来很多专家对这个事情反映挺大,人家觉得书法艺术难道就是用这种格调定位的吗?再如,电视台主持人应该有高雅的气质,而且善于把复杂的问题简单化处理。可有些主持人留头发，留那种一个尖一个尖的，我都形容不上来，观众真的有反映啊，像今年"金鹰奖"颁奖的男主持人。这种形象和我们传播先进文化的主渠道是不是相符呢？这种东西作为年轻人，在私下可以去追求，无可厚非，但是当搬到报纸、荧屏上时，就不能不考虑对大众的文化导向和生活导向。

国庆节的时候，人民大会堂举办了一次《长征组歌》的重排，中间穿插有朗诵。田华、陈铎、殷之光等大演员走上台的时候，不拿麦克风，那个声音都是气贯山河，给人一种震撼力，一下就能抓住你的心。可现在一些青年演员和他们同台竞技的时候，显得那么软弱，那么无力。他们就是嘶哑着声音，拿着麦克风，也出不来那种底蕴。这就是大与小的区别。

上面列举的四类现象，要说明什么问题呢？就是说干记者，尤其干大记者，必须讲道德。上面说的四个方面问题，都是因为缺乏职业道德。而道德，就是为人之道，就是为记者之道。

现在新闻从业人员中存在什么问题？一是脱离群众，远离基层。党报机关化，都市报贵族化、白领化和老板化。二是采编人员作风太浮躁。当然，浮躁并不仅仅限于采编岗位，它是一种普遍的社会风气。"三贴近"就更甭提了，都浮躁了怎么能"三贴近"呢？懒于采访，懒于动脑，网上抄袭拼凑。三是文风不正，华而不实，大而不当，官话、套话、废话连篇。四是有些报道，有失客观公正。个别人员甚至道德败坏，违反职业精神和职业道德。国家电视台的一个女记者，出去采访的时候不管人要钱，而是说我化妆品忘带了，甚至说内衣忘带了，当地同志肯定得去买，而且肯定都是名牌，价格不菲。

由此可见，在记者队伍中倡导职业道德，现在至关重要。其实道德应该是做人的底线，本来是 ABC 的东西，如同让大学生承诺考试不作弊一样。这是我要强调做大记者的两个关键词：一个是责任，一个是道德。

二、如何做大记者：做事

大记者的第二方面是做事。做什么事呢？就是做好新闻事，就是写好稿、编好版、制作好节目。这是大记者最基本的、应尽的职责。这里有五个关键词：第一，是大局；第二，是勤奋；第三，是修养；第四，是思维；第五，是水平。

1. 大局问题

一个大记者必须了解大局，就是要知大事。这个大局和前面说的承担最高责任，实际上是一致的。如果一个记者，不了解国家的大事，就当不了大记者。举例而言，最近刚刚开完全国宣传部长会议，李长春同志代表党中央作了一个重要讲话，重要在哪儿呢？在于他提出 2007 年新闻界应该干的大事，就是推进和谐文化建设。因为，全党和全国都在落实科学发展观,建设社会主义和谐社会,新闻界自然要推进和谐文化建设。另外,他提出要宣传社会主义核心价值体系。社会主义核心价值体系这个词,是十六届六中全会第一次提出来的,它与和谐文化是什么关系呢?两个字:根本。社会主义核心价值体系是和谐文化的根本,你宣传好、报道好这个根本,你就叫推进和谐文化建设。那么,什么是社会主义核心价值体系?不知道大家清楚不清楚,反正如果搞新闻的话,我会要求自己的记者了然于胸。因为,它不是口号,而是写每篇报道的时候都会涉及的东西,就像同学们学习数学、物理,必须掌握公式才能解题一样。关于社会主义核心价值体系,李长春同志说了四条:第一条,是一个思想,就是马克思主义的指导思想,这是社会主义核心价值体系的灵魂。第二条,是一个信念,就是建设中国特色社会主义的共同理想,这是社会主义核心价值体系的主题。第三条,是两个精神,一是民族精神,一是时代精神。民族精神以爱国主义为核心,时代精神以改革创新为核心。这是社会主义核心价值体系的精髓。最后一条,是一个观,就是社会主义荣辱观。这是社会主义核心价值体系的基础。这四条就构成了社会主义核心价值体系的基本内涵,而它们又是建设社会主义和谐文化的根本,所以要抓根本。大家一致认为,李长春同志的讲话,重要就重要在这里。他说,这是党中央给宣传思想战线的同志出的一道崭新课题,希望大家共同破解这个课题,希望同志们向中央、向全国人民交出一张满意的答卷。这就是我们在2007年的最大大局。

新闻宣传有三大武器,同学们应该都知道:典型宣传、热点引导和舆论监督。这个武器怎么用,就是要在社会主义核心价值体系这个框架内去运用,想方设法通过三大武器把社会主义核心价值体系变成消息、变成通讯、变成人物专访、变成电视节目,去告诉读者,告诉百姓。这就是在党和人民之间搭桥,这就叫捍卫国家的最高利益。

当然大局是动态的,不是静态的。时代在进步,中央的方针在不断地调整,国际局势也在不断地变化。所以,一年有一年的大局,一个季度有一个季度的大局,我们要善于捕捉这个东西。老一代革命家对大局了如指掌,已经养成习惯性的思维。比如,一位老同志在被关押的时候,就得出结论"四人帮"完了。其实那时候还没有公布这个消息,但是他的这个政治判断非常之准,他的嗅觉非常之灵敏,这就来源于他对大局的把握。同学们应该从学校就养成这种大局的思维,习惯于了解大局和把握大局。

昨天有一位名演员,70多岁了,突然给我打电话。他说,一家主要报纸的标题错了一个字。这个字错得不应该啊,太严重了。我从他嘴里才知道这个消息,因为我还没看到这份报纸。一个退休的演员关心这个干什么啊?就是我刚才说的,他作为一个大演员,对政治是了如指掌的。同学们不信可以去跟大艺术家接触一下,他也许会跟你说,我从事艺术,不懂政治,实际上政治在他的骨子里。如果没有政治的灵气和灵敏,他成不了一名大演员。所以,如果成为一位大记者,大局就是你的题中应有之义,决不在题外,必须在题中。

2. 勤奋问题

第二说说勤奋。勤奋是成为一个大记者的一个重要的关键词。勤奋可以有多种解释，多种理解，但是到了新闻单位，勤奋就表现在：第一，无论是博士生、硕士生、还是本科生，只要分到新闻单位，马上就站在同一条起跑线上。谁的加速度大，谁跑在前面，全看你自己了。第二，到了新闻单位后，投入工作基本没有人再指导你，只是主任通过改稿，告诉你一些要点，自己去体会，没有人再手把手地教你。第三，记者是自由职业，是相对自由的职业，很多记者不坐班，越是大媒体，自由度越大。比如，《光明日报》有320多名记者，每天有12个版，您就是不上班也没有人问。要想成为一个大记者就得靠自己，要不停地思考，不停地写文章，一定要用心写。勤奋首先是心的勤奋，然后才是笔头的勤奋，心必须先勤奋起来，然后再勤奋笔头。比如，我当了十多年记者，那阵子跟现在采访的手段也不一样。现在用电子邮件发走就完了，而且现在被采访者往往都是准备好稿子的。于是，现在有些记者也习惯了，采访完了就跟人要"有稿子吗"，然后问："有电子版吗？"严格地说，你要那东西干什么啊？你自己是干什么的呢？现在有多少记者还是通过自己的手来记录，通过自己的脑子来思考，最后通过自己的笔形成文章的？现在有些实习生到单位，2000字、3000字的稿子也能写出来。他没有这个行业的积累，没有对大局的把握，他照样能写出来。因为，网上的素材太多了，对方准备的材料也确实太丰富了，从而使记者容易失去天生的勤奋。我就发现，当让他去采访一个人，而这个人没有任何稿子的时候，他整理出来的东西甭说语言，连逻辑都不通。

所以我说勤奋首先是用心来勤奋。当然现在时代不同，电脑也要充分运用或利用，但后边我要讲，这样写出来的文章还有你的性格吗？还有你自己的语言吗？还有你自己的思想吗？对此，我们确实要打一个问号。所以，现在的勤奋还不光是多写稿的问题，而是怎么写稿的问题。有的记者用笨办法，现场录音，回来再整录音笔记。整录音笔记，就得两小时、三个小时，一写稿，里面能用的话没几句。实际上，听的过程中，一个出色的记者在跟别人谈话的时候，不过三句话，马上就能提炼自己的主题，然后让被采访对象在一定程度上为你所用，而不是你跟着他跑。海尔的老板张瑞敏，就曾经跟中宣部的领导说过这么一句话，他这么多年接受了无数位记者的采访，他听到的最多的问题就是问他是怎么干的。他没有听过记者问他，他为什么要这么做，没有追问。迅速提炼出主题，应该在回单位的路上，这时就应该把框架基本想好，尤其把标题想好，然后把导语想好。回到单位，马上落笔去写。要勤奋，就应该养成这种勤奋的习惯。

关于勤奋，有个问题我跟大家提出来。新闻的勤奋不在于追求一日之辉煌，你就希望第二天报纸上能再有自己的名字就可以了，不要给自己设计目标，不用设计。人算不如天算，现在的人太讲究设计，太讲究运作，没必要，坦坦荡荡地去勤奋、去努力。如果心思太重，设计的痕迹太重，时间长了会吃大亏的，你的勤奋很快也会失去动力。如果没有设计、没有心计地去追求，最后上天会给你回报的。最后，人都是平衡的。我举一个自己的例子。1999 年，中国驻南斯拉夫大使馆遭到美国轰炸的时候，我当时正在报社上夜班，早晨在睡梦中，被电话铃叫醒了，让我到报社去。我去了以后，总编辑告诉我（那时我是副总编辑），中央要组成一个专门处理南斯拉夫事件的小组，让你去，接回许杏虎和朱颖的骨灰。我二话没说，就走上飞机。当时，我突然意识到，不能把自己当成一个副总编辑，而应该是个记者。许杏虎是牺牲在新闻第一战线上，我作为记者该干什么？没有人指派，我应该写稿，除了完成交给我的任务，自己应该写稿。写什么，马上要设计。为什么，因为时间很短。在南斯拉夫，连来带去，一共 80 个小时，容不得你再去录音，再去问人家有稿子没有，那是不可能的。一切都得凭自己的经验。在去南斯拉夫的飞机上，我想是不是写一篇 80 个小时的总体东西呢，应该有这么一篇有分量的东西。写文章的时候是先想题目，还是先写文章？我认为必须先想题目。如果写消息，你要想到这个消息是用肩题、主题还是主题、副题，对此你都要有一个准确的判断，大记者要有版面意识啊。你要能想到我的稿子发在版面上，应该是一个什么样的东西。怎么作出这个判断？源于前边的大局，源于你对大局的判断，你要看这个稿子在大局上是什么分量，应该是什么分量。如果你判断的分量重，那么就写得长一点儿，如果分量轻，那么就趁早写得短一点儿，该写 200 字儿的绝不写 500 字儿，该写 1500 字的也决不写 1000 字。这些都源于对大局的准确判断。如果是通讯，不但主题要想好，我认为间架结构以及小标题都要想好，当然文字的润色可以再说。现在在报社经常发现这种情况，我问记者：

——写完了没有？

——差不多了。

——写多少字啦？

——嗯，大概有 1500 了。

——什么题目啊？

——哦，我还没想呢！

经常是这样。你连个题目都没想，那你这篇文章贯穿主线的气眼在哪儿呢？这我就不理解了。那天，我在飞机上就想这些。开始我想起《木兰辞》："万里赴戎机，关山度若飞。"我把这两句合成一句，叫"飞度关山赴戎机"，把那种去战场的状况带出来，副题就是什么什么 80 个小时。最后，这篇文章影响还是不错的，这是其一。其二，当时我想到，许杏虎在我们报纸上，自南斯拉夫战争打起来以后，开了一个专栏"战地日记"，由于他的牺牲戛然而止。我想，应该接过烈士没有写完的这支笔，续写许杏虎的战地日记，一天发一篇，80 个小时发了 3 篇。这些东西，为什么当时能够写成，而且时间那么紧，我自己感觉就是源于当记者时养成的勤奋习惯。如果说到时候临时需要用了，而你平时又没有这种积累，那你连哭的地儿都找不着。我自己本来是学物理的，开始不懂新闻。我第一次出去采访，是一个老记者带着去的，报道河北地区地热资源的利用问题。采访完了，他说你写个消息吧。没有人告诉我消息是什么体例,怎么写。我一直憋了一晚上,看他睡了就跑到卫生间继续写。那时出去采访都是俩人一个房间,我在洗手间里憋到夜里三点,也没写出来几句话,我不知道怎么写呀。我就是从那时候这么走过来的。

3. 修养问题

第三个关键词是修养。修养,是内在素质的外在体现。检验是不是大记者,是不是有修养,一眼就能看出来。看什么,就看你跟被采访人谈话时候的感觉。好多记者在采访地位比他高的人,仰视人家,领导人、明星、老板,仰视人家。什么叫仰视,就是话里话外都透着尊重——这是对的,但是有一种比人低的感觉。而采访地位比他低的人,又是俯视,骨子里带着比人高贵的感觉,自己念过书,名牌大学毕业,大新闻单位的记者,看不起人家。真正的大记者,无论采访什么人物,一定是平视对方,见大人物,你只有平视,才有灵感,才敢发问,才能完成一个记者的任务。不是他说什么你就听什么,大领导看得起的记者,是敢于向他发问的记者。问话不是瞎问,应该是站在跟他同一个层面上的提问,这是我要特别强调的。当然,做到这一点不容易,需要修炼,也就是我说的修养。

比如,在省里,有的记者见了省委书记,简直好像被接见似的。记者是被接见的感觉,还怎么采访呢?除非你要发表的文章是:领导怎么说、他指出、他又指出、他最后强调等。这种文章也不需要你写,人家讲稿早准备好了,秘书早给新华社了。同学们可以注意报纸,温家宝总理最喜欢发的是什么东西?特写。到哪儿去他准让记者写篇特写。你们去看报,为什么?他要通过记者的笔,体现鲜活生动的东西。有的跑文艺的记者见到一个明星,那种崇拜就甭提了,从他笔下出来的文章能有坏吗?他能有对这个人的客观评价吗?没有,全是溢美之词呀!而遇到工人农民、普通百姓,他又是俯视人家,这怎么能把人家的性格特点写出来呢?你光去发问了,你没有观察呀。张严平为什么能够写出《索玛花儿为什么这样红》,她是用心去感受王顺友,去体会王顺友,她没有瞧不起王顺友。王顺友连句话都说不出来呀,他平时老不见人,木呆呆的。张严平用心去感受他,感受他和马的对话,感受王顺友的歌唱,这是一种大记者的作为。总之,在任何采访对象面前,我们都应该不卑不亢。

那么,我们怎么提高自己的修养呢?这个问题是多方面的。我写过一篇文章,归纳了修养的几个层面。第一个层面,认识党情国情;第二个层面,知晓天理、道理和情理;第三个层面,通达为人处世之道。我说,应该争取做大记者,而不应该甘做小记者,大与小的核心在于自身修养。自身修养包括几个方面:一是学校的学习,这是必要的,但这只是基础,只是教给你分析问题和解决问题的思路和方法。特别是现在,应试教育培养的记者只是打了一个专业知识的基础,而并不意味着打好了文化基础。知识和文化是两个不同的概念。知识是专业的,文化是综合的。我们从校园大学毕业以后,还要尽快从另一个大学毕业,这就是高尔基所说的"我的大学"——社会大学。如果拿不到社会大学的文凭,就不具备向大记者发展的内在基础。社会大学的学习,首先是对党情、国情的认识,还包括对天理、道理和情理的认识,对为人处事的认识。现在的年轻记者,基本上是计划生育以后出生的独生子女,从小欠缺上面所说的社会大学的几门必修课,即对党情国情的认识,对天理、道理和情理的认识,对为人处事的认识。孔融 4 岁知道让梨,一个重要原因是他必须与哥哥姐姐天天相处,共同成长。而我们现在的独生子女从小生活在以我为中心的家庭,没有一个谦和的氛围,这不能责怪他们。这种让,也就是和谐社会的"和文化"的内涵。环境使他们没有这种概念,只有让这个概念融入到社会中去,让他不断感受这东西,他才知道怎么去让梨。如果说 4 岁、14 岁还不知道,那么 24 岁的时候、大学毕业的时候,就必须知道怎么在社会上跟人家共处,知道"让梨"。没有这个基础,绝对成不了一个大记者。大记者需要的是立体观察事物的眼光,如同中学学的三维视图一样,包括正视、俯视和侧视,而不仅仅是正视。这种眼光是需要历练的,不是容易得到的。一旦养成这种立体观察事物的眼光,记者的眼光就是独到的。这就是我们说的真正大记者的新闻眼。

　　再讲一个插挂国旗的例子。这是有一年中宣部领导在元旦的时候给我们布置的一项任务,让我们去采访一下,写篇国旗方面的报道,以强化爱国主义意识。如果按照常规思维,可能当天早点儿去天安门广场,再加一个摄影记者,采访一湖南的、一河北的、一内蒙古的,等等,再来一少数民族、知识分子、普通工人、农民、军人等,就算完成任务了。然而,当时我们想,如果这样报道,老百姓不爱看,知识分子更不爱看。当时我们发现,倡导国旗意识首先应该从领导做起,不是百姓的事儿。在北京,逢年过节,街道胡同家家挂国旗,而当时领导人出来背后都没有国旗,外国政要出来后边都有国旗。我们想,这次报道能不能突破一下,能不能看看领导干部怎么挂国旗。那么,选哪一层呢? 大了,不好碰;小了,说明不了问题。后来,就选了部级领导。我们找到当时国务院几十个部委,当时还没改革,现在是二十几个,当时有四十几个。我们找了这四十几个部委,转了一圈儿发现只有三个部委的部长办公室挂有国旗。反面文章还得正着做,不能批评部长啊,我们是引导性的报道。于是,我们就写了一篇报道,说这三部长挂了国旗,他们为什么挂等。我们选了一个题目,叫《部长同志,您办公室里有国旗吗?》,是一个问句。当时我们胆儿还挺小,问总编辑徐光春同志,即后来中宣部副部长,现在任河南省委书记。他说,就这么写! 我们心里有底了,发了一版头条《部长同志,您办公室里有国旗吗?》。第二天,我们追踪采访没有挂国旗的部长,问您看见昨天的报纸了吗?《光明日报》发行量不大呀,我们就拿着报纸让人看,您瞧这个部挂啦、那个部挂啦,您能不能也在办公室挂上国旗呢? 他说成成成,这个挺好的,我们马上挂。停了一天,我们又采访了俩教授,北大一个,清华一个,谈国旗意识。第三天开始,我们把应我们要求挂上国旗的部长给登出来了。我们觉得还不够,再追踪采访,天天打电话催人挂国旗。这是好事儿啊,不能推辞呀,然后都挂了,后来就变成自觉行为。第四天开始,我们没得再写了,索性创造了一种特殊的新闻体裁:今天在办公室插挂国旗的部长同志还有谁谁谁,就直接点名了,还画一框[本报讯]。这个系列报道就是这么出来的。现在,所有领导的办公室里都有国旗了,当初的报道确实起了相当大的助推作用。你说这个报道是正面报道还是反面报道,应该说是个引导性报道。这里,我觉得就是靠记者的修养,靠对党情、国情的认识,靠对天理、道理和情理的知晓,以及对为人处世之道的认识。

再给大家举个例子。20世纪80年代末,在报道国情、阐述国情时,我承担了一篇有关土地问题的报道。大家知道,《光明日报》一般是给知识分子看的,土地跟他们有什么关系呢,怎么把这个大事儿落到普通读者头上呢?我就琢磨,如果我是读者,我会怎么理解。后来,我想了一个主意,跑到我的小学,去听了一堂地理课。地理课的课本和老师当时还在讲,我们国土面积有多大,960万平方公里,海岸线有多长,同学感到特自豪,地大物博呀。我就从这个地理课写起,把知识分子读者一下拉回到童年,也就是对他印象是最深刻、记忆最深的东西。然后我说,今天还是这种地大物博的观念是不对的,接下来三段每个都以故事开头,而且拿故事当作小标题。这也是一种通讯的写法。标题用了一句唐人写的诗,清代人给刻在石碑上,我采访的时候看见这块石碑,上面写着"但存方寸地,留予子孙耕"。这篇文章获得了全国好新闻一等奖。

我们记者写的文章都是外在的流露,流露得怎么样,关键取决于内在的修养。就如同台上的演员演戏一样,大演员不是凭嗓子怎么好,而是一种内在气质的自然流露,他感动观众的是观众的心,抓的是观众的心。而一般的演员只凭嗓子,这样的演员只是挠挠观众的脚心,让你乐一下就完了。我想,大记者也应该是内在气质的自然流淌,文如其人,应该有这样的修养。

4. 思维问题

下面一个关键词是思维。大记者的思维都有两个飞跃:第一个飞跃,是从感性到理性的飞跃;第二个飞跃,是完成理性思考后,再用尽可能平实的语言向读者作尽可能平实的描述,也可以称为复归,即从理性到感性的复归。如果没有第一个飞跃,没有从感性到理性的飞跃,你连一个记者都算不上。如果只完成第一个飞跃,那只是一个普通记者,只有完成两个飞跃才是一个大记者。因此,大记者的作品肯定是"三贴近"的。他洞察了社会的方方面面,又进行了理性的思考,最后以白描的形式、以最广大的读者都能接受的形式,而不是那种假深沉的形式将事实呈现给读者。我还举电视主持人的例子。有的主持人是把简单的问题复杂化,一个两句话能说清楚的事情,非要说好多废话,这个呀、那个呀的。实际上好多真正的大主持人,都是完成两个飞跃以后的自然表现,不是背台词,更不是耍贫嘴似的脱口秀。他确实是对事物有了深刻的洞察力,然后以平实的语言向大家进行介绍。所以,同学们应该在这个思维上锻炼自己,争取完成两个飞跃。

5. 水平问题

第五个关键词是水平。水平高、水平低,判断标准是什么?只有一句话,就是邓小平同志讲的,写文章要有自己的话。水平低与高,就看有没有自己的话。什么叫自己的话?不是说非得有棱有角,小辣椒似的语言,而是你的文章品格要高,内涵要深,立意要远,文章的语言要让普通的人能接受,这才叫自己的话。真正的大记者即使让人盖住名字,一看也能知道谁写的,是谁的风格。比如,有的记者写消息用散文式的导语,有的用故事性的导语,有的愿意用倒装式的语言,等等。

另外,绝不是滥用新名词,才叫自己的话。比如"利好"是股市上的词,现在报纸上总是这利好、那利好的,莫名其妙。《光明日报》发表过一篇评论,叫《吴敬琏的疑惑》。说吴敬琏接受记者采访,这些年轻记者问的话,吴先生都听不懂,全是新词。放着好好的话不说,非得说新词以显得自己多高明。再如"多多",什么好事多多,现在报纸上常见这种词。一个"多"就够多了,你要两个"多"干什么?你看《人民日报》《光明日报》《经济日报》很少用这一类的词,就是一些小报喜欢用这种时髦词。不是说口语化的东西都不能用在报纸上,要用也要用得高雅。老舍的作品几乎都是口语,但人家是完成两个思维飞跃的口语,就如同听大家的相声一样。过去听侯宝林和马三立的相声,都是口语化的东西,但是百听不厌,现在有些说相声的,听第二遍就没意思了,说明什么?说明语言里面没有内涵。

再举一个最简单的例子,其实这是一个文字上的例子,但我觉得写文章这种东西不能有。比如,宣传部长谁谁谁,你们说这句话对吗?我说不对,那个宣传部部长的第二个"部"字不能丢。都知道说到刘云山的时候是中宣部部长刘云山,怎么说到省宣传部部长就成为宣传部长了呢。还有报上到处是投资50个亿或者投资50亿,你们说对不对?我说不对。因为没有"元"字,"几个亿"在口语里可以这么说,但是在报纸上就不能这么登。因为报纸是一种文字的标准、语言的标准,人们当教科书来念呀,说报纸上就是这么说的。像这一类的东西不胜枚举,我过去上10年夜班,看稿子,看的尽是这些东西,一看就知道这个记者水平怎么样。所以,我刚才说要有自己的话,它的内涵是很丰富的,要形成自己的话是很不容易的。

刚才讲了做事的五个关键词。这五个关键词决定了我们从学校毕业到新闻单位,能不能成为大记者。我觉得,记者在社会上是一个比较容易成功的职业,因为你有五个优势:一是舆论优势,记者是社会代言人,背后有媒体做强大的后盾;第二是学习调研的优势,记者可以上接触到国家要员,下接触到工人农民,除了涉及国家机密外,社会上一切部门都向你开放;三是广告优势,记者每天都在为自己做广告,只要写一篇稿子就等于做一次广告,名字不断出现,人家认识名记者首先是从名字上知道的;四是有自主优势,记者可以较大程度地支配自己的空间、时间,活动空间较大,又可以自由选择采访对象;五是有选择优势,记者是处在十字路口的行业,当几年记者后可以发现更合适自己的工作,所以记者这个行业可以出很多其他专家、学者,可以出领导人和政治家,就像马克思所讲的,如果你干记者,你就是一个既对社会有益,又可以非常成功的幸福的人。

好,今天就讲到这儿,谢谢大家!

问：请问记协在维护记者权益方面起到了什么样的作用？

答：中国记协的定位是党和政府联系新闻工作的桥梁和纽带，我们现在着重强调桥梁和纽带的时代特征，为新闻界服好务。服务是和队伍建设及业务建设紧密联系的，当今服务愈来愈难做了，记协的感召力必须体现在你提供的服务到位不到位上。刚才那位同学提到的维权，就是一个很重要的服务，记协在国内部专门设立了一个维权处，当记者的权益受到侵害的时候，我们应该站起来说话，替记者维护权利。但是，现在维权是一个相当难的事，自律与维权是一个问题的两个方面。现在，不少情况是不自律在前，权利受到侵害在后，所以我们在维权前面加了一个词，叫维护合法正当权利。比如前些天，有记者报道台湾的富士康公司，被富士康告到法庭，冻结记者的所有财产，记者找到记协，希望维权。我们当时考虑到这个问题很复杂，深圳法院敢于冻结记者的全部财产，这在历史上从来没有，为什么这么做肯定有原因。后来，水落石出，两家和解。这个事情的责任也在于记者没有到现场采访，只是在网上弄些东西，电话问了一两个职工，这种新闻出来能"三贴近"吗？"一贴"都没有！人家富士康告你，一告一个准。如果我们站出来维权，就比较片面了。近几年，维权特别成功的案子，在我的印象当中举不出来，说单纯记者被打、摄像机被砸，首先问为什么？其中往往也有我们自身的原因。但是，维权这个事我们必须做，一旦记者的正当合法权利受到侵害，中国记协一定要站出来替他们维权，而且我们今年将记者维权扩大到新闻评奖。我们知道，新闻界的奖项只有两项，一个是"中国新闻奖"，一个是"长江韬奋奖"。这两项奖今年打算增加社会参与度，让大家在网上参评、投票。我们认为这是最大程度的维权，对记者的认可是对记者广义的维权。希望同学们也积极地参与投票。

问：请问中国记协有没有自己的网站，如果要了解一些信息，比如，目前中国有记者证的记者有多少，男女比例如何等，我们应该去哪里查找？

答：中国记协网明年春节开通，搭建在新华网上，就跟中国政府网一样，其中一项重要内容就是刚才你提到的。我们现在正在进行资料汇总并提交新华网。现在新闻从业人员有记者证的有15万~16万人，记者证就是国家新闻出版总署颁发的记者证，这还不算电视台聘用的记者。刚才同学提出的问题确实是我们需要调研和解决的重要问题，我曾经跟你们李彬老师说过，以后我们要发布记者蓝皮书，对记者各方面的状况要公布，这个需要时间，但是明年基本的数据在中国记协网上就能看到。

问：现在一些新闻媒体在进人的时候都是采取"老人老办法，新人新办法"，导致一些新进记者待遇福利都很低，还不能解决户口，这对他们来说很不公平，请问记协如何解决这类问题？

答：这牵扯到新闻管理体制改革的问题。据我所知，中央的主流媒体有大报16家，从《人民日报》一直到《法制日报》，这16家里面肯定还是老体制。您说的那个恐怕都是都市类的报纸和一些财经类的报纸，它们确实是因才录用，用人机制比较灵活，干得好就继续干，干不好就走人，是双向选择。这里确实存在着老体制和新体制之间的不公平问题。不公平又有积极的一面。大报这一边羡慕这种新体制，认为只有这种体制才能激活大报，有的报社你一个星期不来也没人说你，要在小报就不行了，你今天稿子没上去，没准3天就让你走人。大报也需要改革，所以这个事也得两说，不是单纯的公平不公平问题。比如，新体制的工资还高呢，另外自由度大，不愿意干可以走人。所以现在有很多年轻人，更愿意在那里干。总之，这个事情既有好的一面，也有不好的一面，应该两面看。

问：翟老师，我想问您一个问题，最近我看到一个报道，说是一名记者为揭露当地政府做虚假工程而被莫须有地判罪，当时获罪12年，后来减轻为8年，今年才被放了出来，请问您怎么看待这个问题？

答：我觉得中国新闻界是功不可没的，它确实推动了党和国家的工作大局，推动了改革开放的大局，和平年代所强调的一切都需要笔杆子，这是一个总体的评价，这个评价应该是一个客观的评价。但是，刚才我列举的现象也确实说明新闻报道出现了问题，负面影响也确实是很大的。江泽民说过一句话，是关于新闻的"祸福论"，导向正确是党和人民之福，导向错误是党和人民之祸。关键看你的报道是什么样的报道。现在最大的负面问题，是财经类媒体比都市类媒体还要厉害地过度参与市场竞争，它把一个企业当成大局了。有些事情老百姓不了解内幕，有些记者实际是被人收买了。我们一直强调大局，原因就在于此。

问：您好，我的问题是，现在一些媒体的舆论导向存在片面化、激进化的倾向，甚至对一些事关国计民生的报道都很情绪化，如最近发生的"甲肝疫苗"事件，他们不是客观真实地报道事实，而是变相炒作，增加了老百姓对医院和政府的不信任，从而加剧了社会不稳定的因素，这种趋势发展下去会不会变成"媒体暴力"呢？

答：媒体的整体素质和记者的素质确实欠历练，如果他对事件判断准了就会对国家产生推动作用，如果他是站在局部的利益上或者站在媒体利益上看问题，不懂得党和国家的利益，不是捍卫国家利益的时候就很容易出现这种情况。十五六万记者中，普通记者和小记者还是大多数，大记者毕竟是少数。如果都成为大记者，那也不是社会的正常现象，但我们希望能够出现更多的大记者，从而在整个的新闻界产生一个引领的作用，尽量消除思维上的偏颇，或者片面与激进。在社会进程中，你说的现象是正常的，不可能十个指头一样齐，你有什么思维就要求他有什么思维，你站在什么高度就要求他站在什么高度，那样一来就全是领导人了，这是不可能的。发现这种情况就加强引导，多向大家灌输大记者的观念,灌输国家利益的观念,灌输责任的观念,这样逐渐提高媒体的素质。话好说,事难做,但遇到这些问题我们可以进行一些研究,并针对这些现象提出建设性的意见,制订一些措施,这倒是应该的。因为,我们的新闻管理也好、那些引导也好,都是在前进的过程中不断完善的。

李彬:今天晚上翟老师慷慨激昂,侃侃而谈,给我们作了一场内容丰富的报告。清华大学新闻与传播学院有16字的办院方针,"素质为本,实践为用,面向主流,培养高手",大家都耳熟能详了。其中"面向主流,培养高手",其实就是翟老师说的大记者。今天晚上的报告都是围绕这个话题展开的,从不同的角度讲了如何成为大记者,提炼一下有三点对我们大家颇有启发。第一点,就是学院以及这门课上经常讲的"政治意识、大局意识、责任意识",今天翟老师也通过大量生动的实例讲了这些问题。第二点,就是翟老师讲的"两个大学"——校园大学和社会大学,我觉得也很受启发。同学们现在上的是校园大学,可是还得上高尔基小说《我的大学》里的那个社会大学,如果说校园大学是读万卷书的话,那么社会大学就是行万里路,即我们经常倡导的"读万卷书,行万里路",只有校园大学是远远不够的。第三点,就是翟老师强调的文字表达基本功问题,今天上午我给本科生上课时还讲到这个问题,因为刚刚批改过他们的一次作业,发现这方面的问题还是比较突出的。总而言之,今天翟老师以丰富的阅历和理论水平为我们作了一场精彩的大记者报告,让我们对他表示感谢!

(录音整理:李云 林斯娴 刘瑀翰 孙虹)

第九讲 全球传播变局与对外传播创新

史安斌

清华大学新闻与传播学院教授
教育部青年长江学者特聘教授

演讲人简介：史安斌，1971年出生，南京人。清华大学新闻与传播学院教授、博士生导师，教育部青年长江学者特聘教授；北京大学英美文学专业学士、硕士。2001年在美国宾州大学获比较文化和传播学博士学位；2003年执教于清华大学。代表作《危机传播与新闻发布：理论·机制·实务》《全媒体时代的新闻发布与媒体关系管理》《全球化时代的中国身份》（英文）、《全球新闻的流动与反向流动》（英文）等。

"全球传播"(global communication)是指信息、符码、观念及意识形态在全球范围内进行跨越民族—国家边界的共时性流动。它不同于肇始自"冷战"时代的、以民族—国家为核心、遵循"内外有别"原则而进行的"国际传播"(international communication),体现了以"全球化、全民化、全媒化"为主要特征的新闻传播总体发展态势。

全球化。从历史上看,国际新闻传播是以区域或国家为疆界、以比较视角为主来展开的。随着以全球受众为指向的全球媒体(如 CNN)代替了仅以国外受众为指向的国际媒体(如"美国之音"VOA),随着新闻生产走向"全球化"——从采集、编写、流通到接受等诸环节逐渐"去疆界化",随着中国选择主动融入这一全球新闻传播的"话语场",传统上的"双头(美、英)垄断、英语主导"的全球传播格局正在被改写和重组。中国在重建全球传播新秩序的过程中所扮演的角色令人瞩目。这方面典型的例子是,新华社前社长李从军 2011 年 6 月在《华尔街日报》撰文提出构建"媒体联合国",以及习近平主席 2015 年 11 月在第二届世界互联网大会乌镇峰会上提出的打造"网络空间命运共同体"的构想。另一个典型例证是,近年来阿拉伯语和汉语的使用频率大幅增长,在一些热点事件的传播过程中一度超越英语而成为全球社交媒体的第一大语言。因此,从概念和理论的层面上看,传统的"国际传播"应被更符合现实的"全球传播"所代替;从实践的层面来看,信奉"内外有别"原则的"(对)外宣(传)"也应升级为更具想象力、更符合新闻传播规律和生态的"对外传播""公共外交""国家品牌行销"(nation branding)等。

全民化。从传统上看,新闻传播是以国家或政府主导的媒体机构和专业媒体人为其"中介力量"(agency)而展开的,普通读者和阅听人是以"沉默的大多数"的身份处于被动接受的位置。3G/4G 技术和以 iPad 为代表的移动随身媒体把无所作为的"受众"(audience)变为主动的"参与生产的消费者"(prosumer),进而登堂入室,在传统上由政商精英主宰的公共政治领域内产生"众声喧哗"的效应。在最早尝试将文化研究引入新闻学的澳大利亚学者约翰·哈特利(Hartley 1996)看来,新闻不再是一种"专业实践",而是一种"基本人权"。随着社交媒体的蓬勃兴起,微博已经不再是一个青少年小打小闹的社交媒体,在政治诉求达到一致的情况下,"叽叽喳喳"(这正是 twitter 一词的本义)的微博用户会迅速聚合为具有巨大影响力和破坏力的"智能化暴民"(借用美国学者 Rheingold 在 2002 年提出的 smart mob 的概念),在当下"互联网议政"乃至于"互联网干(预)政(治)"的大潮当中,如何进行有效的"互联网执政",就成为各国政府必须面对的紧迫问题。正是在"人人都是记者""人人都是新闻发言人"的背景下,新闻舆论与政府治理之间的互动成为新闻传播学界应当关注的重要领域,催生出"公民新闻"(citizen/civic journalism)、"媒体执政"(media governance)、"危机传播"等新的研究课题。从实践的层面看,政府新闻发布制度的建立和新闻发言人职务的常态化成为近年来中国政治和社会变革中的一个亮点与热点。

全媒化。传统的国际新闻传播研究是以报纸、通讯社、广播、电视、互联网等媒体形式来分别展开,而中国新闻传播学的专业教育也是按照不同媒介形态相对应划分的二级学科(新闻学、广播电视新闻学、编辑出版学、广告学)来展开。清华大学新闻与传播学院从建院之初,在专业和课程设置上就打破了媒体形式和二级学科的限制,贯彻适应媒体融合发展趋向的"大新闻"和"大传播"理念,在本科阶段只设立新闻专业,在全媒体的平台上培养未来的新闻记者。就国际新闻传播方向而言,无论是在对媒体实践和个案的研究中,还是在校内的专业人才培养和校外的从业者实务培训中,都注入了"全媒体"(Omnimedia)和"全传播"(暗合清华新闻学院院馆宏盟楼的英文名称中 Omnicom 一词)的前沿理念。从更为宽泛的层面上看,"全媒体"理念的日渐普及也将有助于解决新闻从业者、新闻学研究者和新闻教育工作者这三个群体之间长期以来各行其是、缺乏互动的"痼疾"。

上述三个趋势在马克思主义新闻观的理论阐述中和在此基础上发展而成的中国共产党新闻宣传思想中都可以找到相应的历史溯源,同时也是新闻从业者、研究者和教育工作者对马克思主义新闻观开展现实考量——即"再语境化"(recontextualization)——的切入点。我从三个方面对此进行讲解,并结合近年来出现的典型案例,对在全球传播的新形势下如何继承和发展马克思主义新闻观提出一些有针对性的意见和建议。

一、新闻传播走向"全球化"与对外传播的理念创新

早在1848年,马克思和恩格斯就在《共产党宣言》中富于创见性地预言了全球传播的历史必然性:

美洲的发现,绕过非洲的航行,给新兴的资产阶级开辟了新的活动场所……资产阶级,由于开拓了世界市场,使一切国家的生产和消费都成为世界性的了……过去那种地方的和民族的自给自足和闭关自守状态,被各民族的各方面的互相往来和互相依赖所代替了。物质产品如此,精神的产品也是如此……各民族的精神产品成了公共产品。民族的片面性和局限性日益成为不可能,于是由许多民族的和地方的文学形成了一种世界的文学。

显而易见,马克思和恩格斯所处的是以印刷媒介和书写传播为主要载体、以文学为最高形式的时代。他们还不可能预见到广播、电视、互联网等新的媒介形态。在媒介文化高度发达的今天,经典马克思主义理论家所预言的以书写和印刷为主要形式传输的"世界文学"已经演变成了以无线电讯号和数字化网络传播的"全球媒介文化"(global media culture)。"世界市场"的开辟所导致的经济全球化也促成了以内容产品为主要交易对象的"国际传媒市场"的建立,并且形成了全球性的新闻舆论场,对世界各国政治经济的议题设置和实际运作产生了一定的影响,从而使跨越民族—国家边界的"全球传播"成为现实。

"全球传播"这一概念的产生与经济/文化全球化的大背景是紧密相连的。传统意义

上的国际传播是以民族—国家为单位进行的跨国、跨文化、跨语际的信息交流。在冷战时代,国际传播在意识形态的较量中发挥了非常重要的作用。美苏两个超级大国均在国际传播方面投入了巨大的人力、财力和物力。国际传播中的一个显著特征便是"内外有别"的原则。国际传播的阅听群并不是本国受众,而是对象国的受众,其内容带有鲜明的政治宣教色彩。如"美国之音"是由美国新闻署直接负责,作为国务院的一个主要的宣传部门,由国会直接拨款,这在媒体完全市场化运作的美国是极为罕见的,但值得注意的是,美国的普通听众却很少有人听说过"美国之音",更不要说收听它的节目了。

20世纪90年代以降,冷战的终结和全球化所带来的资本、人员、信息及视像的跨国、跨文化和跨语际的自由流动彻底改变了传统意义上的国际传播的概念。随着卫星和网络传输技术的普及,民族—国家的界限和世界地缘政治的格局发生了根本性的改变。像"美国有线电视新闻网"(CNN)这样的"全球媒体"的出现,更是从内容、形式和传输手段方面彻底改变了以"美国之音"为代表的国际传播媒介的模式。CNN在美国亚特兰大、英国伦敦和中国香港地区分别设立北美、欧洲和亚洲制播机构。这三座城市所在的时区之间恰好形成了八个小时的间隔,这样一来,世界任何地方的观众都可以在第一时间看到CNN播报的最新消息,感受到这个新闻传播"日不落帝国"的威力。2000年,当CNN并入更为庞大的跨媒体集团"美国在线—时代华纳"后,这个传播"帝国"的影响力更是突破了卫星传输的技术限制,通过国际互联网深入到千家万户。综上所述,在经济/文化全球化的历史语境下,传统的以民族—国家为主体的"国际传播"拓展为更具广泛性和包容性的"全球传播"。

另外,随着新技术的普及和全球化的日渐推进,国内传播与国际传播的界限愈来愈模糊,逐步表现出互相交织、彼此融合的特点。国内传播的基础地位凸显,而国际传播的对象和范围再也无法像"前网络时代"那样用民族—国家的疆界来清晰划分。新闻传播的生态环境发生了深刻的变化,国内传播与国际传播相互融合,升级为更具想象力和创新潜力的"全球传播"。这一理念上的变化,应当成为创新中国对外传播的理念和实务、争取话语主导权的根本出发点与落脚点。

首先,新闻传播走向"全民化"与"人民性"理念的"再语境化"。在"全民传播"的时代,移动互联网技术的普及和社交媒体的兴起使普通民众更多地参与到新闻的生产和传播活动中来。原本被动的"受众"变为主动的"参与生产的消费者"(prosumer)或"参与生产的用户"(produser)。这就要求我们在新的语境下重新理解和阐释马克思主义所强调的新闻传播所具有的"人民性"。

"人民性"这一概念是马克思于1842年4月在《莱茵报》工作时提出的。他指出,"自由出版物的人民性……它的历史个性以及那种赋予它以独特性质并使它表现为一定的人民精神的东西——这一切对诸侯等级的辩论人来说都是不合心意的"。报刊应当"生活在人民当中,它真诚地和人民共患难、同甘苦、齐爱憎"。

在《〈莱比锡总汇报〉的查禁和〈科隆日报〉》一文中，马克思进一步总结了"人民报刊"的构成、基本特征和内在规律。他指出："只有在人民报刊的各个分子都有可能毫无阻碍地、独立自主地各向一面发展……和谐地融合了人民精神的一切真正要素，才能形成真正的人民报刊。"

中国共产党也始终把"人民性"放在新闻宣传工作的突出位置。作为我党第一代领导集体的核心，毛泽东创造性地将马克思主义同中国具体实际相结合，提出了许多重要的新闻传播思想。例如，他反复强调和积极提倡准确、鲜明、生动的文风，讲求宣传艺术，倡导用生动活泼、通俗易懂、群众喜闻乐见的形式宣传党的主张，反对"党八股"。

1948年10月，刘少奇同志在对华北记者团的谈话中指出："报纸办得好，就能引导人民向好的方面走，引导人民前进，引导人民团结，引导人民走向真理。如果办得不好，就存在着很大的危险性，会散布落后的、错误的东西，而且会导致人民分裂，导致他们互相摩擦。"

2009年10月9日，胡锦涛同志在北京举行的"世界媒体峰会"上的讲话中指出："在推进改革开放和社会主义现代化建设的过程中，中国政府始终高度重视媒体发展，鼓励和支持中国媒体贴近实际、贴近生活、贴近群众，创新观念、创新内容、创新形式、创新方法、创新手段，增强亲和力、吸引力、感染力，在弘扬社会正气、通达社情民意、引导社会热点、疏导公众情绪、搞好舆论监督和保障人民知情权、参与权、表达权、监督权等方面发挥重要作用。"

习近平同志继承和发展了马克思主义新闻观所倡导的以"人民性"为核心的政治传播理念，把改进文风视为转变党的作风的重要环节，积极提倡并主动践行"短、实、新"的文风。

从以上这些论述中，我们可以看出，马克思主义新闻观强调新闻宣传工作是"人民精神"和群众主观能动性的集中反映，同时，"人民性"也体现在新闻媒体对舆论的引导作用上。

在"全民传播"的时代，新闻传播的"人民性"更突出地体现在受众参与信息与观点的"内容生产"上。微博、微信的普及使社交媒体成为广大人民群众参与新闻生产和发表意见的主要渠道，这也就是人们常说的"人人都是记者""人人都是发言人"。这一变化应当引起传统主流新闻媒体的高度重视。在新闻产生和传播的过程中，传统主流媒体应当充分调动受众的主观能动性，让后者通过社交媒体平台积极参与信息和观点的"内容生产"，并结合舆论热点对后者进行有效地引导。换言之，在新的传播生态下，新闻工作者应当根据当下传播生态的变化和中国政治社会现实的需要，有意识地对马克思主义新闻观中的"人民性"理念进行"再语境化"的尝试，创造出紧贴时代要求和受众需求的新闻生产模式和话语体系。

其次，新闻传播走向"全媒体化"与现代传播体系的建立。近年来，以"社交化、本地化、移动化"(SoLoMo)模式为主要特征的全媒体新闻传播日渐兴起,加速了传媒业格局的变革和重组。2013年是传媒业格局重组趋向深入的一年。电商巨头亚马逊网站的创始人杰夫·贝索斯(Jeff Bezos),收购《华盛顿邮报》成为引人瞩目的标志性事件。在中国,有15年历史、在全国同类报纸中经营状况处于中上等的《新闻晚报》,因上海报业集团重组而宣布停刊,引发了有关纸媒命运的热议。诚然,电视业的"寒冬"尚停留在学者的文字和人们的想象中。尽管在微博上热传的"北京地区电视开机率降至30%"的帖子被证明是一条"误讯",但"报纸已死""央视之殇""互联网正在干掉电视"之类在媒体上频现的标题,也着实让传统媒体从业者感受到了丝丝寒意。

如何认识传统媒体与新媒体之间的关系? 马克思主义新闻观为我们提供了有力的认知视角。按照辩证唯物主义的观点,传统媒体和新媒体之间应当是既对立又统一的关系。"全媒体传播"正是这种"对立统一"关系的集中体现。

所谓"全媒体传播",一方面,是指新闻报道形态的多媒体化,即在原有的文字、图片基础上增加了历史档案、漫画、图表、音频、视频以及一些互动元素,并且采用了大数据新闻、对话新闻、可视化新闻等新的报道形式;另一方面,是指新闻报道的播发渠道从传统的报纸、杂志、广播、电视等向互联网、移动互联网等平台延伸,特别是在社交媒体上广泛传播,各个渠道形成传播合力,以扩大报道的影响力。

纵观媒介发展史,传统媒体与新媒体之间这种对立统一的关系也得以鲜明地体现。新旧媒体之间不是你死我活、线性演进的关系,它们之间的"竞合"仍然是大势所趋。早在100多年前电报问世之初,报业巨头詹姆斯·戈登·贝内特(James Gordon Bennett)就宣称"电报的出现宣告报纸的死亡"。新闻史上出现的"报业—广播大战""电视震荡"(即电视作为新媒体出现对报业、广播业、电影业带来的冲击)、"封杀网络新闻"(即通讯社、报纸、电视台联手拒绝给新闻网站供稿)等新老媒体火药味十足的"战争"最终都偃旗息鼓。正是从这个意义上说,近年来学界和业界以"全媒体"的概念整合原有的传统媒体与新媒体的"二元对立"关系是不无道理的,这也是将辩证唯物主义"对立统一"的视角运用于理解和把握新闻传播变局的有益尝试。

在新闻传播生态和格局发生剧烈变动及飞速发展的背景下,以习近平总书记为核心的新一代党中央领导集体审时度势,将推动媒体融合和创新发展上升到了国家战略的高度。2014年8月18日,习近平同志主持召开中央全面深化改革领导小组第四次会议,其中一项议程就是审议和通过了《关于推动传统媒体和新兴媒体融合发展的指导意见》。在"8·18"讲话中,他提出了"互联网思维"的新理念,并明确指出,推动传统媒体和新兴媒体融合发展,要遵循新闻传播规律和新兴媒体发展规律,强化互联网思维,坚持传统媒体和新兴媒体优势互补、一体发展,坚持先进技术为支撑、内容建设为根本,推动传统媒体和新兴媒体在内容、渠道、平台、经营、管理等方面的深度融合,形成立体多样、融合发展的现代传播体系。

2016年2月19日,习近平同志密集调研了《人民日报》、新华社和中央电视台等中央主要媒体并主持召开了党的新闻舆论工作座谈会。在"2·19"讲话中,他进一步强调,党的新闻舆论工作必须创新理念、内容、体裁、形式、方法、手段、业态、体制、机制,增强针对性和实效性。要适应分众化、差异化传播趋势,加快构建舆论引导新格局。要推动融合发展,主动借助新媒体传播优势。要抓住时机、把握节奏、讲究策略,从"时、度、效"着力,体现时、度、效要求。

具体到当前中国对外传播的工作,要贯彻落实习近平同志提出的"创新对外宣传方式,着力打造融通中外的新概念、新范畴、新表述,讲好中国故事,传播好中国声音"的指示,如何以"全媒体传播"和"互联网思维"的理念来打造融通中外的新闻话语体系是关键的一步。

二、中国对外传播面临的机遇与挑战以及存在的问题

运用马克思主义新闻观认识全球传播的新变局,不仅要在概念与理论层面上挖掘和厘清理论溯源,更要结合现实考量认清中国在构建全球传播新秩序中所扮演的重要角色,以及中国对外传播工作在宏观和微观层面上面临的机遇和挑战。近年来,中国经济的飞速增长带动了国家综合实力和国际地位不断上升。2008年北京奥运会的成功举办,标志着中国作为"新兴大国"在全球舞台上的闪亮登场。同年爆发的"金融海啸"使得经济发展一枝独秀的中国先后超越德国和日本,稳稳坐到了世界各国GDP"亚军"的位置。但中国经济实力的增长并未止步于此。据2014年5月世界银行"国际比较项目"发表的一份最新报告显示,到2014年年底,就购买力评价而言,中国经济总量将取代美国成为世界第一,比其原先预计的2019年提前了5年。

相形之下,中国媒体的国际影响力和在国际舆论场的话语权仍然较为薄弱,与日渐强大的"硬实力"不相匹配。在"中国崛起"步伐加快的背景下,西方媒体针对中国进行的"议程设置"和舆论攻势一浪高过一浪,国际新闻传播领域"西强我弱"的格局尚未得到根本改变。

尽管近年来,中国新闻媒体在能见度和辨识度上已经有了很大提升,但毕竟还未形成与西方国家老牌媒体BBC、CNN等相比肩的"品牌效应",甚至与卡塔尔"半岛电视台""今日俄罗斯"(RT)等"后起之秀"相比也存在一定的差距。从公信力、影响力、美誉度等更高层面的指标来衡量,中国新闻媒体还有漫长的路要走。

有鉴于此,中国国家硬实力与软实力之间的"二律背反"趋势日渐突出:一方面,是经济实力节节上升,一方面,却是国家形象排名步步下滑。在英国BBC每年发布的世界22个主要国家的声誉排行榜上,中国在2005年达到第5位的峰值,此后逐年下降。在2015年5月最新发布的排行榜上降至第9位,对中国持负面看法的全球民众达到42%,比

2012年增加了11%,增幅是历年之最。有趣的是,对中国持正面看法的全球民众也恰好为42%。

美国皮尤(Pew)研究中心2014年7月发布的对世界39个国家的民众对中、美两国态度的调查结果表明,对中国持正面和负面看法恰好各占50%。因此,我们可以用两句话简要概括中国所面临的全球舆论态势:"大国崛起"与"挨骂"时代同时到来;全球民众对中国的看法可谓"喜忧参半、爱恨交加"。

以上这些民意调查结果还表明,中国对外传播的力度、广度和深度距离全球民众的"期待视野"还有不小的差距。但从传播心理学的角度看,这预示着中国开展"大国外宣"恰好"生逢其时"。在这种呈"对称分布"的舆情走势面前,适时而有效的新闻传播会起到影响甚至扭转舆论走向的作用。换言之,当前中国对外传播工作总体上面临着"机遇与挑战并存、机遇大于挑战"的局面。

在此背景下,以习近平总书记为核心的党中央决策层审时度势,就提升国家文化软实力和加强媒体国际传播能力建设做出了一系列战略部署。2013年11月,党的十八届三中全会通过了《中共中央关于全面深化改革的若干重大问题的决议》,明确提出"建设国际一流媒体,提高国际传播能力和加强对外话语体系建设"的方针。在同年8月召开的全国宣传思想工作会议上和12月进行的中央政治局集体学习时,习近平对加强和改进对外宣传工作又提出了一系列新的要求,包括"打造融通中外的新概念、新范畴和新表述""讲好中国故事、传播好中国声音、阐释好中国特色"。

在"8·18"讲话中,习近平同志进一步提出,加强传统媒体和新媒体的融合发展,着力打造一批形态多样、手段先进、具有竞争力的新型主流媒体,建成几家拥有强大实力和传播力、公信力、影响力的新型媒体集团。这是新一届中央领导集体对新形势下加强和改进中国对外传播工作绘制的"路线图"。

在"2·19"讲话中,习近平同志明确提出了"打造具有较强国际影响的外宣旗舰媒体"的任务,这将是下一步中国媒体加强国际传播能力建设的中心任务。他在与中央电视台北美分台团队做视频互动时,得知90%的工作人员来自当地,特别肯定了该团队的"国际化"特色。这说明中国媒体在提升国际传播能力的过程中,要跳出原有的体制机制窠臼,大胆吸收全球媒体创意的专业人才,以"国际化"和"本地化"为基本原则,提升对外传播的品质和效果,增强中国媒体在国际舆论场上的话语权和影响力。

自2009年以来,国家有关部门对新华社、人民日报、中央电视台、中国国际广播电台、《中国日报》和中国新闻社等6大涉外中央级主流媒体,加大了投入的力度,对已有的媒体资源进行了优化整合,开办了一些新的媒体平台。其中,中央电视台的海外记者站点数量已达70个,包括2个海外分台(还有2个正在建设筹备中)、5个区域中心站和63个驻外记者站,数量在全球电视媒体中位居首位,基本完成了由"本土媒体"向"全球媒体"的转型。新华社在原有120多个海外分社的基础上,又增设了近50个分社,目前在境外设有

180个分支机构,数量居各大通讯社之首。《人民日报》的海外驻站数目在全球报业机构中首屈一指,其在Facebook等社交媒体平台上的影响力也大幅提升,到2015年9月已经突破千万,粉丝数量和活跃度均居全球报纸类账号榜首。

媒体国际话语权的提升促进了中国国家形象和声誉的整体改善。据美国皮尤研究中心2015年6月发表的报告,在亚洲、非洲、拉美地区民众中,对中、美两国持正面评价的比例,美国领先中国10个百分点左右,这个差距较前几年均有了显著的缩小;而在中东地区,中国则领先美国近30个百分点;在欧洲,美国仍然领先中国近30个百分点。

上述事实充分表明,近年来中国在提升国际影响力方面的成绩和成效是显著的,但现阶段所存在的问题也需要我们进行全面的认识和思考。只有对存在的"短板"有了深入的认知,才能找到下一步改革和创新的方向。从总体上看,当前中国对外传播的问题集中表现在以下三个方面:

首先,我们在推动"传媒走出去"的进程中,在战略部署和实际操作上过度关注欧美中心的目标市场和受众,忽视了"西方路灯光影以外的世界"——即过去所谓的"第三世界"国家,其中问题比较突出的是,忽视了主动与对中国具有特殊地缘政治意义的一些周边国家和发展中国家进行有效地沟通和互动。

其次,对外传播过分强调政府主导和规模效应,忽视了对民间和社区资源的利用,未能紧紧跟上以社交媒体为主要平台的"新闻生产全民化"的发展趋势。中央外宣媒体的海外驻站机构虽然从当地雇用了一定比例的专业采编人员,但还难以在短时间内改变当地受众心目中"官方媒体缺乏公信力"的刻板印象。因此,如何提升中国外宣媒体的公信力、影响力与亲和力,还需要在理念和实践层面上做出更为大胆的探索和深层次的变革。

最后,对外传播当中"全媒体"意识亟须进一步加强,在生产模式、传播方式、新闻语态方面,与当前全球传播生态的演进和传媒业的重大变革尚有一定的差距。

三、典型案例分析:新华社"玉兔月球车"报道

近年来,中国航天科技的发展受到全世界的关注,是对外传播中的一个重要报道领域。2013年12月,"嫦娥三号"登月探测器的发射是中国探月工程二期"落"月的最关键一步,举世瞩目。"嫦娥三号"由着陆器和被称为"玉兔"的月球车组成,此次探月任务需要攻克的关键技术多、技术难度大、实施风险高,为如何开展有效的对外传播工作提出了一些新的问题和挑战。

新华社对外部跳出传统科技报道的窠臼,以拟人化的手法进行跨媒体、跨平台的融合传播,打造了将文字、图片、视频和与网友互动等诸多形式有机融合的全媒体集成报道,成为在媒介融合背景下创新新闻话语体系和传播模式的典型范例。

此次"玉兔"报道的一个创举是传统媒体与新媒体密切合作,借助于社交网络平台进

行实时发布。从2013年12月初至2014年4月下旬,新华社对外部与以科普为主题的社交网站"果壳网"合作,成立了联合报道团队,把"月球车玉兔"拟化为一个爱冒险、懂科学、有亲和力的小男孩的形象。并通过运营新浪微博账号"月球车玉兔",让公众及时、准确地获取探月工程的相关资讯,身临其境地感受到航天事业所具有的重大意义和所承担的巨大风险,并逐渐对太空探索产生浓厚兴趣和敬畏之心。

"月球车玉兔"的官方微博,一方面,及时播报"嫦娥三号"的最新动向;另一方面,积极开展与太空探索相关的科普宣传。与此同时,它还与网友进行情感上的交流和互动。"玉兔"微博的语言诙谐,个性鲜明、贴近性强,受到网友们的喜爱,截至2014年4月,该账号在新浪微博上已经拥有超过60万的粉丝,提及这个账号的微博已接近1000万条,近1/3的帖子获得了上万条网友评论和转发。

"玉兔"报道还创造了一种独具一格的新闻话语模式——"日记体通稿"。《"玉兔"日记:我的奔月之旅》《"玉兔"日记:我的月球印象》《"玉兔"日记:新年好!地球》《月球车日记:我的登月之旅》等稿件的播发,赋予通稿语言更多的"人情味儿",给受众带来了耳目一新的感受。

"玉兔"报道在网络和社交媒体平台上受到欢迎的同时,引起了中央电视台、《人民日报》等传统媒体的积极响应,成为传统媒体的重要议题,并且还引发了国际主流媒体的高度关注,在国内和国际两个舆论场上产生了积极、正面的联动效应。

值得一提的是,"玉兔"报道的成功经验获得了中央领导同志的充分肯定。2013年3月,中央政治局委员、中宣部部长刘奇葆同志在一次会议上,把"玉兔"报道称赞为"宣传报道适应'微时代'的特点,在'微'字上下功夫"的典型案例。他指出,现在信息生产和传播进入一个"微时代",微博、微信、微视、微电影等影响越来越大,尤其为年轻人所喜爱。2013年底,中国自主研发的月球探测器"嫦娥三号"成功登月,账号为"月球车玉兔"的拟人化微博也同步开通,以生动鲜活的语言塑造了一个天真可爱的"玉兔"形象,受到广大网友的热捧。特别是在"玉兔"出现故障后,这个微博消息披露及时、全面,既有科学解释,又有真情表白,许多网友都被"戳中泪点",流下感动的眼泪,并通过转发微博、撰写评论等形式鼓励"玉兔站起来"。这是运用"微"技术开展宣传的成功案例,值得深入研究。我们要主动适应"微时代"即时性、移动性、互动性和全民化等特点,积极创新方法手段,不断扩大工作覆盖面,增强新闻宣传的影响力和感染力。

分析"月球车玉兔"报道背后的传播模式和语态特征,不难看出,借助新媒体对传统新闻话语体系进行"颠覆性创造",是新闻工作者在马克思主义新闻观的指导下,为适应以"全球、全民、全媒"为特征的新闻传播变局所做的一次有益探索。以下我们结合马克思主义新闻观的相关概念和理论,从三个方面来详细梳理和深入分析这组报道的特色与经验。

首先,充分发掘全球传播的"涟漪效应"。 通过研究对"玉兔"报道在国内外舆论圈所产生的影响,我们发现,全球传播存在一种"涟漪效应"。如果把玉兔报道的传播过程视为一个"影响力涟漪圈",那么,社交媒体就是其核心,国内传统媒体是其"内环",国际主流媒体则是其"外环"。正是通过这个逐级扩散的过程使"玉兔"报道的影响力不断增强。反过来,国际主流媒体和国内主流媒体的报道又增强了社交媒体报道的持久性,形成了一个良性互动的循环圈(如图 1 所示)。

"玉兔"的行踪借助社交媒体获得了广泛传播,在受到网民热议和追捧的同时,也引起了中央电视台、《人民日报》等传统媒体的关注,成为传统媒体的重要议题。央视新闻频道制作了 15 分钟的专题揭秘玉兔微博,充分发挥了电视媒体和社交媒体之间的联动传播效应。《人民日报》发表评论称:"代言中国'小兔子'的萌萌话语,就是展现在世界眼中的、科技力量赋予中国的'升级版'形象……中国'小兔子',俨然成就了一个文化符号,一个具有科技引领力量、具有世界影响的中国文化形象。"上述言论表明,以微博为代表的新媒体"小而美"的传播方式获得了传统主流媒体的充分肯定。同时,这也集中体现了传统媒体与新媒体之间相互"设置议程"的趋势。

值得注意的是,"玉兔"报道的影响力不仅限于国内主流媒体,还引发了国际主流媒体的关注,路透社、美联社、法新社、《华尔街日报》、英国广播公司(BBC)和 CNN 等国际主流媒体竞相报道、翻译"玉兔日记",将"玉兔"称之为"最抒情和最有诗意的机器人"。

BBC 的报道称,"玉兔"不仅是月球车的名字,更被赋予了男孩的性格,而那些日记和微博使"玉兔"能跟"他"的粉丝们进行非常个性化的交流。美联社的报道称,"玉兔"用一种"英雄探险者"的口吻,说自己遭遇到了一个可能无法逾越的障碍。美国《外交政策》(*Foreign Policy*)评论称,"玉兔"巧妙的社交媒体运用是"一次意外的成功"。这些报道和评论从积极、正面的角度传播了中国科技的进步和航天工作者的敬业精神,在国际舆论场产生了积极、正面的反响。

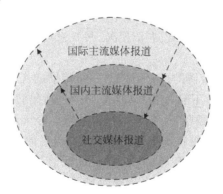

图 1 玉兔报道引起的"涟漪效应"

由此观之,"玉兔"报道适应了全球传播的新形势和新要求,它巧妙地引领了国内、国际两个舆论场,突破了传统的"内外有别"的传播理念的窠臼。它的成功充分表明,在新的国际政治格局和传播生态下,对外传播既要重视国内传播与国际传播的差别、深化和拓展"内外有别"的内涵,更要强调"内外一体",运用国内传播与国际传播的联动机制,强化国内和国外两个舆论场的"涟漪效应",提升中国对外传播的话语权和影响力。

其次,打造"全民传播"的新闻产制模式。在马克思主义新闻观关于"人民性"理念的指导下,"玉兔"报道运用了区别于以往同类题材报道的、更加个性化和充满人情味的传播策略,遵循"三贴近"原则和"短、实、新"的风格,既客观、真实又富有想象力地向全世界报道中国探月工程的进展,同时按照新闻传播的规律有效地引导舆论。

新华社开设的新浪微博账号"月球车玉兔"所传播的内容和语言表达方式均体现了"人民精神"和主动引导舆论的意识。从内容上看,"月球车玉兔"传播的新闻和科普知识都是广大网友关心、关注的,它不但及时传播"原创内容",还积极"转发"网友微博,回答网友提问,与网友进行各种互动,引导舆论走向朝着积极、正面的方向发展。

"月球车玉兔"微博账号用第一人称、人格化的方式,向网友实时播报月球车的行踪,推送相关的科普新闻,熟练使用网络语言与网友频繁互动,甚至还会使用"卖萌"策略"求关注"。第一条微博是这样写的:

大家好,我是月面巡视探测器玉兔,你可以叫我@月球车玉兔。我来自中国,4个小时后将和嫦娥三号一起飞向月球。我长得有点普通,但能探测和考察月球,会收集、分析样品。这是我第一次发微博,希望接下来几个月,能和大家分享太空的样子。其实我有点紧张……希望这次能完成任务。

执行探月任务期间,月球车遭遇了一次技术故障,这场突如其来的"危机"本来极有可能在国内和国际舆论场上引发"围观"效应,导致负面炒作,但是,报道团队通过与网民日常的互动和交流已经树立起了坚强勇敢的"玉兔"形象,也让后者对呕心沥血研制和抢救"玉兔"的航天科技工作者肃然起敬。2013年1月25日,"月球车玉兔"微博一句"啊……我坏掉了",一天之内被网友转发超过3万次,网友发起"为玉兔祈福"的微博话题为它祝福。

在危机发生后,"玉兔"微博的运营者按照网络传播的规律,主动引导舆论,与网民进行情感上的沟通和互动:"对不起,让大家难过了……师父们还没放弃治疗呢,我也不会轻易放弃……这里的太阳已经落下,温度下降得真快。今天说了好多,但总觉得还不够。告诉大家个秘密,其实我不觉得特别难过。我只是在自己的探险故事里,和所有的男主角一样,也遇到了一点问题。"这些亲切、坚强、感性的话语,戳中了网民的"泪点",赢得了他们在情感上的共鸣,消解了危机事件出现时可能引发的"围观"效应。有效引导了网络舆论。

2月13日晚,国防科工局正式宣布,"玉兔"号月球车已于2月12日下午受光照成功自主唤醒。"玉兔"苏醒后,微博上一句"Hi,有人在吗"吸引了12万次转发、7万多次评论和8万多次点"赞"。"月球车玉兔"的话语感动了全世界,巧妙化解了一场危机。美国《外交政策》的评论称,"玉兔巧妙的社交媒体运作,对多年来试图说服持怀疑态度的公众接受太空探索却无果的中国太空计划来说,是一次意外的成功"。"玉兔"报道团队面对危机不再沉默不语或极力掩饰,面对批评和质疑保持包容、淡定的心态,同时借力于高效、及时的新媒体传播平台,采用网络语态和讲故事、人格化等策略进行"双微"发布,为中国政府、企业和媒体在新形势下开展有效的危机传播开辟了新的路径。

最后,构建全媒体传播的新闻话语体系。在话语体系和传播模式的创新上,"月球车玉兔"报道提供了许多宝贵的经验。具体来说,它打破了传统新闻媒体通稿话语体系的限制,尝试在社交媒体、新媒体专线和新闻通稿三个层面进行"话语杂糅"。此项创新以微博、微信账号发布为主渠道,层层递进,打通了新媒体和传统媒体平台,形成了一个"正金字塔"式的全媒体新闻话语体系(如图2所示)。

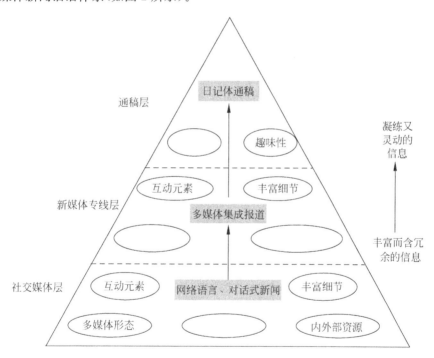

图2 基于社交媒体的"正金字塔"新闻话语体系模式

社交媒体层:用"互联网思维"践行"全媒体新闻"

"正金字塔"的最底层是社交媒体层,其核心特点是网络语言和互动新闻,信息包含丰富的细节、多媒体形态和大量互动元素,以及媒体内外部的信息资源,甚至还包括受众贡献内容的"众包新闻"。这一层的信息量大而芜杂,有很多冗余信息。

"月球车玉兔"报道正是践行"互动新闻"的一个成功案例。在社交媒体平台上把"月球车玉兔"打造成爱冒险、懂科学、有亲和力的男孩形象是此次报道成功的第一步。据主创人员介绍，他们希望通过运营新浪微博"@月球车玉兔"这个账号，让公众获取及时、准确的相关资讯，充分感受到航天事业的重大意义和巨大风险，并逐渐对太空探索产生浓厚兴趣和敬畏之心。为了达到上述的目标，作为传统媒体的"旗舰"机构的新华社与以科普为主题的社交网站——"果壳网"——展开合作，共同探索"全媒体新闻"的模式和语态。

"互联网思维"在其中所起的作用功不可没。所谓"互联网思维"，在这里是指符合网络传播特点的思维方式。超文本、多媒体、互动性、个性化等均是网络传播的特点，建立在这些特点之上的思维方式主导着"全媒体新闻"的实践。例如，"@月球车玉兔"用第一人称、人格化的方式向网友播报月球车的行踪，推送相关的科普新闻，熟练使用网络语言与网友频繁互动，甚至还会使用"卖萌"策略"求关注"。上文中提到，"玉兔"苏醒后，一句"Hi, 有人在吗"吸引了12万次转发、7万多次评论和8万多次点"赞"。这种通过与网友进行对话来播报新闻的传播方式令人耳目一新，是传统媒体与新媒体实现"竞合"、共同打造"全媒体新闻"的范例。

新媒体专线层：细节丰富、原汁原味的多媒体集成报道

第二层是新媒体专线层。所谓"新媒体专线"指的是为新媒体平台提供内容产品的发稿线路，尤其适用于通讯社。较之社交媒体层，这一层剔除了大量冗余信息，最突出的特点是把内容制作成一个个可以任意组合的"模块"，根据需要进行"集成"，以方便不同媒体的采用。

在"玉兔微博"的基础之上，专业记者和编辑们运用多媒体集成报道形态，把原汁原味的社交媒体报道整合，通过新华社新媒体专线进行传播。除了新浪微博外，新华社对外部微信公众账号"我报道"、搜狐新闻客户端、中国特稿社网站也配发相应的报道。"我报道"上播发的《晚安！玉兔抱恙工作月夜睡前发微博》《征途是星辰大海——月球车玉兔历险90天》等稿件不仅实现了文字、图片、视频的有机融合，还用调侃、戏拟、拼贴等具有后现代风格的传播策略再现了"玉兔"和网友之间的互动。在中国特稿社网站的"月球故事、玉兔报道"专题页面上，还专门设置了"Q&A"栏目，呈现网友与"玉兔"之间的精彩问答，用"对话新闻"的形式实现了官方、精英、公众这三种话语体系之间的有效互动。

通稿层：富有"人情味儿"的日记体通稿的诞生

"正金字塔"的最上层是通稿层。此次"玉兔报道"由于有"社交媒体层"和"新媒体专线层"的大量素材基础，通过精心筛选和反复提炼，别开生面地创造了一种"日记体通稿"。《玉兔日记：我的奔月之旅》《玉兔日记：我的月球印象》《玉兔日记：新年好！地球》《月球车日记：我的登月之旅》等稿件的播发，打破了人们对新华社通稿的刻板印象，赋予通稿语言更多的"人情味儿"，让受众感到亲切、有趣。

除了日记体通稿外，新华社播发的其他一些探月通稿报道也给人带来了耳目一新的感觉。如《玉兔给自己"挖坑"准备"睡觉"》《玉兔去哪儿》《让玉兔做主》等稿件，将热播电视节目和网络传播的语态及表达方式引入传统新闻的话语体系中，使之更加贴近青年受众。较之"正金字塔"的下面两层,通稿层的信息高度凝练,但是,却因为富有"人情味儿"和"趣味性"而显得颇为活泼、灵动。

综上所述,"正金字塔"模式用"互联网思维"改进传统新闻话语体系,体现了传统媒体与新媒体之间既对立又统一的"竞合"关系,旨在打造以"全媒体"为核心的新闻话语体系和传播模式。一方面,社交媒体新闻文本的形式和语态极大地丰富了传统媒体新闻话语,对传统媒体是一种"反哺";另一方面,新闻文本的传播和接受过程发生倒置现象,从以前的"传统媒体⇒网络媒体",变为"社交媒体⇒网络媒体⇒传统媒体",传统媒体更主动地从网络媒体和社交媒体中汲取养分。此外,受众的主动性也大大提高,不仅可以自主选择获取和积累信息的路径,还可以通过评论、转发等方式参与新闻文本的生产与传播,媒体与受众的关系也从此前的单向线性传递变为双向甚至于多向互动传播。

第十讲 为人民把握好新闻舆论的领导权

李希光

清华大学新闻与传播学院教授
清华大学国际传播研究中心主任

演讲人简介：李希光，1959年出生，江苏人。清华大学新闻与传播学院教授、博士生导师，清华大学国际传播研究中心主任。1982年毕业于南京大学外文系。1988年在中国社会科学院英语新闻采编专业获硕士学位。先后任新华社高级记者、《华盛顿邮报》科学记者、哈佛大学新闻政治与公共政策中心研究员。1999年至今在清华大学任教，2002年至2009年任新闻与传播学院副院长（2005—2009年任常务副院长）。首届全国百佳新闻工作者。代表作有《妖魔化中国的背后》（第一作者）、《畸变的媒体》《新闻学核心》等。

习近平同志2016年2月19日在北京主持召开党的新闻舆论工作座谈会,发表了有关新闻舆论工作的重要讲话。这里,我主要就习近平讲话谈三点学习体会。

一、"坚持党的领导,坚持正确政治方向"

习近平在"2·19"讲话中强调,"坚持党的领导,坚持正确政治方向""党的新闻舆论工作坚持党性原则,最根本的是坚持党对新闻舆论工作的领导。党和政府主办的媒体是党和政府的宣传阵地,必须姓党。"

为什么新闻舆论工作要坚持党的领导?

习近平同志早在2013年的"8·19"讲话和2014年在中央党校省部级主要干部研讨班的"2·17"讲话"等系列重要讲话中深入剖析了当前中国在舆论导向方面,特别是互联网领域存在的重大问题和难点,从体制和机制方面找到了问题的症结所在,即表面上媒体管理权和舆论引导权在党的手上,但具体到媒体的议程管理上和网络的议程管理上,政治领导权有旁落的危险。近年来,网络舆论中,在事关大是大非的重大问题或突发公共事件上,一些虚假信息通过互联网在社会化媒体上大肆传播,甚至成为部分媒体的基本观点。在重大突发事件发生后,有的党政部门不主动设置议程,失去了议程设置和主导新闻话语的能力,媒体常常迷失方向。

为什么?首先是党内有的领导干部在牵涉到大是大非问题、政治原则问题上左顾右盼,退避三舍;在意识形态领域,在牵涉到制度模式选择、价值体系建设等重大问题时,有的宣传工作者和党的媒体含糊其辞,三缄其口;有的领导干部用"不争论""不炒作"为自己的不作为开脱,关键时刻左右摇摆,在事关党和国家命运的政治斗争中做旁观者,态度暧昧,假装开明绅士,甚至不排除党内有个别人等候时机改旗易帜;在重大敏感的政治问题上,人民群众亟须党的发言人解答时,党和政府的发言人制度形同虚设,在重大敏感问题上,干部群众越是需要党和国家的发言人解答时,党和政府的发言人及其官方微博越是形同虚设,敢于公开出面维护党和人民利益的发言人稀缺;在微博上,很多爱国人士走入匿名,变成"自干五"(自带干粮的五毛党)。

近年来,依靠庞大的资本力量,国内互联网巨头如百度、阿里巴巴、腾讯、新浪等频频跨界投资到媒体领域,打造有利于自身发展的媒体生态圈。所有党媒、官媒和政府网站都要挂靠或绑在这些互联网巨头的平台上方能生存,如各大官媒的官方微博、微信公众号和各级政府的微博等,而传统的主流媒体的传播平台和所有权被网络巨头公司架构的"互联网+"颠覆了。从传统的互联网媒体到"互联网+",转移的是平台霸权和媒体的所有权,转移的是媒体和文化的领导权,"互联网+"正在淘汰市民化的都市报。新闻无差别化的报纸和新闻网站无法活下去,而新闻娱乐化和虚假新闻泛滥,新闻失去了权威性、真实性和重要性。媒体的生产和消费被互联网巨头控制的入口级平台整合和操控。

这一切对国家的新闻舆论传播意味着什么？对普通老百姓的新闻舆论传播又意味着什么？

近年来的中亚、北非和乌克兰的颜色革命及政治暴乱表明，执政党一旦丧失了新闻传播的议程设置能力，就会处于一种劣势，一种失声的危险状态，它的权威性和可信度就会受到挑战，政权就会被资本强势集团媒体设置的议程、制造的新闻和媒体塑造的意见领袖推翻。

互联网已经取代传统主流媒体，成为制造舆论的主流管道和舞台。互联网特别是微博、微信等社交媒体正在被资本利益集团掌控和监管，一出现重大的政治事件、社会事件，甚至自然灾害事件，微博和微信等社交媒体被资本集团的代言人牢牢把玩在手中，成为它们制造议题和传播谣言的最迅猛的舆论工具。在资本集团控股的网络媒体上，大搞媒体娱乐化、媒体暴力化，没有思想内容的电视剧正在消解主流意识形态，特别是社会主义核心价值观。这些网络媒体的时政板块及历史板块更是通过占领启蒙阵地，大肆传播历史虚无主义思潮，搞所谓的重写历史、近代史、党史、抗战史、军史、内战史、抗美援朝史。在形象的包围中，把贫富差距、城乡差距、区域差距和话语权差距这四个社会主要矛盾引导到娱乐上。有的官媒打着"群众喜闻乐见"的旗号，搞所谓的新闻节目娱乐化，大量减少党的领导人的重要讲话，用"节省"下来的时间报道动物世界里的趣闻和见闻。

新闻舆论"坚持正确政治方向"就是要充分报道政治新闻，政治新闻是民主社会的基础。但是，某些主流媒体在商业和资本利益的诱导下，出现追求收视率、点击率和广告收入为导向的问题。例如，在某电视台 22 个频道每天几百个小时的播出中，中央常委的重要讲话、活动的新闻报道被限定不能超过 3 分钟，而奥巴马的讲话和活动在某电视台里却没有这个限制。

过去，中共中央常委发在《求是》杂志上的重要政策性文章，新华社、《人民日报》、各级党报和央视新闻联播都是要刊播的，但是，从 2013 年开始，党的一些主流媒体不再转发或转播。很多地方和基层的党政领导长期以来每天看《新闻联播》，其目的就是要了解党和国家领导人的重要讲话和政策性文章。一旦在主流媒体上看不到或听不到中央的完整声音，将会影响地方和基层的党政领导对中央的真实意图的领会和把握。为了保障全国广大干部群众在改革问题上的知晓权和话语权，中国应该学习西方发达国家的做法，开设一个公共电视台，如美国的 C-Span 频道，24 小时播放国家领导人、政府各部部长等每天在各种重要会议上发表的政策报告。这个频道并不要求娱乐趣味性，但是能够确保人民群众获得党和政府相关政策的酝酿及出台的完整信息。通过开辟这样一个没有广告、没有娱乐节目，完整报道党和政府领导的政策直播或录播频道，让最广大的人民群众能够直接听到中央高层及党和国家其他部门的声音，加大人民群众对党中央高层在涉及国计民生和改革决策上的认识，同时也是对他们的工作态度、工作水平、责任心等的最直接的群众监督。

只有当全国人民能够随时完整地知晓党和国家领导人在讲什么、在做什么、在想什么,人民群众才能认同我们的改革的确是以"为人民服务"为导向的,从而赢得民众对国家的改革政策的支持和理解,逐步化解社会不满,防止社会进一步分化和分裂。人民群众通过媒体,完整地看到党和国家领导人以及部门领导的政策性讲话,就可以透过这些讲话的字里行间思考和判断国家在改革上的某项政策是否惠及中国最普通的老百姓,是否被利益集团左右。

简而言之,"坚持党的领导,坚持正确政治方向"的最有效的做法就是把人民群众放在核心地位,党和政府直接与人民群众对话,特别是党的高层领导核心把心里想说的话、在党内说的话,直接通过网络媒体和社交媒体向人民群众表达,形成一张扁平化的党中央与人民群众直接双向沟通网络。通过党中央与党员干部群众和广大人民群众的扁平化传播机制的建立,减少中间层级在传播中央声音过程中制造的错误信息和杂音,特别是有的媒体和网络不完整报道中央高层的讲话,而是通过某些公知学者和公知记者的解读,对中央高层讲话别有动机地进行另设议题的解读。

二、"坚持以人民为中心的工作导向"

习近平在"2·19"讲话中强调,"坚持以人民为中心的工作导向""坚持党性和人民性相统一"。

新闻舆论为什么要"坚持以人民为中心的工作导向"?

十多年前,麻省理工学院教授乔姆斯基按照功能,把媒体分为两大类:一是分散注意力的大众媒体;二是设置议程的精英媒体。大部分媒体属于分散注意力的大众媒体,这类媒体把一切内容娱乐化,使大众"娱乐至死",而不让大众了解事情的真实情况。资本精英集团则把严肃的政治话题和经济政策留给精英们思考,而把大众当成围观者,不让大众成为严肃重大议题的参与者。比如煽动网民参与网络围攻,组织并动员大众每隔几年在精英圈内选一个合法统治他们的聪明人,选举结束后,大众跟过去一样,回家继续看连续剧,在微博上继续围观。从过去十多年资本精英集团精心培育的网络舆论场看,资本精英集团对大众媒体和网络媒体的态度及手段是:"只要不来骚扰我们,他们爱怎么玩都行"。当大众媒体和网络媒体只关注丑闻、色情、血腥、暴力、名人、隐私、时尚,而不冲破精英集团预设的议程牢笼,不去关注严肃的政治话题时,他们就达到了控制社会舆论的目的。

这只"看不见的手"制造并主导了网络主流意见。这只手把新自由主义当作一种意识形态加以恪守,拒绝网络媒体作为公共事业一部分的任何建议,任由国内外资本进入中国的网络,力图控制中国的网络舆论体系与网络宣传体系。这个宣传体系与中外资本集团在议程、议题和立场上密切配合并联动,力图控制大众在网络上读到的、听到的和看到的信息，从而制造网络上政治讨论的议题和政治正确性的标准。由于资本集团的目光狭隘，它们只能看到一个媒体所有者和广告商想要看到的媒体世界，如果有人冒险冲出这个资本牢笼，资本集团控制的网络、媒体、学界就会对其采取一种敌视或无视的态度。

"坚持以人民为中心的工作导向"的基础是媒体的公共性。媒体的公共性的基本原则是各个阶层的民众在重大议题上的知情权、在各类主流媒体上的民主表达权和平等对话权。媒体上的平等权利体现在，无论是在传统主流媒体，还是在新兴意见领袖媒体，任何人都是平等的理性对话成员。面对中国媒体公权被资本严重侵蚀的现实，国家要确保新闻媒体能像教育和卫生等公共事业那样，为社会提供均等化新闻与言论服务，保障最广大的人民群众的知情权、意见表达权，以及人民的意见对公共政策的塑造力和影响力。破坏媒体公共事业性质的人在社会上虽然只占很少一部分，但其中的一些人掌握着媒体和网络话语的生杀权。他们一旦发现网上群众意见不利于自己时，就会想方设法用最快的速度封锁不同声音，以凸显他们才是代表未来的强大集团。但是，中国共产党不是任何派别和利益集团的代表，而是全中国人民根本利益的代表，中国政治体制改革是确保中国共产党不退化为派别和利益集团的代表，是把党对政府在价值取向和大政方针上的监督变成人民对政府监督的一种形式，从而确保国家的改革不被资本控制的媒体议程左右。

习近平同志在"8·19"讲话中指出："做好宣传思想工作，必须讲人民性。坚持人民性，就是要把实现好、维护好、发展好最广大人民根本利益作为出发点和落脚点，坚持以民为本、以人为本。做好宣传思想工作，必须解决好'为了谁、依靠谁、我是谁'这个根本问题。"言论和出版自由是《宪法》赋予媒体的权利。中国《宪法》规定的言论出版自由服务于中国共产党所建立的政权的合法性和正当性，展现的是执政党对多样性意见的包容，但并不意味着政府必须同意和顺从媒体上的意见，更不意味着媒体的报道就是真相。

习近平指出，"要树立以人民为中心的工作导向，把服务群众同教育引导群众结合起来，把满足需求同提高素养结合起来"。提高群众的素养意味着增强公民个人的"认知能力"。不能把政府发表专业言论与言论自由混为一谈。言论自由服务于民主正当；专业言论服务于政府胜任。言论自由可以使政府变得"正当"，专业言论则服务于增强公民个人的"认知能力"。媒体作为商业企业，其目标可以取悦网民和读者，而作为党和政府的各级发言人的新闻发布，重要的是其发布的内容必须是真实的、可信的、权威的、明智的、严肃的、专业的，而不是去考虑其发布的"真相"必须取悦网民，党和政府的新闻发布是为了彰显政府在专业上和执政能力上是"胜任"的、逻辑上是严谨科学的。

"坚持以人民为中心的工作导向"的新闻舆论工作，就是确保《宪法》所规定的言论出版自由保护的是读者、听众、观众和广大网民，而不是媒体幕后的利益集团的权利。言论出版自由不是媒体随意散布谎言、偏见、仇恨的通行证，言论出版自由是满足人民掌握真实、完整、可靠信息的权利。既然新闻自由是每个公民的权利，国家应该有责任和权力保护人民的新闻自由，确保新闻报道的信息源的多样性、观点的多样性。一个国家的新闻政策应能保证一个准确的、全面的、平衡的新闻报道环境,以防止媒体利用手中权力,通过意见领袖把少数人意见重构为代表广大人民群众的主流意见。

今天,打开电视和网页,我们会发现大量吃媒体这碗饭的"玩家"。除了冲在前沿的记者、编辑和主持人外,他们中还有媒体投资者、经营者、微博大户等。新闻自由跟这些人是什么关系?新闻自由是属于人民的,不是属于媒体玩家的。如果新闻自由属于媒体或者那些媒体玩家,媒体就会成为统治人民和愚弄人民的工具。在今天这样一个媒介化的社会里,舆论越来越被媒体和其背后的权贵集团操控。资本权贵所提倡的媒介资本化、产业化,是一种公司化的新闻媒体。这种公司化的新闻媒体的追求与一个真正的民主社会人民群众对信息的需求是不兼容的。资本集团一边说要"观点的自由市场",但是,在它们控制的媒体里,只有一种黑白分明的观点:一类是它们视为新主流的观点;而另一类是被它们讨伐的观点。资本集团大声呼喊的新闻自由是捍卫自己旗下媒体的自由,而不是让广大的人民群众在其媒体上发表不同意见的自由。

"坚持人民为中心的工作导向",就是坚持新闻的公共事业原则,保证人民获得均等化的知情权和意见表达服务。但是,资本控制的媒介市场存在着严重的话语权不平衡,大量新闻,甚至许多向上呈送的舆情都被扭曲。就像乔治·奥威尔在他未出版的《畜牧场》一书的序言中所说,自由国度中的审查制度毫无疑问比专制政体还要复杂和彻底,因为"不受欢迎的观点可以使之陷入沉默,不合时宜的事实可以使之陷入黑暗,而这些并不需要任何官方的禁令"。

伊利诺斯大学传播系教授罗伯特·麦克切斯尼几年前出版的《数字封杀》展示了在数字环境的语境下,一个公开的、民主的互联网跟一个资本集团为追求私利而操纵的互联网完全是两码事。互联网发展到今天,互联网呈现了一个资本财团不断集中和垄断的严峻画面。互联网大户都在试图通过利用政府对市场的管制的放松去抢占消费者的"每一秒醒来的时间",以巩固它们的市场阵地。互联网垄断破坏了民主社会的基础——人民群众对社会、经济、政治的重大事件的知情权、议政权和参政权。在今天这样一个完全娱乐化和资本化的网络世界里,资本集团通过颠覆新闻和网络作为社会民主活动的工具,将其转型成压制不同观点,让个人成为无独立思想和独立判断能力的享乐追求者的工具。这种资本垄断的网络舆论场带来了一系列严重问题:垄断巨头变互联网为监视人民和反民主的工具;传统的个人隐私观念在网上已经近乎消失了;互联网垄断媒体通过窒息不同的思想,让中国的知识分子失去独立思考的能力。网络媒体的主流思潮不等于中国社会的主流思潮;中国网络里的某种霸权意见并不代表广大民众的意见,而是资本媒体集团利用自己把控的网管、技术和政策资源极力维护和推销的意见,从这个意义上看,网络公司不断推出的各种舆论领袖的意见不等于多数人的意见,更算不上社会共识,只能算作具有抓眼球价值的意见。

西方法律界一直在就媒体的公共事业性质展开争论。早在70年前,一起针对美联社的诉讼援引《反垄断法》对付媒体,提出规范那些在向公众传播信息方面扮演重要角色的公司。当时美国司法部指控,美联社的章程允许旗下报纸拒绝当地竞争对手加入其巨大的新闻网络,从而遏制对手。初审法院同意这个指控,指出,新闻并非普通产品,新闻是一种更"要紧"的产品,"包覆着一层公共利益"。但是,资本控制的媒体和网络会奋起反对任何形式的法律制约。如果新闻和媒介这个民主自治所不可缺少的氧气受到那些从现存的不平等和对现状的维持中受益者的控制将是危险的。

比如,如果中国的地产大亨入股中国某个网络与媒体企业,这家网络或媒体就将在追逐利润的路途中,反对任何抑制房价的政策。最令人担忧的是,跨行业的媒体投资与经营将会导致媒体在改革的路线上趋向保守,他们将反对任何会损害他们趋于固化的跨行业集团利益的改革新政,并把所有为公众服务的价值观和机制当成自己的敌人。今天媒体和网络所代表的利益集团主要是金融和地产等多个领域的资本利益集团。资本集团的政府关系策略是先影响政策精英、学术精英、媒体精英,这些群体人数虽少,但把这些人争取过来,就有可能在高层知识分子中形成"共识"。这群精英往往拒绝社会调研、拒绝走群众路线,对中下层群体的舆论缺乏倾听,更缺乏与圈外持不同观点的知识分子交流。这些精英喜欢在五星级酒店里开"顶层设计"会,以全民的名义拟定一份规定中国向何处去的空洞政治宣言,制造媒体泡沫。在重大的政治和突发事件发生后,资本集团掌控的网络媒体通过制造议题,发动社会舆论并制造有利于自身利益集团的舆情。在资本集团媒体制造的舆论诱导下,多数人的注意力被禁锢到一个方向上,在网民中和社会上制造了一种情绪和立场的趋同,从而按照利益集团的议程定义社会紧张根源,制造一个媒体和网民的公敌,为各种事件提供语境和解读,并通过它们的代理人即刻组织撰写网络舆情,呈报上层。

三、加快培养一支政治坚定、业务精湛的新闻舆论队伍

习近平在讲话中说:"要加快培养造就一支政治坚定、业务精湛、作风优良、党和人民放心的新闻舆论工作队伍。新闻舆论工作者要增强政治家办报意识,在围绕中心、服务大局中找准坐标定位,牢记社会责任,不断解决好'为了谁、依靠谁、我是谁'这个根本问题。"

2015年年初,西方学者在《全球传媒学刊》(德国版)上发表的专题报告《国际媒体援助》,对民主基金会、开放基金会、亚洲基金会、自由之家等西方组织利用媒体在东欧、中亚、中国等国搞"媒体援助"做了评估。这份报告承认,所谓的"媒体援助"是"民主援助",西方的媒体援助计划自称为"媒体传教士计划"。综合西方媒体援助计划的目标和其在中国、俄罗斯等国的实践,其具体策略包括:

① 通过卫星电视频道落地,办当地语言的媒体网站(如华尔街日报中文网、金融时报中文网),直接广播西方的声音;

② 变当地媒体为西方的传声筒,向当地媒体提供新闻内容,放大西方的声音,放大反

对派声音,这是西方媒体援助计划的重中之重;

③ 改变媒体和新闻的公共性,扶植一个强大的私营媒体产业,形成足以抗衡,甚至淹没执政党声音的反对派力量;

④ 发动群众、发动街头政治,最终改变政权。

西方媒体援助计划的效果评估标准:

① 在目标国培训记者人数;

② 是否帮助当地记者组建记者同盟、记者网络和记者论坛;

③ 是否资助当地大学新闻传播学院开办项目课程;

④ 培训的当地记者、编辑和带的实习生所策划、采写的新闻热点、选题、文章数量有多少;

⑤ 其培训的媒体、记者和学生策划的新闻热点对改变当地的政策、法律和政权的影响。

从西方政府、基金会、非政府组织等对俄罗斯和中国等国的新闻舆论策动手段看,其本质就是一种扁平化的新闻宣传渗透。西方基金会和非政府组织通过安排西方政客名人、媒体人、培训师及方方面面的社会活动家走进俄罗斯或中国的媒体编辑部、新闻学院课堂,手把手地指导记者和学生的新闻作业,这是一步到位的亲西方新闻骨干的培养方式,直接把西方的新闻立场、叙事框架、新闻话语、新闻语境、议程设置直接刻在俄罗斯或中国记者的头脑里。

面对这样的一个严峻局面,各级党组织要按照习近平讲话要求,"要加快培养造就一支政治坚定、业务精湛、作风优良、党和人民放心的新闻舆论工作队伍。新闻舆论工作者要增强政治家办报意识,在围绕中心、服务大局中找准坐标定位,牢记社会责任,不断解决好'为了谁、依靠谁、我是谁'这个根本问题"。党的宣传部门马上应该着手做的事情包括:

第一,各级宣传部门在录用干部时,要尽量从政治敏感、思想清晰、立场明确、文字老练、语言流畅、有多年基层工作经验的人中选拔,如果直接从高校毕业生录用干部,不要局限于文科生,要多从优秀的理、工、农、医专业中选拔学生。解放初期,毕业于清华物理系的于光远、何祚麻和毕业于清华化学系的龚育之都在中宣部工作过。

第二,宣传部门要争取在未来两三年内,把现有的干部中的一半人转变成党的笔杆子和优秀的新闻工作者,在职培养一大批思维敏锐、文字水平超高,能生产出具有高强吸引力的新闻宣传文字、图品和音视频作品的新闻工作者。

第三,党的政治家、理论家、思想家、外交家和优秀的笔杆子要走进大学课堂,不仅开设讲座,更要开设课程,为党的新闻宣传事业培养一步到位的人才。

传播篇

第十一讲 漫谈东西方跨文化交流

赵启正

国务院新闻办公室原主任
中国人民大学新闻学院院长

演讲人简介：赵启正，1940年出生，北京人。1958年至1963年在中国科学技术大学物理系核物理专业学习；1981年晋升为高级工程师；1984年任上海市工业工作委员会党委副书记，同年任中共上海市委组织部副部长；1986年任中共上海市委常委、组织部部长；1991年任中共上海市委常委、副市长；1998年调任中共中央对外宣传办公室主任、国务院新闻办公室主任；曾任全国政协常委、外事工作委员会副主任委员；2005年兼任中国人民大学新闻学院院长。

范敬宜：各位同学、各位老师，今天我们很荣幸地请到大家仰慕已久、盼望已久的赵启正老师来给我们讲课。首先我代表清华大学新闻与传播学院的全体师生，对赵启正老师表示热烈的欢迎和衷心的感谢！赵启正老师现在是中国人民大学新闻学院的院长，是中国新闻界和新闻教育界的一个领军人物，在我的心目中，赵启正老师还是一个非常令人敬佩的、有着丰富和独特经历的传奇式人物。他本身是一位科学工作者、高级工程师，可是他的成就远远超出他的专业，他有过领导科学技术的经历，有过长期从政的经历，有过领导和组织经济建设的经历。其中非常突出的一件事，也是应该被浓浓写上一笔的，就是他曾担任浦东开发区的主要领导，实际上是浦东开发区建设的总指挥，为浦东开发立下汗马功劳。1998年他转入新闻宣传领域，担任中共中央对外宣传办公室和国务院新闻办公室主任。其间，他为中国的对外交流开拓了新的天地，也被外国媒体称为中国政府的公关总领"中国的形象大使"等。我们从这些称号上不难理解和想象，他为世界展示中国形象作出了巨大贡献。由于他卓越的才能和成就，他当选了中共第十六届中央委员、政协第十届全国委员会委员，2005年还被中国人民大学聘为新闻学院院长，开始他在新闻教育领域的一个新的长征。这里，我还要特别提到，在他担任国务院新闻办主任期间，同清华大学新闻与传播学院建立了非常密切的联系，给了我们许多支持和帮助，我想今天借这个机会向他表示衷心的感谢！赵启正老师学识渊博、视野开阔、才思敏捷、口才出众。今天他演讲的题目是"跨文化的交流"，这也是他这几年一直在研究和考虑的问题，而这个问题也是我们马克思主义新闻观教学里面的一个重要课题，现在让我们用热烈的掌声欢迎赵启正老师为我们作精彩的讲演！

赵启正：今天跟大家交流的是一个文化的课题，新闻是文化中的一种，或者说是属于文化的范畴。任何一个国家都要对外表达自己，大家在写新闻或写评论的时候，实际上希望对方能够听懂我们的话，能够使他们有所印象或对他们有所影响。我从事中国的对外宣传也就是中国的对外表达、对外传播有8年之久，我深感我们对外国人讲中国的时候，往往特别习惯用我们的词汇、我们自己的观念去假设外国人，因此我们说的话、我们的词汇和我们所用的语言，人家理解起来很困难，往往是事倍功半。国际的沟通是我今天讲的重点，就像英国的BBC、美国的CNN、日本的NHK，都是对外表达的。而我们大家毕业以后的工作，不是只写给中国人看的新闻，即使给中国人写的新闻，外国人也在读，他们很多人也懂中文。大使馆、联络机构、外国大学……他们也要读我们的东西，所以，我们一定要想到，我们将来服务的对象不只是中国人，还有很多外国人。

今天讲的重点是国际沟通，或者说是和外国人的沟通。国际沟通的本质还是人与人的沟通，即使是外交部对外交部，也是人与人去谈；政府对政府，也是总理与总理去谈。所以，各种对话的基础都要有文化的互相理解，我们一定要明白我们是生活在全球对话的时代，为什么说是全球对话的时代呢？因为世界多极化、经济全球化，要求世界各国彼此了解,不然不能在政治上沟通。比如,朝核问题六方会谈,这 6 个国家就要沟通,WTO 就要 100 多个国家进行沟通,而联合国更是近 200 个国家进行沟通。经济全球化要求做生意的得了解世界的行情,了解货币的汇率,每分钟的变化都得了解。这种要求能不能实现,有两个技术基础非常重要:一个是大型喷气式客机的普遍使用,到美国差不多就是 12 个小时,到日本比到广州还近,到釜山比到上海还近。另外,就是互联网的发明和普及提供了全球对话的可能。所以我们是生活在一个地球村内,也就是说大家都是邻居。那么,一个现代人要为社会、为世界服务,就要有对话的本领,我们在座的同学当然都要做一个最现代的人,都要有对话的本领。

其实从我们生下来就在对话,比如和妈妈对话,饿了就要吃饭,冷了就要穿衣。但是,今天讲的对话不是指日常生活中的对话,而是指一种思想的沟通,比如说经济上的谈判、新闻上的采访等。国际间对话的基础是文化,只有在文化沟通的基础上才容易进行政治对话、经济对话、军事对话,不然就像鸡和鸭之间不能沟通一样,会引起很多误会。一个现代人要有比较文化的意识,就是说你不但要知道自己,还要知道对方,不然你就不容易对话。对话的困难是什么,我们在和外国人交流时有什么困难?困难就在于文化差异。关于文化的定义大家如果在互联网上检索,找到几十个是毫无问题的,我想把它说得简单一点,一个民族的文化包括这个民族的生活方式、思维方式、行为方式、语言、信仰和价值观等。那么,文化的载体是什么,文化通过什么来表现呢?报纸、书刊、影视、互联网,甚至诗歌、歌剧、舞蹈,都是文化的载体,而且不同民族有不同的特点。

中国对外文化交往不如经济交往。我们的经济交往数量很大,并且是出超,以至于我们的外汇储备不知不觉变成世界第一。但是,我们的文化交流就不像经济交流那么好。我们看美国电影、看韩国电视剧、看日本的动漫、看外国小说、大家上课的参考书很多都是由外国翻译的。然而,在外国却看不到,至少看不到这么多中国的电影、中国的报纸、中国的书刊、中国的动漫。北京几个最大的剧场,经常有精彩的外国演出,如柏林爱乐或者莫斯科、圣彼得堡的芭蕾舞等,而我们出去的就比较少。我们每年购买外国书的版权和我们出售中国书的版权,比例大约是 10∶1。逆差这么大,原因很多。比如,汉语和其他国家的文字差距太大,学习起来很困难,不像中国人会英语的人那么多。

文化的差异有很多。美国哈佛大学的亨廷顿教授写了一部《文明的冲突》,特别强调全世界范围的文化冲突。其实,只看到文化的冲突,并不全面。如果互相尊重,文化可以互补,中国在历史上就曾大量地吸收过外国文化:一次是在公元六七世纪的时候,佛教由印度传往中国;一次是在明末清初的时候,叫"西学东渐",西方的学问向东方传递,两次对中国都有所冲击,但对中国的文化都有所补充。如果对文化差异毫不在意,这种差异就会形成交流的障碍,也就是说会发生许多误会。小的误会可以解释,大的误会就会引起严重后果。可以告诉大家几个例子,都是小的例子。我们一个代表团访问德国,走了以后中国大使问德国的接待方,你认为这个代表团如何?他说,我很喜欢这个代表团,但是很不喜欢这个团长。问他为什么,他说:"他说话的时候眼睛不看着我,而是看着别处。"就这样一点点细节,就引起人家的不快。其实,说话的时候为什么眼睛不看着他,可能是害羞、不好意思,但在德国文化中就会认为你是在蔑视人家。再如,送礼品的时候,中国人不打开,放到包里就带走。德国人就会认为,"是不是嫌我的礼品小"?打开礼品的时候说的话也不同,一个中国人收到礼品会说:"我已经有了,我不要"。而外国人会说:"这正是我需要的,我想了好久了",刚好相反。外国人这么说,中国人会想这人怎么这么脸皮厚,而外国人会说中国人虚伪,我给你的礼物怎么可能你正好有呢?其实,这些都是客气,可是客气的形式正好相反。这种小误会比比皆是。

中国驻南联盟大使馆被美国轰炸之后,一所大学的学生在校园里游行,美国留学生对中国大学生举V字手势,中国学生上去要揍他,"难道你胜利啦?"美国学生不明白,"你为什么要打我?"大家知道这是什么意思吗?胜利?这个手势在美国意味着peace——和平。看见中国学生游行,做这个手势是表示"我们要和平,不要冲突"。再看见美国学生做这个手势,请不要揍他,他是跟你说要和平。这样的例子还有很多。比如,新西兰的毛利人——当地的土著人,参观的时候,看他们表演,他们不穿衣服,穿一条很小的裤子,插着鸡毛,拿着枪,作怪脸,另外和你做顶鼻子的礼。我去的时候有人告诉我,你千万不能笑,如果笑,毛利人认为这是你对他最大的侮辱,认为你在骂他。于是,在顶鼻子的时候,我就不能笑。但是,一个英国人没人嘱咐他,他就笑了,笑完了,毛利人一生气,一头撞过去,把他的鼻梁撞断了。

如果忽视这些文化差异,就会导致冲突,如果被政治家利用,甚至会发生战争。宗教战争在欧洲历史上比比皆是,只有中国等亚洲国家几乎没有宗教战争,这也是一种文化差异。佛教、道教等能够容纳其他宗教,而很多宗教不能容纳其他宗教。我们要注意文化交流,文化不是血液,不同的血型不能相容,文化可以互补,而且相容。欧洲的文艺复兴,就是欧洲各国文艺的叠加。彼得大帝时期、叶卡捷琳娜时期的俄国文化就吸收了德国和法国的文化,美国的发达实际上也在于吸收了以欧洲文化为主的世界文化。文化不是数学,只有一组解是合理的,其他解都是错的;文化不是化石,越古老越好,要有新的产品随时补充。如果我们总说我们古代多好多好,那么我们就不太有出息。我们不能心安理得地躺在祖先光辉的文化遗产上,说起孔子、孟子、老子我们很得意,说起唐诗、宋词感觉也不错,说起古代的四大发明:火药、指南针、印刷、造纸等非常自豪。大家想想最近几百年来我们发明了什么,有多少能在全世界传播的文化产品。

文化差异主要表现在什么地方?语言的差异是第一个,大家一见面语言不通,哪怕你学了外语,或者有翻译。语言是文化的载体,但是世界上不存在完美的翻译,翻译的这句话和原来的那句话一定不一样。唐诗、宋词大家翻翻看,道教、佛教的书大家翻翻看。"道可道,非常道;名可名,非常名",谁能把它翻成英文?有一位很有名的比较宗教学家,或者是比较文化学家说,如果只知其一就等于无知,他的原话是"He who knows one knows none"。于是有人问了，莎士比亚只会英文，难道他不知道英文吗？莎士比亚如果只知道英文，就绝对说不出英文的优点和缺点，好像我们如果没学过外语的话，就说不出汉语的优点或缺点。你会说中国文化博大精深，汉语多么多么好，实际上是盲目的。我们汉语有没有缺点？有缺点，比如，我们很少用复数，在自然科学上就有困难，电子围绕原子核转的时候，除了氢原子都是多个电子，都是electrons，加"s"。我们翻译的时候，"电子围着电子核转"应该译成电子们，这在物理上很重要。另外，汉语不喜欢用被动式，打败了、打胜了往往说不清楚，要看语序才行。同样，英语也有缺点，英语中第三人称变格就不是太必要，因为前面的主语已经有了，为什么还要变？至于德语就更复杂，每个词都有阴性、阳性，并且没有什么道理，加冠词，不是"the"和"a"，而是多种冠词。所以说，只知其一就等于无知，是这个意思。可见，我们应该有比较文化的概念。

文化的差异在交流中是不容易克服的。其中包括人的思想、信仰、情感、认知、行为等元素，一般说来多数人在具体的文化条件下，大概不太容易具备多种文化素养。留学是个好办法，多看外国书也是好办法。不同信仰的人之间进行交流的情况很多，今天就以宗教为例谈谈这个话题。

大多数外国人是信仰宗教的。遇到一个外国人，你不用问，十有八九是信某一个宗教的。为什么？大家可以做一个简单的算术。全世界人口65亿，联合国统计，自称信教的人81%，就是说52亿。世界人口减13亿，就是52亿。中国有1亿信教的，那就是说外国人只有1亿不信教。那么信神的呢？信神和信教有没有区别？一般人认为没有区别。但是我查了一个数据，美国人信神的有91.8%；意大利有74%；瑞士人有73%；中国人有10%。我前两天打电话请教中国社会科学院宗教研究所所长，问他这是怎么回事。他说，这可能又是翻译的问题。他说，信教的人不一定每个星期去教堂，这是去教堂的人数。这样就对了。全世界有多少个国家？有200多个国家。有多少个民族？大约2500个民族。有多少种语言？现在没有具体的数，有人说6000种，有人说7000种。但是《圣经》的翻译文种是2197种，这是准确的。也就是，至少有2197种语言。

我们打交道的时候为什么要注意宗教呢？以美国为例。美国人的宗教信仰是基督教、天主教、犹太教、东正教，还有佛教、道教、摩门教，很多很多。另外，我也跟大家说一下，基督教在中国是叫惯了，其实基督教有广义的和狭义的。广义的基督教是指凡是承认《新约》《旧约》的，包括狭义的基督教、天主教和东正教。东正教就是东方的正统的教，当时欧洲分裂了，我是正宗，你不是正宗，我就叫东方正教，叫东正教。现在最发达的是狭义的基督教，我们叫新教，是马丁·路德等宗教改革家所开创的，是一个造反的、革命的教派。这个教派在美国是最多的。在美国，无神论者不能当总统。比如，肯尼迪是天主教，尼克松是贵格派；福特是圣公会；里根是长老派；克林顿是浸礼派；小布什是浸礼派等。美国到今天一共有43任总统，唯有肯尼迪属于天主教，其他都是基督教。就是说他是唯一的一个例外，他在1963年遇刺身亡了，那一年我正好大学毕业。

宗教、上帝，在美国的意义是什么呢？美国人每天都要跟上帝亲密接触，大家注意美元上那个第二行的小字"In God We Trust"——"我们信仰上帝"。这在世界各国，可能是唯一的。2006年，美国一个无神论者，到美国法院告美国银行，说我不信上帝，强迫我使用信上帝的钞票，这是不自由、不民主。你不能强制我信仰上帝，而我不花钱又不行，结果我每天口袋里都得放着"我们信仰上帝"的钞票。这是一个难题。美国既然主张民主，你可以在别的地方去表达对上帝的信仰，为什么要在钞票上这么强人所难呢？于是，美国法院很为难，最后以不受理为由不了了之。美国总统就职演说，无一不提上帝，我查了好多总统演说，无一例外。罗斯福是二次大战的功臣总统，在一次就职演说里说道："作为美国人，为了祖国的利益，遵从上帝的旨意，我们大步向前。"肯尼迪的就职演说里谈道："我们的信念就是，人类的各项权利，并非来自国家的慷慨恩赐，而是来自上帝之手。"里根说："我们在阐明上帝站在我们一边的时候，必须谨慎。因为我们必须回答，我们是否站在上帝一边。"乔治·布什说："我之所以能到白宫，全靠祷告的力量。耶稣是我的政治老师。"他的确说过一句话，"在梦中上帝让我攻打伊拉克"，说完之后新闻记者跟他核对，他不敢否认，也不敢肯定。

作为宗教信徒，美国总统必然受到他所在宗教思想的约束和影响。给大家举个例子。2006年7月18日，美国参议院以63票对37票，通过了一项法案，要求联邦政府扩大对人类胚胎干细胞研究的支持。干细胞是什么？这是人类发展克隆技术研究和生物研究中最重要的一项内容。但是这个研究是触犯基督教的某些规则的。因为上帝造人，人不可以去改造上帝的产品。第二天，布什举行一个隆重仪式，宣布以总统的权力否定这一法案。这是他当总统后第一次行使否定权。根据美国法律，参议院还可以再否定美国总统的决定，但是必须要2/3的多数通过，显然达不到。可是在布什当选之前，美国已经开始人类胚胎干细胞的研究，怎么办？布什说，已经开始的继续研究，没开始的不可以进行。这叫折中，他也学会了折中。总之，美国总统在处理国家事务的时候，必然具有宗教色彩。

那么，美国的文化是什么呢？什么是美国文化呢？2005年，亨廷顿有一本新书叫《我们是谁》，估计现在有中文版了。他说，一个民族、一个国家团结的基础或核心是文化。比如，以前的苏联有几十种语言，文化不统一，很容易分裂。他说下一个分裂的是英国，英国有爱尔兰等问题，宗教信仰不同。在马路上碰到一个美国人，你问他，"你是谁？"他说，我是工程师，我是妇女，我是黑人，不是这个意思。"你是谁？"是问你的身份认同，是Identity。回答"我是美国人"的问题，需要具有什么样的条件呢？不是肤色，而是Wasp＋English。Wasp是什么？白色人种、盎格鲁-撒克逊、新教文化。他说，三个世纪以来，Wasp在美国一直处于中心地位，这使美国人有共通之处，以区别于其他国家的人民。这里就带来一个复杂问题，美国人并不都说英语，也不都信基督教。比如，美国的西班牙人后裔不会说英语，因为他们太成群了，远远超过西班牙全国的人口。今年年初，有人问布什："我们西班牙人也是美国人，我们唱美国国歌用西班牙语唱行不行？"布什想了半天，说不行。为什么不行？布什说，因为西班牙的译文不能表达原来英语的那个内容。刚才我跟大家说了，没有完美的翻译。在法国，如果要入法国籍的话，要考法语。在加拿大，要考英语和法语。

那么，中国的传统文化特色是什么？我认为，是中国哲学加汉语。中国哲学，就是孔子、孟子、老子……一直到冯友兰。冯友兰是对外国表达中国哲学最成功的人。他的《中国哲学简史》是由英文翻译成中文的，这是了不起的。在他看来，中国没有宗教，而能够团结一致，就在于中国的语言。欧洲分裂成多少个国家？欧盟的工作语言11种。中国比欧洲面积还大，但是中国却能统一，长期不分裂。合久必分，分久必合，分的时候很短。为什么呢？秦始皇的功劳。虽然广东人说广东话，但是语法和文字是合一的。这样一来，就使几千年来中国人具有共同的道德、共同的价值观，以区别于其他民族。这样说也不是没有问题。因为，也有少数人不会汉语，比如少数民族。但是中国的少数民族比美国少多了，美国差不多有1/3的少数民族，即使是另外2/3，也多是欧洲各国的后裔，如苏格兰、英格兰、挪威、俄国等。而中国的少数民族只有百分之八九的样子。当然，中国的少数民族会越来越多，因为一个汉族人和一个少数民族同胞结婚，生的孩子可以成为少数民族，考大学加10分。

我和一位美国神学家、宗教领袖路易·帕罗进行了三次对话。他是专程来中国和我对话的。我们就《圣经》怎么看、上帝怎么看、宗教和科学是什么关系、宗教和道德有什么关系、宗教与和谐有什么关系等展开对话。他是一个阿根廷出生的阿根廷裔美国人，是多个神学院的博士，毕生以传播基督教为职业。他的一次布道，最多能够达到20万人，是一个非常能言善辩的人。我跟他为什么有这样的对话呢？第一次见面他问我，你们无神论者共产党人，读不读《圣经》？我说读，他听了大吃一惊。他以为我们把《圣经》都烧了呢。他说，你对《圣经》怎么看？我说，《圣经》是一部历史，是你们的教义，但是太繁杂，不像牛顿定律那么简单，有牛顿三定律。我说，《圣经》也应该总结出三定律、四定律来。他说，那你能不能总结三定律、四定律？我说，我试试。你们的要义，第一，是存在一个上帝，他是全能的、全善的，并且是永恒的，无所不知的，无所不在的；第二，人是有原罪的，人和上帝不能对话，人既看不见上帝，也不能和他说话；第三，耶稣代表上帝和我们沟通；第四，你不要主导自己，要靠《圣经》和上帝主导你。他说，哎呀，你这个总结，我在一百多个地方布道，都说不了这么简洁。你要替我布道一定成功。我说，我不信神，所以不能替你布道。因此，他很感兴趣，他说，不行，还得对话，再对话三次、四次，你到我们国家一次，我到你们国家一次，你来一次，我来一次。我说，欢迎你来，不过我公务在身，如果我去美国的话，顺便和你对话，于是他就来了。

我为什么同意和他对话？他为什么要和我对话？因为他感到中国的官员对宗教的理解超乎他的想象。他认为，一个无神论的政府不会容纳宗教和尊敬宗教的，美国的舆论就是认为中国对宗教有所压迫，不给予信仰的自由。这完全不符合中国的实际。他发现他的看法有点不符合实际,因此愿意继续探讨。而我为什么同意对话呢?我想向美国人说明中国的宗教政策和中国的实际情况。我想向美国人说明,不同宗教信仰的人可以和谐共处,绝不是你瞧不起我,我瞧不起你,而应该成为朋友。对话的目的绝不是想说服他不信教,不是以科学理论武装他;他也不要想说服我信教,但我们的对话应该成为一个和谐交融的典范。2006年秋,我们的对话出了一本书,书名叫《江边谈话:一位无神论者和一位基督徒的友好交流》,中英文两种版本同时发行。

我还想向中国青年读者,包括在座诸位和比你们年轻的人说,有神论和无神论到底怎么区别,到底应不应该信教,这是一个人的自由,可是一定要考虑清楚,我也想给中国的青年读者一个想象的余地。这样就出了两本书,两本书都是一个中国人对一个美国人说的话,一个受东方教育和一个受西方教育的对话。我的词汇是社会主义的,他的词汇是上帝的,很不一样。我是学核物理的,他是学神学的。什么叫神学?神学就是宗教的哲学,就是论说神的存在、神的意义以及神和人的关系的学问。同时,这些书还是一个无神论者对一个有神论者的交流。

这本书出版以后,在美国和其他一些地方反响很大。《南华早报》出了一篇大文章,用了"By God",不是"My God"。天哪!怎么一个中国的无神论者跟一个美国的布道士相互拥抱呢?《基督教邮报》用了Clash,即碰撞。下面我就把谈话的内容跟大家说一说。

他问我,你怎么看《圣经》?我说《圣经》是基督教的经典,教义的依据,是历史书、文学书,也是宗教哲学书。我说,最初是口头传说,然后才形成《圣经》。就像《水浒传》先是口头传说,然后才形成作品。我说,你们的《圣经》一定不是上帝写的,而是人写的。他说,不,是上帝启示那个人写的,是上帝的话。我说,《圣经》的故事都是现在以色列所在那个地区的故事,是希伯来人写的,里面没有写到茶,上帝不喝茶。他回答,谢谢中国人发现了茶,那个时候希伯来人确实不知道茶。这么说是什么意思呢?就是说《圣经》并不是脱离生活,并不是上帝的启示,我是想说明这一点。他说,上帝对人类完全的启示现在还在《圣经》里头,可以在灵性方面获益。灵性也是他们神学的语言,我们不太懂灵性是什么。他说,我们如果不能理解上帝,就需要耶稣帮助人们和上帝沟通。大家都学过马克思关于宗教的论述,马克思说,是人创造了宗教,而不是宗教创造了人。为什么这样说呢?因为《圣经》上的每一句话,在原教旨主义者看来都是不能改的,都是天经地义的。而《圣经》说,是上帝造人,马克思说不是宗教创造了人,不是《圣经》创造了人,不是上帝创造了亚当和夏娃,而是人创造了宗教。

按照马克思主义,宗教是被压迫生灵的叹息,是人民的鸦片。列宁认为,这是马克思在宗教问题上全部世界观的基石。我曾问过一个信犹太教的美国朋友。犹太教也信上帝,但是不相信《新约》,只相信《旧约》,只承认《旧约》,所以基督教不包括犹太教。但是,仍旧是半本《圣经》,总体上还是一致的。我问他,我说宗教是人民的鸦片,你能接受吗?这个人是研究脑科学的科学家,又是作家,很有影响,后来还做银行家,是很有才华的一个人。他说,这句话是很对的。我说,为什么?他说,信仰宗教的人容易安慰自己,容易在困难面前、在痛苦面前解脱自己,就像吃了鸦片一样。我说,鸦片是什么?他说,鸦片是安慰剂,是缓解剂。我明白了。马克思说这句话不是吸大烟的意思。欧洲人不知道"鸦片战争",包括英国人。我问过很多英国人,包括《泰晤士报》总编,他不说不知道,也不说知道,我看他是知道,只是不好意思承认。马克思在说这句话的时候,欧洲人都信教,他不会说信教者都是吸毒者。如果是吸毒者的意思,就不好团结广大无产阶级解脱锁链了。他的意思是指不要受宗教的麻痹,要解放自己,是这个意思。

恩格斯也有这样的话。他说,一切宗教都只不过是支配着人们日常生活的外部力量在人们的头脑中的幻想的反映,在这种幻想中,人间的力量起了超人间的作用。什么意思呢?就是说上帝跟人差不多,但是他具有超人的力量,这是一种幻觉、幻想。那么,有没有上帝的存在呢?我跟帕罗之间有一段对话,这段对话美联社在报道里引用了。帕罗说,我坚信上帝是存在的。我说,你能不能用一个试验证明一下,就像在实验室里,有一个信号,有一个波,或者一个超声波也行,反正有仪器就能把它测出来,或者我们照下来有个符号,留个影子,或者使我们的时钟倒转一分钟,有没有证明,能不能证明?帕罗说,我不能,我没有这个实验。你能用实验证明上帝不存在吗?我说,我不能,我没有这样的方法和仪器。你既然不能,那么上帝就是存在的。大家觉得这个逻辑通么?好,我把这段话换一下,把主语换成 A 和 B。A 说,我坚信电子是三角形的。B 说,你能用实验证明吗?A 说,我不能,但是你能用实验证明电子不是三角形的么?B 说,我也不能,因为我没有相应的方法和仪器。A 说,那么我坚信电子是三角形的。我估计大家逻辑都特棒,大家帮我想一想,这样说行不行,是不是强词夺理。

下面看看"神"是什么意思?神是客观存在的,还是心中的神?我问他。帕罗回答,你因信成义,你相信神就有了神。中国人说,信则灵。我说是心中的神。为什么?因为各国人的神都不一样。就是上帝,罗马人的上帝、希腊人的上帝、希伯来人的上帝都不一样。他们的衣服不一样,都穿自己喜欢的本民族服装。同样,中国的玉皇大帝穿的是和秦始皇差不多的衣服。由于衣服的不同和面容的不同,我觉得可以证明,上帝是心中的神。

今天,我并不是想讲一个无神论来说服大家。我是说的思想方法,我是完全尊重信神的人。信不信神,完全由你自己进行选择,但我本人不信神,我就是要跟这个神学家进行平等对话。公正说,他一半,我一半,五比五,谁也没超过谁。我又问,上帝既然是全能的,2004 年东南亚海啸死了 30 万人左右,那么为什么要有地震和海啸?帕罗博士说,这是上帝在启示人们不要堕落,不要犯罪,不要后退。我说如果启示的话,小震震,别大震啊。他说,他要回去再想一想,再继续回答我这个问题。后来第二次见面我没再问,我估计他还没想好。

关于《创世记》,宗教的原教旨主义者认为,《圣经》的每句话都是对的。《创世记》就是创世的故事,"记"就是故事的意思。《创世记》的故事是讲上帝如何在第一天、第二天、第三天等,分开了白天和黑天,又如何创造了太阳,创造了人等。《创世记》里写道,"上帝说我要光,于是就有了光。"我们知道,光是一种物理现象。牛顿说,光是直线传播的,是粒子性的。后来人们发现,它也是波动性的。如果你戳一小缝,它就衍射了,就拐弯了。我说如果是上帝规定的,上帝为什么规定得那么复杂,而不简单点呢?他回答我,上帝就是光,请你相信这一点,这样你就会成为一个最有权威向科学界解释上帝是光的人。为此,我去寻找"上帝就是光"的文献,找到一本法国人在19世纪做的一个铜版画,我买了这本书,花了68块,就为这一张铜版画。这本书没写上帝是光,原文写的是上帝造光。

后来我说,中国也有《创世记》的故事。一个是"女娲补天",一个是"盘古氏开天辟地"。盘古开天辟地是用了一万八千年把天和地分开的。上帝厉害,就用了一天。上帝先分清白天和黑天,然后才创造了太阳。我就问他为什么上帝不先创造太阳,再把白天和黑天分开呢?他说,上帝是光,就是这样。我俩一直都很尊重的,并没辩论到底,就是讲故事。我下一层的意思是,《圣经》故事其实是古代人类智慧的表现。因为它追根问底,这叫终极问题,终极关切。地球为什么围着太阳转?为什么地球在自转?为什么转一圈这么准,365天?问着问着答不出来了,这就叫终极关切。那么,中国古代也有终极关切。天到底是哪来的?天为什么没缝,为什么不漏?大概漏了,有一个叫女娲的把它补上了。天和地怎么不连着?盘古氏把它分开的。这在古代是非常可贵的,甚至可以说神话是科学的先驱,先有神话,再有科学。大家看希腊神话,那些故事绝对不是哄小孩的,哄小孩的童话没那么复杂。他们就是想解释,人类为什么有力量,为什么有仇恨,为什么有爱情,为什么有战争,他们就想解释这些。中国古代也有《创世记》,我的意思是《圣经》的故事不是唯一的,《圣经》不过是由神话演变而来的。

接下来,我们谈到宗教和精神。他说,人有三个层次:首先是物理层次,Physics。什么叫物理层次?就是衣、食、住、行。然后是道德层次、精神层次。他说的确实具有博士水平。我遇到一个美国人不这么说。他说,你们不信教,难道不怕下地狱,不想升天堂?你们可以为所欲为,想干什么就干什么,这太可怕了。显然这是他对我们的误解。我们怎么没有道德层次,己所不欲,勿施于人,不就是么?我们怎么没有精神层次啊?生我所欲也,义亦我所欲也,二者不可得兼,舍身而取义者也。这既是耶稣的精神,也是中国的传统啊。

他说,我发现无神论者在心灵深处都有一种无名的孤独感。我想,您阁下是有神论者,您怎么知道无神论者怎么想呢?我没这么问。我说,我给你讲个故事,叫濠梁之辩。庄子和惠子在河边,一个说你看鱼多快乐。"你不是鱼,你怎么知道鱼多快乐?""你不是我,你怎么知道我不知道鱼的快乐?"我说,帕罗博士,你不是无神论者,你怎么就知道无神论者不快乐呢。他说,我是听他们演说,看他们著作感觉出来的。我说,噢,无神论者很多,你遇到的演说者和作家可能是有孤独感的,但你不能把它普遍化呀,说无神论者都是有孤独感的。

我们不能老找差异,还要找共同性才能和谐啊。如果一点都不同,我们怎么有共同的语言和感情呢？于是，我们又找了几个共同点。《圣经》有一条金科玉律，叫黄金定律。它说，你要想别人怎么对待你，你就怎么对待别人。这是原话。我们说什么？己所不欲，勿施于人。这两句话是不是差不多。他说，啊，真是一样，以前不知道，没听说过。这说明什么？说明我们中国文化的传播力还不够。学传播学的诸位得想一想，为什么中国有些文化的精华不能传播。《圣经》说，"爱人如己，爱你的邻居，爱你的敌人"。我们说，"老吾老以及人之老，幼吾幼以及人之幼"。他说，哎，这也一样。我说，有一点不一样——爱你的敌人，中国人觉得不是很好理解。因为，在美国也不是都没有死刑的，有的州还是有的。你们打起仗来，也虐待战俘的，怎么没有爱你们的敌人呢？他说，他们不听上帝的话。上帝让我们爱我们的敌人，来感化他，而这些人不听上帝的话。我明白了，上帝说得好，但他们不一定听啊。

我们还讨论了宗教和科学。在历史上宗教迫害过科学家，阻碍过科学的发展。西班牙人塞尔维特不是被天主教烧死的，他是被新教烧死的。大家老是以为是天主教的宗教裁判所杀人，其实他是被加尔文亲自判处的死刑。加尔文是马丁·路德的继承者，他在处死塞尔维特的时候说，我把塞尔维特烧死是对的，不能让这种邪恶的人生存。他为什么要烧死塞尔维特呢？因为他研究人，研究血液循环，反对三位一体，说没那么一回事。再如布鲁诺，大家都知道，1600 年被烧死的。伽利略是在 1633 年，看到布鲁诺被烧死了，只好违心地认错了。为什么当年宗教要反对科学，帕罗博士告诉我，因为他们不读《圣经》。《圣经》只放在牧师的手里，并不能普遍印刷。实际上，正是中国的印刷术在欧洲得到发展并推广之后，才使《圣经》普及开来。因为大家不掌握《圣经》，所以真理就掌握在少数宗教人士手里。你看，他的回答并不是乱答的，而是有严密思考的。他说，科学家都信教，大多数信教。到底多少呢？我查了一下，1900 年到 2000 年，诺贝尔物理奖获得者里面，明确信仰宗教的有 72 人，承认有宗教背景的 8 人。什么叫宗教背景呢？就是说，我虽然没有明确我是教徒，但是我参加宗教活动，实际上就是不怎么信的那种人。比如说，你们如果偶尔地去过大雄宝殿，我说你是佛教徒，你信么？你承认么？你肯定不承认。但如果说，比较喜欢佛，比较信佛，这样的人就很多了。诺贝尔物理奖获得者里面，只有一人说自己是无神论者，此人是 Shockly。

那么，为什么很多大科学家都信教？科学家最懂科学，所以信教。这是帕罗博士跟我最强调的一点。我不想继续深入下去，因为我们不能把全部的问题说透，好事一件一件做，慢慢说。我承认这是现实。科学家信教无非两个原因：一个是心灵上的原因，一个是科学研究本身的挑战。心灵上的原因是自然而然的。比如，你的父母是教徒的话，那么你从小并不问为什么信教。比如，我们在家里，父母说："老天爷，老天爷……"我们也跟着："老天爷，老天爷……"上大学就不说这些了，如果没上大学，上到初中就不上了，是不是也以为有老天爷呢？你们没有去问为什么，这是很自然的。另外，有神的寄托，感觉有神和我在一起，感谢给我饭吃，遇到灾难，他会解救我，他理解我，我做了好事，他知道等，自己心理上能获得平衡。还有一个原因就是回答终极问题，涉及终极关切。人从哪里来，又到哪里去？地球从哪里来的，又到哪里去？什么叫无穷大？这些问题不太好理解。说有限大，地球外面是什么？想来想去会想成神经病，也答不了这个问题。怎么办？我们暂时不能回答的问题，或者很长时间里回答不了的问题，就说上帝知道。我不知道，上帝知道，这样这个圈子就圆了。一部分事情人知道，一部分事情上帝知道，这样就得到一个暂时的答案。我跟他说，当给我一道数学题的时候，我不会，我不能说上帝会，我不能说我不知道，上帝知道。我是这么回答他的：爱因斯坦说，没有宗教的科学像瘸子，没有科学的宗教像瞎子。爱因斯坦曾经给他的一个朋友回信，他的朋友问他对上帝的看法，他第二天就回了信。他说，我不相信那种干涉人的、世俗的上帝，我相信的是那种管理宇宙的上帝。宇宙怎么来的？物质怎么来的？为什么光速是极限？为什么万有引力定律到接近光速的时候就不对了？为什么人的眼睛又能聚焦，又能分辨颜色，到底怎么来的？他说，我相信宇宙的上帝，未来的宗教不是一个管人的上帝。我觉得他的话就是应该相信大自然，谁也不崇拜，就崇拜大自然，因为我不能理解它。

迷信和宗教还是有很大的区别。比如，我烧香啊、磕头啊，让我考上大学吧，考上大学了，我一定给你一座重塑金身，结果考完了就忘了。如果我有病了，就求老天爷给我治病，如果治不了，就恨不得把老天爷给砸了。这些都叫迷信，而不叫宗教。达尔文的进化论是对宗教的一次最大冲击，因为它等于反驳了上帝造人。恩格斯在马克思墓前讲话说，正像达尔文发现有机世界的规律一样，马克思发现了人类历史发展的规律。这句话对达尔文的肯定是很高的。马克思发现人类社会的进化，和达尔文发现人类本身的进化一样伟大。达尔文受到当时很多人的反对。达尔文说，我逐渐意识到《旧约全书》中有明显的伪造历史的嫌疑，我逐渐变得不再相信基督教是神的启示了。所以，达尔文在这一点上反对宗教的《创世记》，但达尔文本身是个虔诚的基督教徒。他说当我上船考察的时候，是完完全全的基督徒，而在下船的时候，他就有点怀疑神的意志了。关于人类的进化理论，是1871年发表的。2005年，134年之后，事情又来了。美国堪萨斯州教育委员会通过决议，在堪萨斯州中学的科学课程中加一门课，叫《智慧设计论》。这门课讲人类进化都是上帝的设计。由猿变人是谁安排的？是上帝的设计，这叫智慧的设计。美国37位诺贝尔奖获得者联名写信，说不应该还在今天的中学开《智慧设计论》，这个官司还没了。

关于宗教和社会和谐，帕罗说，人们真正愿意舍弃自己而真诚地跟随耶稣的时候，就会看到人生向着美好的方向转变，就会促进社会和谐。这话我赞成。帕罗的话我不是全都赞成，也不是都不赞成，有很多话还是不错的。我说，我得说点我们中国的标准话。建设中国特色社会主义就是建设一个和谐社会，这是国策，这个和谐社会包括宗教内部的、宗教之间的、宗教社会和非宗教社会之间的和谐。我这些话是在六中全会之前说的，如果我后来说就是抄"六中全会"公告了。但是，我跟他提出一个问题来，我说宗教内部可能很和谐，但宗教之间不太和谐，十字军东征、伊斯兰教和基督教打那么多年，教派之间未必和谐,逊尼派、什叶派等也是如此。我说,这是不是应该克服一下,应该改一改呢。他说,无神论者也发动战争啊。其实这个回答没有从逻辑上回答我这个问题,而是讲的另外一件事情。六中全会公告指出,社会主义和谐社会是充满活力的社会,是团结和睦的社会,必须最大限度地激发社会活力,促进党政关系、民族关系、宗教关系、阶层关系、海内外同胞的和谐,巩固全国各族人民的大团结,巩固海内外中华儿女的大团结。关于宗教,六中全会公告专门有一段话:积极引导宗教与社会主义相适应,加强信教群众与不信教群众、信仰不同宗教的群众的团结,发挥宗教在促进和谐社会方面的积极作用。宗教为什么彼此之间能打起来呢?因为只有一个神,我的神是真神,你的神不是。别无诸神,唯有安拉,安拉是真主,穆罕默德是安拉的使者。基督教同样如此,别无诸神,唯有上帝,耶稣基督是上帝的使者,两者不是一样吗?把信仰别的教与不信教的人视为异教徒而进行斗争,这就糟了,这就不和谐了。我们周围很多人,有可能信教,也可能不信教,大家应该彼此谅解,这是十六届六中全会上党的一项方针政策。

我预计讲一个半小时,现在差不多了。我的意思是请大家注意,对我们学文科的人,只知道中华文化是不行的。其实,中华文化也未必都知道得很清楚,到底中华文化的核心是什么,很多人说的也不一样,有人说是"和为贵",有人说是"中庸之道",说法不一,不过大体还是清楚的。同时,我们还要研究别人的文化,学会与人交往,交往时尊重对方,避免文化差异而形成冲突。我对宗教并没有研究,这里绝不是想跟大家讨论《圣经》或佛经,如果大家问我这类问题,一问就能把我问住,因为我不信教,也没有研究过宗教。我想强调的是,作为不信教的人要尊重信教的人,而信教或不信教要想一想有神或无神,心里到底是怎么想的,不可盲从,要有自己的主义。好,谢谢大家,有什么问题请提问。

问:一、文化冲突和政治经济冲突的区别。二、文化交流与政治经济交流的关系。

答:关于冲突问题,我们可以一层层剥开看,首先是利益的冲突。比如,领土的冲突、海上捕鱼的冲突、石油钻井的冲突、地方主导权的冲突等。文化是人的特点,什么是文化,简单说"人"—"动物"就是文化。在任何冲突中,都可以看到文化的影子,文化的冲突是内核的冲突,不是表面的政治经济冲突,但政治经济的冲突中,总有文化的冲突作为要素。比如,布什打伊拉克,他说要帮伊拉克建立一个民主自由的国家,他说我是站在上帝一边的,是受上帝的意旨,他把文化加上去为其利益服务。文化的冲突应该是一种软冲突,利益冲突是硬冲突。硬冲突可以用钱来说;可以用飞机大炮的数量来说;可以用死亡的人来说;可以用土地面积来说;可以用石油产量来说;可以用贸易的逆差来说;可以用税收多少来说,很多很多。软冲突不好说,比如说,美国电影与其他国家实际上是有冲突的,有的人就会抵制这个电影。我在跟帕罗对话中谈到美国电影,他说,如果按美国电影来理解美国,那美国就是大赌场、大妓院、大流氓世界。他说,美国不是这样的,不能按照美国电影来看美国。但美国影片到中国来,中国人倒以为这是真的美国。在你们小的时候,刚刚开始改革开放,有点儿美国电影过来,如《加里森敢死队》,那是比较幼稚的电影。里面有人拿着什么尼龙袜子套在头上,国内很快就有人学成这样去抢银行,学得快着呢。像这种文化实际上是一种冲突,和中国文化的冲突。

总之,文化冲突是一种软冲突,而利益冲突是硬冲突。对于第二个问题,我建议你看一本书,约瑟夫·奈的《软力量》。这本书对软力量讲得很清楚,软力量就是一个国家对其他国家的影响力,这种影响力能使别的国家拥护你、赞成你,甚至于跟随你。这种力量就是文化的力量,而不是军队的力量,这叫软力量。中国的软力量正在增长,以前不能设想把40多个非洲首脑请到中国来,这就是软力量,他信任你,他才来呢。

问:中国经济发展与增长是全世界有目共睹的,但是也有学者认为随着经济的发展,中国的文化认同和文化价值正在空洞化,刚才您也提到中国在进行国际经济文化交流的时候出现很大的文化逆差,您是怎样看待这个问题的?

答:用"空洞化"这个词呢,可能是你的一个创造,一般不太用中国文化"空洞化"这个词,可能会说我们对文化建设不如对经济建设那么重视,或有所忽略。在社会上有一些不好的文化现象,包括电视台的功利主义,"广告后面更精彩",广告后面是金钱。大家都知道俄罗斯的"别斯兰人质事件",那天早上我醒得早,把四频道打开,"有奖竞猜,别斯兰人质事件死了20人、200人、400人、600人,发短信到某某"。我立刻就给中央电视台台长赵化勇打了个电话。我说全世界有没有这样做的,拿死人竞猜,这还叫不叫电视台。他说:"是吗,是吗?"我说:"快查。"后来赵化勇同志打来电话说:"启正同志,十分感谢,锦涛总书记已经问了,我们回答很主动,我们已经发现,正在处理中。"

以色列和黎巴嫩打起来了,采访者与被采访者聊起来说,如果把以色列战争比作足球文化你怎么看,"这是一次精彩的足球赛,虽然不分胜负,但将要如何如何"。我又给电视台打电话,说你们不是感谢我吗,你们把战争比作足球合适吗?

就如刚才所说的,这些指的都是文化现象。当人跑得太快的时候,你想什么呢?前几天中央电视台问一个奥运会的旗手,问,你们举着旗子走的时候想什么?他说,我想的就是向前走。他这句话给我以启发,跑百公尺的时候什么也不想,只想快跑,而跑1000公尺的时候想什么呢,那就得想我把劲儿用匀一点。这是什么意思呢?就是经济太快了,把文化丢在后面了。因此,现在中央十分强调文化建设,"两手抓,两手都要硬"就是指物质文明和精神文明。经济特别发达时,出现这种现象就要警觉,如果警觉了就可以纠正。像你这样提问题,就说明你有这方面的想法。奥运会是个机会,奥运会来了我们什么也不担心,就是担心乱过马路的、随地吐痰的,这种毛病一定得克服,一定得拿出好样子来。当年韩国办奥运会,日内瓦就提出来韩国的狗肉店不行,他说,这是我们的民族风俗啊。韩国的总理跟我谈过这个问题,他说,我们把狗肉店迁到小胡同里去吧。

问：《卧虎藏龙》在国际上反响很好，但中国市场反应一般，而且我们发现在国际上有名的中国电影都没有较好地反映中国的实际情况，导致一定误差，那么，在占领国际市场和宣扬中国文化两个方面您会作何选择？

答：这个问题问得很清楚啊！两条，一条尽快占领国际电影市场，另一条中国电影要积极表现中国的精神，正确的精神。就是说一定要代表中国精神，要非常完美，可能一时做不出来，心有余而力不足，我们缺少创造力，缺少想象力，一个"木兰从军"被美国迪斯尼做成动画片在全世界播放，而中国的故事中国却做不出来。但是，如果为了第一条，说不管是不是代表中国的精神先占领市场，那就更可怕了。说来说去，中国得有一个环境或者鼓励新的作家出现，中国缺少这样好的记者和导演。当然，电影是娱乐的，不完全是靠剧本，我觉得无害即可，不要把电影全看成教科书那么好、那么完美，无害即可。但有害就不好，比如，有时宣扬极端的个人主义，宣扬暴力，宣扬不道德的恶劣生活等。你这个题目挺深的，我就只能回答到这里。

问：我是留学生，您这个讲座主要谈了中西方文化的交流与碰撞，留学生是一个比较特殊的团体，我们感到在中国的大学生活便是一种文化的交流与碰撞，请你对我们留学生同学的大学生活提一些建议。

答：留学生有一些特别好的优势，表面上看是语言优势，至少你们两国语言是很通畅的，实际上更大的优势是你有机会得到文化的交叉，你可能会具有混合文化，不是一加一等于二，可能一加一等于三或四。如果你只在一个地方生长，你会比较狭隘。你这一生如果只在北京、在上海，最后就可能成为北京自恋癖或上海自恋癖的人。如果你们中学在北京，大学也在北京，我建议你们研究生别在北京。为什么有些留学生的能力表现得比较好，我觉得就是文化的交叉或者我刚才说的那句话，只知其一就是不知全部。

我觉得留学生可以做一些比较研究。比如，一个加拿大的大学生和一个中国的大学生在碰到同一个问题的时候，他们的表达有什么区别，一定会有很多区别的。就业面试的时候，中国学生会说"我会好好学习的，虽然我没有经验，但是我会服从领导的安排的"。如果是外国学生，他会说"我没有这一方面的经验，但我有另一方面的经验，做这个事我没有问题"。中国的传统文化叫讷于言而敏于行，叫少说多做，但一个人不能正确表达自己是不行的。我的确遇到过这样的人，他不能交流、不能表达，那有什么用呢。另外，我也的确看到过一些人，学历不是很高，但最后很成功，我觉得沟通能力是很重要的，在某些场合不愿说话是一大缺点。

在很多记者招待会的场合，中国记者就有点儿讷于言。澳大利亚前总理基廷有次来上海，那时候我是上海市副市长，福斯特（Foster）啤酒在上海生产，他很兴奋。开工时，他演说，我演说。然后记者围上来提问题。中国记者跑旁边喝可乐去了，外国记者就不停地问问题，我看远处一个中国人拿着录音机，一直在录但够不着我，同胞嘛我就照顾一下，我说你是哪个报社的,他说我是澳大利亚报社的。大家学新闻的,如果讷于言是不行的。所以,同学们一定要培养说话的本领。

范敬宜:非常感谢赵启正老师刚才一席精彩的演讲。赵启正老师工作非常忙,我有时晚上或早上打电话都是已经走了或者还没回来,在这样高频率的工作下还抽出时间来给我们作这场报告,我们觉得太难得了。我来讲两句我的感受。今天他不是一般的讲新闻传播问题,而是充满智慧与艺术的对话。他通过无神论者与有神论者的对话,多层次、多侧面地告诉我们如何掌握交流与表达的本领。我觉得他讲得非常有针对性,中国新闻工作者表达能力不够是一个普遍缺陷。昨天我们到中宣部汇报新闻教学中存在的问题,我说最大的问题就是不善表达,不会说一些引起别人新鲜感的话,只有说套话的本领,缺少能够和人心灵交流的本领,这种本领是不容易学到的。大家看看赵老师,在各种场合对各种问题都可以对答如流,而且,那么全面,那么生动。

我觉得,要传播中国的文化、展示中国的面貌,要提高我们和各种各样不同文化背景的人进行交流的能力,首先要丰富自己的文化底蕴,就新闻学新闻是学不出什么名堂的,也是成不了大家的。你们看,赵老师跟帕罗的对话,上下古今,东方西方,我们有没有这样的能力呢?我希望同学们在学习中一定不要是单一的营养,我们现在的教育往往是单一营养,只靠吃维生素丸、不吃饭来维持生命,这样长不成一个大个子,无法拥有健壮的身体。

为什么赵老师能够应对这样的对话,被外国人认为是中国形象的一个代表?假如不是有这样的知识,外国人是不会作这样的评价的。我记得歌唱家李双江讲,现在的歌唱演员最缺乏、最应该要解决的问题就是文化底蕴。一个人拼长相、拼嗓子,拼来拼去,拼到最后还是要拼文化。今天赵老师给我们最大的启发,就是我们要多吸收文化的营养,要抓紧我们宝贵的时间去丰富自己的文化内涵,我的理解不知道对不对。让我们再次以热烈的掌声感谢赵启正老师!

(录音整理:孙环　何珊珊　贾思雪　陈思远)

第十二讲 传播政治经济学研究路径与前沿

赵月枝

加拿大国家特聘教授
中国教育部长江学者讲座教授
西蒙弗雷泽大学传播学院副院长

演讲人简介：赵月枝，1965年出生，浙江缙云县人。1984年毕业于北京广播学院新闻系，同年考取公费留学生。1986年进入加拿大西蒙弗雷泽大学传播系攻读研究生，1989年和1996年分别获得硕士和博士学位。1997年至2000年，任教于美国圣迭戈加州大学传播系。2000年重返西蒙弗雷泽大学传播学院任教。2017年任清华大学特聘教授。中文代表作有《维系民主？西方政治与新闻客观性》《传播与社会：政治经济与文化分析》等。

郭镇之：赵月枝老师是西蒙弗雷泽大学传播学院教授,全球传媒监测分析实验室主任,国际媒介与传播研究学会学术评审委员,同时还是《全球传播媒介》杂志的主编之一。今天赵月枝老师给大家讲座的题目是"传播政治经济学研究路径与前沿",大家欢迎!

赵月枝：各位同学晚上好!我这次来北京参加会议,今天是第二次到清华来登大雅之堂,很高兴有这样的机会。我在国外经常参加各种会议,也经常被好多学校请去作讲座,但是很少有这么多的听众,所以我很激动。我更高兴的是,能在《马克思主义新闻观》这样一门课上讲。因为我讲的内容是西方马克思主义,更具体地说,是西方马克思主义新闻观,所以,我在这里还真有点名正言顺的感觉。

这说起来很有意思。也许是历史辩证法吧。我当年在你们这么大的时候出国留学,是国家公费派出去的。跟我同级的国内研究生同学去上《政治经济学》,学《资本论》,因为我是出国预备研究生,所以不用在国内上课,就学英语。我特别高兴,说你们在国内痛苦吧,我要出去了,我肯定不学这种东西。结果出去后,被老师逼着学马克思主义的东西,而且,这些东西实际上在西方学术界是一个很重要的理论基础。我今天给大家讲的传播政治经济学,就是西方马克思主义传播研究的一个主要分析框架。

我的课件上有一句引语,出自美国加州伯克利大学社会学系麦克尔·伯罗威(Michael Burawoy)教授写于2003年的一篇文章,不久前一个同事传给我,说你看看这篇文章。我没把它翻成中文,但大家应该都有英文基础,读得懂。他说,对好多人来说,社会主义的衰落,在现实和在想象中的衰落,标志着马克思主义的死亡。但是事实上,马克思主义一直在提供着对资本主义的批判,而且对超越资本主义提出一个可行的办法,或者一个理论。然后他说:"资本主义的长寿保证了马克思主义的长寿,每个时代有它自己的马克思主义。"就是说,马克思主义作为一个大家公认的对资本主义的分析和批判,不仅是最精辟、最深刻的,而且没有过时。所以,在国外人文社会科学界,一直把马克思主义作为一个重要的基础理论思想。当然,他也说,长寿意味着要不断地重新建设、重新讨论:"As capitalism rebuilt itself, so must Marxism."一方面,资本主义经历危机;一方面,它在危机中求生存。同样,马克思主义也得不断地超越自己,用国内的话说,就是"与时俱进"。因而,不同的时代有不同的马克思主义。这篇文章发表于国外的一本非常主流的杂志,叫《政治与社会》(Politics and Society),这位教授也是伯克利大学很有名的社会学教授,他的东西被很多人引用,不是我们想象的那种边缘的马克思主义者。

在讲传播政治经济学之前,我还想给大家讲另一些前提性的东西。我们想问题的时候,经常会陷入非此即彼的认识论的误区。比如说,批评改革中碰到的一些问题,或者说指出改革在某些领域的一些失误,包括现在大家讲得很多的医疗改革中走市场化道路的困境,并不意味着你就要回到"文革"。这不是个非此即彼问题,也就是说,现在的批评不一定是站在过去的角度,而可以是站在一个更高的、更有前瞻性的高度上进行的。刚才我跟你们的王健华老师说,改革带来物质的极大丰富,像我的这件衣服,昨天刚从王府井买来,100块人民币,漂亮得很。谁也不会要回到"文革"的时代,这是没说的,对不对?但是,在物质极大丰富的基础上,我们还要追求精神的极大丰富。我们大家学的传播是社会精神生活的核心内容,因此,在追求更理想的一个社会的安排方面,我们应该大有作为。

而要达到这一点,我们就有必要克服对西方理论的崇拜心态。我以前回来,往往有同事会问,西方有什么新理论?我说第一,西方不是三五天就产生一个新理论;第二,我们为什么非得这么关注西方的新理论呢?也许20世纪30年代的理论,比如说罗斯福新政时候的理论,对我们现在这种情况更有用。

因为我自己在研究批判理论,我还要特别在此强调,对下面我要介绍的传播政治经济学,也要用批判的眼光,也不要盲目崇拜。当然,如我下面提到,也没有理由盲目崇拜实证的方法。我们自己要有一种问题意识,就是说,要从中国的问题出发。

而且,在分析理解西方理论的时候,我们要知道它被传到国内来的过程中的随意性、政治性和选择性。比如说,我们现在引进的很多书都被冠以"西方传播什么什么经典",这里就可能有市场炒作的成分。有些理论在特定的情况下被传进来,有些理论又被忽视了。比如说,我们很多人都知道《报刊的四种理论》。实际上,施拉姆的这个东西是"冷战"的产物,他的研究受美国政府的支持,有很强的冷战意识。而同一年在英国,有社会主义立场的文化研究学者雷蒙德·威廉斯也提出了四种理论,但跟施拉姆等人的四种理论非常不一样。他说,这四种媒体模式一种是威权的(Authoritatarian),一种是家长制的(Paternalistic),一种是商业式的(Commercial),再一种是民主式的(Democratic)。这样一来,他就把Commercial和Democratic给分开来了。而在我们接受的所谓的西方理论中,商业模式往往被等同于相对独立于政府,进而被等同于民主。实际上,并不是那么简单。然而,施拉姆等人的冷战理论被我们所熟知,而社会主义者威廉斯的理论却没有被传到国内。

还有一点,就是要提倡方法论的多元化、兼容性,不必把某种方法绝对化。有一个科学的态度很重要,但实证方法本身并不等于科学,更不是唯一的方法。实际上,不同的问题需要不同的方法去回答,而学术研究中很关键的一步是看你问的问题是否重要。在这方面,我最喜欢的一句话是一名芬兰的学者说的,他说,现实的某些方面确实可以用方便的方法来测量后进行量化阐释,但这并不能够说明,这些方面必然是我们理解现实最基本的方面。可能是因为以前我们太强调政治化的和从概念到概念的研究,所以现在要强调量化的研究——但我们要避免方法崇拜,从一个极端走向另一个极端的误区。用李金铨老师的话说,你可以把头发丝撕得很漂亮,但是,头发丝本来很细了,再撕下去,在一定程度上,意义就相当有限……你可以做得很精致,但是如果你的问题不重要,那么你的理论也不一定有多少社会意义。而且,很可能你还浪费了社会资源。

我的开场白已经很长了，下面我给大家提纲挈领式地提供一个传播政治经济学的学术框架，使大家有个初步的概念，看看这么一个研究的取向，是不是有意义。

一、传播政治经济学学术定义、渊源与学术取向

我先讲一下传播政治经济学的定义。这方面有一本翻译的中文书，作者是加拿大的文森特·莫斯可。莫斯可的定义是，传播政治经济学就是对社会关系，尤其是社会的权力关系与传播产品的生产、流通、消费的相互构建的研究。也就是说，社会的权力关系影响着传播产品的生产、消费与流通；与此同时，传播产品一旦生产出来，也会对现有的社会权力关系产生一个强化或者挑战的作用，所以说这是一个互动的关系。其他学者也有各种的表述，但可以说是大同小异。

下面一个定义是美国批判学者丹·席勒教授给出的。丹·席勒的定义有两个层面的内涵。一个层面就是说，传播政治经济学是分析政治经济压力对传播与文化实践的影响，导致资本（因为他是在讲北美这样一个资本主义社会）或多或少地左右传播的内容和形式。第二个层面更宏观，是研究传播产业在信息化和全球资本主义资本积累中的上升地位。我不知道现在国内大学里是否还把马克思的政治经济学当作必修课，不过，我相信大家知道，资本主义生产关系刚开始是在农业领域建立起来的，后来，发生工业革命，现在又到了所谓的知识经济和信息资本主义时代。也就是说，随着资本主义的扩张，资本积累已经把文化和信息领域当作自己的场域。而在此之前，文化领域被认为是太重要了，它决定我们是什么样的人，我们生存的意义是什么。出于这个原因，资本积累的逻辑在这个领域的演绎受到很多制约。现在，这些制约越来越少了，文化和信息产业的商品化、市场化与受制于资本的程度越来越高，而研究这一过程及其对社会的影响正是传播政治经济学研究的重要内容之一。

我要提到的第三个定义，是国际传播研究机构 International Association for Media and Communication Research(IAMCR)对传播政治经济学的定义。它认为，传播政治经济学是有关传播领域权力结构如何运作，尤其是在信息转化为商品过程中如何运作的研究。

我自己的工作定义(working definition)是：传播政治经济学是有关传播（话语）资源的社会分配的研究。这里，我希望突出的是资源分配的问题。我们可以把传播资源理解为硬件，比如，中国人口中多少人可以上网，有多少人拥有电视机？也可以理解为话语权，比如，中国哪些群体处于话语强势、其文化价值观被弘扬，哪些是弱势群体，没有话语权等。传播政治经济学的核心是研究社会传播资源的分配。现在我们强调构建和谐社会，而传播资源在社会群体中的分配是否公平、公正和合理应该是社会和谐的重要内容。

在政治经济学中，权力是一个关键词汇，而把握权力的多维性、多主体性和双向性，也

就是它的建设性和限制性(both productive and restrictive),承认权力分配的不平衡性和统治关系的存在,又是把握政治经济学的关键。比如,政府有控制和压制的权力,同时,又有赋权(empowering)的一面。资本的权力也是一样,一方面,给你资金办媒体;另一方面,广告商又影响内容,这也是一种局限。而且,就像国家可以是赋权的权力主体一样,社会也可以是剥夺权力的主体。比如,我妈妈小时候被国家保送读高中,但没有读成,因为我外婆不让她继续上学,这是一种社会权力。"文革"时代有人因为身份不能上学,这是政治权力作用的结果。现在有人因没钱不能上学,这是一种经济权力。

权力具有多维性。小孩看了电视暴力可能会模仿,这一假设是建立在一种什么样的权力概念基础上的?这是行为主义的权力概念。大猩猩也会模仿,这是最低级的权力定义,用来研究社会是很有局限性的。这里所理解的权力是一种社会力量(个体或集体)让另一种社会力量采取某种行动的力量,这仅仅是权力的第一个维度。权力的第二个维度,涉及一种社会力量(往往是统治性社会力量)通过社会机构和实践使不利于自身利益的议题不进入社会议事日程。而权力的第三个维度,涉及统治性社会力量定义社会现实和构建被统治的社会主体对社会和有关自身的观念与愿望的力量,这种力量使人把既定的、不利于自身发展的社会现实当作自然的和不可改变的力量,定义现实的能力是意识形态层面的权力,这是最核心的权力概念。

还是回到电视暴力问题。电视中充斥着各种暴力,如果从权力的二维,尤其是三维角度分析,你们会怎样分析这种媒体现象的社会影响?我们可以研究电视暴力中谁是施暴者,谁是受害者,什么是合理合法的,什么不是,什么样/什么人的暴力是不被当作公共议题的,这样呈现暴力对谁有利等问题。从意识形态层面,我们还可以假设,经常看电视暴力会给受众一种世界很不安全的感觉,而这种不安全的感觉会导致我们在选总统或者州长的时候,倾向于选像施瓦辛格这样的威权者。而一般倡导以威权解决社会问题的政客往往是"右翼"的,在政策上倾向于有钱阶层,而这正好说明了电视暴力对不平等社会关系起维护作用,也即电视暴力的意识形态作用。

人毕竟不是动物。你可以做行为主义的研究,但是你要是觉得政治经济学的这种研究是有道理的,你就需要不同层次的理论分析,而不只是把人分成两部分,一部分看有暴力的电视,另一部分看没暴力的电视,之后看他们出去谁会打架。这种基于行为主义权力观的实证分析不是很难,但不一定涉及问题的实质。

在这方面,美国知名的学者乔治·格伯纳的研究应该是最深刻的。他质疑,难道美国观众真的那么嗜血,那么喜欢电视暴力吗?其实不一定。还有学者的研究表明,警察局公布的数据显示恶劣的凶杀案件并没有上升,但是晚间电视上关于凶杀的报道却是上升的。为什么呢,从媒体制度角度上来分析,这是商业化程度加深的结果。我 1998 年在《新闻与传播研究》上发表过一篇文章,提到当年美国三大新闻网形成了寡头垄断,那个时候媒体中从事新闻制作的部门不一定非得赚钱赢利,因为集团内部的其他部门可以交叉补贴新闻部门。比如，CBS有娱乐部门和体育部门，这些部门可以赚很多钱，可以补贴给不以赚钱为目的的新闻部门。在20世纪70年代的时候，CBS新闻部门的负责人还非常得意地说："我们的新闻部门是亏钱的。"也就是说，他们宣称自己的新闻部门是对社会负责的，为了社会公众他们没必要总是去追踪凶杀案。20世纪80年代以来，由于商业化和市场化政策的推行，美国新闻业的竞争加剧了，默多克来了，有线电视也来了，让媒介越来越把新闻当作资本积累的工具，CBS以前很肥的一块业务可能被市场上其他企业分走了，这样，它的新闻部门就必须赚钱。为了赚钱，它们就必须有收视率，而什么最能提高收视率呢？凶杀之类的社会新闻是一种选择。如此，媒介商业化导致媒介对暴力报道的增多，而这种媒介暴力内容增多又导致我们去选施瓦辛格这种象征着"英雄"的右派人物当州长，来拯救我们。这样的体制性分析、这样的权力观，加上必要的实证研究（戈伯纳的涵化研究是实证性很强的），而不是简单的行为主义的假设和在此基础上的实证，是政治经济学研究的精髓。

刚才讲了定义和权力作为政治经济研究的核心问题，下面简要说一下传播政治经济学的学术渊源。大家知道，马克思主义政治经济学作为激进政治经济学的一部分是对从亚当·斯密等人的古典政治经济学和资本主义本身的双重批判中发展起来的，而传播政治经济学作为传播学的一部分，正是马克思主义政治经济学在传播领域的演绎。

大家应该有马克思主义的基本常识，比如，马克思认为资本主义发展会产生经济危机，工人阶级有可能从自在的变成自为的阶级，成为资本主义的掘墓人等，这是马克思主义政治经济学的一些基本原理。但是，反对资本主义的阶级革命并没有在马克思所说的资本主义核心国家取得成功，倒是在像当时中国这样的比较落后的半殖民地半封建社会成功了，所以，西方出现了一批所谓的"文化马克思主义者"，他们从文化的角度、意识形态的角度对这种现象进行了分析。西方工人阶级革命为什么没有发生，资本主义的传播工业是如何把工人阶级的革命直觉淡化的，这是西方文化马克思主义者考虑较多的问题。

更实际的是，20世纪是最血腥的世纪，发生了法西斯主义。因此，法西斯主义是怎么起来的、法西斯主义和资本主义之间是一个怎么样的关系，就成了学者们思考的重要问题。一批学者，尤其是从欧洲逃离出来的法兰克福学派学者认为，法西斯主义的根源在于资本主义的垄断发展，资本主义的垄断会导致这种威权主义——法西斯主义。北美传播政治经济学的奠基者达拉斯·斯迈思（Dallas Smythe）和赫伯特·席勒（Herbert Schiller）都深受这些思想的影响，而我上学和工作的时候又接受了他们两位的影响，这样既必然又偶然地继承了这些思想。

赫伯特·席勒的父亲在经济大萧条的时候失业在家十多年之久，对一个人来说，这不仅是钱的问题，而且是在精神上的摧毁，是对一个人的价值和自尊的挑战。赫伯特·席勒生活在这样一个家庭中，清楚地看到资本主义摧残人性，没有能给所有人提供全面发展的机会这样黑暗的一面。大学毕业后，赫伯特·席勒参加过"二战"，后来参加了美国在战后恢复欧洲,尤其是重建德国的政治经济的工作。作为一个美国的年轻人,他认为,法西斯主义的罪恶应该意味着,在恢复德国政治经济的时候肯定会清除一切法西斯主义残余。但是,他亲眼看到美方宁愿让"右翼"人士,甚至可能与法西斯分子有说不清关系的人进入德国政府,也不要让"左翼"的同情工人的人士进入政府,而这些人恰恰是当年站在反法西斯的前沿。这是因为什么呢?他终于明白,是资本的阶级利益在起决定的作用。

斯迈思也是经济学家,他曾经在美国农业部工作。因为罗斯福新政,他曾采访过当时美国的农民工,看到了什么是资本、什么是剥削、什么叫剩余价值。后来,他在美国的联邦通讯委员会做首席经济学家,在无线电资源的分配中,他亲身体会到资本是如何起主导作用的。所以,斯迈思和赫伯特·席勒等传播政治经济学的创始者不只是理论上的马克思主义者,更不是被灌输了马克思主义,他们是从实践中和社会经验中体会到资本的力量,以及马克思主义政治经济学对他们所认识的世界的解释力的。用赫伯特·席勒的话说,他经历的德国政府的重建对他来说就是一个实验,他的方法就是一个阐述性的实证。这里,他不是人为地制造一个实证,而是亲眼看到美国如何恢复战后的欧洲这一历史进程。

同样,传播政治经济学的名家阿芒·马特拉和米歇尔·马特拉夫妇在 20 世纪六七十年代参加了拉美的社会运动,并在此过程中对传播政治经济学的发展作出了重要贡献,待会儿我还会讲到这个。

这几天,北京正在召开中非合作论坛峰会,我很高兴地看到,我们国家的外交是多元的。同时,这也使我想起,从 20 世纪 50 年代到 70 年代,在亚非拉有民族独立运动和在国际领域的不结盟运动,这些运动很多都是对现有社会关系或者说不平等的国际关系和政治经济文化秩序的一个挑战。这些国家提出,要建立一个世界信息与传播新秩序(new world information and communication order),也就是说,要改变美国单方面地向外输出文化和信息传播,即定义世界的权力不平等的现实。可以说,这些社会运动对不平等国际权力关系的挑战,是传播政治经济学发展起来的社会历史基础。

与此同时,西方社会内部也发生了一些社会运动。法国的"红五月"是激进的学生们对资本主义的一种批判;在美国,有民权运动和反越战运动,这些都对经验研究的前提及其假定的有关美国社会的共识提出了挑战。经验研究和行政研究,它是以美国社会是平稳的、以一套现成的价值或所谓的共识为前提的。经验研究本身不是没有价值参照物,它只是把这个价值当作大家已经接受了的既有现实,然后在此基础上再来研究所谓的常量、变量、影响什么的。由于美国主流政治经济文化势力原来假定的价值体系在国内和国外受到挑战,发生了危机,在此基础上的实证主流传播研究就有些力不从心了。

我从 20 世纪 30 年代讲到 70 年代,目的是要说明,整个世界历史的发展确实提供了传播政治经济学产生的土壤。所以我们说,问题意识很重要,理论如果说有意义的话,也只是因为它能解释世界,能解释社会的现实,如果没有这个解释能力,这个理论也就没有意义了。传播政治经济学的产生,并不是有些人坐在书斋里认为马克思主义理论好,而是这些学者在参与社会活动中,亲身经历了和亲眼所见社会权力分配的不公平,以及国内外社会势力对这种现实的抗争。

我刚刚得知,赫伯特·席勒的第一本书终于有中文版了,有意思的是,这本书并不是国内传播学界组织出版的,这使我想起这本书在美国的出版历史。《大众传播与美利坚帝国》是赫伯特·席勒1969年出版的一本奠基之作,当时他在伊利诺伊大学,没有人愿意给他出版这本书,是因为美国自己的大学里面出现一位批判美国帝国的学者。最后,是一个很没有影响的独立的出版商给他出版了这本书。1992年的时候,这本书正式重版,他又写了一个很长的序言——《25年来的回顾》。虽然我们翻译了不少传播学著作,这本书今年才刚刚被翻译成中文,上海的张国良老师写了一个中译本的序言,我觉得他说得很好。他说,我们在引进外国传播文献中出现了重经验研究轻批判研究的偏颇。他还说,在熟悉了拉斯韦尔、拉扎斯菲尔德、施拉姆、罗杰斯之后,我们以同样的热情,接纳着席勒、斯迈思、乔姆斯基、哈贝马斯。这印证了中国传播学界的发展和进步,反映了其积极进取的品格和兼容并包的胸怀。

席勒生前说,他没有能来中国很遗憾。在他去世之前一年,我还说,我也许可以给你搞到一个邀请,你愿不愿意去,他对我说,他十分愿意去。但是,没等我达成此事,他就去世了。郭镇之老师给我这本书以后,今天早上我在宾馆里买了一张明信片,写了几个字寄给了席勒的遗孀,说看到了这本书。20世纪80年代初,施拉姆到中国来,我们对他崇拜得五体投地。这是一个很有意思的对比:一个是反共的冷战斗士,我们以传播学之父的名义热烈欢迎;一个是马克思主义者,资本主义的批判者,却没有到中国的机会,他的第一本著作直到今天才在中国出版,而批判席勒的文化帝国主义理论的著作,比如《解读〈达拉斯〉》,早就在中国出版了。所以我刚才讲到,西方学术如何传到国内来是有很强的政治性的。更值得一提的是,赫伯特·席勒讲的是第三世界和美国的关系,但是《解读〈达拉斯〉》那本书是在哪里做的研究呢?它是在以色列研究几十名观众对美国电视剧的解读。以色列和美国是什么关系呀,以色列能等同于我们所说的亚非拉吗?肯定是不可以的,而且用几十位电视观众的解读,能实证我刚才所说的意识形态的影响吗?可以说这是完全不相容的两个学术传统。

我现在讲一讲传播政治经济学的学术地位。我知道,大家很关注,很在乎哪个是主流,那个是支流。但所谓主流支流、批判实证很可能是三十年河东三十年河西的一种关系,并不是一成不变的。还有,正因为批判学术很重要的一部分就是对统治性权力关系分析,在美国,就是对美国国内外的政治经济关系的批判,你不可能是主流,这是必然的。传播政治经济学的第一门课程是1948—1949年在伊利诺伊大学开的。当时,斯迈思不敢把这门课叫作政治经济学,因为政治太敏感了,所以这门课被叫作传播经济学。正如我刚才所说,对权力的挑战必然受到权力的压制。赫伯特·席勒写了《大众传播与美利坚帝国》以后,受到了当时他任教的伊利诺伊大学校方的排挤。而在当时,加州大学是比较激进的,加州大学圣迭戈分校当时有一个学生竟然为了反对越战在广场上自焚死了。当时,学生跟校方说,我们要成立一个"第三学院",一个不是专门为美国军事政治复合体制造人才的地方,我们需要的是有分析意识、批判意识,从批判的角度审视美国与第三世界国家关系的研究。席勒就在这样的情况下被加州大学圣迭戈分校给聘用了,而且后来一直在那里。所以说,美国大学里面这个终身教授制度还是很好的,因为终身教授制度保障你的言论自由,但这并不意味着你不会受到排挤和压制。赫伯特·席勒在加州大学十几年,受到许多不公正的待遇。提工资的时候,人家就说,虽然你写了很多书,但是你那些书不好,所以,他有很长时间工资得不到提升。这是我在为庆祝他生日而举办的学术会议上亲耳听到的。但是,正如会上的一位发言者所讲:"那些不给他提工资的人自己写的东西早不知道上哪里去了,但赫伯特·席勒的著作再怎么被压制、被歪曲、被污名化,照样有影响。"

作为批判学派的重要组成部分,传播政治经济学与20世纪六七十年代的社会运动相互促进,在学术界立足,产生影响。到了20世纪80年代,由于里根上台,统治性社会势力对激进社会运动进行压制,同时在传播等产业推行放松管制等新自由主义政策,在学术界,后现代主义思潮兴起,文化研究开始变得很时髦,传播研究开始走向多元化。

20世纪90年代以来,传播领域的宏观变革很多,传播政治经济学以其对宏观传媒制度的关注和分析而凸显其重要性,在国际上的学术地位不断提高,许多学校在这个领域招人,导致人才紧缺。《富媒体 穷民主》的作者罗伯特·麦克切斯尼说过一句话,传播政治经济学并不能解释所有的东西,但做传播研究,没有传播政治经济学为基础就像戴着手套弹钢琴。我很赞同这句话。

下面我给大家讲一下传播政治经济学的学术取向。我们知道,它是一个宏观的视角,把资本主义放到一个真正的历史角度来研究,它反对历史终结论,不认为这个制度就是这个样子、是永恒的。也就是说,它反对把资本主义自然化和去历史化。它认为,既然资本主义有历史、有变革,就会有被另一种政治经济组织形式取代的可能性。这实际上是政治经济学的一个重要前提。同时,它也反对媒介中心论和传播的本质主义。它把媒介和传播放在社会整体里面去研究,强调社会、政治、经济、文化系统和传播系统的互动及社会视角。

学术界认为我的东西是传播政治经济学的取向,正是因为我在研究传播的时候,不是从传播产业的角度来问问题。比如说,从如何进一步产业化、为GDP作贡献,中国传播产业如何在世界上扩大市场份额,等等。我更不简单地因为张艺谋的《英雄》市场成功了,就为他欢呼,这个角度当然很重要,我知道你们清华也做得很好。但是我觉得这个研究应该由产业部门自己来做,比如,某个商业性媒体的战略发展部门。作为一个学者,我希望自己站在社会的角度来研究。产业化好不好?这得看它有没有更有助于社会传播资源的合理分配和社会表达的多元化。张艺谋的《英雄》是打入好莱坞了,但他的资本部分来自好莱坞,他的方法是好莱坞的,更重要的是,张艺谋的《英雄》表达的是秦始皇们的视角,而不是孟姜女们的视角。

再比如,在中国传播业与"入世"这个问题上,我是从人文的、社会的角度来立论的。我的论题是"跨国资本,国家与断裂社会中的中国传播业",断裂这个词听起来令人震惊。实际上,这是你们清华大学孙立平教授的用词。在社会学分析的基础上,我提出了如下的问题:在这样一个社会里面,我们的传播系统是一个什么样子?在一个断裂的社会里,各阶层之间不可能有一个有机的传播体系和有效的话语对话机制,而这样的一个传播体系在国际竞争的压力下又可能更进一步加深社会的裂痕。这篇文章是我 2003 年在意大利召开的一个会议上提交的论文,拿到国内,我把它改成了《中国传媒与入世:一个跨文化的政治经济学视角》,你们搜我的名字就可以在网上看到这篇论文。

另外,顾名思义,传播政治经济学关注政治与经济,国家与资本间的相互构建关系,强调经济是一种权力,市场也是一种权力。当然,国家与资本有不同的运作逻辑,但是市场没有国家提供的法律基础就无从行使,也就不成其为市场。

还有一点是关于市场和民主的关系问题。我们要全面地、历史地理解资本主义与自由民主的关系,我没时间展开讨论,但这个问题很重要。我让你们看以下的两句话。第一句话是法兰克福学派的霍克海默说的:"谁不想提资本主义就应该对法西斯主义保持沉默。"意思是,对法西斯主义的检讨必须涉及对资本主义的分析。我们大家会认为,资本主义市场必然带来民主,或者不说必然吧,我们把自由民主和资本主义市场连在一块。但是,实际上这是一种特定的历史现象,也可能是暂时的现象。资本主义这个经济体制的政治形态有可能有时候以自由民主的政治形式来表达,有时候可能也会以法西斯主义的形式来表达,而且这还不是线性的,我们不能说今天有自由民主体制(liberal democracy)了,然后就一劳永逸了。自由民主体制的国家有可能在特定的历史条件下堕落到法西斯主义或其他威权形式。所以我们要有一种历史视角,要具体分析,不要偏信简单的宏观叙事,好像从这个社会必然到那个社会,市场关系必然带来民主。当然自由民主体制是资本主义社会一种最理想的政治组织方式,因为在这种制度下,精英之间可以讨价还价。

还有下面这句话:"我看不出来有什么理由仅仅由于阿根廷人民的不负责,我们就得让这个国家追随马克思主义。"(I don't see why we have to let a country go Marxist just because its people are irresponsible)你们猜猜是谁说的?先猜国别,哪国人?德国人,再猜一下,俄罗斯,再猜一下,……美国,总算有人说美国了。对,是美国人,而且还是我们中国人很崇拜的一个美国人。罗斯福?我想他可能不至于这么坏。是基辛格。1972 年的时候在智利发生了什么你们知道吗?政变。在政变之前是怎么回事呢?是的,政变之前是阿连德政权,智利人民通过民选产生的一个社会主义政权。美国把它颠覆了,而这句话就是它们的理由最露骨的表述。我读到这句话的时候很吃惊。当年,我也跟国内有些人一样,不会想到美国会这么做,而是把美国看成民主的象征和保护神,现在美国在伊拉克所干的一切也是以民主的名义。这是很深刻的历史,我们不应该忘记,为了资本的利益,美国有时唱着民主的高调,有时颠覆民主。

我刚才讲到要有宏观框架和社会视角,要有历史感,要对民主和资本主义的关系有一个历史的了解、一个具体的分析。另外,政治经济学有明晰的伦理哲学和价值宣称,它并不宣称自己是纯客观的科学。在这点上,传播政治经济学与女性主义的"立场理论"(standpoint theory)和"情景知识"(situated knowledge)理论有相同之处。正如英国传播政治经济学家戈尔丁和默多克(Peter Golding and Graham Murdoch)所说,"最重要的可能是,政治经济学超越有关效益的技术性问题而关注正义、平等和公益这些基本的道德问题"。

我刚才讲到我们的文化产业为 GDP 的贡献,这个是效益问题,如何使我们的信息产业发展更快,商品化程度更高,这个是技术性的问题。现在我们提出了科学发展观,为我们超越有关效益的狭隘讨论提供了有益的语境。增长本身不是社会最优的和唯一的价值选择,效益和平等要有一个平衡。在国外上传播与发展课时,我们老开玩笑说,如果按照主流的增长和效益概念,谁是为 GDP 作贡献的英雄呢?是一个垂死的癌症病人,而且又打了一场很复杂的离婚官司。为什么呢?第一,这个人得了癌症,花了很多钱治病,那么整个健康产业的产值上去了。与此同时,他又出了很多律师费,促进了服务产业产值的增加。这样一来,GDP 就升高了。但是,这个人幸福吗?不幸福。那么我们的生存目的是幸福呢还是 GDP?说起来,这是很简单的事情。但是,我们在盲目追求 GDP 的时候,实际上已把资本的逻辑也就是增长的逻辑变作社会的逻辑,也就是说,我们在意识形态的层面上,也就是在第三维的权力定义上,被资本的逻辑左右了。

也许十年前没有这样的语境,我们现在已经有这样的语境来理解我刚才说的这些了。实际上,古典经济学的最重要的人物亚当·斯密,首先是一个伦理哲学家,更不要说马克思了。还有下面的一段话,听起来很革命:"最重要的是,传播学的研究议程最终将会是由被压制的民族、阶级、种族、人民的表达的需要来决定。在这种情景下,还有什么比对那些为新的、更有人性的社会形式而争斗的人有用而更给人以动力呢?"这是赫伯特·席勒 1983 年在美国《传播学刊》一篇有关批判传播研究的文章的结语。张国良教授把他叫作思想斗士,这样的话也确实给你这种感觉。他说的研究什么样问题、研究谁的问题,是最重要的问题这点,使人想起以前毛泽东在延安文艺座谈会讲话中有关文学是为谁的问题。

你们可能认为席勒的这句话太政治化,过时了。但是,有意思的是,这个问题在北京论坛的讨论中还是被提出来了。会上,有一位叫 Michael Keane 的文化产业的学者,是从澳大利亚来的,在中国做了如何发展文化产业的一些咨询,以学者的身份从我们政府那里赚钱,也可以说是帮助我们发展文化产业吧。在发言中,他讲到,新技术起来以后,起到了"disrupting"(扰乱、妨碍)的作用,比如说,你们在网上免费下载音乐,跨国公司就说你们侵权,这种现象是 disrupting。在讨论中,来自美国加州大学的马克·波斯特(Mark Poster)教授就问了一个问题,"Disrupting from whose perspective?"从谁的角度来看是

Disrupting 的？从资本积累的角度来看是 Disrupting，但是从平民百姓的角度来看，新技术可是很有解放性的，对不对？虽然前面赫伯特·席勒的话听起来好像很革命，好像过时了，你怎么还用阶级分析的方法呢，还怎么是被压制的民族民众之类呢？其实，现在即使我们不承认社会的阶级冲突，但是我们还承认有不同的利益主体，对不对？总之，传播政治经济学不掩盖从何种价值、从谁的角度来研究这个问题。

还有，政治传播学强调"知"和"行"，就是知识和实践的相互的统一。这个我就不多讲了。

二、传播政治经济学分析模式的主要组成部分

下面我讲传播政治经济学的分析模式。你们知道文森特·莫斯可吗？在座的有几个人知道或者看过他的书？一个、两个、三个、四个、五个、六个、七个、八个，ok，那还不是很多。我是假定这本书在国内可能很多人都知道。我知道，你们李彬老师的课上已经讨论过了。这本书是传播政治经济学的一本课本，但这本书可能写得太深了，本来是应该写成本科生就可以阅读的书，但现在研究生都不容易懂。当然翻译也比较困难，所以这本书读起来可能比较痛苦。这本书以政治经济学的三个切入点，即商品化、空间化、构架化来组织，很有用。在辅导博士生资格考试的时候，我和我最优秀的一位加拿大本地的博士生戈里格讨论过，认为传播政治经济学研究可以从以下几方面来把握：提供背景、图绘权力、衡量表现、参与实践。

第一，它提供语境和历史背景。在西方，这意味着把传播现象和过程置于资本主义历史背景之下。我刚才讲过，有些研究对传播现象就事论事，甚至是抛开历史背景来研究问题，而传播政治经济学与此相反。所谓背景也就是资本主义社会的起源、巩固、转型和对不平等社会关系的维护与挑战这一历史过程。在这方面，最经典的研究之一是詹姆斯·柯伦(James Curran)有关英国报业史上废除印花税问题的研究。这项研究表明，印花税的废除，以及对报业市场的开放不仅仅是一种简单的经济行为，更不是自由主义新闻理论叙事中所说的新闻出版自由对政府控制的胜利。柯伦对英国议会就这个问题的辩论的分析证实，英国统治者中的改革派希望通过全面对资本开放市场来达到对社会话语权实施有效控制的政治目的。当时，英国劳工阶层正通过逃避印花税的非法出版物开拓他们自己的话语空间，冲击既定的精英话语体制。在如何有效控制这些地下刊物以及它们的声音的问题上，一部分统治精英主张用政府的力量来"堵"，而另一种策略则主张放开市场，通过资本的力量来达到支配主流话语的政治与意识形态目的。道理很简单，作为一般原则，传媒资本与广告商是不会向那些反资本、迎合没有消费能力的下层劳工阶层的报刊注资和在这些报刊上大量投入广告费的。在一个全面开放的市场中，这些声音会"自然而然"因为没有资本的青睐而被边缘化，这一策略在辩论中以及随后的政策与事实发展中获

胜了。这篇文章国内应该有翻译,如果让我选十篇传播政治经济学的范文,这篇肯定是必选之列的。柯伦应该来过清华,因为两年前他邀请我去他家吃饭时,说要来清华。在网上有一个对我的访谈,我详细地介绍了这篇文章。总之,这篇文章的关键是把新闻自由和市场开放问题置于社会阶级关系和对资本主义制度的挑战及维护这样的宏观历史上来分析。

再有一点,传播政治经济学关注资本主义发展过程中资本积累方式的演变,以及传播在其中的地位与作用。我在前面的引语中说到,资本主义不是一成不变的,它不断地创新、变革,而资本积累的方式也随之改变,比如说,从原来的福特主义模式转变成弹性积累模式。

大家有没有听说过福特主义这个词?没有?福特汽车肯定是听说过的。福特汽车和福特主义是有关系的。实际上,福特主义是二战后资本积累和资本主义社会再生产的一种形式,福特汽车代表着大批量生产,工人有较高的工资和福利,大家都能消费得起的福利资本主义和大众消费文化模式。福特主义模式的中国版本可以说是我们当年的国企和国家社会主义,这种模式到20世纪70年代以后被弹性积累型的资本主义社会再生产模式所代替了。在弹性积累条件下,美国不再生产耐克鞋了,而在我们深圳等地方生产,而且,今天晚上一个订单来了,明天就得做,工人们加班加点,累得死去活来。在弹性积累时代,美国有耐克公司总部,中国有生产耐克的血汗工厂。

现在有个新的说法,叫作剥夺积累,这是很有影响的理论家戴维·哈维(David Harvey)2003年写的一本新书《新帝国主义》(*The New Imperialism*)中的概念。有意思的是,这种词汇在国内可能很刺眼,但在国外反而不刺眼。我们知道资本主义原始积累这一概念,但这一概念引申出的一个意思就是原始积累是暂时的,这样的时代很快会过去,但实际上不是那么回事。新的积累方式可能更残暴,剥夺积累这个概念的目的就是要纠正原始积累概念所隐含的有关剥夺的暂时性的认识。比如说,把你的地给剥夺走了,你的生存条件就没有了,这就是一种剥夺积累;跨国公司通过把你的基因、你的知识都给产权化了,这也是一种剥夺积累,因为你原有的属于社会共同体的财富被剥夺掉了。

不同的积累形式跟传播又有不同的互动关系。在福特主义的时代,所有的电视台都做同样的广告;在后福特主义和弹性积累时候,是小众市场,或者是说做分众广告。在福特主义时代,因为都在一个大工厂生产,你就不需要一个全球的电讯系统;而到了现在的弹性积累的时代,跨国公司的总部要及时下命令到世界各地,它就需要发达和快速的通信系统,而且费用还要很低。这我有亲身体会。1986年我刚出国的时候,打一个电话回中国要十几美元,根本不敢,现在两分钱一分钟,比在加拿大打国内长途还便宜。这是后福特主义弹性积累的传播政策的结果。最受益的是谁?当然是跨国精英,最主要的是跨国资本,因为它们的生产成本降低了,但与此同时,电话的座机费升高了。当年我刚去加拿大的时候,每个月的固定电话费用是12块钱,现在36块钱。你想想,一般的老百姓有几个人不用电话,又有几个天天在打国际长途?因此,在从福特主义到弹性积累的转变中,一般老百姓的电话费上涨了,而跨国公司和跨国精英的电话成本相对下降了,而这也是社会资源和财富的一种再分配。总之,不同的资本积累时代,有相应的传播体制和相应的传播资源分配原则。

有关背景还有一点我要重申,那就是,如我以上的例子所示,传播政治经济学强调全球化的视角。资本主义体系,自从它出现以后,就是一个全球体系,所以,分析的时候,要有一个全球化的视角,要克服方法论上的民族主义。我的文章《中国传播与"入世":一种跨文化传播政治经济学视角》在这方面有所论述,这里我就不多讲了。不过,我还是举个例子吧。有一次我读《纽约时报》,上面有篇报道讲到意大利一位退休老太太在一次政治选举中的经历。老太太抱怨说,当年苏联还在,意大利共产党也有一定影响的时候,意大利的主流政客还来理她,要拉她的选票,因为怕老太太投意大利共产党的票。现在呢,共产党没有了,那些政客也不理她这样的选民了。也就是说,当西方的自由主义话语在为苏联民众生活在极权下感到痛苦和可怜的时候,意大利的退休老太太却分明感到共产主义政权在世界上存在的好处。也就是说,她间接享受到了世界社会主义革命的果实。实际上,福利资本主义之所以出现,部分原因就是国际共产主义运动的存在。在20世纪20年代、30年代,西方资本主义国家的当权者也担心自己国家的工人运动,怕自己发生共产主义革命,而这正是逼迫它妥协、建立福利制度的重要原因。当然,我们很少从这个角度考虑问题,因为我们早已把自由主义意识形态和冷战思维内在化了。这次北京论坛请来的专家,印度裔的诺贝尔经济学奖获得者阿玛蒂尔·森也在他的主题发言中讲到,我们所说的西方文明实际上包含了其他文明对它的贡献,我们用的数字叫阿拉伯数字,我们的印刷技术起源于中国。从这个角度来看,构建西方文明与东方文明的冲突,这本身就是不对的。以此引申,我们可以说,美国的民主自由与福利资本主义有世界其他民族被动与主动的贡献。而这就是在方法论上超越民族主义的世界体系理论视角的一部分。

至于你怎么去理解,从何入手建立这样的视角,那就是一个开拓思路和平时积累的问题了。例如,以上有关意大利老太太的例子,是我读《纽约时报》时,想到世界体系理论的结果。《纽约时报》的东西,对我来说是一种证据,当然不是量化的证据。不过,因为它来自《纽约时报》,而这份报纸可不是以马克思主义为理论基础的,我会更相信它。这个故事给我一个启发,为我的理论提供了佐证。难道不是吗?比如,美国的工人贵族在抱怨,福特主义时代享受到的工资,那种丈夫在工作,妻子在家里,像我们想象的那样,带着两个孩子,有花园、洋房、草坪的日子,现在到哪里去了呢?总不至于说,被深圳的工人全部拿走了吧?的确,因为弹性积累,福特主义时代美国部分工人享受到的工资已经没有了,许多人失业了。但是,在深圳我们的血汗工厂里面,工人们又得到了多少?非常少的一点点。不过,美国的"右翼"和主流工会还是在煽动,说我们的工人抢他们的活儿。实际上,谁最得益啊?还不是资本?它们得到的是大头。跨国公司决定到中国来,就是因为我们的工人劳动力便宜。而这个便宜是怎么来的呢？是在什么样的政治经济和社会文化条件下创造出来的？传播在其中起什么作用？这都是中国人自己应该研究的问题。

第二，图绘权力关系的问题。权力关系是传播政治经济学的核心问题。正如英国传播政治经济学者 Nicholas Garnham 所言，政治经济学者作为公共知识分子的贡献在于"提供在资本主义社会形态中有关统治的结构与抗争的场域的一幅地图"。图绘的内容包括政治经济权力中心与传播权力中心的相互构建关系；国家、传媒、社会力量的互动；经济实力与信息控制、形象制造、舆论构建的融合；不同权力中心间的关系；国际文化劳动分工；网络权力的节点，等等。在图绘中，传播政治经济学者关注权力的动态特征和权力关系的复杂交错表现。用赫伯特·席勒的话，"很多具体的变量在具体的个案中以不同的方式组合、影响着结果……政治经济学就是在这样的远非清晰、事实上极其交错复杂的社会领域中构建起来的"。当然，政治经济学者更关注制度的内在矛盾、权力结构间的裂缝与运作的偶然性。同时，他们也关注抗争势力的作用及其内部构成。

这些听起来比较抽象。还是让我讲一个例子，就是不同权力实体之间的关系。刚才讲到 military industrial complex（军事工业联合体），那是说军事权力中心跟工业权力中心之间的关系。现在比较时髦的一个词汇是 military entertainment complex（军事娱乐联合体），就是军事和娱乐的结合。我们大家都可能记得美国新闻中营救女兵 Jessica Lynch 的新闻。这一新闻恨不得是按照好莱坞电影来编造的，而实际上，根本不是那么回事。这可以说是美国军方在导演新闻，是军事娱乐体的最典型体现。还有一个很有意思的现象，就是游戏产业和战争产业的结合，大家知道，游戏中有很多枪击和追杀的内容，现在美国军方不但拿游戏来训练士兵，还大量雇用好莱坞的程序设计师。所以不同的时代，有不同的权力结合表现，这就是政治经济学要分析的地方。

这里讲的是 mapping，就是说要跟画地图一样，要知道权力的中心在哪里，权力的边缘在哪里，二者又是如何变化的，权力的运作逻辑又是如何变化的。比如说，传播业在经济生产中的地位，让我联系一点国内的研究现实。我在国外看到，媒体上市在国内是一个很热的研究生论文话题。但是，媒体上市意味着什么？仅仅是圈钱吗？从政治经济学的角度，媒体上市意味着资本逻辑的深化。在美国，媒体最初是家族拥有，在这样的所有权体制下，家族有左右资本积累和利润再分配的权力。比如说，我是华盛顿邮报家族，我是资本家，那么我说了算，自己能做主。又比如说，今年我们家的利润有 10% 就行了，如果有更多的利润，那么就可以用来改善职工的生活，或者把钱投在记者身上，做很花钱的调查性新闻，然后做一些慈善。但是，如果我的媒体上市了，那么现在谁说了算？股东和股市。而且，我的媒体股份是和谁来竞争？是和中国制鞋、制帽等血汗工厂一起竞争。那么，我就没有权力来定义我的利润要多少了。如果我定的利润很低的话，我的股票就不值钱，就会被别人抛完了，这样我就没有那么多主导权了。也就是说，上市意味着媒体受资本逻辑的影响程度的加深，当然，原来我也是有资本逻辑的。但是，因为我是家族资本，只要我高兴,只要我的家人同意,我可以决定媒体在商业利益和社会利益上的平衡。但是现在一旦上了市,接受了资本逻辑,那么,我的决定就更被单一的资本逻辑推动了。我们国内也有类似的情况,比如,几年前曾有手机单向收费政策的传言,结果怎么样啊?香港的股票市场马上有消极反弹,我们的信息产业部部长马上出来解释,说没有这个事情。

第三,在图绘的基础上,从一定的价值观出发,对传播机构和过程进行衡量与评估。这方面的研究很核心,也很丰富,但由于时间有限,我不能展开了。总之,衡量与评估的层面包括:传播业在经济中的地位、意义的生产从属于资本积累的程度、传播产业所有权的集中/多元化程度、国家权力、传播机构、广告、市场逻辑对内容、形式和受众群体组成的影响程度、传播资源和权利在阶级、性别、种族、地区、国家间的分配平衡状态、制度许诺与制度实现间的差距,以及解放与压制的对比状态等。当然,学者们也衡量集中的产业结构对民主体制的影响,以及新自由主义政策所宣称的竞争、机会、与市场权力平等的许诺及现实的差距程度。本·贝戈蒂克安的《媒体垄断》一书已经出了好几版了,罗伯特·麦克切斯尼的书也是有关这一问题的。媒介产权多元化的程度这样的问题是可以测量的,其影响也是可以实证和通过数据来分析的。比如,某报纸在被兼并之前,生产了多少内容,什么样的内容?兼并之后又生产了多少内容,什么样的内容?兼并前它用了多少通讯社的新闻,兼并后用了多少自产的新闻?等等。我的同事就做过这样的研究。因此,政治经济学并不排斥实证研究,关键是你的问题是什么。

第四,传播政治经济学分析模式的实践性。学者不是在社会真空里做学问,大家都以这样那样的方式参与社会。听说我们国内有经济学家做了几十个企业的独立董事,然后赚了一大笔钱,这是大规模的参与啊。任何实践都有理论基础和社会目的性,关键是你的政策走向,你参与的是什么事情,追求的是什么价值;是以工具理性,还是人文主义理性为主导;是帮助大公司赚钱,还是为平民请愿。政治经济学把自己社会实践的目标定位于:挑战不平等社会关系、扩展自由、深化民主。

法国社会家布尔迪厄说过,我们要有一个理性的乌托邦。在中国,也许我们认为被乌托邦欺骗过,对这样的说法可能怀有戒心,这可以理解,而且不但是必要的,还是好事。但是,我们不能因此走向犬儒主义,没有关于正义和关于人的尊严的概念。有些人蔑视下层民众,说他们穷是因为他们懒惰,是因为他们不动脑筋和低"素质"。我来的时候曾跟郭镇之老师说起,在温哥华,经常能见到一些从国内来的富翁,在聚会上,在酒足饭饱之后,在谈到中国社会时,我经常听到他们蔑视穷人和他们对眼里的"暴民"与"刁民"的看法。但是,你不能否认,社会底层民众有他们自己的尊严,有他们自己的正义感,也就是他们自己的乌托邦,这是你无法压制的。

从学术研究的角度,社会实践是提高学术研究的相关性和深刻性的重要途径。在这方面,我很欣赏福柯的一句话。他说,政治实践是思想的深化剂;分析是政治干预形式与场域的增生剂。当然,参与有不同的途径,可以以"民主"和"公民权利"等理念为价值目标参与传播政策过程,通过对国家的改革使之民主化;也可以参与社会运动和非政府组织的传播活动。前面讲到方法的多元化,这里顺便提一下,参与式行动研究就是目前很流行的学术研究与社会实践,以及学者与其他社会主体相结合的一种方法。在国际传播发展史上,政治经济学者积极参与了从 20 世纪 70 年代的世界信息传播新秩序运动到最近的信息社会世界峰会的讨论。

我自己也参加了一些社会活动,如参与成立了加拿大的 IMPACS 组织,并当了 7 年的董事,经常参加董事会议,为它们制定政策,讨论各种项目,包括这个组织和上海市政府的合作,其目的是帮助设立一个税收政策,促进社会公益和慈善事业发展。我那时在美国教书,有过飞回加拿大参加董事会在飞机上改作业的经历。当然,我不但没有一分钱的报酬,还为它捐钱。两年前,因为看着这个组织很成功,也需要新鲜的主意,我作为董事会里的治理委员会的成员,为这个组织建立了一系列治理政策,包括董事会成员任期不得超过两届等,就离开了这个组织。后来,我还参加了美国的一个研讨会系列,目的不是发表论文,而是写一个白皮书,讨论的就是全球的媒介集中对表达多元化的影响。参加者来自世界各地和美国社会各界,就十几个人,有联邦通信委员会(FCC)的委员和一位美国国会的院外活动者,白皮书的目的是希望对有关传媒政策的讨论提供背景和思路。

我还参加了去年在突尼斯召开的信息社会世界峰会。这个会议我们国内报纸可能报道得不多。大家可能知道,北京召开过世界妇女大会,我们也知道,在里约召开过环境会议。但是,在 2003 年和 2005 年,联合国系统在日内瓦和突尼斯分两阶段召开了信息社会世界峰会,讨论对信息社会我们有什么样的理念,有一些什么样的原则标准,我们需要什么样的信息社会等问题。这对我来说是很重要的会议,所以第二阶段会议在突尼斯举行的时候我就去了。这个会议与以往的联合国峰会不同,除了政府代表外,企业和市民社会也可以参加,作为一位学者,我是以市民社会的身份参加的。会议发表了市民社会宣言,你们在世界电信联盟的网站上能找到。我和我的一位美国同事很得意,因为这个宣言几乎一字不动地采纳了我们有关信息社会中研究者角色的一段文字,这段文字体现了我们的政治经济学思路。

还有,我刚应邀参加了国际媒介和传播学会,即 IAMCR(International Association for Media and Communication)的一个政策活动小组,就国际传播中的一些政策问题进行讨论。

三、传播政治经济研究前沿课题

最后,我讲讲传播政治经济学的研究前沿。首先,我们从 IAMCR 的研究前沿来看。IAMCR 是传播学中最国际化的学会。除了美国的一些学者之外,欧洲很多人参加,也有来自第三世界的,而不是像国际传播学会即 ICA(International Communication Association),实际上是美国的组织,当然,只有美国才敢把自己的组织叫成国际的。我们可能认为文化帝国主义概念过时了,但如果我们只认 ICA,而不知 IAMCR,这好像本身就是文化帝国主义在传播学中的一种表现,传播政治经济学是 IAMCR 中最有影响的一个研究取向。IAMCR 现任主席 Robin Mansell 教授来自伦敦经济学院(LSE),她也是西蒙弗雷泽大学毕业的,学术取向是政治经济学。作为 IAMCR 学术评论委员会(Scholarly Review Committee)的成员之一,我看到了不久前 Mansell 教授有关传播政治经济学最新论文题目的报告,这些题目涵盖了以下方面的内容:传播与跨国媒介集团在全球政治经济中的中心地位;全球政治经济与跨国公司、政府机构和影响全球及本土权力关系的阶级组合的构建;有关传播资源的控制问题导致的冲突;劳工对愈加精细的国际传媒分工的后果的干预和妇女及弱势种族对全球传播权力不平等的抗争;传播中的社会运动、日益私有化的视听空间中的公共领域状态;一个把人们主要当作消费者的世界中的公民身份状态等。

其次,以我自己对整个领域的了解为基础,我认为传播政治经济学目前的学术前沿可以从以下 8 个方面来把握:

(1) 理解与分析网络资本主义时代权力分布更广泛但结构上不对称、灵活性与控制共存的现象。网络时代权力分布是更广泛了,这是有目共睹的;与此同时,它在结构上是不对称的,这是一个矛盾,吸引了很多学者的关注。

(2) 解释信息与传播在"后 9·11"政治经济中的核心地位,尤其是在社会压制、政权的合法化和资本积累这三个方面的重要地位。比如,在社会压制层面,现在美国一些学者关注的问题之一就是反恐语境下对少数民族的压制。例如,阿拉伯人言行不小心就有被误读的可能,他们的民权会被侵犯。还有,政权的合法化问题也有了新的挑战。比如说,布什政府并没有发现伊拉克有大规模杀伤性武器,在这样一种情况下,怎样把你的政权合法化,怎么去引导媒介?又如,在伊拉克,美国牺牲了那么多士兵,尸体运回国的时候,媒体对画面如何处理?当年在越南战争的时候,美国政府认为自己吃亏了,因为尸体不断被运回国,电视在渲染,美国民众就对越战产生了厌恶感和恐惧感,觉得赢不了。现在,美国政府学聪明了,不让媒体呈现尸体被运回来的画面,当然不是强迫性的,但是它建议媒体这样做,于是,很多媒体就真不报道了,这也是一个政权合法性的问题。还有,现在新媒体这么发达,在内容可以不断复制的情况下,怎么样去阻止盗版,使资本积累得以延续,并不是简单的问题。《英雄》首映的时候,版权保护问题上了《纽约时报》,据说还有人因为这个事情自杀了。

(3) 描述政经权力对传播领域控制的深入。在这个问题上,现在的热点之一是监视研究。IAMCR 原来有席勒最佳论文奖,今年新设立了斯迈思最佳政治经济学论文奖,我和文森特·莫斯可等人是其中的评委。今年得奖的最好的论文就是对监视的研究,而且作者是一位研究生。我前面讲过,传播政治经济学有反法西斯主义的历史背景。现在有些人开始担心,美国目前的政治和经济权力是否结合得太紧密了,主导政治经济力量对传播系统和民众的监视是否危及民主。

(4) 知识产权问题，也就是资本和社会力量围绕对人类知识共同体的新圈地运动和反圈地运动问题。资本主义兴起时有圈地运动，现在是在圈知识这块地，就是对人类共同的精神财产的私有化。我前面曾讲到，资本已经延伸到知识这个领域，而这个领域跟别的领域是不一样的。为什么呢？这是因为知识产品的非排他性。我把这瓶水喝了，就没了，但是我把《英雄》看了，你还可以看。也就是说，对知识产品，我的消费不以剥夺你的消费为前提。可是，资本主义一边是创造物质的极大丰富，一边是以制造稀缺为前提的。在文化产品生产过程的社会性很强和复制如此普遍的情况下，你还要强化私人产权和制造稀缺，就要建立有利于资本的知识产权体系，并把它强加到全世界。当然，有圈地运动，就有反圈地运动，现在有关知识产权问题的争论很激烈。美国要把有利于资本的知识产权体系强加给第三世界国家，印度和巴西这样的国家比较强硬，敢抗议。中国加入WTO后，才知道其中的游戏的复杂，对这个问题也有自己的一些看法。现在WTO陷入了僵局，知识产权问题就是关键之一。这次在北京论坛上，加州大学的波斯特教授的文章就是关于知识产权问题的，认为美国的产权制度和使用者对版权的挑战体现了资本主义制度的矛盾。我前面提到，会上一次很精彩的观点交锋也是就这个问题展开的。

(5) 与前面几点相关，解释网络与信息服务迅速增长条件下新的不平等，以及新媒介条件下阶级统治关系在新领域的建立与维护。一方面，我们确实信息多了，接受信息的工具也多了；另一方面，我们不仅有传统的统治关系，又有了新的不平等，而不是像托夫勒和一些后工业社会学者期望的那样，在信息社会中大家更平等了，阶级不存在了。实际上，权力的不平等在许多层面加深了，同样，对许多国家来说，国与国之间的差距也拉大了。现在正在开中非论坛峰会，正好很多非洲国家的领袖在我们中国。大家知道，全球化和信息资本主义发展起来以后，非洲很多国家被抛在后面了，被全球化给忘了。因此，有人认为，非洲成了全球化中被遗忘的大陆。中国现在好像想起它们来了，并且开了这么个会。我今天来的时候想买报纸看，但是据说像《环球时报》这样信息比较多的报纸都卖光了，这说明中国的民众对这样的事情还是很感兴趣的。当然，这里面也有很多传播问题需要研究。

(6) 国际文化整合的新形式及其意义，从产品进口到直接投资和分工生产、合作生产，或者说是形式上的进口和翻版。比如说，我们把"美国偶像"拿进来，修改一下就变成了"超女"，还有《英雄》所代表的一整套跨国生产、流通和消费体系。所有这些新的国际传播文化整合形式都要求学者们对传统的研究框架和概念，包括文化帝国主义这样的核心概念进行新的检视。

(7) 劳工问题与知识工人的状况。有资本必然有劳工，大家都在写资本，但实际上也有人在写劳工，比如说，我开始提到的我在加拿大的同事文森特·莫斯可，就是《传播政治经济学》的作者，跟我一样，他也是加拿大政府特聘的国家研究教授，而他研究的就是劳工问题。他不久前到温哥华来，就是采访温哥华的电信公司工会，因为温哥华的电信公司工会比较敢于与资本抗争,正好刚经历了一次在资本与技术融合条件下的罢工,所以他就过来访谈。事实上,现在劳工问题不是变小了,而是变大了,更普遍了。原来是体力劳动,现在许多人从事的是信息方面的劳动,是把语言材料转化成劳动产品的劳动。现在这个领域有一些很时髦的概念,如非物质劳工(immaterial labor)、不稳定劳工(precarious labor)等。

(8) 全球社会运动、市民社会、媒体改革运动与"另类"媒体理论及实践,也就是,研究国家、资本以外的社会力量与媒体的关系。这里有一个很有意思的现象。那就是,由于很多传播政治经济学者都有马克思主义的背景和社会解放的诉求,他们对"左派"的"另类"媒体运动比较感兴趣。实际上,在美国或者在其他很多国家,都是一些希望维护资本主义社会下的不平等权力关系的"右派",甚至一些种族主义、反社会势力,或者各种原教旨主义对媒体的运用特别有效用。所以这就提出一个挑战:信息技术必然带来人的解放和思想的解放吗? 显然不一定。虽然这种现象你不一定喜欢,作为学者,你就有责任超越自己的意识形态喜好去分析和解释这种现象。我想这应该是科学精神的一种体现。我有一位同事,是法兰克福学派的研究者,他现在就研究"右翼"媒体动员问题。

从理论和方法论的角度,我可以把目前的一些发展简单地归纳为以下三点:

(1) 传播政治经济学者一向聚焦阶级关系和阶级主体问题,现在研究者也关注其他社会关系中的不平等问题,强调社会变革主体的多元组成。当然,阶级权力关系与其他权力关系(性别、种族,民族国家等)的主次轻重问题还是核心问题,而目前对劳工问题的新关注也显示阶级关系问题并没有因为对其他问题的重要性的认识而被忽视。

(2) 由于政治经济学的西方起源和学术领域的性别不平等,也因为制度问题往往被看成是刚性的问题,而女性则自我选择文本分析等"软性"题目,克服西方中心主义与男权中心的倾向,在政治经济学研究中成了新一代更国际化和社会背景更多元化的学者的努力目标,而且应该说成果显著。

(3) 在方法论上,以宏观结构分析见长的政治经济学者开始在分析中既聚焦结构又关注主体性,寻求宏观和微观的结合,使宏观全球政治经济与微观的个人主体性塑造相连接。政治经济学者认识到这一问题现在更为迫切,因为在信息资本主义时代、在文化领域成了资本积累的新场域的时代,资本主义生产方式已不仅仅是通过"全球扩张"(planetary expansion),而更多的是通过"细胞渗透"(molecular infiltration),也即对主体性的塑造来运作。所以,政治经济研究与文化研究相结合,政治经济学家做人类学志研究不是新鲜事。

最后,我花几分钟澄清一下有关政治经济学研究的一个误解。有些人认为,传播政治经济学只重批判不重建设。这种理解并不全面。其实,政治经济学研究是建设性的。它对现存政治经济权力的分析,实际上是为了建设一种更平等和更公正的社会关系,如我刚才提到,实践性是传播政治经济学的内核之一。

也有一种相关的说法,传播政治经济学批判是很好,但是不能提出理想的传播制度是什么和解决"怎么办"的问题。我觉得这个问题有两个地方值得商榷。

第一,这个问题隐含着一种非历史态度。如我刚才引用的有关意大利老太太的例子说明,我们现在的世界之所以是这样,是因为它已经包含了批判学者的理论努力和社会运动的抗争。也就是说,我们这个世界已经具有的成就,已经是批判的结果。

第二,这个问题暴露了本质主义的思维倾向。赫伯特·席勒在面对这个问题的时候,总是反问:"你怎么办?"这是意味深长的。我们不是早就要汲取听从一个正确理论,"你挥手,我前进"的教训吗?很有意思,今年我在上海讲课,在书店翻到了一本法学家邓正来的书,他也在回应一样的问题。他认为,这个问题本身就是假定存在着某种本质性的、唯一正确的、超越时空的理想图景的实现。二者是不可取的。他说:"当我把你从狼口里解救出来后,请别逼着我又把你送到虎口。"

前面我提到,要有一个具体的乌托邦,所谓每个人的正义。至于怎么做,what do you do? 那是你的事。现在让我以此结束:我已经把传播政治经济学的框架给你了,what do you do,那是你的事了,Ok?(掌声)

郭镇之:谢谢赵月枝老师。赵老师的演讲信息量非常大,框架也非常大。讲的问题很多,也很复杂。可能对于本科的同学们来讲有一点难度。但是我看同学们的反响很热烈,很有共鸣的感觉,说明大家还是能够理解的。

今天赵老师特别强调了一个权力的问题,这是政治经济学的一个核心概念。另外,她讲了很多问题来说明权力的复杂性,不是像我们想象的,权力是一个很简单的东西。这个权力有很多种不同的表现、不同的使用,它也是在互动中存在和发展的。我觉得特别需要提醒、引起注意的是,赵老师非常反对一种"非黑即白"的思想,不要把问题想象得只有两极,不是这个就是那个,而应该想象多种多样的可能性。而且,最后赵老师也说,她已经把她的框架告诉大家了。至于我们要选择什么样的思路、取向,都在于我们自己。所以我希望大家独立地思考、分析,得出自己独立的答案。

下面还有一点时间,大家有什么问题,可以向赵老师提出。

问:赵老师您好!首先今天晚上见到您我就特别激动,因为我自己也有一件上衣,和您的一模一样。(笑)

答:噢!让我觉得我的口味很年轻!(笑)这是我昨天在王府井买的。

问(续):您今天晚上介绍的是传播政治经济学,它是研究传播在社会政治中的权力分配。可以说,它是研究传播与社会的一种关系的一个视角、一个取向。

答:对。

问（续）：但是关于传播与社会的关系还有其他取向，还有其他的研究方法和视角。我想问您，您怎么看待您的研究视角和其他研究视角的关系？第二个问题，您刚才在陈述您自己的理论框架的时候，您受到了很多大师的影响，形成了您自己的研究框架和研究视野。但是您刚才也提到了法国社会学家布尔迪厄，他曾经提出了关于学术场域的问题，就是说，对学者来说也应该对自己进行一种自我的反思，那么您有没有对自己进行一种反思呢？您在做研究的时候是不是也带有了某种程度的预设？

答：很好的题目。第一，学术圈是互动的，传播政治经济学是一个视角，传播社会学（media sociology）是另外一个视角，还有文化研究（cultural study）也是另外一个视角。我成了传播政治经济学学者，也不是事先有意的蓄谋，而是对各种学术取向进行取舍的结果。我去加拿大的时候，对斯迈思是避而远之的，这个故事郭老师知道。对席勒我开始也不感兴趣。

我最初学的是英国的文化研究理论，它也是研究权力，但它是从文本解读的角度展开的。我自己做了很多文本研究。而且我对传媒社会学很感兴趣，它重要的一方面是研究媒介机构内部的权力关系。实际上，我做的那两块可以补充传播政治经济学。传播政治经济学偏重于研究宏观的东西，很可能剥蚀一些细节性的东西，需要其他研究取向的补充，与它们互动，并接受挑战。你如果有机会读我的《维系民主》那本书，那里面有很多是传媒社会学的东西，而且很多用了文本分析。而且，我还关注到记者的主体性、记者的意识形态，这正是所谓的场域——布尔迪厄的东西。客观性是传播专业主义精神的一种表现，说明在美国，新闻是有相对独立性的，你不能仅仅把它简化到资本，也不能把它简化到国家。

另外，我很高兴你提的问题，因为你的问题给我提供了一个向你说明我不仅仅是一个传播政治经济学学者。昨天我还和北大的一位同学吹牛：我为什么很少回中国？因为我老被国外学者拉着开会。不久前，美国的文化研究学会，就让我去参加他们明年的学术年会的一个 plenary panel，做主题发言人，因为他们觉得我的东西有文化研究的成分，我不是只分析资本，我还分析意识形态、民族主义，分析身份认同。不过，因为明年5月我决定在国内，我不想跑来跑去，回绝了邀请。

我觉得，不同的研究需要互动，互相补充，而这是一个反思性的过程。从这个角度，我甚至可以以积极的态度对待非善意的，甚至为了争夺学术领域的话语霸权有意曲解和污名化的言论。比如说，传播政治经济学经常被人骂，说是"没有agency"，没有社会主体性。最可笑的是，在刚才我提到的那篇有关中国传媒与入世的文章中，我特别强调了主体性，居然还有人说我不关注主体性。我很气恼，但这也会使我反思："我是不是做得不够？"虽然有我认为是很粗暴的批评，总体来说，西方的学术场域有一个比较健康的批判环境。当然，人家曲解你，也可以说是"活跃受众"理论在学术场域中的体现吧。例如，在分析市时,我明明在书中说"在西方"如何、"在中国"又如何,人家就说我把两个东西混在一块儿,不知道区别。这也没办法。但是反思是很重要的:你的局限性在哪里?你是不是同时关注结构和主体性?你是不是把所有问题都简约为一种权力问题了?

我自己不仅不断在反思,而且还有很具体的反思方法。比如说,在圣迭戈的时候,我的系里有赫伯特·席勒在这边,还有媒介社会学者舒德森(Michael Schudson),是个自由主义者,在另一边。他们都对我很好。我听谁的?我谁都听,我又谁都不听。在写东西的时候,我会想,他们会怎么想?做传媒研究,为避免传媒中心论,我的学术场域中还有另一个参照点。我周围有很多中国学的学者,有历史学家,有社会学家,有经济学家。我会想,我写了这些东西之后,他们会怎么看我?这就是学术的场域问题,用别人来参照自己,不要自以为是。我是这么掌握的。

问(续):刚才您说到"你们中国"的问题?

答:我哪敢啊!昨天我还在中山公园的五色土之前老泪纵横呢。我刚才的确这样说过,但这是一种幽默,你们可以理解吧。感谢你的问题,不然别人说赵月枝说"你们中国"的问题,产生误解,我就要伤心了。我不是那种说"你们中国"的海外华人。而且,你的问题正说明,我的话起到了我期望的效果。

郭镇之:中国人要担当中国的问题,不要希望别人来给自己做。

答:对,我想强调的正是这一点。中国总是跟着西方的理论。前天《环球时报》的一篇文章在讲:莫让老外抢了中国问题。虽然说的是经济学的理论,传播学也一样。昨天我在广播学院讲课,也讲了这个问题。我们老拿西方理论来套中国,而老外往往看着我们中国的问题。所以文章说,莫让老外抢了中国的问题。人家来了,我赵月枝也来把一些问题做了,而国内的学者没有做,总是有些遗憾。我想说的就是这个意思,这也正是我用"你们中国"来刺激你们的初衷。

问:您是加拿大籍,您这种身份和中国本土学者是不一样的,请问这对您在做学问时会有什么影响?

答:影响很多。做起来时没人管我,出版时没政治问题,这大家都知道。还有个视角的问题。有句话说:不识庐山真面目,只缘身在此山中。我有时候在外边,同样的问题会有不同的视角。比如说,我最好的一个同事是印度人。我们互相比较,有些问题以前研究中国时以为是个中国特色的问题,后来一谈,印度也这样,是个普遍性的问题。我做学术最愉快的一次是有一次在黑山共和国讲课,跟一个比我还年轻的俄罗斯女学者一边在亚得里亚海游泳,一边谈俄罗斯和中国,近两个小时,非常惬意。虽然俄罗斯是休克转型,中国是渐进式,在比较中,也发现很多共同的东西,当然包括共同的社会主义传统。在外面,我有很多机会,和不同国家的学者交往的机会很多。与不同国家的比较,有国际视角,可以超越民族主义。因此,我不只有相对的学术自由,而且有更多的机会。

问:你提到赫伯特·席勒的父亲失业,这种家庭背景会不会使席勒对资本主义的认识有先入为主的问题?科学研究方法应该是价值无涉的,研究社会科学是否要有情感上的判断和先入为主?

答:席勒有失业的父亲,他先入为主,那么没失业的就没有先入为主的问题吗?有人会说,他是"左派"是因为他家里贫穷,那"右派"家里是什么呢?你说他先入为主,你呢?更何况,我们不是反思过出身论吗?要有一个平等的观念。而且,在问出一个问题的时候,不要忘了这个问题隐含的前提和另外一个问题。

问:你前面提到格伯纳关于电视暴力的意识形态作用的分析,听起来是有道理的,但在学科的方法上,怎么样去实证?怎么证明推论是合理的?

答:很好的题目。实际上,戈伯纳做了很多实证。还有,我们都学过形式逻辑,我们只能以逻辑服人。他说的有没有道理?他的前提有没有置换?他的因果关系是什么样?最后终究是这么一个问题。那天在北京论坛上,北大的林毅夫教授说,理论是什么?理论就是一套逻辑的叙述。我们写文章有一个理论逻辑,如果你承认它是有前提和有推论的,而且有证据,也就是我们常说的有理有据,那就是一个可以说服人的东西。

郭镇之:格伯纳做了30年图像分析,是数量化的。今天赵月枝老师非常辛苦,嗓子都哑了。我们感谢赵月枝老师带来的精彩演讲!

(录音整理:吕宇翔　王莉丽　赵飞　吴丰军　李黎丹　涂鸣华　邓理峰　杨雅琼　韩彬　杜涛)

第十三讲 浅谈毛泽东的话语与修辞

萧延中

华东师范大学教授

演讲人简介：萧延中，1955年出生，北京人。华东师范大学政治学系教授、博士生导师。主要从事中国政治思想史、毛泽东政治思想研究等。中国人民大学学士、硕士，南开大学博士，曾在中国人民大学执教多年，2010年调入华东师范大学。主要著作有《中国政治思想的"语言"与"言语"》《巨人的诞生："毛泽东现象"的意识起源》《西方学者评毛泽东》等，主编《国外毛泽东研究译丛》。

李彬：今天我们请来的萧延中教授,是毛泽东研究方面数一数二的专家。我与萧老师同属"文革"后的第一批大学生,也就是所谓"七七级"。当年,我们上大学的时候,正是八十年代西方思潮汹涌澎湃之际,许多人包括我都在这股西潮新潮中随波逐流,乐此不疲,尼采啊,萨特啊,现代派啊,朦胧诗啊,而萧老师安安静静待在图书馆,读毛泽东,读中国革命的历史。为了掩人耳目,听说他还特意在手边备了一本弗洛伊德的《精神分析》,看到有人走过来,就用弗洛伊德盖住毛泽东,装着很新潮的样子。如今,数十年过去了,当年新潮早已消退,喧嚣沉寂,尘埃落定,萧老师踏踏实实做学问及其价值凸显出来。所以,大家今天也要汲取我们的教训,不要跟风赶时髦,而要正心诚意,脚踏实地,做真学问,做大学问。下面就请萧老师开讲。

首先声明,我不是什么专家,作为一个普通教师来和同学们交流,尤其和清华新闻学院的同学交流是我的荣幸。关于毛泽东研究,同学们可能会关注,也可能不会。我想从我个人研究的角度选一个我感兴趣,同时目前没有多少人深入研究,并且和传播相关的讲座题目,于是,就有了今天的这个话题。

今天我们真正懂毛泽东多少?在座同学读过他多少著作?他的著作是大白话、白开水,但你真的好好去跟他对过话么?毛泽东说话,他漫不经心说话的时候,其实有他的内在逻辑。讲毛泽东的话语,实际上是想讲毛泽东如何和别人不一样,或者说毛泽东怎么就能成功。他一个普通的农家子弟,从韶山走出来,"折腾"28年,就建了一个人民共和国!不管你赞成不赞成他,这个且不说,因为有价值问题,不能强求,但是面对事实,每个人都会想这个问题,毛泽东是如何成功的。作为后代人,面对前人走过的路,我们更应该要有一个清醒的总结,或者反思——这一切到底怎么回事。

枪杆子与笔杆子

林彪讲过两句话很有名:枪杆子,笔杆子,干革命就靠这两杆子。过去,我们讲枪杆子讲得比较多,因为毛泽东说过"枪杆子里面出政权"。民国年间,墙头变幻大王旗,有枪就是草头王,没有枪杆子,没有武力,说什么也没有用。因此,毛泽东就走上一条武装夺取政权的道路。

有意思的是,毛泽东几乎没有用过枪,也不爱摸枪,但毛泽东打仗的时候那个"进入状态"啊,真有点儿什么都不顾,就像尼采写文章似的,七天七夜不吃不睡。据警卫员回忆,在延安的时候,毛主席在窑洞里决策,拿着油灯,对着地图,一个人冥思苦想。我就想,他是怎么想问题的,他建构问题的逻辑思路,按照洋话说,那个 cognition——"认知",到底是怎么回事。在他的脑子里怎么有那个图景,他决策的时候怎么会这样去判断。这是我们要好好研究的方面。

研究毛泽东的时候,我主要聚焦于"笔杆子"。多年来研究思想史,我总在想,毛泽东的思想究竟是什么?他的想法为什么与众不同?我们从这个角度切入,可以把今天的话题分为四点:第一,话语与权力是什么意思;第二,毛泽东话语的基本架构包含哪些要素;第三,毛泽东的政治语法究竟是什么;第四,毛泽东政治修辞及其影响。

卢梭与福柯

我研究毛泽东的时候,有两位思想家对我影响特别大。这是卢梭《社会契约论》第二卷第七章,"大立法者"一章开始的一段话。我发现,西方研究毛泽东的几位最深刻的专家,如 Benjamin Schwartz,中文名史华慈,Frederic Wakeman,中文名魏斐德,他们研究毛泽东的专著开头,都不约而同地引用了卢梭的这段话。

这段话是史华慈翻译的,德性的统治。德性的统治背后有什么预设?就是说敢于为一国创制的人首先要有一种意识。什么意识呢?That he has set himself for a change as it were……他首先得有这种胆量和能力去改变人性。注意,政治家一般不会谈人性这样的问题。比如学术界天天谈体制改革、顶层设计,但顶层设计的时候,什么样的人性支持这个顶层设计就不谈了。避开 human nature 这个东西不谈,而是谈别的了。但是卢梭发问,你要为一个国家创造一个体制的前提是什么?前提是首先你要有能力改变人性,改变了这种人性以后,才能去适应你所要的那个体制。或者说,你有一个理想的政治体制以后,这样的人性是不是支持。

紧接着他说,什么叫做改变人性呢?As it were,这个话不好用中文表达出来,"姑且可以这么说吧",as it were,"姑且",非常委婉而又带有强烈倾向性的一种虚拟语态。虚拟语态一般用 would、should 这个都好说,但是 it were 就告诉你,我没有说 absolute,我没有说 certainly,I say as it were,好像是我就这么说了,您怎么着吧。反正既是谦辞,又非常有倾向性,坚持自己的意见。然后说什么呢,就是说要把作为个体的个人,转化成一个更大的群体的一部分。我们知道 individual 是"个人"或"个体",不能再分了。当个体成为更大的整体的一部分时,个体就会从这个整体中获得它作为个体永远得不到的某种东西。比如,当你进入清华这个群体的时候,人们认为,你的身份变了,你变为清华人的时候,人们会用另外一个尺度去评价你。就是说,个体进入群体以后,你在群体中得到了个体怎么努力也得不到的那一部分。也就是一加一大于二。至于大于二的这个东西是什么,一直是社会学家研究的问题。

卢梭提到了这个问题,就是说这个创制者,他只有把各个人的个体即个人的 nature,转化为一个大的整体的一部分。这时候,个体的特征消失得越多,群体的力量就越大。这个制度创设之际,只有大家都贡献给你的时候,才越巩固,越持久,越深刻。他强调了改变人性的重要性,这是卢梭思想中非常精彩的一部分。

这里，我们看到了一个巨大的张力，如果从自由主义的角度说，就得强调"个人权利"（personal right）。当我们强调群体的时候，个体的权利和群体到底怎么融合，有什么关系，这里有一个张力。弄不好就把个体全灭了，只剩一个群体了。要不然，就是个体都没有了，个体都没有自己的创造性了，群体也跟着萎缩了，这是一个矛盾的事情。告诉大家这句话的意思是什么？就是任何一流的思想家，他的思想一定是内部充满张力的，一定是指向一种问题，而这种问题是一代代人都要重新设问的问题。也就是说没有确解的，不可能给出一个清晰的，yes 或 no 这样答案的问题。能拿到这样的问题，能回答这样的问题，才叫一流思想家。卢梭为什么是一流思想家？因为，他提出的问题我们仍然不得不面对，现在还在寻找答案。

我觉得研究毛泽东有意义的地方也在于，毛泽东作为一个思想家，同样提出了很多我们今天仍然面临着的、没有解决的问题，他当年没有解决好，我们今天也未必解决好的问题。与卢梭等思想家一样，毛泽东其实给我们留下的也是一个未竟的问题，你不要指望在毛泽东那儿找到一个固定的 yes 或 no 的答案。作为一流的大思想家，他给我们留下的遗产是一个关乎人性的，至今没有绝对答案的问题。所以说，我为什么喜欢卢梭，为什么讲毛泽东的时候要联系卢梭，就因为卢梭和毛泽东在某种意义上有相通之处。

回头再讲史华慈，他研究毛泽东的时候，从来没有给毛泽东下一个判定，他给你展示出毛泽东思想的复杂性，他提出问题的复杂性，给出答案的复杂性。当然，毛泽东毕竟跟我们不是一种人。什么意思啊？史华慈没说毛泽东是神，他就是人，但是他的那种思维方式，他的那种看问题的方式，是不可复制的，确实很神奇。所以，毛泽东高人一筹的地方是，他可以透过世俗的现象发现问题的荒谬之处，从而发现问题的实质是什么，这是他的一种特质。

还有一位思想家福柯，对我研究毛泽东也产生了很大的影响。福柯提出的一个重要概念是"话语"（discourse）。话语本身的意思是"拉家常"，把本真的东西通过语言表达出来，包含"下意识谈吐"和"非刻意的目的性"这样一层意思。福柯从语言学家索绪尔的思想中吸取了部分营养，就是说，语言既是一种人类交往的工具，也是生命本身，是一种存在。不可想象，我们如果没有语言，没有任何语言支持我们，我们如何思想？你只有通过一种语言，才能去思想。

我们要研究他的语言，实际上就是研究他的文本，研究"说话"。说话看似家常，其实相当复杂。传播以及传播研究经常讲"谁说话""对谁说""为什么说"，接下来才是"说了什么"。我们的思想史研究只研究"为什么说""说了什么"，但不知道"对谁说"，还有"怎么说"。而这个"怎么说"涉及话语和修辞的学问，是个很大的问题。跟妻子谈话时，成熟男人会说"你看这件事这么办行不行啊"，说出来让对方听着顺耳，妻子心想"虽然不太赞成吧，你都这么说了，我还能说什么呀，就这么着吧"。年轻人可能就不这么说，而是"走，把那事儿给我办了"，女的说"你还没征求我的意见"，男的说"凭什么征求你意见啊"，于是俩人就吵起来了。所以,怎么说这个话很重要,毛泽东太懂得"怎么说"了。我们在研究思想家的时候,往往把"怎么说"这个东西省略了,而只问说了什么,分析说了什么,如果脱离语境,是很要命的,就会产生很多误读。

福柯还有一个重要思想:不是人说话,而是话说人,你在思想的时候,实际上已经"被思想"了。什么叫话说人,什么叫"被思想"?就是说,我在说话的时候,实际上已被一套内在的话语逻辑所支配,比如,我们日常说的许多话,实际上都有一套历史的、社会的、政治的、习俗的规范,我并不是随心所欲的,我说的东西是话语逻辑已经规定好的。所以,我们今天不可能说古人的话,而古人也不可能说今天的话。这也是一种历史唯物论。与此相似,我在思想的时候,一定有个大前提:我是在什么样的环境下思想,我为什么觉得这个问题重要而那个问题不重要,等等。今天,我们不经意、不思考说出的话,如"思想改造""整党整风""批评和自我批评",往往都是毛泽东创造的话语。今天关于毛泽东的争论,其实都是在建构毛泽东的符号过程,你越说,给大家的记忆就越深,在骂和捧之间,毛泽东的符号稳定性就越强。因为无论骂还是捧,都是在从不同的方向和角度建构毛泽东的符号。在这个意义上,当你和别人说话、辩论的时候,其实你已经被某种东西深深支配了,而且还不知道。这个你不知道的东西就叫作话语,当这个东西支配了你的时候,就叫作权力。

按照这个思路,毛泽东的贡献在哪儿呢?就在于他创造了一套话语体系。这套体系跟中国古代不一样,跟西方不一样,跟列宁主义不一样,是他创造的。比如,"整党整风""批评和自我批评""团结——批评——团结"这样一套我们已经耳熟能详的话语体系,在中共六届六中全会之前,也就是延安整风之前是没有的。你看看陈独秀、李大钊、瞿秋白、李立三等领导人写的文章,与后来《人民日报》社论的语体完全不同。而在延安整风后,一套新的话语体系形成了,这种话语以后就形成了我们工作、生活、谈问题的日常语言。任何权力,当你已经感觉不到它支配你的时候,才叫最厉害的权力。

在中国话里,"心"这个东西太厉害了,尤其是"人心"。征服人心不一定通过外部力量,用某种方式把你"心"本身的元素、结构改变了,使之成为另外一种"心"以后,才是最厉害的。所谓洗脑是从外边进来的、我给你的影响,而我的心和你的心成为一个东西,才有心心相印,心向往之,心悦诚服等。我现在看过去文献,大报头版头条:"伟大领袖毛主席和广大人民群众心连心",这里的"心"就是如此,这里连的东西其实就是话语。在这个共同的话语中,我们有共同语言,即便争论的时候,用的都是同样的语言,所以毛泽东思想成为一个新的"话语"。

举"批评和自我批评"这样一个常识性的话语来谈。中国共产党这样一个组织,历经风风雨雨,为什么不仅没有崩溃,而且越来越紧密,越来越强大,最后得了天下,道理在哪儿?有人说,和党的三大作风相关。我们都是打天下的,等到一定程度我们之间就有离心力了,会讨论谁的功劳大。当我们摆自己的功,又拥有自己的军队,拿着枪闹分裂,那太容易了,改旗易帜很容易,想想张国焘就知道了。而延安整风出现一个批评和自我批评,有什么事,咱自己说,摆在桌面上,不公开。于是,老李就开始说老张了,说了一大堆,说得很没面子,把该说的和不该说的话全摆在桌面上。毛泽东说,"言者无心,闻者足戒","有则改之,无则加勉",做得不对,你以后不要做就行了嘛。把最难听的话都亮出来以后就预示着一个分裂,这个时候背后站出一个人来,说:老张老李啊,当初我们起家打天下容易吗,好不容易到这个份上,你们两个就为这点小事吵成这个样子,还像共产党员么?别说这些事了,过去的都过去了,一切向前看。于是,就把这件事给化了,他们向着更高目标前进了。我们看到,通过小组谈话学习毛泽东著作的过程有一个重要步骤,叫作互相交心,我们党当年互相交心的程度现在可能想象不到。我注意了邓小平夫人卓琳的回忆录,他们是当年延安整风一个小组的,卓琳很严肃地说:小平同志,在这个会上我给你提个意见好不好?因为在党内是平等的嘛。她说:你以后回家能不能多说点儿话?因为小平同志不喜欢说话,除了工作,在家里不说话,卓琳就烦嘛。把家里的事拿到小组会上来谈,这里的公共空间和私人空间就模糊了,这种模糊在自由主义看来是大错。但中国的家庭不一样,史华慈的《古代中国的思想世界》有一章专门讲"家庭",他认为家庭是政治的基础,绝不能认为家庭是一个私人空间,你和爸妈在一块儿就形成一个政治的细胞。

这样我们就发现,"批评与自我批评"一类今天习以为常的话语,其实是一个政治组织成长的核心部分,现在我们这个国家在一定的意义上,还是在毛泽东的话语体系下。比如,党章中的党纲部分,都是毛泽东七大时建构起来的话语体系。毛泽东之所以是一个不可替代的大思想家,不在于他没有说过西方那些抽象的概念,像卢梭、黑格尔、康德的话,论证严谨,很漂亮,而在于毛泽东都是大白话,但正是大白话成为毛泽东的话语与修辞的重要部分与特质,每个大白话后面不是在用西方的学问体系论证概念,而是在 to do things with words,就是用一套话语做事情。而他新创造的这套话语,也成为我们日常生活的一种潜在规则。

毛泽东话语体系的建构逻辑

古今中外大思想家一般都发现了人类社会存在的某种悖论,或者说展示了悖论,他解决不了,但他展示出来了,这是一个大思想家的标志。大思想家的第二个标志,就是话语体系的影响力和外在支配力。在这个基础上,我们再回头看毛泽东时代的历史,读他的著作,才能够对他和他的时代有更为全面和深刻的理解。

毛泽东话语体系的建构逻辑,可以分为三个方面:情感系统,伦理系统,真理系统。毛泽东的话语之所以能够征服人心,能够成为一种大家不再质疑的日常话语,和他话语建构本身的三个要素密不可分。

第一个,叫作情感系统。毛泽东讲话和他的文本中充满了情感,不是抽象的干巴巴的,与康德说的"知识是何以可能的"之类的话不同,毛泽东的话是老百姓的话,充满了情感。现在的思想史不分析情感,我和人们争论说,如果思想史只研究概念,而不研究情感,这种研究恐怕是不到位的。第二个,毛泽东的话语里有伦理:什么是好的,什么是不好的。第三个,真理系统:什么是对的,什么是错的。下面就分别展开说一下。

1. 情感系统

比如革命这个话语,革命为什么是好的,革命怎么就会征服人。孙中山、毛泽东都是革命家,一谈革命似乎都是好的,而阿伦特在《论革命》这本书里说了革命本身是什么意思。我觉得,毛泽东的话语体系和常识可能是相悖的,我们一般讲到情感时,有爱和恨两个东西,它们是分不开的。你之所以恨一个东西,是因为你还在深深地爱着它,天长地久有时尽,此恨绵绵无绝期。有的女同志离了婚还天天骂丈夫,这就不对了,离婚前骂倒没事,离婚了还恨他干什么,还恨他就证明你还爱着他。扔了他,忘掉他,就不恨了,过几年有了新欢,就不会恨了。

中国革命非常强调"压迫"这两个字,如"阶级压迫"。这样的话其实就是先有一种自己身份受压迫的感觉,比如我给老板打工,老板给我工钱,我有一个就业机会,我得感谢老板,每年过春节还给老板送点东西,问他能不能给我提个职,多给我发点钱。但是学了《资本论》以后,发现不对,我干嘛老打工养着你啊。这个时候整个思想就翻过去了。革命就是先对这个社会有不满,压迫感出来了,这种不满和仇恨里就会产生反抗的力量。所以我们一直强调无产阶级本身生活的痛苦,社会底层人民受压迫,你看新闻媒体上还有不少这样的报道。毛泽东的文章中也一直这么强调。他特别关注小人物,他的文献中关于人民的概念还用其他的词:穷人,贱人,小人,被人看不起的人,受压迫者……这样的字眼在他的没有修改过的文献里到处都是,这才是毛泽东说的"人民"的真正含义。他永远站在一个小人物的立场,但又会站在更高的立场上为小人物说话。

毛泽东说,人民,只有人民才是创造世界历史的真正动力,怎么解释?他认为,只有被压迫者才有迫切的翻身的欲望,因为没有知识,没有约束,才有创造的可能性。由于没有那种虚荣的东西罩着他,他一身轻,所以敢说一些话,敢做一些事,"舍得一身剐,敢把皇帝拉下马"。这样的人物有天生的创造性,这是那些大教授、大学阀、大权力掌握者、既得利益者所没有的。毛泽东特别喜欢年轻人,这样的人才会创造新的历史。在1958年的一次讲话中,他一连串举了几十个人物,真实的,虚构的,全是小人物,包括孙悟空、哪吒,信口说来,引得大家笑个不停。这样的人物才具有创造性,我解释为"压抑创新"。没有被压迫被看不起的情况,你就没有那个劲儿去创新。社会上都是这样的人物时,历史才能被推动着往前走。毛泽东晚年读《政治经济学》,在上面注释:我一见到"革命"两字就会激动。他是真动感情啊。1965年他去上海视察,当地领导请他看戏,让他自己选曲目,他说就是老三样吧,其中有一出《白蛇传》。他老人家一个人坐在一个大沙发里,因为发福了,就把皮带、扣子都解开,舒舒服服看戏。《白蛇传》是两个人偷着谈恋爱的戏嘛,一个小姐和一个书生相爱，家里不同意，法海阻止他们，最后拿宝塔把他们扣起来，把小姐变成蛇。毛泽东看着看着就哭了，警卫员李银桥说，主席，这么多人看，你怎么可以掉眼泪呢。毛泽东不管，继续哭。看到两个人被宝塔扣起来时，毛泽东急了，情不自禁地站起来喊："这还行啊！不革命还行啊！不造反还行啊！"因为他把皮带解开了，李银桥就在一边提着他的裤子。通过这个故事我们可以看到，小人物被大人物欺负后，毛泽东会站到一个比大人物更高的位置上，去替小人物说话，这就形成了广义的"革命理论""造反逻辑"。在他的话语体系里，这是非常重要的基石。总之，毛泽东是非常有感情的人，他在和别人谈话时也充满着感情，这在政治修辞中太重要了。

第二个就是我们经常讲的"凝聚，依赖，认同，崇拜"。这也是修辞学里强调的几个因素。作为个体的小人物，我基本永远是个小人物，拉三轮车的，种地的，就这样子。但是如果进入某种组织，形成一种强大的力量，我个人就不再是个人了。我们穷人组成了一个组织叫共产党，共产党越强大，军队越强大，我作为组织的一分子就越安全。一旦你离开了这个组织，回到原来的个体，还是会让人家欺负、看不起，什么都不是。因此"凝聚"之后，就会产生"依赖"。组织内和组织外，判若两人。就像卢梭说的，你进入组织，得到你作为个体永远得不到的更好的东西。为什么党员被开除党籍后会痛哭流涕，因为出了这个组织，他就什么都不是了。这样就产生了对组织的强烈"认同"。从这个角度看，今天我们研究毛泽东和中国革命，要进入历史的逻辑层次时，你会看到一个革命的必然性，这里边充满了感情。

王震将军在回忆录中讲，他青年时代到长沙给一个外国资本家当男仆，铲草坪，修剪树木。他发现女主人对自家的狗好得不得了，对仆人却特别不好。为什么给狗喝牛奶，工人连粥都喝不上，他觉得非常不公平，一气之下把狗宰了，然后就跑去参加革命了。这是件小事，但是你回头想想，这是两种完全不同的认知思路，感情的不一样就会导致完全不同的结论。在王震的认知路径下，他认为资本家太不把人当人看了，我明明是人，吃的穿的都不如狗，所以把狗杀了。而在女主人眼里，王震野蛮到连一只狗都不放过，还有人性么？两种认知都充满了感情，都有自己的认知逻辑，但是结论完全相反。同样，毛泽东的话语体系有自己的认知逻辑，这是他征服人心很重要的一部分。

2. 伦理系统

伦理系统有一种东西，叫"翻身"。"解放""拯救""专政"，这一套逻辑是跟情感逻辑联系在一起的。先看"翻身"。昨天，你是大山里的穷孩子，今天，你是清华大学的大学生。你就翻身了，彻底翻身了。这个就是 identity（身份），我们叫作身份的彻底转变。翻身意味着什么？就是所谓的"解放"。以前约束我的那些东西，被人看不起的东西，比如说话有口音啊，穿得比较土啊，这些东西都在约束我被别人看不起。今天，我作为清华大学教授，工程院院士，我的口音可能是非常独特的。就像毛泽东说的湖南话，大家觉得真好听，这话要这么讲才好听,讲普通话就不好听。为什么?他已经不是他自己了,他翻身了。对于翻身这个话题,就不展开了。但你靠自己会翻身么?其中还有一种"拯救"的力量,把你拯救出来。翻身以后怎么办?便是"专政"。专政的道理怎么讲,需要细心研究,这也是一套逻辑。这套逻辑,我们在西方的文献中也发现了。他们把"翻身"这个概念给净化了,叫作"翻心"。刚才讲过了,所谓"翻心"其实是转变你的话语,改变你的伦理和价值观。

毛泽东话语的伦理系统还有一个概念,可能跟常识不一样——"吃苦"。在他看来,吃苦是一个人应该具备的最基本的条件。一般说来,避害趋利是人的本能,比如人们都想吃好的,这跟本能相对应。但是,毛泽东有另一套逻辑。他认为,一个人如果不吃苦的话,就根本成不了任何事情。"吃苦"是成为一个革命者的基本条件。毛远新是毛泽民的儿子,毛泽东的侄子,有一次毛泽东问,你在哈工大,怎么样啊?毛远新说,东北水里冷啊,不过一跳进去就不冷了。毛泽东说,你就知道怕苦,你爸爸不怕苦,我也不怕苦,像你这样在蜜罐里长大的,成不了大事;作为高干子女,你们就该到社会上去磨炼。"吃苦""自觉吃苦"等概念是毛泽东非常强调的。今天,我们讲艰苦奋斗,教育自己的孩子,也是这样去教育。八十年代大家觉得这一套过时了,但后来发现,任何生命力强大的轴心文明中,"吃苦"都是被强调的。看看《圣经》,尤其是"旧约",看看犹太基督文明,看看佛教文明,看看我们儒家在讲什么,看看《可兰经》在讲什么。它们从来都认为,享受对于一个人是最大的危害。但是,我们后人不这么看。现代性把我们裹挟进一个盲目过度消费的潮流中,这是现代性需要彻底反思的地方。

所以,在毛泽东的话语里面,我们的国家、我们的军队、我们的党要艰苦朴素,如果不艰苦朴素,我们就完了。人民解放军进上海的时候,正是冬天,下着蒙蒙细雨。到了上海后,他们就躺在马路上睡着了。没有敲老百姓的门,说我避避雨。毛泽东晚年看电影《难忘的战斗》,看到人民解放军进城的场面,就问身边护士长吴旭君,你是上海人,你在欢迎解放军的队伍里面么?护士长说,那时我还上幼儿园,大人驮着我在背上看的。毛泽东说,这样的军队现在还有吗?说着说着,老人家痛哭流涕,大哭不止。吴旭君一看,要这么哭下去,身体怎么受得了。电影不放了,拍着老人家的背,让他去休息。显然,老人家担心这样能够吃苦的军队还有没有。还有一件事情,他看到解放军打四平的时候,我们战士饿得没有饭吃,最后吃土充饥,而他们就躺在老百姓的苹果树下,却没有一个人摘苹果吃。毛泽东当时就写了批语:这是我们人民军队的本色,这样的军队才是不可战胜的,别的军队为什么被打垮了?这样的军队饿着吃土,都不沾老百姓的苹果,那是生命的考验。所以,艰苦朴素是毛泽东话语体系中一个重要的伦理观念。

第二个,"忘本"。如果不吃苦,那么接下来最危险的就是忘本了。忘了以后怎么样呢?那就进入另外一种世俗。有人说,吃苦这个概念为什么会和轴心文明连在一起?你去看轴心期几个主要的文明,可都是宗教啊。西方那些古老的大学,最早都起源于神学院。我到哈佛大学神学院门口站了一会儿,吓了一跳,看到门口上写着一句话,用古英语写的:"人算什么?上帝你凭什么顾念他?"这句话来自《圣经》。如果现在用浅薄的人权至上论来看,这句话是反人权的,是吧?但是上帝这样去顾念他,又这么看重人,这是什么意思?所以说,轴心文明留下的一些思想遗产是很重要的。可惜近代以后都给扔了,现代化要理性,什么叫理性?这都需要现代性的反思。

那么,忘本究竟忘的是什么?究竟"本"指的是什么?可以继续讨论。忘本显然是和吃苦相关的。共产党员"堕落",你看到这个词应该想到宗教,在我们共产党的逻辑里面,在毛泽东话语里面,经常出现"忘本""堕落"这样有宗教色彩的词汇,就是避免"忘本""堕落"。除了美国革命以外,法国、俄国、德国、中国的革命都有相似性,就是把"伦理"提到相当高的程度。比如说,法国大革命的领导人之一罗伯斯庇尔,就说作为一个革命者,不拿工资,我白干!就给大家服务。你如果贪污腐败,玷污这样的纯洁性,我对你就毫不手软。同样,在毛泽东的话语体系中,伦理是非常重要的一个有分量的东西,诸如为人民服务、学习雷锋好榜样、一不怕苦二不怕死等。

3. 真理系统

最后一点,真理系统。真理系统的一个典型叙事是"打倒帝国主义",帝国主义和民族主义相互对立,又与封建主义、官僚资本主义同属一个系列。前面讨论的话语系统是从内部讲的,帝国主义是从外边讲的,修正主义也是从外边讲的。

毛泽东实际上受中国传统思想影响很大,如所谓"新民"。梁启超的《新民说》,毛泽东早年读得非常细致,他在上面的批语,写得很有意思。朱熹说:"大学之道,在明明德,在新民,在止于至善"。原来旧版《尚书》上写的是"在亲民",后来被朱熹改成"在新民"。所以,"新民"学说其实形成了毛泽东思想的又一套内容,这是一个体系,这里我不论证,其背后是五个历史阶段论的论述。

毛新宇当年在人民大学读本科。他告诉我,他的名字一直等着他爷爷起。长到两岁时,一天晚上大人把他抱到天安门城楼,给爷爷看看,毛主席说,我看就叫"新宇"吧。意思是,从建设新中国、建设新世界,到他那一代就要建设"新宇宙"了。你看毛泽东这样的大思想家,关心的问题不仅仅是世俗的,而且更是属于西方哲学所谓"超验"(transcendence)的境界。实际上大思想家最后谈的问题都会上升到那个层面。卢梭《社会契约论》最后一章是 Civil & Religion——公民和宗教,公民是世俗的,宗教是超验的,所以大思想家都是要创造自己的理想,创造新世纪、新宇宙。宇宙很浩瀚,人类很渺小。坐地日行八万里,巡天遥看一千河。

我们要全面深入地理解毛泽东和他的时代,我们这一代人没有达到那样的高度和深度,寄希望于你们下一代。希望今天讲的能够让大家了解研究毛泽东的一个不可替代的、也是不可忽略的视角,以及我本人的一点努力。说的不对的,请大家批评。

问：萧老师，您好！刚才您提到毛泽东晚年，他很伤心。但我觉得他活到八十多岁，而且得到那么大的成就，不应该很伤心。毛泽东的性格本来就是很豁达的，再加上他一生有那么大的成就，很多人都会崇拜他。他怎么能会伤心呢？

答：你是按照普通人的看法提问的。普通人功成名就，或家财万贯，他会非常高兴，但毛泽东不是这样的人。毛泽东晚年经常看南北朝时期文学家庾信的《枯树赋》，一边念，一边觉得自己也成为这个样子了，就觉得很伤感。再一个，他认为，他去世后自己开创的事业可能会中断，实际上，他考虑身后之事是很早的事情，他很早就关心自己死了以后世界是什么样？我的思想、我的理念还会不会持续下去，还会不会被别人接受？毛泽东晚年为此流过好几次眼泪，我在凤凰卫视的大讲堂做过一个讲座，专门讲毛主席的身后事，大家可以找来看看。

问：萧老师，您好！我想请您阐释一下如何理解"民族国家"（Nation State），现在这个概念到底出了什么问题呢？

答：这是题外话，但对学新闻的同学来讲很重要，我简单说说。Nation State 这个概念产生于 19 世纪欧洲，意思是说一个国家就一个宗族、一个民族，用同一种语言，如德国。一个民族、一个语言、一个血统形成的共同体，就叫民族国家。最早从意大利开始强调他们的民族国家，因为他们原来有很多小邦国。小邦国要统一起来就强调，我们说的是一个语言啊，我们都是一个民族啊，我们是一个 Nation，所以称为 Nation State。由于欧洲国家面积很小，就形成很多 Nation State。但是后来民族共同体长大了以后，就不是一个 Nation 形成的 State，而是好多 Nation 形成的 State，典型的例子是苏联，苏联就是很多 Nation State 合在一起的。原来都是很小的国家，后来成立了苏联，现在又分开了。

中国自从汉代以后，就没有纯粹的所谓 Nation，我们有很多少数民族和汉族在一起交往，你到承德去看看，我们的康熙皇帝很大度，做大佛送给西藏。大佛那么高，远远高于王权的位置。他没有觉得我送给他们这样一个大佛，说这是你的佛，而且也是我们共同的佛，我这个大皇帝就屈尊了，没有。你用这样 Nation State 的概念概括中华人民共和国的国体更是困难，虽然确实是 State，但又不是 Nation State，所以我们靠 Nation State 的观念来解释当下国家的问题很麻烦。说领土、主权、人民三要素是 Nation State 的三要素，这是我们政治学的常识。主权、领土、人民三要素是说，有人活在这儿，有地牵在这儿，再有人管着这块地儿的主权，就成为一个国家——这也是一个后来的定义。如果用这个定义的话，那么，在主权上产生歧义了，你认为这个主权是你的，我认为这个主权是我的，这个主权又是国家要素中间不可或缺的，是不能谈的要素，就意味着政治谈判没有可能。谁都不可能放弃主权。谁放弃这个主权，谁就是这个国家的罪人，中国如此，日本也如此，怎么办？只能打，靠实力。但靠实力打不是说你就可以灭掉他人的主权观念，你只能征服，但征服的话终有一天还会返回来。所以现在人类面临的一个问题，这三要素真的是国家的要素吗？国家如果钉在这个要素上，我们是更聪明还是更愚蠢了呢？人类发展到今天，两个国家产生矛盾，居然找不出一种可以共同谈判的可能性，又回到了古老的拳头对拳头时代去了。我们说政治进步，不就是舌头替代拳头嘛。西方的 Nation State 说了 150 年，他们还面临这个困境，所以我们要超越这个困境，不能抱着西方的概念不放。

问：福柯他们都是西方的思想家，话语理论本身就是作为一种西学引进来的，而您所分析的毛泽东的权力话语，毛泽东是中国本土的一个思想家，那我们拿西学的理论来分析我们中国本土的一个思想人物的时候，那么到底多大程度上真实地反映了这样一个思想家呢？"话语"本身就是个聊天似的"闲谈"，是不带着刻意的逻辑性来进行表达的，而您给我们呈现的分析方式、整个毛泽东的情感系统、伦理系统、真理系统都是纯理性的构建，您是有您的逻辑性的，我的疑问是"话语"本身就是不带逻辑性的一种东西，那您怎么拿着这样的话语理论来做成逻辑、成体系的分析的呢？第三个问题，我们目前还没有看到一个很系统的对于话语理论的阐释，所以想请教老师，如果想对话语理论更深入地开掘，那么哪些书籍是我们不能绕过的？

答：第三个问题很具体，有句话希望你能够充分理解：信息不是知识，知识不是智慧。现在我们的信息爆炸，信息太多了，我们承受不了了，其实是一种负担。你让我举出讲话语体系的书，我建议首先读二手的，不要上来就读福柯，无论是不是翻译的版本，必须懂他的背景，他为什么要这样研究这个问题，什么东西困惑他了，然后才能懂他。或者请教老师们，请他们推荐几篇研究福柯的、比较能说人话的文章，因为现在很多人不讲人话，写完了自己也不知道在说什么。

第二个问题，你质疑：话语本来是大家说话，不知道怎么就说出来的，现在却玩出一大套逻辑，这个逻辑和说话完全是相悖的，难道不是明显矛盾么。实际上我们在研究毛泽东话语的时候，已经站在他的话语的外围。只有跳出来，才能更深入地了解他的话语体系。如果我们在他的话语里边的时候，你就不会反思毛泽东的话语体系，因为你觉得应该这么说话，不这么说还怎么说呀？当然我们现在跳出来再解释他的话语体系的时候，要充分展示他之所以能征服人的力量的时候，要还原、分析、提炼他的逻辑。毛泽东本人可能没有这样想过，他就这么做了，但后人在研究他的时候觉得他怎么就能支配人呢。其实，假如你问："毛主席呀，你怎么就把世界给变成这样呢？"他会回答，"我也不知道，我就这么做了，就成了，我一件事一件事就这么做了，就成了"。问咱们清华的校长，你怎么能把这个学校治理得这么好啊？他也说不出来，最后他总结出的一二三其实和真实情况不完全一致。这是话语与现实的矛盾。

第三个就是西学理论和我们要研究的对象如何相互结合的问题。我是这么看的。我特别喜欢看西方人的东西，但不是说我把它当作真理。我把它当作一个我曾经从来没这么想问题的一个参照系。他怎么这样想问题啊？我怎么从来没想过呀。福柯有本叫作

《包围社会》的小册子。1968年我们"文化大革命"的时候，人家在法兰克福学院讲课的内容就是话语分析。当时我们还沉浸在自己的话语里边，根本不知道有个叫做"话语"的可能性的时候，福柯就已经讲了。当年我震惊得不得了。西学的东西不能把它当作真理来看，甚至不能把它当作现成的工具来用，而是启迪撞击你的思想火花的一个路径。因为我们是中国人，我们对我们自己很熟悉（实际上你真的熟悉吗），以至于很多东西已经熟悉到麻木不仁的程度。但经过西方的东西一刺激，你一下就觉得原来我这个地方这么想问题的，你就会反思。通过什么反思？通过什么途径？和西方对话，与"他者"对话，是一个很好的途径。如果你有问题跟你爸妈说两句，他的回答你都知道，无非教育我努力学习嘛，无非教育我勤俭节约嘛，我早听惯了。如果你问一个老美，问一个牧师这样的问题"生命如何才是有意义"，他会给你讲出另外一套来，就会刺激你产生很多新的认识。

话语这个东西，我不知道福柯没有讲以前，我们中国人会不会创造出这样一个东西。我是做古典思想史的，我从古典思想家里的脑袋里没有看到他们这么分析。所以，你引介过来一定要把它先弄懂了，反刍过了以后再去用。这位同学提的问题很重要，自己还没有弄明白呢，马上就拿来用，这样的话就非常危险。所以我今天再三诚恳地跟大家说我的研究是一种探索，这不是谦虚，是一个老实人说的老实话。如果你在研究中间根本不露福柯一个字、不引福柯一句话，同时你把福柯完全融化在你的研究里边，这才叫作"高手"。我相信真正的大家，真正的成就非常高的人物，不可能仅仅依靠自己民族的知识活着，他一定是吸取各个方面的民族知识去活着。我现在研究的史华慈会11门外语，你看他的文章一会儿英语，一会儿法语，一会儿希伯来语，一会儿德文。我们中国讲究"仁义礼智信"，这个"仁"字，"仁慈""仁爱"拿西方的语言表达不了。西方人说，那么算了，"仁"就是一个"ren"字，摆在这儿，然后自己解释。他们看中国的时候，我觉得也得出一些很多让我们中国人非常惊奇的、我们所看不到的结论。

总之，一个现代的知识分子应当是一个"international person"，看问题要具备国际视野，这样才是合格的。我们这一代人做的很有限。但你们这一代人绝对不应该把眼光局限在中文的文献上、中文的学术上，尤其对于清华培养的学生要求就更高。

李彬：萧延中老师不愧为毛泽东研究数一数二的大家，今晚以其丰富而深厚的学术功力，为我们细致入微地剖析了毛泽东话语的内在逻辑、独特魅力，以及超乎寻常的影响力、支配力、感染力。今天，越来越多的人意识到文化自觉、学术自觉的重要性，意识到建立中国自己的学术体系和话语体系的迫切性，包括如何"讲好中国故事"等新闻传播问题，而毛泽东为我们树立了样本，也提供了源源不绝的思想源泉。萧老师的讲述让我们进一步懂得，毛泽东思想及其话语与修辞既是中国的，又是世界的，既是学理的，又是实践的，即萧延中老师说的 to do things with words。他从中提炼的三要素——情感、伦理和真理，无论对理论研究，还是对新闻实践，都是有启发的，也让我们进一步懂得毛泽东的一系列话语,不仅深入人心、脍炙人口、家喻户晓、妇孺皆知,而且也是值得我们认真研究。比如,谁是我们的朋友,谁是我们的朋友,这个问题是革命的首要问题;须知政权是由枪杆子里取得的;党指挥枪;革命不是请客吃饭;独立自主,自力更生;深入群众,不尚空谈;全心全意为人民服务;数风流人物,还看今朝;帝国主义和一切反动派都是纸老虎……这些话语中都蕴含着丰富的情感、伦理和真理,也体现着"怎么说"的高超水平。特别是所谓"老三篇",也就是毛泽东的三篇脍炙人口的名作《为人民服务》《纪念白求恩》《愚公移山》,不仅建构了共产党、新中国的话语体系,而且也是三个深入人心、动人心弦的新闻故事,用冰心的话说:其中有天意,有人情,有生死流转,有地久天长。我们学新闻的都知道,毛泽东是一代新闻大家,他在新闻理论上提出"政治家办报""新闻意识形态说"等思想,在新闻实践上又留下许多广为流传的经典名篇,如消息《我三十万大军胜利南渡长江》、广播稿《敦促杜聿明等投降书》、评论《别了,司徒雷登》等。今天,萧老师让我们从学理层面对此有了更深的理解,最后,让我们再次感谢他的精彩报告!

(录音整理:吴嘉林　韩晓萌　金玟佑　张垒)

第十四讲 新中国与新文化

李彬

清华大学新闻与传播学院教授

演讲人简介：李彬，1959年出生，新疆乌鲁木齐人。清华大学新闻与传播学院教授、博士生导师；1981年毕业于郑州大学中文系（新闻方向），获文学学士学位；1998年毕业于中国人民大学新闻学院，获法学（新闻学专业）博士学位；1984年执教于郑州大学新闻系，曾任副系主任；1998年调任中国青年政治学院新闻与传播系系主任；2001年调入清华大学，曾任副院长。代表作《传播学引论》《传播符号论》《新中国新闻论》《全球新闻传播史》《中国新闻社会史》《唐代文明与新闻传播》《清潭杂俎》《水木书谭》。

何谓新中国？任继愈曾经说过，中国五千年有两件大事：一是，建立多民族大一统的封建国家；二是，摆脱帝国主义侵略势力和封建势力，建立现代化的人民民主国家。照此说来，前者是古代中国，奠定了中华民族的基业；后者是现代中国，也就是170多年来千百万仁人志士为之赴汤蹈火、前赴后继、流血、流汗、流泪的新中国。周虽旧邦，其命维新。新中国的历程又有三部曲：一是，孙中山领导"辛亥革命"，推翻帝制，建立了形式上主权在民的现代国家，以"三民主义"构成迥异于古代中国的立国原则；二是，毛泽东领导的新民主主义革命和社会主义革命，建立了人民主体的新中国，在中国历史上第一次开启了人民当家做主的伟大实践；三是，邓小平全面推行的改革开放，使新中国的建国大业展现出前所未有的前景。三部曲一以贯之的主题，就是任继愈所说的建立现代化的人民民主国家——新中国。

何谓新文化？毛泽东在新中国的奠基性文献《新民主主义论》中，对此有一段经典论述："我们共产党人，多年以来，不但为中国的政治革命和经济革命而奋斗，而且为中国的文化革命而奋斗；一切这些的目的，在于建设一个中华民族的新社会和新国家。在这个新社会和新国家中，不但有新政治、新经济，而且有新文化。这就是说，我们不但要把一个政治上受压迫、经济上受剥削的中国，变为一个政治上自由和经济上繁荣的中国，而且要把一个被旧文化统治因而愚昧落后的中国，变为一个被新文化统治因而文明先进的中国。一句话，我们要建立一个新中国。建立中华民族的新文化，这就是我们在文化领域中的目的。"不言而喻，他以唯物史观看新文化，指出新文化是新政治与新经济在观念形态上的反映，并对新政治与新经济"给予伟大影响和作用"。

那么，我们今天为什么要讨论新中国与新文化？站在新的历史节点上，应该如何看待新中国与新文化？新文化在新中国建国历程上如何展开，又如何与新政治、新经济相互关联？什么是新文化的发展方向，在当下落英缤纷、乱花迷眼的多元化时代，如何进一步发展新文化？这些问题不仅关乎文化建设，更关乎立国之本。因为当今之世不是一般的政治经济决定文化，而是政治经济与文化若合一契，政治经济固然在基础性意义上决定着文化，同时文化也决定性地左右着、影响着、支配着政治经济的格局与方向。下面就从三个故事谈起，三个故事分别对应着三个"30年"，一是"五四运动"到新中国成立；二是新中国的前30年；三是改革开放以来的30年。

一、白鹿原：政治革命与文化革命

在长篇小说《白鹿原》中，陈忠实浓墨重彩地讲述了一场"交农风波"。民国初年，新朝委派的县长巧取豪夺、横征暴敛，最后激起一场民变，四乡八里的百姓相约而起，同一时间，扛着农具浩浩荡荡涌向县衙门，用上缴农具、罢耕罢种的方式向巧取豪夺的官府示威抗争。这场声势浩大的"群体性事件"迫使上峰彻查了旧贪官，委任了新县长。新官上任伊始,为了化解民怨,首先走访拜谒地方上的头面人物,白鹿原上的族长白嘉轩名列首位。见面寒暄后,新县长就侃侃而谈:"卑职决心在滋水县推进民主政治,彻底根除封建弊政。组建本县第一届参议会,就是让民众参与县政,监督政府,传达民众意见……"

这番高论如今听来意思显豁,明白如话,而在一百年前的关中乡村,就算名重乡里、识文断字的白嘉轩,听上去也是一头雾水,不知所云。"什么民主、什么封建、什么政治、什么民众、什么意见",这些堆砌起来的新名词,让他如坠云雾。县长察觉到白嘉轩的一脸迷茫,改用通俗的语言解释道:一句话,就是要黎民百姓管理朝政,不是县长说了算,而是百姓说了算。白嘉轩愈发不懂:"百姓乱口纷纷,咋个说了算?听张三的、听李四的,还是听王麻子的?"于是,整个对话犹如鸡同鸭讲,结果不了了之。

这则故事让人想起鲁迅笔下的蒙昧国民,如果连有头有脸的乡绅都对这套现代政治话语懵懵懂懂,又如何指望千千万万的阿Q、孔乙己、闰土、祥林嫂等普通民众明白就里。孙中山倡导"三民主义",领导"辛亥革命"推翻帝制,成为中国历史上一个翻天覆地的里程碑。然而,革命硝烟尚未散尽,鲁迅便深刻批判了其局限性,特别是"辛亥革命"脱离民众,仅仅完成上层建筑的政治革命,远未实现现代国家动员底层、唤醒民众的历史使命。1919年毛泽东创办《湘江评论》,说中国的危险在"全国人民思想界空虚腐败到十二分。中国的四万万人,差不多有三万万九千万是迷信家。迷信神鬼,迷信物象,迷信运命,迷信强权。全然不认有个人,不认有自己,不认有真理。这是科学思想不发达的结果。中国名为共和,实则专制,愈弄愈糟"。何兆武在《上学记》中回忆当年返乡见闻,直到抗战军兴,他的故乡岳阳,长江边上的一个交通枢纽,在精神文化层面还停滞在"中世纪",寡妇改嫁依然为人所不齿,患病染疾照旧请法师捉妖叫魂。何兆武说:"这使人回想起19、20世纪之交的那批启蒙者强调'开民智',似乎也有其道理,你能要求一批愚昧的人民真的能当家做主吗?"

这就是第一个故事的寓意,即政治革命与文化革命、政治自觉与文化自觉紧密关联,形同一体。具体说来,为了推动反帝反封建的政治革命,创建现代化的人民民主国家,就不能不开展相应的文化革命,一方面破除封建宗法礼教的旧文化,一方面发展现代自由、民主、平等、科学的新文化,从而召唤起千千万万的普通民众,使他们在精神上成为自觉自立的、创造历史的主体。显而易见,经过五四新文化运动的洗礼,特别是经过以鲁迅为旗手的"左翼"新文化的启蒙,中国人的精神世界一步步发生了天翻地覆的变化,由此汇聚的磅礴力量恰似一江春水向东流,荡涤了一个旧世界,建立了一个数千年未有的新中国。其中,最具象征意义的就是成千上万的祥林嫂,在"政权、族权、神权、夫权"一套宗法制度的压迫下逆来顺受、在封建迷信的束缚中悒悒惶惶的女人从精神上开始觉醒,成为独立自由的新女性。从两部经典影片的经典人物对比中,也可一窥中国人精神面貌的巨变:一个是在主人跟前卑微怯懦的祥林嫂;一个是在丈夫面前意气风发的李双双。

1940年初,毛泽东发表了《新民主主义论》,以历史唯物主义的视野重建了中国历史的叙事,系统阐发了中国"从哪里来、现处何地、往哪里去"。这部经典之作的原题叫作《新民主主义的政治与新民主主义的文化》,唯独将政治与文化相提并论,也可见文化在他心目中的位置。当总结此前20年中国革命的经验时,毛泽东特别指出文化革命的突出进展,在政治、经济、军事、外交等所有方面全处下风的困境下,中共领导的文化新军却以摧枯拉朽之势赢得了文化领导权:

这个文化生力军,以新的装束和新的武器,联合一切可能的同盟军,摆开了自己的阵势,向着帝国主义文化和封建文化展开了英勇的进攻。这支生力军在社会科学领域和文学艺术领域中,不论在哲学方面,在经济学方面,在政治学方面,在军事学方面,在历史学方面,在文学方面,在艺术方面(又不论是戏剧、电影、音乐、雕刻、绘画),都有了极大的发展。二十年来,这个文化新军的锋芒所向,从思想到形式(文字等),无不起了极大的革命。其声势之浩大,威力之猛烈,简直是所向无敌的。其动员之广大,超过中国任何历史时代。

这里的"帝国主义文化和封建文化"就是毛泽东说的"旧文化",是为旧政治与旧经济服务,旧中国因之愚昧落后的文化。中国革命在文化领域的目标是在反帝、反封建的同时,实现精神世界的"双重解放",建立中华民族的"新文化"。了解一点五四运动到新中国成立的历史,就知道当年新文化运动何等声势浩大、波澜壮阔,又以何等浩荡声势横扫了旧文化,特别是毛泽东比喻的文化上的两个"亲兄弟"——帝国主义文化和封建文化。关于旧文化与新文化,从历史细节中就能直观感受其大相径庭的政治价值、精神品味与美学风格。2016年获得"朱自清散文奖"的台湾作家王鼎钧,在其代表作《回忆录四部曲》中,对比了国民党与共产党的歌曲,深有感触。他当过国民党军人,上过宪兵学校,《宪兵学校校歌》在他听来佶屈聱牙、呆板僵化,用他的话说,你得读许多文言文,才看得懂,而即使读再多文言文,也听不懂:"整军饬纪,宪兵所司;民众之裸,军伍之师;以匡以导,必身先之,修己以教,教不虚施……"相反,共产党的歌曲通俗晓畅,朗朗上口,如"红色经典第一歌":革命纪律条条要记清,人民战士处处爱人民……王鼎钧不由感叹道:"就在我们嗡嗡作声、不知所云的时候,黄河北岸中共士兵朗朗上口的是:人民的军队爱人民!一听就会,触类旁通。"同样,从古元雅俗共赏的版画作品中,也能直观感受这种新文化、新气象:《减租会》《离婚诉》《割草》《初春》《秋收》……以古元为代表的这种新文化,生意盎然,元气淋漓,"没有旧丝绸的腐朽气,也没有消化不良的西餐痕迹,是一种全新的、代表那个时代最先进的一部分人思想的艺术。由于这思想与人民利益相一致,它又是平易近人的艺术"。尤其值得关注的是古元艺术中蕴含的现代精神、现代意识、现代情怀,即所谓"现代性",正如古元的学生徐冰所感悟到的:

作品也许还不精致,但观念却已极其精确和深刻,它具备了所有成功的艺术变革所必需的条件和性质。我始终都在寻找古元魅力的秘密,原来这魅力不仅在于他独有的智能及感悟,而且在于他所代表的一代艺术家在中国几千年旧艺术之上的革命意义。不仅是其艺术反映了一场革命运动,而且重要的是一切有价值的艺术家及其创作所共有的艺术上的革命精神,实际是一种真正意义上的"前卫"精神。

在马克思主义理论家中,毛泽东格外重视文化实践、文化革命,他可以说是经典马克思主义作家中对文化问题最为关注也论述最多的一位。1938年,他提出"空洞抽象的调头必须少唱,教条主义必须休息,而代之以新鲜活泼的、为中国老百姓所喜闻乐见的中国作风和中国气派"。在"左翼"新文化中,这种新鲜活泼的、为中国老百姓所喜闻乐见的中国作风和中国气派,体现得尤为鲜明,一大批经典之作,生机勃勃、气象万千,洋溢着浩浩荡荡的现代精神、现代意识、现代情怀,包括郭沫若、艾青的诗歌,鲁迅、巴金、茅盾、萧红、丁玲、赵树理的小说;曹禺的话剧;聂耳、冼星海的音乐;夏衍、田汉的电影;范长江、邹韬奋的新闻;古元的版画;艾思奇的哲学;范文澜的历史学以及毛泽东的《实践论》《矛盾论》等,从内容到形式都仿佛杨柳春风、泥土芬芳,不仅为亿万民众"喜闻乐见",而且也赢得广大知识分子的倾心向往,不仅在革命年代吸引了无数渴望光明的热血青年,像烛光点亮暗夜,像太阳驱散乌云,像红星照耀中国,而且也在此后和平岁月里不断照亮人心,温暖人心。王蒙回忆这些新文化书刊对自己的影响时说道:

不能忘记十一二岁时从地下党员那里借来的华岗著《社会发展史纲》、艾思奇著《大众哲学》、新知书店的社会科学丛书如杜民著《论社会主义革命》、黄炎培的《延安归来》与赵树理的《李有才板话》,那是盗来的火种,那是真理之树上的禁果,那是吹开雾霾的强风,读了这些书,像是吃饱饭添了力气,又像是冲浪时跃上了波峰。

不能忘记十八九岁时对于大量国内外文学经典的沉潜:鲁迅使我严峻,巴金使我燃烧,托尔斯泰使我赞美,巴尔扎克使我警悚,雨果使我震撼,契诃夫使我温柔忧郁,法捷耶夫使我敬仰感叹……

叶嘉莹自幼在沦陷区长大,新中国成立前迁居台湾,20世纪70年代在哈佛大学接触了斯诺的《西行漫记》,读罢也动情地说:"没想到共产党这么了不起,共产党人为了理想艰苦奋斗真是不容易,他们爬雪山、过草地真是不简单,共产党的成功不是偶然的,我真的很佩服。以前我真是孤陋寡闻,一点都不知道这些。"她第一次回国前,友人向她推荐浩然的《艳阳天》,以便了解国内文学界,她带着敷衍态度,以为只是宣传材料而非文学艺术,"可是我一看,它就把我给吸引住了,我不是在农村生长的,我也不熟悉农村的情况,可是我居然能看进去,而且我认真地把它看完了。《艳阳天》里写的乡村故事非常生动,语言也非常活泼,完全是生活化的,我真的是很感动"。1974年,叶嘉莹返国探亲,写下近3000字的《祖国行长歌》:卅年离家几万里,思乡情在无时已,一朝天外赋归来,眼流涕泪心狂喜……

在解读古元时,徐冰特别指出,解放区的艺术并非某些聪明艺术家的个别现象,而是一批艺术家在一个时期共同工作的结果。在这场星火燎原的新文化运动中,涌现了大批文化名家,诞生了众多杰出的艺术作品,而这些作品均以"新理论"为依据,并且"极其精确和深刻"。虽然他没有明说"新理论"的内涵,但以众多古元为代表的新文化群体及其创作方向，无疑与中国共产党的文化理念、特别是毛泽东的文艺思想息息相关。离开共产党的组织领导，没有中央文委、左联、延安文艺座谈会等，一句话，没有先进政党在新文化运动中的引导或领导，便无法想象一江春水、浩浩汤汤、波澜壮阔、云蒸霞蔚的"左翼"新文化。鲁迅纪念馆原馆长王锡荣在《左翼文艺运动与党的文化战略》一文中就此写道：

"左翼"文艺组织建立后，迅速掌控了中国文化的话语权，主导了中国新文艺的发展，把握了文艺发展的方向。除了自办刊物，占领中间甚至"右翼"的报刊，利用文学、美术、戏剧、电影等形式，组织各种文化活动，深入底层，宣传党的方针政策，培养文艺青年，倡导大众文艺和文艺大众化，成为时代前进的号角，代表了那个时代的风貌，引领了那个时代的风气。

1932年，当中国电影不景气的时候，一些国内电影公司因使用旧创作班底，作品缺乏号召力，处于步履维艰的状态，鉴于"左翼"的巨大影响力，他们找到"左翼"文化界请求帮助。"左翼"在瞿秋白和中央文委的鼓励下，派人进入这些公司，帮助他们写剧本、执导影片，很快产生了一批既叫好又叫座的优秀影片，如《风云儿女》《渔光曲》《大路》等，一批优秀音乐作品也随之产生，如聂耳的《义勇军进行曲》等，从而主导了电影界的发展方向。

而恰恰在这一关键问题上，20世纪80年代的"新启蒙"建构了一套"政治压迫与文化反抗""政治对文化的专制"等叙事模式，笃定中国革命以及"左翼"新文化运动是前现代、反现代的，如李泽厚的"救亡压倒启蒙"。李陀对丁玲的"转向"做过深入分析。在他看来，丁玲代表的一代进步知识分子之所以倾心认同中共的文化思想，原因也在于"毛话语"或"毛文体"是一种典型的现代性话语，与西方话语关联密切而又寻求超越的现代性话语。他们正是强烈感受到这种现代性话语的"召唤"，才心悦诚服，甘心为之贡献热情、才华和"最美的青春岁月"。在《与革命相向而行——〈丁玲传〉与革命文艺的现代性序论》中，解志熙也直言不讳地说道：

被后人冷落以至咒骂的历史人事，其实大都是成功的历史，被后人同情以至赞誉的历史人事，则差不多都是失败的历史，而同情失败者原是人之常情。此所以最近二十年来对革命和革命文艺运动的反感和否斥颇为流行，是并不值得惊诧的……我倒想借此机会强调：现代中国的革命和革命文艺之被当今的一些先进之士所否斥，这反倒证明当年的革命和革命文艺是真正的并且是成功的革命和革命文艺，而被他们交口称赞的另一些革命者、革命思想家和文艺家，如葛兰西、卢森堡及本雅明等"西马"之流，则都是失败的革命者或书斋里的革命者，所以他们也就只好或在狱中深刻地思想着革命或在书斋里诗意地想象着革命，如今称扬他们，诚然是既深刻悲壮也浪漫诗意而又很安全之举，因为那本来就是些美妙博辩的革命精神胜利法，说来好听、好玩而已，并不当真的，也不能当真的。

不用正襟危坐长篇大论，通过一些历史细节，其实就不难感受现代中国相得益彰的政治革命与文化革命，体味其中生机勃发、扑面而来的现代气息。《解放军报》报道过一场长征途中的"战地春晚"：红军野外宿营，夜空阑珊，篝火映红，李伯钊跳起了风风火火的俄罗斯《水兵舞》,赢来毛泽东和几位军委首长一片叫好;蔡畅唱起《马赛曲》,周恩来、张闻天、伍修权等跟着哼唱,后来加入的人越来越多,逐渐汇成了雄浑的大合唱……用陈晋的话说,中国革命与中国共产党其实很"洋气"。再看一例,《晨报》副刊1925年7月5日发表了一首清新的小诗《夜雨读拉马丁〈默想集〉》:"一盏灯,一卷诗。屋小,人静,我低徊幽唱,晤对着法国诗人。多情的拉马丁呦,可怜你,苦恼一生!……夜雨啊,请莫停!我要借你的情调,领略这千古诗心!"这首仿若新月派的现代诗,如果猜猜作者,八成可能联想到戴望舒、徐志摩、李金发等,而很难想到共和国元帅陈毅。当年,陈毅曾加入新文化运动中成立最早、影响最大的文学社团"文学研究会",而这个学会的发起人是郑振铎、沈雁冰(茅盾)、周作人等。事实上,革命队伍中,这样的将军诗人、文化人比比皆是,李大钊、陈独秀、瞿秋白、张闻天等中共早期领袖,既是政治家,又是思想家,还是引领新文化潮流的文化人。就广为人知,更不用说伟人毛泽东。昼携壮士破坚阵,夜接词人赋华屋。毛泽东既是伟大的政治家、军事家、战略家、外交家,也是当之无愧的伟大的思想家、理论家、文化人、诗人,他对现代文化的深刻理解与精微把握不仅使他成为一流的马克思主义思想家,而且由于其影响广泛的文化革命实践,也使他超越了形形色色"书斋里的革命"。李书磊对毛泽东的评价令人击节叹赏,悠然心会:

20世纪以来,中国社会的主题是现代化;而在20世纪前半叶,这个主题最有力的表达即是革命。毛泽东是时代之子,是一个名副其实的现代革命家,他的功过是一个伟大的现代革命家的功过,他的命运中包含着一个非凡的英雄的悲剧性。在文化上他是"圣之时者",并非那些形形色色的文化庸人们所可窥其门墙。

以上是围绕第一个故事,即白鹿原上白嘉轩对话新县长而展开的话题。这个故事突出表明了文化革命的意义,概而言之,政治革命与文化革命相辅相成,不可或缺,政治革命呼唤着文化革命,文化革命应和着政治革命,政治自觉需要文化自觉,文化自觉推动政治自觉。中国共产党人敏锐认识到现代国家与现代文化的这种有机关系,他们引领的新文化"唤起工农千百万,不周山下红旗乱",激荡了汹涌澎湃的革命巨浪,汇成了波澜壮阔的建国大潮,1949年新中国的朝阳就在一片排山倒海的革命浪潮中喷薄而出。

二、梁祝:漫长的文化革命

2016年初,网上发起"最有代表性的中国音乐作品"票选活动,结果名列第一的是小提琴协奏曲《梁祝》,获得49%的支持率;"文革"期间的钢琴协奏曲《黄河》位列第二,支持率17%。《梁祝》诞生于人民共和国的第一个10年,这部美不胜收的现代音乐经典一问世就风靡天下,半个多世纪以来一直温暖人心。两位作曲家何占豪和陈钢,当年都是上海音乐学院的青年学子,他们深入生活、深入群众,根据吴越地区流传上千年的梁山伯与祝英台的爱情故事以及民间音乐素材,创作了这部堪称中国现代交响音乐中的巅峰之作。

2009年，新中国成立60周年大庆，也是这部名作问世50年，何占豪接受记者采访的时候还特别强调："总体来说，我还是遵从毛泽东思想，文艺要为工农兵服务。"的确，这部作品从酝酿到创作，始终遵循着延安文艺座谈会的精神，包括"古为今用、洋为中用、百花齐放、推陈出新"的方针及"民族的、科学的、大众的"方向。

说《梁祝》是现代的，直观的感受是艺术形式，诸如协奏曲、交响乐无不属于现代文化样式。而浓郁的现代气息也恰恰是中国革命文艺的显著特征，从"左翼"文化、延安艺术一直延续至"十七年"，乃至"文革"样板戏。北京大学电影学教授戴锦华讲述过一次认知震荡：

那是20世纪80年代末，我曾在新中国电影课上与同学一起看样板戏《智取威虎山》。我的本意是把它作为一个文化笑柄、一个封建文化复活的怪胎；但我自己被震惊了，我原有的想法完全被击垮了；在其中我看到了大交响乐队的伴奏、现代舞蹈形式、现代舞台美术、现代灯光与旋转舞台——一个如此现代的文本！当我"第一次"回忆起钢琴伴奏《红灯记》、交响音乐《沙家浜》，在那一时刻，作为80年代文化支撑的关于现代化伟大进程的叙事在我心里坍塌下来了。

新西兰汉学家康浩（Paul Clark）以最新研究成果表明，即使如火如荼的"文革"时期，中国的现代音乐创作也没有停止对现代性的追求，特别表现为外来交响乐、古典乐的民族化、通俗化、大众化，以及传统的、民间的音乐现代化、西方化。在《文革文化史》（The Chinese Cultural Revolution: A History）一书中，他详细考察了这时期的文化事象，如样板戏、电影、舞蹈、音乐、话剧、美术、建筑、诗歌、小说、手抄本、知青文学、芭蕾舞剧、语录歌、红卫兵歌曲等，从学术上挑战了"八亿人民八台戏"等流行迷思，用一位学者发表在《武汉音乐学院学报》上的文章来说，"他笔下的'文革'时期不再是一幅单色调的、枯燥无味的'文化沙漠'图，而是一幅多色彩的、浓淡有致的画面"。

除了艺术形式，《梁祝》的现代性，更体现在内容和主题上。众所周知，《梁祝》表达了鲜明的反抗封建专制、追求恋爱自由的价值诉求，这与《白蛇传》《天仙配》《西厢记》等古典文学的"才子佳人"桥段大异其趣。五六十年代一大批同类作品，包括芭蕾舞剧《白毛女》《红色娘子军》、歌剧《江姐》《刘胡兰》、音乐电影《阿诗玛》《刘三姐》等，无不包含着中国革命所追求、所塑造、所捍卫的尊严政治、人民主体、平等自由等现代价值。这样的主题及其价值，既是民族的、大众的，也是世界的。1951年，歌剧《白毛女》在欧洲巡演，包括维也纳的"金色大厅"，受到欧洲观众热烈赞赏，白毛女扮演者王昆多次谢幕，依然无法下台。扮演杨白劳的演员陈强回忆，在维也纳献艺结束、演员谢幕时，有观众激动怒吼："不要给黄世仁献花！"直至今日，《白毛女》《红色娘子军》《江姐》等仍是常演常新的经典剧目。与之相比，"文化产业"动辄耗资千万上亿的一些"重头戏"，往往旋生旋灭，鲜有什么波澜。祝东力曾用"出超"与"入超"，对此作了发人深省的概括：

20世纪50年代至70年代，中国一直处在以美国为首的西方阵营的战略包围之中。

但是，当时中国的核心价值观和意识形态却在不少亚非拉国家产生了很大影响。这种影响在六七十年代达到高峰，甚至波及西方国家。后来在八九十年代成为中国思想界偶像的萨特、德里达、克里斯蒂娃等世界闻名的法国思想家，当时都在读我们的外文出版社发行的《毛泽东选集》。同时，中国当时的政治思潮也影响了美、欧、日青年学生群体的反资本、反官僚、反体制的政治立场，在西方曾经风靡一时。今天，不论我们怎样评价这段历史的是非功过，当时中国在核心价值观和思想观念方面处于"出超"的地位，应该说是一个基本事实。

总体看来，以《梁祝》等经典为标志的新中国新文艺，形成了一套独具气象的审美范式，韩毓海称之为"伟大传统"：以广大劳动者，特别是农民为审美主体和表现对象、阅读主体；以"新中国"为创作内容，采用群众喜闻乐见的、具有民族特色的表现形式；以克服知识者和劳动者、东方与西方、传统与现代、作者与读者之间的矛盾为目标，从而使广大人民参与到文化创造活动之中。而这正是延安时代奠定的新文化方向，即民族的、科学的、大众的。马克思主义哲学家冯契 1991 年就"大众方向"说道：

正如马克思所说：我们的事业是为了人，也是由于人。为了人，就是要培养社会主义的、共产主义的新人；由于人，就是要通过人民群众自己来培养教育自己，靠自己的手和脑建设社会主义；共产主义不靠上帝、救世主和什么人的恩赐，自己解放自己，自己把自己培养成新人。

把人民大众培养成新人，途径是人民自己培养自己，不能把群众看成是阿斗，自认为自己是诸葛亮，我是来教育阿斗的。而应让群众心悦诚服地接受马克思主义教育，让群众认识自己的力量，以自由意志参加解放事业、共产主义事业。李大钊提出个性解放和大同团结相统一，这是一百多年来先驱人物的理想在"五四"时期的总结。中国近代存在两个运动：一是反封建主义，追求个性解放；二是反帝国主义，建立理想社会、大同社会。两个运动达到一个统一目标，即个性解放和大同团结的统一，是合乎科学的，合乎《共产党宣言》所说的"每个人的自由发展是一切人的自由发展的条件"的理想。这也就是大众方向的目标，这一目标是由群众自求解放达到的。这就是价值观的大众方向的含义。

冯契指出的人民自己培养自己、人民自己教育自己，作为新中国新文化的突出特征，同样体现着人民主体、人民当家做主的精神价值。在这个过程中，文化人与劳动者有机结合，水乳交融，成为文化领域的普遍景观，小提琴协奏曲《梁祝》就是一例。而这样的事例在新中国新文化的发展历程上，可谓漫山遍野、灼灼其华、星汉灿烂、熠熠生辉，小说、诗歌、戏剧、舞蹈、歌曲、绘画等创作举不胜举；黑板报、宣传栏、广播站、曲艺说唱、文艺会演、群众艺术馆、工人文化宫等文化形式丰富多彩，人民不仅是新文化的欣赏者，而且也成为新文化的参与者、创造者，甚至领导者，就像在国家政治经济生活中的主人翁地位。随举一例，歌曲《唱支山歌给党听》20 世纪 60 年代问世以来，半个多世纪一直家喻户晓，深入人心，简单追溯一下这部作品的历史，就可以领悟新文化的历史氛围与精神追求。先是抗美援朝退役的志愿军战士姚筱舟在陕西一家煤矿担任宣传秘书,常听老矿工吟唱陕北民歌。1957年全国新民歌热潮中,他也随手记录了矿工兄弟的歌谣顺口溜,歌颂新中国,控诉旧社会。这些"口头文艺家"的故事、戏曲以及顺口溜又多又精彩,他陆续记录了一大本。看多了,听多了,记多了,他不由产生写作冲动,一些诗歌散文陆续发表。1958年一个夏夜,他辗转反侧,夜不能寐,挥笔写下了《唱支山歌给党听》。诗歌发在当年《陕西文艺》的《总路线诗传单》专栏,1962年辽宁的春风文艺出版社将其编入《新民歌三百首》。当时在沈阳当兵的雷锋看到这本书,便把这首诗抄在日记里。雷锋因公殉职后,上海音乐学院教师朱践耳在雷锋日记中读到了这首小诗,随即谱成曲子。正在上海音乐学院深造的藏族歌手、翻身农奴才旦卓玛,被这首新歌深深打动,经过她的深情演唱后,《唱支山歌给党听》从此便在全国流传开来。

再如,"文革"时期广为流传的户县农民画,同样是社会主义新文艺及其大众方向的一个典范。泥腿子拿起了画笔,在与工农相结合的美术专家指导下,亲手创作、描绘自己的劳动生活,既充满生活气息,又达到较高的专业水准,赢得举世青睐和赞叹。户县农民画的意义不仅是丰富文化生活、陶冶精神情操,而更是一种前所未有的全新历史实践,包括消灭"三大差别"即城乡差别、工农差别、脑力劳动与体力劳动差别。这里尤其值得关注的是,劳动者解放的目标除了政治和经济上的翻身,还包括破除"精神是精神者的特权,劳动是劳动者的宿命"的怪圈,实现精神和劳动的统一,即"知识分子劳动化,劳动人民知识化"。复旦大学学者倪伟对户县农民画的再解读,以邃密个案研究阐释了这种社会主义新文化的内涵。在他看来,户县农民画的"新"不仅体现在以人民为表现对象,而且更有意味的是人民成为创作主体,从而全然不同于以往的封建传统文化和资产阶级文化:

艺术不再是少数文化人的专利,也不再笼罩"天才论"的神秘色彩。长年累月、坚持不懈的美术普及教育,使许多普普通通的农民掌握了绘画的技能,并由此而发现了自己的创造潜能,认识到他们作为一个已经站立起来的阶级,是有能力创造文化的,也有能力创造自身乃至整个社会、国家的崭新历史。正是艺术唤醒了他们的主体意识,并帮助他们树立了创造历史的自信心。

1944年,在观看完延安平剧院的新编历史剧《逼上梁山》后,毛泽东当夜给剧组写了一封贺信,指出:"历史是人民创造的,但在旧戏舞台上(在一切离开人民的旧文学、旧艺术上),人民却成了渣滓,由老爷、太太、少爷、小姐们统治着舞台,这种历史的颠倒,现在由你们再颠倒过来,恢复了历史的面目。"人民创造历史、创造文化,因而人民是历史的主人,也是文化的主角,这正是中国革命与社会主义实践的价值理想。不过,劳动者赢得文化领导权,不可能一蹴而就,也不可能像夺取政权那样毕其功于一役。意大利共产党创始人、马克思主义理论家葛兰西就指出:文化是一个特殊而微妙的领域。政治、经济、军事的劣势,并不必然导致文化上的失败,如中共领导的"左翼"新文化运动。同样,政治权力和经济基础的变革,并不必然导致文化领导权的转换,丧失统治地位的阶级仍可能掌握文化领导权,并通过一整套文化政治最终摧毁新政权的政治合法性,实现"热月复辟"。所以,现代政治的关键在于掌握文化领导权。苏联解体为此提供了一个最新的、触目惊心的反例。程巍说得好:一旦文化领导权旁落,苏联意识形态家的任何表述,即便是如实的表述,都会被当作谎言;而反苏反共人士的任何言论,即便是不实之词,都会被看作真理。

就 1949 年成立的新中国而言,劳动人民虽然掌握政权并进行了"生产资料的社会主义改造",但精神世界依然不同程度地残存着帝国主义文化、封建主义文化、资本主义或小资产阶级文化,社会主义的危机很可能是文化合法性的率先丧失。

简而言之,第二个故事的寓意可用记者李北方的一段话来概括:"被压迫者翻身求解放,归根到底是要文化上的解放、思想上的解放、意识上的解放。要建立一个人人平等、没有剥削、没有压迫的社会,一定要有一个相适应的文化作为保障;在一个新的社会里,如果只是有了新的政治、新的经济,可是人们的头脑里仍然装着旧的理念,那么,旧社会就是一定要复辟的。"

三、这边风景:当代文化领导权的反思

2015 年,王蒙创作于 40 年前的《这边风景》获得第九届茅盾文学奖。这部作品的产生犹如一个传奇。先是作家在"文革"后期创作完成,接着为了适应形势变化进行修改,但由于政治和文化气候天翻地覆,改来改去怎么也改不出来,最后只好作罢放弃,久而久之居然遗忘了。几年前儿女们收拾房间,意外发现这部落满尘埃的书稿,一读之下,大为赞叹,于是揎掇付梓。问世以来,果然好评如潮,很快问鼎"茅盾文学奖",这也是这位满身荣誉的作家第一次获得中国文学最高奖。

这部长篇小说写的是 20 世纪 60 年代新疆伊犁地区维吾尔族同胞与全国各族人民一道走社会主义道路的故事,同柳青的史诗《创业史》、浩然的巨著《艳阳天》相似。而今读来,依然鲜活,别有一番滋味在心头。且看一段惟妙惟肖的对话,洋溢着多么浓郁的边疆风味与生活气息,令人忍俊不禁,过目难忘:

"肃静!"

"今年的麦收要突出政治!你们听明白没有?收麦子要突出政治。收麦子收得好不好是政治,明白吗?你们到底有没有这个觉悟?气死我啦!"穆萨语出惊人,大家一怔。

"主要是三个人,我们必须记住:一个是白求恩,加拿大共产党员,一个是老愚公,中国共产党的老革命,还有一个就是跃进公社爱国大队七生产队队长你大哥我穆萨……"

大家终于听明白了,于是一片哄笑,一致有节奏地高呼:"泡!泡!泡!"(吹牛!)

王蒙在获奖感言《想念真正的文学》中说道,"真正的文学有生命力,不怕时间的煎熬,不是与时俱逝,而是与时俱燃,火焰不熄""作家需要盯着的是大地,是人民,是昭昭天日,是历史传统""文学并不能产生文学,是天与地、是人与人、是金木水火土、是爱恨情仇死别

生离、是工农兵学商党政军三百六十行产生文学"。可以看出,王蒙表达的文学观,与新文化运动以来的文化理念一脉相承,特别是应和着毛泽东在《新民主主义论》提出的"民族的、科学的、大众的"新文化规范,也就是周恩来后来延伸的"民族的形式、科学的内容、大众的方向"。这个规范背后的核心关切,还是毛泽东在延安文艺座谈会上强调的"为什么人的问题,是个根本的问题、原则的问题"。2015 年,习近平在文艺工作座谈会上重申了这个根本问题,呼吁文艺创作"坚持以人民为中心"。

然而,耐人寻味的是,《这边风景》获得茅盾文学奖之后,一家门户网站的文化栏目推出专题报道,封面海报上赫然写着"文革桎梏下的文学",并配上愁云惨淡、暗无天日的背景。如果不读原著,仅凭海报的文字与图像,人们很容易联想成又一部血泪控诉的"伤痕文学",从而与《这边风景》刚健清新的生活内容与凌云壮志的精神气息圆凿方枘,格格不入。这里,媒体的曲解更显示了一种普遍的文化意识或潜意识,一种新意识形态的叙事套路或固定框架。那么,如此文化心理潜意识缘何形成并流行?这已经成为当前亟须反思的重大问题,既关乎文化方向,更关乎中国道路。

首先需要看到并特别指出,改革开放在思想文化领域同样取得一系列长足进展,这是应该给予充分肯定的。正如美国汉学家艾恺(Guy Alitto)在《人民日报》撰文所言:"几十年的发展,中国人的思想发生了很大的变化,思想更为活跃和开放,视野更加开阔,社会更加包容。"举例来说,人文社会科学领域涌现了一大批出色的学者和学术著作,引进了古往今来绝大多数人类的经典著作,整体成就与水平超过前 30 年,至于一些逸民絮絮叨叨的"民国范儿"更是不可同日而语。同样,文学艺术中,小说、诗歌、散文、音乐、电影、舞蹈、美术、戏剧也可谓神州雾列、俊采星驰。诸如路遥的《平凡的世界》、张承志的《心灵史》、韩少功的《马桥词典》、铁凝的《笨花》、刘亮程的《在新疆》;以及北岛、舒婷、昌耀、周涛、海子、沈苇等的诗歌;罗中立的油画《父亲》;杨丽萍的《雀之灵》;施光南的歌曲等,都是当代中国最美的文艺篇章。

与此同时,我们又不得不面对和反思,在"思想大活跃、观念大碰撞、文化大交融"的转型期,精神、文化、意识形态不可避免地出现诸多偏差,突出表现为邓小平批评的"一手硬、一手软",即许多人都一门心思忙于经济建设,而忽略意识形态与精神文明建设。虽然邓小平一再提醒,他在 20 世纪 80 年代发表的坚持"四项基本原则"、反对精神污染、反对资产阶级自由化等讲话更如黄钟大吕,发聋振聩,一针见血、掷地有声,但这一问题不仅没有得到遏制与扭转,反而愈演愈烈,已经严重危及国本。"十八大"以来,习近平的有关系列讲话,如 2013 年全国宣传思想工作会议讲话即"8·19"讲话、2014 年文艺工作座谈会讲话、2015 年全国党校工作会议讲话、2016 年新闻舆论工作座谈会讲话、网络安全和信息化座谈会讲话、哲学社会科学工作座谈会讲话等,实际上都针对着"一手硬,一手软"的严峻态势。在统领性的"8·19"讲话中,他特别指出经济工作搞不好要出大问题,意识形态工作搞不好同样也出大问题,所以必须坚持两手抓、两手都要硬。关于"一手软"的诸多问题,习近平的系列讲话已有全面翔实的分析阐述,下面不妨提示一下其中的三种常见现象:没文化、没精神、没灵魂。

何谓没文化?不妨看一段中篇小说的人物独白,就可略知一二。在这篇《春天里那个百花香》的小说里,对当代乡土社会有着敏锐观察的陕西作家侯波,借一位村干部之口道出了农村的精神危机:"镇上李书记常强调文化建设哩,前年修了村部,盖了五间房子,图书馆还送了些书。还有篮球、象棋什么的。可至今书没一个人借,娱乐活动没一个人搞,村里还净出些怪事儿,老的那一套婚丧嫁娶现在全恢复了。建庙啊、信耶稣啊、神鬼啊、赌博啊、打麻将啊,整个村里人除了劳动以外天天都弄这些。长这样下去,这和旧社会有什么区别哩?"赵月枝与沙垚博士对谈的《重构中国传播学》,也从学术上鞭辟入里地谈到此类问题:

2014年秋我到浙江的"良渚文化村"参观,一开始我以为这真的是一个村庄,后来去看了才知道,这是一个房地产项目。这个"村庄"里的建筑像民居,还有村庄食堂、书屋,业主们过着美好的田园生活,有绿地种菜,亲近大自然。可是问题来了,原来生活在这里的农民到哪里去了?因此,不仅是你说的皮影戏等农民的文化,甚至"村庄"这个概念本身都变成了小资生活的一种方式。一方面,农村变成城里人休闲消费的地方,农民的文化让城市人高价欣赏;同时,农民被赶上高楼,逼着他们以在楼下花园里种菜等方式,追忆他们失去的生活方式。作为一种置换,城市中产阶级落户村庄,农民的生活方式、文化形式、村庄空间就变成了一种消费的资源,是城里人表达乡愁的方式,也是文化产业增值的手段,农民的文化成了资本的点缀,农民本身成为文化商人的工具。

谈到消费主义对农村和农民文化的主导,还有更为隐藏的一个层面,即我们现在正在大规模开展的新农村文化建设,其中送图书下乡、送电影下乡,还包括上面谈到的送家电、手机、互联网下乡。在与吕新雨教授的对谈中,她讲到"送货下乡"忽视的是农民的主体性,我们的观点不谋而合。我认为这是城市中心主义的治理者居高临下的福利主义思想。"政府买单农民看戏",听起来很好,可是你买得过来吗?更重要的是,在这种消费主义和福利主义的思路中,农民是作为一个城市文化的接受者和消费者而被建构的,这是文化单向流动的模式。在这一模式里,农民缺乏作为主体的参与性。

何谓没精神?张炜有句话很形象,"集体性的精神恍惚"。就是说,虽然经济越来越好了,生活越来越富了,但不少人的精神状态却是失魂落魄,无家可归。不管栉风沐雨,还是灯红酒绿,一个问题常常逼近每个人的内心:人生在世,意义何在?在"集体性的精神恍惚"下,不少文化人不仅放弃自己的使命,而且在纸醉金迷的狂欢中随波逐流,更有甚者,在沉渣泛起的喧嚣中、在死水微澜的沉醉中推波助澜,一方面解构新文化及其价值,一方面鼓吹帝国主义、封建主义、资本主义的旧文化及其价值,包括这些年鼓噪的"民国范儿",就像把个小资文人、附逆作家张爱玲恨不得捧成中国第一、世界第二。于是,在一片迷离恍惚中,颠倒的历史又颠倒回去,毛泽东热切期望的"人民群众占据舞台中心",已然又为帝王将相重新取代,荧幕上宫廷剧泛滥成灾就是一例,如《满城尽带黄金甲》《夜宴》《无极》《十面埋伏》等。对于这种历史错位与文化错乱,《文艺研究》社长方宁在《人民日报》上批评道:"被热捧的'帝王剧''宫廷戏',以及泛滥成灾的'才子佳人演义',恰恰呈现出了一种文化病象,它们生产的是虚假苍白的主体,而历史真正的主体——人民大众,仅仅成了'围观'与'喝彩'的道具,这难道不值得我们深刻反省吗?"人民群众作为历史主体的身份渐趋模糊,帝王将相成为高高在上的历史主角,只是文化领导权转移的表征之一。批评家李陀在《"新小资"与文化领导权的转移》一文中,对更普遍的小资文化作了发人深省的分析:

中国的"改革"不但养出来一批富豪、富商和富官,而且还养出了一批小资精英,他们占领了文化领域各个层面的领导位置,诸如刊物和报纸的编辑,商业电影和流行歌曲的制作人,各类广告和视频的直接或间接的生产者,网络世界里各个板块的操盘手,形形色色文化企业和产业中的策划人、执行人,新媒体所催生出来的新写作空间中做文字买卖的各类写手,还有在学校、学院和五花八门的准教育机构中握有"育人"权的老师、学者——一句话,身居要津,小资精英们占据了文化领域的所有高地,所有咽喉要道。这个情况带来了一个非常奇特的形势:尽管国家和资本非常强大,在中国当代文化的生产中颇为自信地扮演着主导者的角色,并且也都以政策和金钱的直接调控力或间接影响力,按照各自的需要试图控制文化之河的流向,但是,实际上,由于文化生产的上游、下游所有环节都在小资精英的控制之下,不管国家和资本情愿不情愿,承认不承认,在今天,文化领导权在很大程度上已经转移到新兴小资产阶级的手中。这个文化领导权的转移当然带来很多严重的后果,可以预料,这些后果将对中国的今天和未来的改革产生深远的影响。

何谓没灵魂?如果说没文化是一种表象,没精神是一种趋向,那么没灵魂则构成文化领域的致命症候。1999年,李德顺曾发出文化"沙漠化"的盛世危言,而"文化沙漠化"首当其冲的是意识形态告急。造成这一局面的原因复杂多样,既有苏东剧变、世界范围社会主义运动衰落的历史背景,也有西方势力在思想、文化、学术方面广泛渗透的外部危险,更有上上下下重视经济发展、忽视文化建设的内部偏差。纪录片《较量无声》主创者,原国防大学秦天将军在2015年"建军节"时说道:"长期以来,我们在意识形态领域或多或少出现了'温水煮青蛙'的现象。改革开放30年,全党以经济建设为中心,取得了巨大成就,但是别忘了小平还有一句话,两手都要硬……我们听过很多省委书记、市委书记作报告,讲的基本都是经济形势和发展经验,很少讲意识形态和党的建设。这让我们感到问题很严重,很危险。"

当今世界的意识形态问题既涉及"柏林墙""三八线"等宏大可见的冲突对峙,更体现在具体而微的日常生活中。就运作机制而言,后者尤其值得重视,葛兰西的文化领导权理论、阿尔都塞的意识形态国家机器理论,对此均有深入剖析和深刻论述。他们都意识到,有别于国家机器的暴力专横,意识形态往往会通过教会、学校、家庭、工会、传媒、文化等领域的长期浸润。用戴锦华的解释,"意识形态的形式特征从来是隐形的窃窃私语、喁喁告白,是对化身为常识系统的价值体系的生产与再生产,是对社会与时代的认同与情感结构的塑造"。也正是在这个意义上,戴锦华认为美国政治不是白宫的独白,而是华盛顿特区与洛杉矶—好莱坞的"双城记"。

要而言之,第三个故事促使我们重视新文化,反思当代文化领导权,也从反面说明文化政治的生死攸关。自近代启蒙以来,传统的君权神授、父传子继、武力镇压等统治形式均已丧失了政治合法性,文化政治与文化领导权成为各种命运共同体的存续根基。也就是说,现代政治都是文化政治,现代政治斗争的核心是争夺文化领导权。正因如此,相对于政治、经济、社会、外交等,意识形态危机是当代中国最根本、最致命、最可能导致"颠覆性错误"的问题。因为,"没有硬实力一打就倒,没有软实力不打自倒"。

黄平有个形象说法:共和国前30年解决了"挨打"问题,后30年解决了"挨饿"问题,未来30年解决"挨骂"问题。这个言简意赅的概括,已经成为自上而下的普遍共识。2015年,习近平在全国党校工作会议上也说道:"落后就要挨打,贫穷就要挨饿,失语就要挨骂。形象地讲,长期以来,我们党带领人民就是要不断解决'挨打''挨饿''挨骂'这三大问题。经过几代人不懈奋斗,前两个问题基本得到解决,但'挨骂'问题还没有得到根本解决。"

结语:新中国的梦想,新文化的方向

什么是新中国?一言以蔽之就是现代化的人民民主国家。什么是新文化?人民当家做主的价值理想与文化长城之谓也,具体表现为文学艺术、思想理论、新闻传播、教育体系等。如果说中华民族伟大复兴的中国梦是新中国建国历程的宏伟目标,那么与之相应的新文化就不仅仅是"软实力",而是生死攸关的生命线。

众所周知,毛泽东一生志在新中国,情系新文化。2005年第25届中国电影"金鸡奖"最佳纪录片《走近毛泽东》,以四句诗一般磅礴大气的动人旁白收束全片:他最大的目的是实现中华民族的伟大复兴;他最大的创造是把马克思主义中国化;他最艰辛的探索是中国式的社会主义;他最伟大的作品是中华人民共和国!为了建设新中国,毛泽东一生也以天纵之才,点点滴滴而卓有成效地把新文化推向高峰。他对文化政治的深切洞明,对社会主义文化领导权的念兹在兹,对文化问题的一系列滔滔雄论,对新文化政治品格、文化方向、风格气派的了然于胸,都在新中国新文化的历史上留下鲜明印迹,其中最集中、最突出、最具代表性的当属他对鲁迅的高度推崇。不妨说,鲁迅在新中国与新文化上的首屈一指的地位,是由毛泽东一手奠定的。

1949年7月,全国文学艺术工作者代表大会在北平举行,各位代表都获得一枚小小的圆形铜制像章,上面是毛泽东与鲁迅的肖像,一代伟人与文化巨匠,在新中国旭日东升之际并列在一起，也象征着政治革命与文化革命的深刻意味。特别是，毛泽东对鲁迅精神广为人知的阐发，更是对政治革命与文化革命、政治自觉与文化自觉，或者说对新中国与新文化最精辟的论断。《在延安文艺座谈会上的讲话》中，他将八路军、新四军与新文化运动比作开创新中国的两路大军，一路听命于朱总司令，一路听命于鲁总司令。他讲过，孔子是封建社会的圣人，鲁迅是现代中国的圣人。1971年11月，他在武汉的一次谈话中又说到，鲁迅是中国的第一个圣人，中国的第一个圣人不是孔夫子，也不是我，我是圣人的学生。

如今，随着新中国新文化艰难曲折的进程，随着"两个百年"的临近，我们更能体会鲁迅当年的忧思，更能懂得他所说的，文化上的革命，比政治上的革命更困难、更艰巨、也更重要，"倘不将这些改革，则这革命即等于无成，如沙上建塔，顷刻倒坏"，从而也更能明白毛泽东在新中国成立前夕，在政治革命胜利之际告诫全党全国人民"万里长征才走完第一步"，更能体会他对鲁迅先生极尽赞誉的称道：

鲁迅，就是这个文化新军的最伟大和最英勇的旗手。鲁迅是中国文化革命的主将，他不但是伟大的文学家，而且是伟大的思想家和伟大的革命家。鲁迅的骨头是最硬的，他没有丝毫的奴颜和媚骨，这是殖民地、半殖民地人民最可宝贵的性格。鲁迅是在文化战线上，代表全民族的大多数，向着敌人冲锋陷阵的最正确、最勇敢、最坚决、最忠实、最热忱的空前的民族英雄。鲁迅的方向，就是中华民族新文化的方向。

第十五讲 如何讲清楚马克思主义新闻观?

胡钰

清华大学新闻与传播学院教授
中国特色新闻学研究会理事长

演讲人简介：胡钰，1972年出生，陕西西安人。清华大学新闻与传播学院党委书记、教授、博士生导师，中国特色新闻学研究会会长。清华大学经济学学士、文学硕士（新闻学）、法学博士。曾任清华大学人文与社会科学学院党委副书记、科技部办公厅调研二处处长、科技日报社评论理论部主任、《科技日报内参》主编、国务院国资委新闻中心副主任。代表作《科技新闻传播导论》《新闻与舆论》《大众传播效果：问题与对策》等。

马克思主义新闻观是社会主义新闻舆论工作的灵魂。建设马克思主义新闻观、开展马克思主义新闻观教育，是建设社会主义意识形态的话语体系的重要组成部分。在纷繁的社会思潮激荡中，在全新的媒体格局和舆论生态下，如何让马克思主义新闻观教育切实产生效果、形成共识，指导中国新闻学发展和新闻舆论工作实践，成为一项紧迫的课题。从教学实践看，当今的学生是处在社会思潮多样化和信息获取自主化的时代背景下来听课的。他们掌握的信息往往是教师不掌握的，他们的思考角度往往是与教师不同的。为此，在讲授这门课时，既要批判错误观点的实质，也要构建有说服力的理论体系；既要讲授经典论述，也要探索新的理论表达；既要讲理论，也要解释现实问题。马克思主义新闻观教育要坚持"返本开新"的原则，抓住基本，直面问题，选好着力点，讲清楚新闻舆论工作中的难点、焦点问题，让学习者增强新闻理论与实践中的思想定力。

一、讲清楚马克思的形象和马克思主义的立场、观点、方法

马克思的形象是马克思主义新闻观教育的认识起点，马克思主义的立场、观点、方法是马克思主义新闻观教育的核心要求。在社会上和高校中，许多人对马克思和马克思主义还停留在政治化、概念化、符号化的认识上，认为陈旧了、过时了，因此，对马克思主义新闻观教育，不以为然者有之，被动应对者常见。事实上，能否建设好马克思主义新闻观，首要的取决于对待马克思主义的基本态度问题。承认不承认马克思主义是科学，是能否以马克思主义指导新闻学发展和新闻舆论工作实践的前提。

如何让大家对马克思和马克思主义有一种亲近感和尊敬感呢？首要的是不能以陈旧过时的内容来推介，拿生硬僵化的理念来灌输。从教学效果上看，关键的一点，要让马克思走出"石膏像"，成为一个鲜活的人的形象；要让马克思走出"哈哈镜"，成为一个具有使命感与创造力的伟大思想家的形象。

讲马克思的形象，讲他年轻时的人生选择是最有说服力也最能激发青年学生共鸣的。马克思在17岁中学毕业时写的《青年在选择职业时的考虑》的毕业论文中，表达了自己的人生志向："在选择职业时，我们应该遵循的主要指针是人类的幸福和我们自身的完美。""如果我们选择了最能为人类而工作的职业，那么，重担就不能把我们压倒，因为这是为大家作出的牺牲；那时我们所享受的就不是可怜的、有限的、自私的乐趣，我们的幸福将属于千百万人，我们的事业将悄然无声地存在下去，但是它会永远发挥作用，而面对我们的骨灰，高尚的人们将洒下热泪。"马克思是这么说的，也是这么做的。原本马克思的父亲给他设计的人生道路是成为一名优秀的律师或法官，过上殷实的中产阶级生活，但马克思深感人类社会的问题而选择从哲学入手开始研究社会问题，终身投身于无产阶级的革命事业。

马克思的成就不是一时的，而是永恒的；不是一地的，而是全球的。在1999年英国

BBC组织的千年思想家评选中,马克思高居榜首;美国《新闻周刊》赞扬马克思是"一座在雾霭中俯瞰一切的巨塔";2008年全球金融危机爆发后,许多西方媒体发出了"马克思,回归""马克思,重生"的呼声。法国哲学家德里达认为:"无论他们愿不愿意,知不知道,这世界上的所有人在某种程度上都是马克思的继承者。"

讲清楚了马克思的形象,再讲马克思主义的立场、观点、方法,就是水到渠成的事情。马克思立志要为人类福利而献身,因此,马克思主义的立场就是人民的立场、就是为了多数人的立场。马克思去世130多年来之所以得到全球思想界的高度关注,就是因为马克思主义深刻揭示了人类历史进程的基本规律,是分析各种社会矛盾的科学方法,马克思主义的观点、方法的核心就是历史唯物主义和辩证唯物主义。

马克思主义新闻观是马克思主义在新闻实践中的体现。立场问题在马克思主义新闻观中极其重要,新闻工作者要明确"为了谁"的问题。马克思本人从年轻时期在《莱茵报》工作开始,就强调"人民报刊"的思想,认为"民众的承认是报刊赖以生存的条件,没有这种条件,报刊就会无可挽救地陷入绝境"。作为以马克思主义指导的中国共产党,始终将"人民报刊"的思想作为自己的指导原则,强调新闻工作的人民性。1950年,新中国刚刚成立之际,《人民日报》即发表社论,指出:"人民报纸与资产阶级报纸的根本区别在于:它应该是与人民群众有着广泛的亲密的联系;它应该时时刻刻地关心群众的利益,深切地懂得群众的要求,生动地,具体地反映人民群众生活中各方面的模范的榜样,实事求是地指出工作中的缺点与错误和严正地揭发各种犯罪行为。"社论还批评了当时一些报纸不关注对人民群众的报道,"有的报纸竟至仅仅以百分之一至百分之十的篇幅,刊登当地群众的生活"。在新闻工作实践中,"为了多数人"和"为了自己""为了少数人"的新闻选择是不一样的,坚持前者才能树立正确的人民意识,才能体现马克思主义新闻观的指导。

马克思主义新闻观不但指出了新闻舆论工作的立场,更提供了观察事物的科学方法。这种方法在当代的媒体格局和舆论生态下尤其可贵。《人民日报》2016年3月28日推出系列评论员文章,谈"坚守融合时代的媒体信仰",文章中说:"媒体是思想的生产者。""在这个1300多万微信公号争夺着朋友圈的时代,在这个新媒体广告覆盖到几乎每个地铁公交站的时代,互联网无时无刻不在刷新传播方式,新技术方兴未艾不断重构媒体格局。人们不缺改变的愿望和决心,不缺创新的勇气和冲动,缺的是站定下来、反身问一句:还有什么是应该不变的?还有什么是需要坚守的?""融合发展是大势所趋,传统的平台、介质或许会式微,但新闻没有消亡,媒体还有责任,理想还有价值,职业还有担当。我们相信,不管媒体形态怎么变、舆论格局怎样变,原创仍是社会最宝贵的资源,思想仍是媒体最重要的品质,理性仍是时代最需要的力量。"

"媒体是思想的生产者"这句话说得非常好。在当前的信息过载时代,优秀的媒体人一定是拥有思想的人。当前的媒体格局下,传播速度更快,表达手段更炫,公民记者更多,新闻报道中最缺的正是思想性。而有思想性的报道首先来自科学的思想方法。这种思想方法就是毛泽东同志1937年提出的："研究问题,忌带主观性、片面性和表面性。"也是习近平同志2016年提出的："要根据事实来描述事实,既准确报道个别事实,又从宏观上把握和反映事件或事物的全貌。"

甘惜分教授认为："真正的马克思主义者观察问题常常比别人高明,比别人深刻,能抓住本质,这就是由于他们掌握了科学的世界观和方法论。"在全球化和社会转型期,面对复杂的舆论环境,新闻工作者要凭借马克思主义的立场、观点、方法,立足实践,把握大局,实现从"跟着走"到"看着走"再到"想着走"最终到"领着走"的转变,成为社会思潮和舆论的引领者。

二、讲清楚新闻与政治的关系

新闻与政治的关系是马克思主义新闻观的焦点问题。按照西方的新闻自由理论,新闻独立于政治,是"第四权力"。按照马克思主义新闻观,新闻工作要坚持党性原则,与政治的关系非常紧密。因此,西方新闻理论经常以此来批评马克思主义新闻观。

回应这种责难并不难。在《共产党宣言》中,马克思和恩格斯就指出："所有这些对共产主义物质产品的占有方式和生产方式的责备,也被扩及到精神产品的占有和生产方面。""然而,你们既然用你们资产阶级关于自由、教育、法等等的观念来衡量废除资产阶级所有制的主张,那就请你们不要同我们争论了。你们的观念本身是资产阶级的生产关系和资产阶级的所有制关系的产物,正像你们的法不过是被奉为法律的你们这个阶级的意志一样,而这种意志的内容是由你们这个阶级的物质生活条件来决定的。你们的利己观念使你们把自己的生产关系和所有制关系从历史的、在生产发展中是暂时的关系变成永恒的自然规律和理性规律,这种利己观念是你们和一切灭亡了的统治阶级所共有的。"

西方主流学术界常把自己的理论作为普遍真理提出,并以此作为衡量其他理论体系的标尺。对此,美国文化批评家爱德华·萨义德认为,"在西方主宰一切中以歪曲和工具主义的观察基础上,把帝国主义的猜测描述成普遍的真理是一个谎言"。他还说："在主流文化中,尤其是在阶段性的文化中,现在轮不到我来发声的。人们不看我的文章,人们不看乔姆斯基的文章。虽然乔姆斯基在《纽约书评》的成立之初是骨干分子,但他现在不为《纽约书评》写文章了。"而乔姆斯基在西方学术界的确是少数派,不为主流媒体所喜欢。1988年,他曾出版《制造同意》一书,认为,反对共产主义已经成为西方国家控制大众媒体的一个机制。由于共产主义威胁到了资产阶级的阶级地位,对西方精英来说,共产党国家的持续冲突和对其公开辱骂有助于将反共塑造成为西方意识形态和政治的第一原则。

西方新闻自由的虚伪性体现在其对新闻与政治关系的否定,体现在其实践与理论的不一致。在西方社会,新闻媒体对政府的批评是有限的,可以触及个别政客,但不会触及根本的政体,也不会、不能触及大资本家的利益。那种新闻自由本质是不能违背老板意愿、不能触犯大资本家利益的自由,而且这种限制还被掩盖起来。2016年2月,日本《朝日新闻》报道,日本NHK、东京电视台和朝日电视台担任新闻主播的三名资深媒体人将以各种名义上的原因离开主播岗位,但实质是这三人有一个共同点,都是以尖锐的新闻评论对安倍政权进行批判而深得观众喜爱,在安倍政权和日本"右翼"集团看来,这些人是"眼中钉、肉中刺"。

无产阶级从开始夺取政权之日起,就高度重视新闻舆论的政治动员功能。1905年11月,列宁撰文指出,新闻出版事业"应当成为整个无产阶级事业的一部分,成为由整个工人阶级的整个觉悟的先锋队所开动的一部巨大的社会民主主义机器的'齿轮和螺丝钉'"。他还激动地说:"无党性的写作者滚开!超人的写作者滚开!"列宁认为:"我们要创办自由的报刊,而且我们一定会创办起来,所谓自由的报刊是指它不仅摆脱了警察的压迫,而且摆脱了资本、摆脱了名利主义,甚至也摆脱了资产阶级无政府主义的个人主义。"

1925年12月5日,时任国民党中央宣传部代理部长的毛泽东在国民党机关报《政治周报》的创刊号上撰写文章,指出:"为什么出版《政治周报》?为了革命。""我们要开始向他们反攻。'向反革命派宣传反攻,以打破反革命派宣传',便是《政治周报》的责任。"这篇文章是毛泽东在中国共产党成立后公开论述新闻工作的第一篇文章,从其中,可以清楚地看到他对新闻与政治关系的观点。在之后的革命斗争中,毛泽东同志一贯强调利用新闻舆论工作推动各项工作,在延安时期,他号召"全党办报",发挥报纸对工作的指导作用,同时,强调新闻工作要增强党性,克服宣传人员中闹独立性的倾向。

新中国成立后,毛泽东非常重视利用新闻工作推动党和政府工作。1958年1月,在南宁会议期间,毛泽东看了一些《广西日报》,觉得编的不够好,就专门给广西领导写信,提出:"一张省报,对于全省工作、全体人民,有极大的组织、鼓舞、激励、批判、推动的作用。""第一书记挂帅,动手修改一些最重要的社论,是必要的。"在此之后,毛泽东同志又数次谈到"政治家办报"的要求,强调要使新闻工作配合国家政治形势,为党和国家工作的大局服务。

对新闻与政治的关系的正确理解是坚持马克思主义新闻观的重要基础。那种以为新闻可以离开政治、新闻舆论工作可以坚持价值中立的认识,不论从历史看还是从现实看,不论从国内看还是从国外看,都是不切实际的。无论时代如何改变,只有准确把握新闻舆论工作的政治观,才能积极践行马克思主义新闻观。

理解新闻与政治的紧密关系,核心原因在于两者都关乎意识形态。新闻代表舆论、引导舆论、制造舆论,是重要的意识形态工具;政治作为上层建筑的集中体现,必须对意识形态具有引导力、控制力。任何政治力量在争取权力、运用权力、稳定权力过程中,都要充分把握新闻的力量。

在中国,自19世纪国人自己办报刊兴起开始,就以"办报立言、传播政见"为主要目的之一。从"甲午战争"到"戊戌变法"的几年中,由于国势日衰,政府软弱,外敌入侵,引起民众激奋,维新派在力求变革方面,主要斗争手段之一就是开设报馆,出版报纸、发表言论、引导舆论,在他们的带动下,中国掀起了第一次自办报纸的高潮。1896年,维新派创办《时务报》,梁启超亲任主笔,在初期,他一人每天要撰写4000多字的评论。梁启超最早提出报纸的"耳目喉舌"作用,得到维新派的认同,"去塞求通"成为维新派办报的基本宗旨。

1905年,"中国革命同盟会"在东京成立,当年11月,创办《民报》作为自己的机关报。孙中山亲自撰写该报创刊号的发刊词,首次明确提出民族主义、民权主义和民生主义的政治纲领,并将宣传这一政治纲领定为办刊宗旨。孙中山对报刊的作用看得很高,在"辛亥革命"胜利后,他公开宣称:"革命成功,全仗报界鼓吹之力。"甚至认为"革命成功极快的办法,宣传要用九成,武力只可用一成"。

新闻与政治的紧密程度在当代社会信息化和民主化进程中,愈发强化,已经成为政治活动中的核心内容之一。在西方,政治人物的重要工作就是应对新闻媒体,通过新闻媒体进行社会沟通和形象塑造;在中国,新闻宣传是党的一项极端重要的工作,领导干部要解决好"本领恐慌"问题,真正成为运用现代传媒新手段、新方法的行家里手。

正是由于新闻与政治的这种紧密关系,新闻传播专业与其他人文社科专业有着不同的特点,用《人民日报》原总编辑范敬宜的话说:"具有特别鲜明的意识形态特点,也就是说具有很强的政治性。"为此,在范敬宜担任清华大学新闻传播学院首任院长时,从2005年起就和李彬教授筹划在清华大学开设马克思主义新闻观的课程,邀请了业内、学界许多大家来学校讲授,这门课也一直坚持至今,且覆盖本科生、研究生、博士生。

三、讲清楚中国共产党的新闻思想

中国共产党的新闻思想是马克思主义新闻观教育的主体内容。中国共产党的新闻实践非常丰富,在夺取革命胜利进程中,新闻宣传发挥了重要的、不可替代的思想武装、政治动员作用。作为中国共产党的主要缔造者,毛泽东同志从年轻时代开始即在《湘江评论》等刊物上撰写文章,仅1919—1921年间主编或参与编辑的报刊就有8种,纵观他的一生,表现出对新闻宣传工作的极端重视,提出了许多重要新闻思想,而他本人更是给《人民日报》、新华社等亲自撰写了大量评论文章。

1948年4月2日,毛泽东同志在对《晋绥日报》编辑人员的谈话中指出:"马克思、列宁主义的基本原则,就是要使群众认识自己的利益,并且团结起来,为自己的利益而奋斗。报纸的作用和力量,就在它能使党的纲领路线、方针政策、工作任务和工作方法,最迅速、最广泛地同群众见面。"1948年10月2日,刘少奇同志在对华北记者团的谈话中也指出:"我们要经过千百条线索和群众联系起来,而其中最重要的办法,就是报纸、新华社。你们的工作、你们的事业,它是千百条线索中最重要的一个。"这些论断,是对马克思主义新闻观的精辟阐释,也是对党的新闻工作的作用、职能的纲领性要求。

新闻工作要达到这项要求，就要坚持政治家办报。"新闻工作，要看是政治家办，还是书生办"。新闻工作要达到这项要求，就要坚持真理。"真理必须旗帜鲜明。我们共产党人从来认为隐瞒自己的观点是可耻的。我们党所办的报纸，我们党所进行的一切宣传工作，都应当是生动的、鲜明的、尖锐的，毫不吞吞吐吐"。新闻工作要达到这项要求，就要走群众路线。具体说，新闻工作要依靠群众，不能闭门造车；要深入群众，不能纸上谈兵；要服务群众，不能高高在上。

改革开放以来，党的历任主要领导人都对新闻宣传工作给予了高度关注，亲自参加全国宣传工作会议并讲话，多次视察新闻媒体，既一以贯之地强调新闻工作的使命、职责，又根据时代变化提出许多新的新闻工作指导思想。2015年12月25日，习近平同志在视察解放军报社时指出："要强化政治意识、政权意识、阵地意识，勇于举旗帜、打头阵、当先锋，当好意识形态领域斗争的生力军。""要坚持党管媒体原则，严格落实政治家办报要求，确保新闻宣传工作的领导权始终掌握在对党忠诚可靠的人手中。"

在党的新闻舆论工作座谈会上，习近平同志指出："党的新闻舆论工作坚持党性原则，最根本的是坚持党对新闻舆论工作的领导。党和政府主办的媒体是党和政府的宣传阵地，必须姓党。"这是对新闻的党性原则的再次重申和强调。

理解新闻舆论工作的党性原则，必须坚持"党性和人民性相统一"。从历史的维度看，"党性和人民性相统一"从中国共产党革命时期开始就成为新闻舆论工作的基本原则。1930年8月，中国共产党中央机关报《红旗日报》在刚刚创刊的社论中就指出："本报是供给广大劳苦群众阅读的，它是一切被压迫的人所能了解的言论机关，成为他们自己的喉舌。"1945年10月，《新华日报》发表社论指出："本报创刊八年来，一贯是以人民的报纸为方针，为努力目标。"针对有人问："《新华日报》既是共产党的机关报，怎么能够成为人民的报纸呢？"社论作了明确回答："共产党所要求于他的全党党员的，不是别的，就是：忠实地为人民服务，虚心地做人民的勤务员。因此，作为共产党机关报的《新华日报》，为了执行党的主张政策，也就是要使它自己真正成为人民的报纸。"这些历史脉络是认识"党性和人民性相统一"内涵的重要依据。

在新的媒体格局下，智能手机和平板电脑等移动智能终端已经成为高度普及的个人配置，也成为当代公众离不开的"器官"。受众在移动终端上获取新闻的入口，一个是新闻客户端，另一个是社交媒体。这种新变化也体现在党对新闻舆论工作的新的要求上。

2016年2月19日，在视察中央媒体过程中，习近平同志在人民日报社新媒体中心亲手点击键盘，在《人民日报》"两微一端"发布了问候语音，向全国人民致以元宵节问候。在新华社新闻客户端，按动"为全国新闻工作者点赞"页面，屏幕上立即闪现"点赞＋1"。在党的新闻舆论工作会议上，习近平同志指出："随着形势发展，党的新闻舆论工作必须创新理念、内容、体裁、形式、方法、手段、业态、体制、机制，增强针对性和实效性。要适应分众化、差异化传播趋势，加快构建舆论引导新格局。要推动融合发展，主动借助新媒体传播优势。要抓住时机、把握节奏、讲究策略,从时度效着力,体现时度效要求。"这些都是中国共产党新闻思想的新发展。

这种思想的变化已经具体地表现在我们党的新闻实践中。在大量新技术投入新闻传播的条件下,在媒介融合不断加剧的条件下,新闻生产手段和机制都在进行大变革。

推动新闻生产流程再造。传统的报社以单一的报纸为载体,新闻生产流程完全以报纸出版为中心,即使报社的网站也是以报纸出版的节奏为依据。而在全媒体条件下,一家新闻媒体可以拥有报纸、杂志、网站、手机报、微博、微信、客户端、电子屏等多终端,为此,新闻生产流程要进行改造,才能使各种媒介深度融合。《人民日报》推出的"中央厨房"模式具有代表性,新闻生产流程变成一体策划、一次采集;多种生成、多元传播;全天滚动、全球覆盖。

突出新闻内容的视觉化。在移动化、碎片化的新闻阅读行为中,视觉化的传播内容越来越有吸引力,一图胜千言,可视化新闻制作成为新闻生产中的一大亮点。许多原本需要大量文字表达的复杂的事实、观点等,通过"一张图看清"的方式,做到了简洁、清晰的传播。比如《人民日报》在2016年全国"两会"报道中在头版头条就以图片方式进行报道。

四、讲清楚中国国情与问题意识

中国国情是马克思主义新闻观的现实土壤。开展马克思主义新闻观教育,仅仅讲理论、讲历史远不够,还要引入最新鲜的时代变化,讲清楚国情,培养问题意识,才能让学习者更好地理解。

2006年,有采访者问已经90岁高龄的甘惜分教授:"能谈谈您对当前中国新闻理论界的希望吗?"甘老迅速回答:"十个字:立足中国土,回到马克思。""立足中国土",就要正确把握基本国情,就要看到市场化下的经济形态的特征:公有经济与非公有经济并存、发达地区与欠发达地区并存、传统产业与新兴产业并存;就要看到全球化下的价值形态的特征:爱国主义与全球主义并存、集体主义与个人主义并存、社会主义与资本主义并存;就要看到网络化下的舆论形态的特征:主流媒体与非主流媒体并存、传统媒体与新型媒体并存、国内媒体与国外媒体并存。

"回到马克思",就要按照马克思主义的观点来分析,经济形态是社会存在;价值形态是社会意识;舆论形态是社会表达。社会存在决定社会意识。因此,对各种社会表达,不要被表面的喧嚣所困扰、误导,而要深究其深层次的社会基础。

为了增进对国情的了解,尤其需要让学习者了解经济改革前沿、国际关系格局、社会思潮动态、媒体融合趋势等内容,要让最现实的变化来促进学习者思考问题,并通过这种思考,理解马克思主义新闻观的内涵和价值,增强大局感和使命感。

在对国情的了解中,要注重培养问题意识,通过发现问题并用马克思主义的基本原理来分析，可以极好地增进学习效果。比如，当前国有企业的舆论环境不佳，负面化、标签化、情绪化的言论很多，就不能人云亦云跟风跑，就要多问几个为什么？国企到底意味着什么？对中国共产党的执政基础和中国的基本经济制度有什么作用？在国家经济安全、社会运行中承担什么样的责任？对中国参与国际竞争和融入全球化有什么影响？国企发展的难点症结和发展前景到底在哪里？对这些现实问题的分析，可以让马克思主义新闻观的内容更加具体化，也可以让学习者更好地掌握运用马克思主义新闻观的方法。

有了对国情的准确把握，就要求新闻舆论工作要时时刻刻把握导向。这种舆论导向是为了在全社会形成理性的预期和共识，是为了推动中国发展中各种问题的有序解决。而要实现这种导向，在当今的全媒体传播、全民传播的条件下，就要按照习近平同志的要求："新闻舆论工作各个方面、各个环节都要坚持正确舆论导向。各级党报、党刊、电台、电视台要讲导向，都市类报刊、新媒体也要讲导向；新闻报道要讲导向，副刊、专题节目、广告宣传也要讲导向；时政新闻要讲导向，娱乐类、社会类新闻也要讲导向；国内新闻报道要讲导向，国际新闻报道也要讲导向。"这种全面的导向意识是对新形势下新闻舆论工作的新要求。

具体来说，现在新闻舆论工作在形成对中国经济发展的稳定社会预期中就有很大作用。在经过30多年的高速增长后，中国成为世界第二大经济体，与此同时，经济社会发展中的结构性矛盾、发展动力缺失等问题也逐步显露。在当代中国，说好的方面，可以说出无数好的事实来；说不好的方面，也可以说出许多不好的事实来。在这种情况下，新闻舆论工作的力量就在于能够提供给公众全面的信息，引导公众理性地看待形势，形成对中国经济发展前景的稳定预期。

社会预期在当代社会的经济发展中具有不可低估的作用，同样的形势，不同的观察角度，形成不同的社会情绪，就会引发不同的社会反应。比如，对于传统产业中的落后产能问题，从消极面看，就会认为是中国经济下滑的标志；而从积极面看，就会认为是中国经济结构调整的选择，两种判断引发的社会舆论不同，带来的社会预期不同，形成的行为效果也不同。

当代经济的一个重要特征是信心经济，社会舆论对于经济前景的信心决定了公众的消费行为，也决定了投资者的投资行为。这种信心很大程度上来自于新闻舆论的引导。当前，在全球经济下行大势下，国际上存在着"唱衰"中国经济的舆论，更需要国内新闻舆论及时矫正、引导。

2016年3月初，国际信用评级机构穆迪将中国主权信用评级展望从"稳定"下调至"负面"，理由是政府债务增加导致财政疲软。对此，新华社迅速予以反击，发表财经快评《评级中国信用应多看发展》，有针对性地谈道："中国政府债务水平的提高是为了培育新的经济增长点，这会在未来创造持续的现金流，并不是一种毫无产出的坏账投资"。同时指出，"长期以来，西方评级机构把持着信用咨询市场的垄断地位，利用信用评级对西方国家与新兴经济体的一褒一贬,人为制造'融资剪刀差'。"这就一针见血地点出了问题的实质。这种舆论引导及时、有力,平衡了"唱衰"中国的舆论,有利于形成对中国经济发展的市场信心和稳定预期。

五、讲清楚全球传播与文化自信

全球传播是马克思主义新闻观的时代背景。开展马克思主义新闻观教育,仅仅关注中国的事情,局限在本国内进行新闻传播,已经不能适应当前国内国际传播界限模糊化的趋势,尤其是在社交媒体高度发达的条件下,无远弗届、全球范围内的信息传播已经成为普遍行为。

当前,国际传播秩序不平衡与中国国家形象不佳的问题依然突出。2013年,英国BBC进行国家声誉调查,涉及22个国家的2.6万多名调查对象,要求他们对16个国家和欧盟的形象进行评价,中国排名第9,德国第1,但也低于日本、美国等国家,而在前一年,日本曾经高居榜首。对这些问题怎么看,成为马克思主义新闻观教育不能回避的问题。

分析中国当前的国际传播与国家形象问题,有两个重要维度:传播能力的维度与文化建设的维度。当前的国际传播格局中,"西强我弱"的局面依然很突出,中国的国际传播能力依然落后。这种传播能力上的差距使得国际舆论场的建构者主要是西方媒体。而由于意识形态的差异、新闻价值观的差异,在西方媒体主导的舆论场中,要形成全面、客观、正面的中国国家形象是有困难的。事实上,在西方媒体的眼中,中国总是一个异类的"他者"形象。

以有着长达70多年历史的美国之音新闻广播为例,这一最凸显美国对外传播战略的新闻机构,"通过数量的不均衡分配和主题的高度选择性,共同塑造出了一个多侧面、人性化、有人情味同时又拥有强大的军事和科学力量、不可战胜的美国形象。通过与'他者'国家的对比,美国之音塑造了一个为世界带来自由、和平、民主等普世价值的美国国家形象"。与此同时,"美国之音对中国的关注主要是政治的负面形象,中国的经济成就被人为地掩盖。而美国之音对日本的经济情况报道较多,并且都是正面形象。"

另一个更重要的问题在于,当前中国社会的文化自信还非常不够。由于近代以来挨打落后的局面,使得许多国民对自己的文化产生了怀疑,经济弱势带来心理弱势。在现代化的进程中,西方文化成为新兴的、强大的、自觉的,"现代化"被等同于"西方化"。这种文化不自信与文化主体意识不强,就会出现历史虚无主义,出现道路不自信、理论不自信、制度不自信,表现在国际传播中,作为传播主体的中国传播者不能理直气壮,自觉不自觉地拿西方的标准来实现"国际接轨",自然也就拿不出有说服力、感染力的传播内容。

当代中国的主流价值观就是在马克思主义指导下,扎根于中国优秀传统文化、广泛吸收西方文明形成的当代中国价值观,具体看就是社会主义核心价值观。对这种价值观,新闻舆论工作者要有自信。道路自信、理论自信、制度自信、文化自信，最重要的在于价值观自信。对这种价值观，新闻舆论工作要始终坚持，善于引导，以"润物细无声"的方式潜移默化地渗透在各类新闻报道中。

从全球范围中存在的发展问题看，南北问题，主要是物质文明不平衡；东西问题，主要是精神文明不平衡。人类的现代化应是物质丰富与精神丰富并重的过程，前者体现在物质财富增长上，不但总量要多，而且分配要公；后者体现在精神财富增长上，不但种类要多，而且选择自由。在全球化条件下成长起来的新一代中国青年人，生存的地球越来越小，因而视野要越来越大；获得的选择越来越多，因而定力要越来越强。在信息化与全球化的时代背景下，中国愈发需要加强马克思主义新闻观的建设。

20世纪90年代，甘惜分教授曾经以给青年学者写信的方式谈青年治学之道。其中谈道："马克思是19世纪以来最伟大的世界历史人物，他的思想影响了整个世纪，他的世界观和方法论是永远不会过时的，在人类前进的里程碑上将永远镌刻着马克思的名字。我们这一代的青年，要想真正有所成就，只能以马克思为师。"

21世纪的国家竞争愈发体现在意识形态之争、价值观之争、文化之争。对中国来说，正在探索一条人类没有走过的全新的道路，按照马克思主义创始人给出的未来社会的总体特征：物质财富极大丰富，精神境界极大提高，每个人自由而全面发展。这条道路在中国的成功实践得益于马克思主义的指导、中国传统文化的滋润、西方现代文明的交汇，这条道路是中国人民选择的、中国历史选择的。在这条道路上，正在形成崭新的、具有全球影响力和历史影响力的当代中国文化。在新的时代，中国要实现民族复兴，在文化发展上就要增强自主性，在理解的基础上接受，在接受的基础上发展，从文化自觉走向文化自强最终实现文化自信，让中国文化广泛传播成为当代人类文明的重要组成。

结束语

李彬

今天我们要对"马克思主义新闻观"课程做个小结。由于前面来了这么些声名卓著的大家高手,下面又坐着这么些思想活跃的后起之秀,做这个小结自然有点勉为其难,但愿弱水三千,取一瓢饮,而非画蛇添足,狗尾续貂。

经验与不足

先谈谈这门新课的经验与不足。关于经验,概括两点:第一点,在新闻教育与新闻研究领域竖起了马克思主义新闻观的旗帜。范敬宜老师一开始就讲到旗帜问题,童兵老师在讲课中也谈到旗帜的重要性、阵地的重要性。起初我们并没有这个意识时,范老师力主开设这门课,面向全院学生,而且就叫马克思主义新闻观,旗帜鲜明地亮出旗帜,而不是藏着掖着,王顾左右。这在全国数百家新闻院系里可以说是十分少见的。

第二点,大家初步接受了马克思主义新闻观的启蒙和洗礼。当然,我们对马克思主义新闻观还只有粗浅的认识、了解和感悟,既不深入,也不系统,由于缺少实践,更不具体。这方面的成绩又可以分几个层面:一是这些演讲虽然各有侧重,但总体看还是各领风骚,精彩迭出;二是课外阅读初见成效,尽管大家情况可能不尽一致,比如助教张杨同学在通读马克思恩格斯全集;三是课堂讨论十分活跃,网络学堂尤其热闹,在全校1600多门网络学堂里名列前茅。总之,我们初步接受了马克思主义新闻观的教育,用赵明浩同学的话说走好了第一步,而这一步至关重要。柳青在《创业史》里写道:人生的路很长,但关键的地方也就几步。多亏范院长高瞻远瞩,在大家踏上新闻传播之路时,让你们走好第一步。这一步也是思想的"播火记",我们先把思想的火种播下,播在同学们的心田,将来时机成熟的时候,这个种子就会萌芽、出土、成长,相信有一天星星之火,可以燎原。借胡钰老师的一句话说:用真理赢得青年,用青年赢得未来。

不足的方面,也可以讲两点:第一点,计划不周、考虑不周、安排不周、指导不周。虽然之前想考虑充分一些,但毕竟第一次以这样的形式开课,难免有很多因素始料未及。比如,人选就不大好把握,我们曾计划邀请某大台的台长,第一次范老师联系时台长同意了,第二次又推辞了,最后还是不了了之。我主持过几次讲座课程,人选是个头疼问题。先得根据教学计划确定专家,并且根据各自专长设计演讲内容,不同的内容还得互相支撑,形成有机整体,而不能东一榔头、西一棒子。最头疼的还在于,计划的人选不一定都能请到,请到的也不一定都有时间充分准备。第二点不足是,开始设想的一些活泼多样的教学环节,后来由于各种原因也没有一一落实。

接下来,我想借这个机会谈谈若干相关话题,希望能对大家有点帮助和参考。

立场、观点、方法

什么是马克思主义及其新闻学或新闻观呢?这个问题听起来像是小儿科问题,大家从中学到大学对马克思主义不是早已耳熟能详吗,还用问吗?确实,如果是背书,想来每个人都能滚瓜烂熟地谈一通马克思主义,然而,若像习近平说的"真懂""真信",恐怕就不是那么简单了。这里不想作理论阐发,仅仅提出一种常人的理解。什么是马克思主义?马克思主义就是干社会主义、奔共产主义的主心骨、方向盘。如果是干社会主义、奔共产主义,那么就得讲马克思主义,而不能讲其他主义,如自由主义、新自由主义等。同样,如果我们的新闻传播是共产党领导的、社会主义性质的,那么,就必须奉行马克思主义新闻观,而不能是别的什么新闻观,如所谓新闻专业主义。时下有个流行术语"党媒",不知所指为何,如果是指共产党领导、马克思主义指导,指社会主义道路、共产主义方向,那么中国的所有媒体哪个不是党媒?哪个不需要共产党领导?不需要马克思主义指导?当然,马克思主义及其新闻观的指导不是本本教条,而是指立场、观点和方法。范老师刚当记者时,有一次总编辑找他谈话,说你现在已有良好的文化功底,但还需要在实践中不断掌握马克思主义的立场、观点和方法。当年的"小范"第一次听到这一新鲜说法,赶忙掏出笔记本记下来,一时分不清立场、观点和方法的先后次序,还请总编辑重复一下。此事在报社一时传为笑谈,说那个新来的大学生搞不清立场、观点和方法。

什么是立场。《共产党宣言》最后一句说,"全世界无产者,联合起来!"这句众人皆知的口号,不妨说集中体现了马克思主义的立场。这就是人民大众的立场,用毛主席当年在陕西佳县的题词来说"站在最大多数劳动人民的一面"。正因如此,天底下一切剥削人、压迫人、侮辱人、作威作福、高高在上者,无不拒斥、排斥、反对马克思主义,而人民大众则无不心悦诚服马克思主义,视为站在他们一面的"观世音"。虽然现在貌似多元化了,这个选择那个选择确实也多样化了,但大是大非还是少不了基本立场,对新闻传播来说尤其如此,就像《红色娘子军》一句台词所说的"为谁扛枪,为谁打仗"。

再说观点。观点自然是马克思主义及其新闻学的理论主张与思想体系。在这个问题上需要防范两种偏差,一种是断章取义,根据自己的需要,从马克思主义经典作家的著作中寻章摘句;一种是亦步亦趋,就像三家村老学究一样,不敢越雷池一步,也不允许别人越雷池一步。这两种对待马克思主义及其新闻观的偏差看起来好像截然相反,一种是割裂的、随意的,这个地方选一点,那个地方选一点;另一种俨然很系统、很全面,从头到尾、原原本本,而实际上问题却是一致的,这就是助教张杨同学说的——阉割了马克思主义的活的灵魂。什么是马克思主义活的灵魂呢?一言以蔽之,就是实事求是,或者说具体问题具体分析。实事求是的"事"是历史，是人类的生产活动、政治斗争、社会生活等，"是"是逻辑，是理论、思想、真理真知等。所谓实事求是，也就是从人类的实践活动中求得真知、求得真理，这就是马克思主义活的灵魂。

最后谈谈方法。这里说的方法，不是美国传播学念兹在兹的方法，而是常讲的唯物辩证法。唯物辩证法看待事物、分析问题，讲究全面的而不是片面的、发展的而不是静止的、联系的而不是孤立的。为什么要强调唯物辩证法呢？原因很简单，因为大千世界本身是全面的而不是片面的，是发展的而不是静止的，是联系的而不是孤立的。认识世界就得用这种方法，涉及国计民生的大问题更离不开唯物辩证法。比如，说起当下，人们爱用狄更斯《双城记》的那段话，那是一个最好的时代，那是一个最糟的时代，那是一个希望的春天，那是一个绝望的冬天等，而大多数中国人都觉得国家越来越好，而不是越来越糟。再如，关于新中国60年来的风风雨雨，可谓横看成岭侧成峰，而用全面的、发展的、联系的视角就不难发现一种总趋势：毛泽东30年解决了挨打问题，邓小平30年解决了挨饿问题，未来30年需要解决挨骂问题。按照联合国的人类发展指数——这个指数比GDP更能科学全面地衡量一个国家的综合状况，也更注重人的全面发展，依据这个指数完成并发布的《2016中国人类发展报告》表明，中国30多年保持了经济高速增长，成为世界第二大经济体；从1978年到2010年，已使6.6亿人脱贫；特别是，人均预期寿命从1980年的67.9岁提高到2010年的74.8岁，而1949年是35岁，也就是说新中国60年使这一指标翻了一番多。所以，只有全面地、发展地、联系地看问题，才能得到客观真实的图景，否则抓住一点，不及其余，则差之毫厘，谬以千里。

这就是我理解的马克思主义及其新闻学与新闻观的立场、观点和方法。2015年，一本写给青少年的书《伟大也要有人懂：少年读马克思》，由于深入浅出也得到成年读者的喜爱，而讲给孩子们的道理，不正是人世间最朴素、最永恒、最深刻的真理嘛：

一个人可能有许多的知识、读过许多的书，但是，如果他没有关于马克思的知识，没有读过马克思的书，那么，他一生注定只能在各种建筑材料之间搬运摸索，充其量只能成为一名不错的"砖家"而已。

今天的知识体系有什么缺陷呢？我们今天不是一般缺少知识，而是缺少知识中的"钙"，我们缺少的是把知识组织起来的框架和纽带，而马克思就是那个框架和纽带，就是我们最需要的骨架和钙。有了骨架和钙，知识才能站起来，而不是像现在这样匍匐在地。

实践、政治、历史

最后，针对一般学生在理解与践行马克思主义新闻观中的普遍状况，再强调三点：这就是政治、历史和实践。这三点是学生中普遍存在的薄弱环节，不少同学一听政治就敬而远之，一谈历史就一头雾水，一说实践就不屑一顾，而这三点对理解与践行马克思主义新闻观又恰恰是缺一不可的。

先说实践。众所周知,马克思主义的显著特征正在于鲜明的实践性。马克思有句名言:哲学家们只是用不同的方式解释世界,而问题在于改变世界。毛泽东的代表作之一,就叫《实践论》。他说过,你想知道梨子的滋味吗?那么你就亲口尝一下。他在同形形色色的教条主义、本本主义抗争中,深有体会地说过一番话:如果我们有一百个到两百个系统地而不是零碎地、实际地而不是空洞地掌握了马克思主义的人,那么就能大大提高我们党的战斗力。所谓实际地而不是空洞地意思,就是理论联系实际的意思,也就是实践。

对新闻传播来说,实践更是题中之义。一方面,新闻传播工作及其研究都是面向实践的,离开实践,新闻传播就无从谈起;另一方面,新闻传播工作及其研究又是针对着无所不在的社会历史实践,所作所为、所思所想无不融入时代的悲欢离合、社会的阴晴圆缺、人民的衣食住行,一句话,就是社会实践。所以,需要格外重视实践,积极参与实践。

再谈政治。什么是政治?我欣赏《百年孤独》的作者、拉美"左翼"记者马尔克斯对政治的理解:"我最美好的东西即政治觉悟,也是来自新闻工作。而政治觉悟,众所周知,是对现实的感受能力的最高表现。"中国马克思主义新闻学第一人甘惜分先生说得更直白:"我与王中同志的根本分歧是怎样看待新闻与政治的关系。王中竭力想使新闻与政治分离,或者说,在新闻工作中淡化政治。我则认为新闻与政治是分离不了的……报纸总是与某一政治立场相联系。不为这种政治服务就为另一种政治服务。如果他们说自己只是编辑,不懂政治,那他们不是装蒜,就是傻瓜。"

我知道一提起政治,有的青年学子不是敬而远之,就是拒之千里,自己当年也是如此。其实,这是对政治的误解或成见,是将政客政治与政治家政治混为一谈,而政治家政治按照中国古典的定义:政者,正也。政治是正大光明的。更何况社会生活包罗万象,自古及今却都围绕政治展开,亚里士多德将人定义为政治动物,孙中山将政治归结为"众人之事"。马克思揭示了人类历史的根源在于经济基础,即生产力与生产关系的辩证运动,而这一切无不集中凝聚为政治,故列宁说政治是经济的集中体现。

对政治的隔膜并不影响日常生活,但如果想要透视历史、认识社会、把握现实,就不能不具备高度的政治意识或政治觉悟。陈寅恪先生的治学便是一例。虽然他是心无旁骛的学者,对政治似乎作壁上观,还曾在书信中要求毛泽东、刘少奇允许自己不以马克思主义指导历史研究,但他平生著述却无不蕴涵着鲜明的政治意识,如《唐代政治史述论稿》。不畏浮云遮望眼,只缘身在最高层。古往今来一流的思想家、学问家,大都具有家国天下的胸襟,也就是政治意识、政治觉悟、政治情怀,就像张载的"为天地立心,为生民立命,为往圣继绝学,为万世开太平"和顾炎武的"天下兴亡,匹夫有责"。

最后再说说历史。新闻是未来的历史,历史是过去的新闻;新闻是历史的初稿,历史是新闻的定稿——诸如此类的表述无不表明新闻与历史息息相关,密不可分。甘惜分先生 30 年多前曾在兰州大学新闻系作了一场学术报告,专门谈新闻与历史。这里,我们不打算展开这个话题,而只是强调历史对学习和践行马克思主义及其新闻观的基础性作用。

马克思、恩格斯在《德意志意识形态》的初稿中写过一句话:"我们仅仅知道一门唯一的科学,即历史科学。"对此,不必本本教条地理解马克思、恩格斯的意思,而只需明白历史与史学的基础性意义就行了。

对从事新闻工作来说,历史的知识、素养、积累更是必不可少的。甘先生在他的上述演讲中,借用唐代史学理论家刘知几的著名观点,阐述了新闻记者应该具有的基本素质。刘知几论及史学家的素质时概括了三点:一是才;二是学;三是见识,就是说一个优秀的史学家应该具备才华、学问和见识。清代史学家章学诚又补充了一条——德,即道德、德行、操守等。同样,甘惜分先生认为,一个优秀的记者也应该有才华、有学问、有见识、有德行。他还特别称道斯诺及其《西行漫记》,认为是新闻与历史的典范之作。1971年,叶嘉莹先生在哈佛大学第一次读到《西行漫记》,不由感叹道:"我很感动,没想到共产党这么了不起,共产党人为了理想艰苦奋斗真是不容易,他们爬雪山、过草地真是不简单,共产党的成功不是偶然的,我真的很佩服。"

刚才强调了实践的重要性,现在又强调了知识的重要性,在所有知识中,最重要、最基础的又是历史。我知道,有的同学对实践比较上心,也乐此不疲,去采访、去拍片,兴高采烈,兴味盎然,而一说读书学习,就有点蔫头耷脑,至于说读历史,更觉苦不堪言。其实,历史不仅是一切知识、一切学问的基础,而且真正的历史总是生动有趣,五彩缤纷,总是启人心智,开阔视野,就像拿破仑说的,可曾有哪一部小说比我的一生更引人入胜。有一次,选修我课程的一位化工系女生,读了斯诺的《西行漫记》后,写下一篇读书笔记,题为《真实的历史比小说更有趣》,其中写道:"当我刚拿到这本书的时候,看着红色的封面,以为又是一本对共产党歌功颂德、充满官话套话的书籍。没想到仔细阅读后却被里面的内容深深吸引,在里面客观地记录着这些宝贵而又真实的历史,远远胜过任何一本情节跌宕起伏的小说。"

对新闻业来说,中国现代史、革命史、建设史更是扣人心弦,荡气回肠,需要我们格外关注,因为现代中国从哪里来、到哪里去的一切无不蕴含其中。我们知道,遵义会议重新确立了毛泽东的领导地位,当时首先是军事指挥权,于是,红军的行踪重新变得飘忽不定,神出鬼没,让蒋介石丈二和尚摸不着头脑。看看毛泽东四渡赤水起草的一份行军作战的命令:红军必须经常地转移作战地区,有时向东,有时向西;有时走大路,有时走小路;有时走老路,有时走新路,而唯一的目的是为了在有利条件下,求得作战的胜利。多么灵活机动,鲜活生动。同样是在长征途中,红军参谋长刘伯承率领先头部队一路奔袭,来到大渡河南岸,红军的生死存亡就系于这条天堑。刘伯承找来一位英勇善战的营长孙继先,第一句话是:"知道石达开吗?就在这里,他的4万人没了。"这位营长22年后成为新中国第一个导弹基地,也就是我们熟知的酒泉卫星发射中心的司令员。听了刘伯承的话,孙继先的回答是:"我不管他十达开还是九达开,参谋长下命令吧!"

"风雨送春归,飞雪迎春到,已是悬崖百丈冰,犹有花枝俏。俏也不争春,只把春来报,待到山花烂漫时,她在丛中笑。"时间过得很快,我们的课程仿佛刚刚开场,一转眼就要落幕了。今天似乎是入冬以来最风和日丽的一天,刚才来上课的路上,大礼堂已经张灯结彩,挂起新年音乐会的条幅,彩色灯光也打上了。那么,就让我们带着同样美好的心情和共同的期盼,结束我们的"马克思主义新闻观"课程吧!

2006年定稿
2016年修订

修订版后记

2005年，清华大学新闻与传播学院由范敬宜院长推动，在国内成百上千的新闻传播院系与专业教学点中，面向全体学生开设了"马克思主义新闻观"课程，并大力推进马克思主义的新闻学与新闻教育改革。

其间，2005年与2006年两个学期，有二十余位大家名家走进清华大学的课堂，与本科生、硕士生、博士生一起探讨马克思主义新闻观的真谛，精义迭出，高潮频起，一时间在青年学子中引发热烈反响。在此基础上，由范敬宜、李彬主编，选取十五次课堂讲座实录的《马克思主义新闻观十五讲》，2007年由清华大学出版社付梓，而来已有整十年。

十年来，"十五讲"以其直面现实的问题意识、融会贯通的学术视野、举重若轻的思想魅力、深入浅出的理论风格，受到各方学子以及学者的青睐，对重塑马克思主义新闻魂，点醒业界学界的"精神恍惚"更如暮鼓晨钟。

2016年2月，习近平在新闻舆论工作座谈会上发表讲话，正大光明，正本清源，堪称1948年毛泽东《对晋绥日报编辑人员的谈话》后，又一篇里程碑式的新闻文献。同年5月，习近平又在哲学社会科学工作座谈会上提出一系列重要思想，气象森然，文采斐然：不忘本来，吸收外来，面向未来；这是一个需要理论而且一定能够产生理论的时代，这是一个需要思想而且一定能够产生思想的时代；坚持以马克思主义为指导，核心要解决好为什么人的问题；为谁著书、为谁立说，是为少数人服务还是为绝大多数人服务，是必须搞清楚的问题；哲学社会科学要有所作为，就必须坚持以人民为中心的研究导向……

尤其让我们深受鼓舞的是，习近平还将新闻学的学科地位提到前所未有的高度："要加快完善对哲学社会科学具有支撑作用的学科，如哲学、历史学、经济学、政治学、法学、社会学、民族学、新闻学、人口学、宗教学、心理学等，打造具有中国特色和普遍意义的学科体系。"

在这一大背景下，践行马克思主义新闻观更成为我国新闻教育新闻学的题中之义。为此，我们对《马克思主义新闻观十五讲》进行了修订，新增或替换了十讲文稿，遂成这部修订版。

第二版修订得到学界同道的响应与支持，可惜由于一些始料未及的情况，个别文稿最终未能采用,殊觉遗憾。第一版编辑工作由研究生侯丽军和何小菲协助;第二版前期工作由清华大学博士后、吉林大学新闻系副教授张斯琦承担。这里一并说明并致谢。

四十年前,日本汉学家、京都学派集大成者宫崎市定,在《中国史》序言中,表达了对前辈的敬意和对后辈的期许。他说,自己大学毕业时,学界聚集着博学无比的大学者:"他们学问的深度与广度是我难以估测的,对我而言那是伟大的未知数。"随着这些大家相继辞世,身边再也不见这样伟大的"未知数"了。于是,他的研究与发表也就相应地一点点改变,"必须用将来的未知数取代过去的未知数"。也就是说,"我想给年轻的一代讲解学问,一心向学的年轻人本身也是难以估量的未知数"。面对未来的未知数,宫崎市定深感责任重大:"不能对蕴藏着伟大生长可能的未知数有所启发,岂非帮着培育矮小、萎缩的盆栽?"

前不见古人,后想见来者。最后,我们就用宫崎市定的这番话寄托同样的心意吧。

编者
2017年春于清华园